U0541221

本书是在作者完成的国家社会科学基金青年项目"我国非物质文化遗产建档标准体系研究"（12CTQ038）最终研究成果——研究报告《我国非物质文化遗产建档标准体系研究》基础上修改而成。感谢全国哲学社会科学工作办公室对项目研究的支持。

中国非物质文化遗产建档标准体系研究

The Standard System of Chinese Intangible Cultural Heritage Archiving

戴旸 / 著

中国社会科学出版社

图书在版编目（CIP）数据

中国非物质文化遗产建档标准体系研究/戴旸著．—北京：中国社会科学出版社，2019.11
ISBN 978-7-5203-5733-3

Ⅰ.①中⋯ Ⅱ.①戴⋯ Ⅲ.①非物质文化遗产—档案管理—标准体系—研究—中国 Ⅳ.①G122-65②G279.2-65

中国版本图书馆 CIP 数据核字（2019）第 270689 号

出 版 人	赵剑英
责任编辑	姜阿平
责任校对	胡新芳
责任印制	张雪娇

出　　版	中国社会科学出版社
社　　址	北京鼓楼西大街甲 158 号
邮　　编	100720
网　　址	http://www.csspw.cn
发 行 部	010-84083685
门 市 部	010-84029450
经　　销	新华书店及其他书店
印刷装订	北京市十月印刷有限公司
版　　次	2019 年 11 月第 1 版
印　　次	2019 年 11 月第 1 次印刷
开　　本	710×1000　1/16
印　　张	21.25
插　　页	2
字　　数	231 千字
定　　价	119.00 元

凡购买中国社会科学出版社图书，如有质量问题请与本社营销中心联系调换
电话：010-84083683
版权所有　侵权必究

目 录

第一章 绪论 …………………………………………… (1)
  第一节 研究背景与意义 ………………………………… (1)
    一 研究背景 ………………………………………… (1)
    二 研究意义 ………………………………………… (4)
  第二节 国内外研究现状评述 …………………………… (6)
    一 非遗研究现状与评述 …………………………… (6)
    二 非遗建档研究现状与评述 ……………………… (32)
    三 非遗建档标准研究进展 ………………………… (49)
  第三节 研究思路 ………………………………………… (54)
  第四节 研究方法 ………………………………………… (57)
    一 文献研究法 ……………………………………… (57)
    二 实地调研法 ……………………………………… (57)
    三 比较研究法 ……………………………………… (57)
    四 问卷调查法 ……………………………………… (57)
    五 半结构访谈法 …………………………………… (58)
    六 跨学科研究法 …………………………………… (58)
  第五节 创新之处 ………………………………………… (58)

第二章 相关概念界定 ………………………………… (59)
  第一节 非遗 ……………………………………………… (59)
  第二节 非遗建档 ………………………………………… (62)
    一 "非遗建档"的国内外认识 …………………… (62)
    二 "非遗建档"的概念与内涵 …………………… (63)

三　"非遗建档"的原则 …………………………………… (66)
　　四　非遗档案 …………………………………………… (69)
　　五　非遗档案管理 ……………………………………… (75)
　第三节　非遗建档标准体系 ………………………………… (77)
　　一　标准 ………………………………………………… (78)
　　二　标准体系 …………………………………………… (88)
　　三　标准化 ……………………………………………… (89)
　第四节　非遗建档标准体系 ………………………………… (91)

第三章　国内外非遗建档及其标准体系建设的
　　　　调查与分析 ………………………………………… (94)
　第一节　国内外非遗建档现状的梳理与分析 ……………… (94)
　　一　国外非遗建档实践 ………………………………… (94)
　　二　国内非遗建档实践 ………………………………… (120)
　　三　国内外非遗建档的总结与比较 …………………… (132)
　第二节　国内外非遗建档标准体系建设现状的总结
　　　　　与分析 ……………………………………………… (137)
　　一　国外非遗建档标准体系建设进展 ………………… (137)
　　二　国内非遗建档标准体系建设现状 ………………… (162)
　　三　国内外非遗建档标准体系建设的总结与展望 …… (173)

第四章　中国非遗建档标准体系建设的初步设想 …………… (175)
　第一节　中国非遗档案建设状况调查——以非遗数据库
　　　　　用户满意度为例 ………………………………… (175)
　　一　调查背景 …………………………………………… (176)
　　二　基于SEM的非遗数据库用户满意度调查 ………… (177)
　　三　中国非遗数据库用户满意度影响因素
　　　　探索性分析 ………………………………………… (186)
　第二节　中国非遗建档标准体系建设的必要性与意义 …… (194)
　　一　中国非遗建档标准体系建设的必要性 …………… (194)
　　二　中国非遗建档标准体系建设的意义与价值 ……… (197)

三　中国非遗建档标准体系建设的基本思路…………（199）

第五章　中国非遗建档标准体系框架的构建……………（202）
第一节　非遗建档标准体系框架的构建依据……………（202）
　　一　非遗建档标准体系的基本要素………………（203）
　　二　非遗建档标准体系框架的构建原则…………（203）
第二节　非遗建档标准体系框架的形成…………………（205）
　　一　三维框架模型的选择…………………………（205）
　　二　非遗建档标准体系框架的设计………………（207）
第三节　非遗建档标准体系框架的内容解析……………（210）
　　一　非遗建档业务流程标准………………………（210）
　　二　非遗建档管理标准……………………………（217）
　　三　非遗建档技术标准……………………………（218）

第六章　中国非遗建档标准体系的制定……………………（220）
第一节　非遗建档标准体系制定的原则与方法…………（220）
　　一　非遗建档标准体系的制定原则………………（220）
　　二　非遗建档标准体系的制定方法………………（222）
第二节　非遗建档标准体系制定的主要程序……………（225）
　　一　预研阶段………………………………………（225）
　　二　立项阶段………………………………………（226）
　　三　起草阶段………………………………………（226）
　　四　征求意见阶段…………………………………（227）
　　五　审查阶段………………………………………（227）
　　六　批准发布阶段…………………………………（227）
第三节　非遗建档标准体系制定的主要标准……………（229）
　　一　档案（含电子档案）管理代表性标准的总结
　　　　与分析…………………………………………（229）
　　二　非遗建档标准体系拟制定的主要标准………（234）
　　三　非遗建档代表性标准大纲……………………（240）

第七章　中国非遗建档标准体系建设主体的选择 ……………（248）
第一节　国内外标准建设主体的总结与分析
　　　　——以电子文件管理标准为例 ……………（248）
　　一　国外电子文件管理标准建设主体的总结 …………（248）
　　二　国内电子文件管理标准建设主体的总结 …………（253）
　　三　国内外电子文件管理标准建设主体的
　　　　比较与分析 ……………………………………（259）
第二节　非遗建档标准体系建设的可能主体分析 ………（260）
　　一　国内外非遗建档标准建设的现行主体 ……………（260）
　　二　非遗建档标准体系建设的可能主体 ………………（261）
第三节　群体智慧：非遗建档标准体系建设
　　　　的主体格局 ………………………………………（264）
　　一　多元主体的角色划分 ………………………………（264）
　　二　"群体智慧"的主体格局 …………………………（271）

第八章　非遗建档标准体系的实施与保障 ……………………（276）
第一节　非遗建档标准体系的实施 ………………………（276）
　　一　非遗建档标准体系实施的程序 ……………………（277）
　　二　非遗建档标准体系实施的形式 ……………………（281）
第二节　非遗建档标准体系实施的保障 …………………（288）
　　一　非遗建档标准体系实施的动力机制 ………………（288）
　　二　非遗建档标准体系实施的质量控制机制 …………（290）
　　三　非遗建档标准体系实施的激励机制 ………………（292）
　　四　非遗建档标准体系实施的协调机制 ………………（297）

第九章　总结与展望 ……………………………………………（301）

附录一　非物质文化遗产数据库使用意愿的问卷调查 ………（304）

附录二　非物质文化遗产数据库用户满意度调查问卷 ………（308）

参考文献 …………………………………………………………（312）

第一章 绪论

第一节 研究背景与意义

一 研究背景

在人类发展、演进和改造世界的过程中，没有一个国家或民族创造出的文化是以单一形式存在着的。生产力水平的差异，经济与社会发展的不平衡，使得各地区文化在发展水平和发展程度上有着很大的不同，进而以各种形式表现出来，这是人类社会发展的重要特征，也是人类文明进步的外在体现。尊重维护、积极分享这些文化精髓，是人类共同的责任与使命。但是，在过去相对较长的一段历史时期内，人类对传统文化的认识多集中于物质文化遗产，很少涉及非物质文化遗产（以下简称"非遗"）。即便如此，存在于非遗身上的无穷魅力却丝毫未被遮掩，其活态、不断生成的文化表现形式，较之于物质文化遗产的静态和不可再生，更能体现出文化的传承与变迁。

非遗是以"无形"的形式存在着的，它与群众的生活密切关联，并在社会发展和历史演变中得以世代承袭。非遗又是丰富且形式多样的，遗憾的是，当人类甫一关注并认可到非遗的价值与地位时，呈现于眼前的就是其快速消解与消逝的现实状况，进而引起国际社会的广泛焦虑。全球化与社会转型的强烈冲击，使得依靠口传心授的非遗面临着前所未有的生存危机，民族的文化基因在不断变异，民族的特征也在不断弱化。因此，最大限度地抢救和保护非遗成为非遗工作的核心内容。

国际非遗保护的实践最早可上溯至20世纪50年代日本对本国拥有精湛传统技艺的民间艺人的保护。此后，亚洲的中国、韩国、泰国,以及欧洲的法国、意大利等国均扬起了保护非遗的旗帜,推动着全世界非遗保护浪潮的兴起。在非遗保护途径的选择上,国际社会主要采用的是活态保护和固态保护两种方式,活态保护因受环境变化、文化传承等条件的制约,一般难以实现,而固态保护则成为最具普遍适用价值、最具效率的长期保护方式。在1989年11月颁布的国际非遗保护领域第一份官方文件——《保护民间创作建议案》中,联合国教科文组织在总结各国非遗保护成功经验的基础上,首次提出以建档的方式实施传统文化和民间传说的固态保存;[①] 而在2003年联合国教科文组织第32届大会上通过的《保护非物质文化遗产公约》中,建档保存的方式再次得以重申与强调。[②] 在联合国教科文组织的推广和号召下,为非遗建档已经成为国际非遗保护的重要方式。

中国有着悠久的文明史,但是,外来文化的侵袭,改革开放带来的工业化和城市化的加速,以及人民生产生活方式的巨变、科技发展和生产力水平的提高,都在一定程度上破坏了非遗赖以生存的土壤,众多非遗以惊人的速度流失和湮灭。中国原有传统戏曲艺术近400种,新中国成立时降至360种,20世纪80年代初为317种,到21世纪初则仅余134种,[③] 这不得不引起我们的检讨和反思,如何才能有效地抢救和保护处于生存困境中的非遗?

为非遗建档,是在保护与传承非遗这一基本目标的指导下,立足于非遗、非遗活动以及非遗保护活动相关资料的充分调查和搜集,运用文字记述、拍照、录音、录像等手段,将其固化至一定载体,以供保管、利用和传承的活动,这是一次重要的文化工程,也是一项新型的档案管理工作,直接促使了一种新的档案种群——非遗档案的产生。21世纪以来,在国际非遗保护大潮的引领与推动下,中国的非遗建档保护工作有条不紊地开展起来。从工作内容上看,非遗建档工

---

① 1989 Recommendation on the Safeguarding of Traditional Culture and Folklore,2017-01-02,http://www.folklife.si.edu/resources/unesco/1989Recommendation.html.

② UNESCO Culture Sector Intangible Heritage 2003 Convention,2017-01-02,http://www.unesco.org/culture/ich/index.php?lg=en&pg=00006.

③ 周和平:《中国非物质文化遗产保护的实践与探索》,《求是》2010年第4期,第44页。

第一章 绪论

作不断丰富并细化,基本囊括了非遗建档的主要环节。从区域性、小规模的非遗资源调查到全国性、系统化的非遗资源普查与收集,国内主要非遗资源的生存状况和分布区域得到了较为清晰的调查与了解,大量珍贵的非遗资源被发现和获取,其形式包括实物、文字、图片、录音录像等诸多类型。文字、图片、录音、录像等经过整理、编纂之后公开出版为书籍、图册或影音集,实物资料等也以展览和展示等方式,真实、直观地展现给社会公众,缩短了公众与非遗间的距离,增进了公众对非遗的认知。从工作手段上看,除了传统的纸质化和文本化外,数字化技术等现代信息技术也被广泛应用于非遗建档之中,实现了非遗档案的数字化和虚拟化存储,并以3D动画、全景全息的方式立体化呈现。但是,在肯定成绩的同时,也需要看到,现行的非遗保护、非遗建档工作也存在着一些问题与缺陷,笔者将其总结为管理上的瓶颈和质量上的隐患两个方面。

从非遗保护与非遗档案管理的现行实践来看,政府部门干涉过多,其他参与部门多元无序,社会公众广泛失语的现象较为突出,这种主体力量的混乱与极化一定程度上影响了非遗建档工作。文化部门是中国非遗建档的主管部门,但其对建档业务的生疏、建档经验的缺乏、专门性人才的不足,使其未能很好地承担起这项工作;而具有丰富建档经验,拥有科学技术与先进设备的档案部门却始终未被纳入到非遗建档主体之中,对社会公众力量的调动也不够,这一切都严重挫伤了档案工作者以及社会公众的积极性,羁绊着非遗档案建设与管理工作的深入开展。同时,现行非遗档案管理在很大程度上采用的是非遗保护的既定方式和方法,这些方式和方法的不成熟也在一定程度上影响了非遗档案的建设与管理。以非遗档案的分类为例,现行的非遗分类方法采用的是线性的单一分类,这种方法未能很好地契合非遗复杂性的现实特点,无法体现出非遗间的固有联系,分类标准的单一,分类类目设置的不科学,类目间界限的模糊,以及部分交叉和重复现象的出现,都会影响到对非遗的准确定位和科学归类,进而影响到建档后非遗档案的分类。同时,非遗分类与非遗档案的分类之间亦未能很好地衔接,因此,在吸取传统档案管理理论与方法的基础上,结合非遗的具体特点,选择并确立科学的非遗档案管理方法,对于非遗档案的建设与管理至关重要。

当前开展的非遗建档工作均十分重视对非遗资源的收集与获取。2005年启动的首次全国性非遗资源普查工作，四年间共普查得到中国非遗资源总量约为56万项。河南省文化厅2009年3月至10月间开展的全省非遗普查工作，整理得到文字资料30204万字、照片10万余张、录音3800余小时、录像4300小时；而在将数字技术应用于非遗建档过程中，大量非遗数字信息也随之生成。湖北宜昌2006年建成的非遗资源数据库，存入视频素材达2.5太，图片近5000张，文字数据约2吉，各县市数据量近1.8太。佳能（中国）有限公司2010年启动的"苗族非遗保护项目"，用影像技术记录下苗族银饰锻制技艺、苗绣、芦笙制作、芦笙舞、鼓藏节等苗族国家非遗代表性项目，采集珍贵照片5万多幅（700吉），动态视频300多个小时（1.9太）。

现行的非遗档案资源收集与建设，在"量"上已取得较大的突破，这是值得肯定的，反映出中国对抢救和保护非遗的重视。但是，海量非遗资源的"质"究竟如何呢？各地建档工作的各行其是，建档方法的无法统一，建档格式各异，整理规则五花八门，数据库建设异构现象严重，非遗档案难以利用等问题都影响着非遗建档的深入。这些问题的出现，一方面源于中国尚处于非遗保护、非遗建档的初级阶段，积累的经验有限，深层次的原因还是在于指导性、规范化和可操作性的标准与细则的缺失。因此，联合档案行政管理部门、文化部门和高校科研力量，对符合档案管理原理与方法的非遗建档标准进行专门研究建设，为文化部门及其他部门开展非遗建档工作提供指导与参考，将是解决上述工作缺陷、杜绝非遗档案质量隐患的关键，同时也是推进非遗建档工作科学化实施的首选与保证。本书研究工作的开展正是基于这一思想。

二 研究意义

（一）理论意义

非遗建档是非遗保护的基础性工作，由此形成的非遗档案也将成为非物质文化"有形"遗产的重要组成部分。在非遗建档现有的研究成果中，很多专家和学者都已认识到规范化标准的缺乏对非遗建档保护工作所带来的负面影响和制约，同时也指出改变这一局面、强化非遗建档标准建设的重要性和紧迫性。本书形成的非遗建档标准体系方面的研究成果，以及由此提出的非遗建档标准体系的实现措施和保障机制，将极大地丰富和推进国内非遗建档标准化研究，对非遗建档主体的角色定位和责任分配，也会给非遗建档保护主体的研究提供借鉴和参考。

本书立足于档案学学科，在广泛吸收管理学、文化人类学、民俗学和信息技术等学科研究成果的基础上，坚持"非遗建档标准为体、档案管理标准为用"的指导思想，将非遗建档标准的研究与档案管理标准的应用相结合，有助于拓展档案学应用的范围，推动档案学应用理论体系的发展，形成的非遗建档标准方面的系列成果，一方面将弥补国内在非遗建档标准领域研究的不足，为深入研究各类遗产建档工作提供指导，同时也将进一步充实档案学研究内容，拓展档案学研究边界。

"群体智慧"理论的产生源于生物物种的启示，教育学、社会学、心理学、经济学和大众行为学等领域均对其展开了研究，图书馆学和情报学也形成了少量的研究成果。在对非遗建档标准体系建设主体的研究中，笔者创造性地引入"群体智慧"理论作为研究基础，试图探寻其在档案学、文化人类学和民俗学等学科的指导力和适用性，由此形成的相关研究成果，如非遗建档标准体系建设的"群体智慧"，在实现档案学、文化人类学和民俗学等学科研究创新的同时，也将进一步证明"群体智慧"理论的科学性、正确性与价值性。

（二）现实价值

非遗所承载的是整个民族的文化记忆与文化精神。保护非遗不仅是整个人类所应共同承担的责任，同时也是各民族、国家自身发展的内在要求。非遗档案是非遗固态保护的主要形式和具体成果，因此，非遗建档工作的顺利开展，以及非遗档案建设与管理的效果，将直接关系到非遗保护的相关工作。本书将以解决非遗建档工作中存在的问题与弊端为目的，认识并明确非遗建档标准体系对非遗建档工作的指导力和规范性，初步制定出的非遗建档标准体系，将有助于文化部门搞好非遗建档工作，尤其是从科学化、系统化、专门化角度做好非遗建档工作，提升非遗建档水平。

非遗产生于民间、成长于民间、繁荣于民间，更是传承于民间，非遗建档，以及非遗建档标准体系的建设工作理应集合多元主体的力量。本书在对非遗建档标准体系建设主体的研究中，提出的"重视多元主体，集合群体智慧"的管理理念，将为政府、文化部门、标准化管理部门调整非遗建档标准体系建设的宏观政策，唤醒多元主体力量的参与提供合理化的建议，真正做到集思广益，群策群力。

第二节　国内外研究现状评述

一　非遗研究现状与评述

"非遗"是近20年来出现的一个新概念，最早则可追溯至20世纪50年代日本提出的"无形遗产"，此后，又出现了"民间传统文化""无形文化遗产"等名词，都代指非遗。

（一）国外非遗研究进展

笔者以Web of Science数据库作为数据源，以（"intangible"＋"nonphysical"＋"immaterial"）＊"cultural heritage"为检索词，在Science Citation Index Expanded（科学引文索引，简称SCI）、Social Sciences Citation Index（社会科学引文索引，简称SSCI）、Arts & Humanities Citation Index（艺术与人文引文索引，简称A&HCI）、Conference Proceedings Citation Index–Science（科学会议论文引文索引，简称CPCI–S）四大数据库中进行主题检索，截至2018年12月31日，共得到外文文献619篇（含专著1部，期刊论文353篇，会议论文233篇，部分章节涉及的专著10部，其他类型文献22篇）。

国外关于非遗的首个研究成果是美国史密森氏材料研究与教育中心的帕梅拉·范黛华（Pamela B. Vandiver）在2002年出版的《Recovering and Re–discovering Craft》一书，距今已有十七年的时间。2002—2018年（截至5月）的十七年里，每年都会有新的研究成果形成并推出，具体年度分布如图1–1所示。

第一章 绪论

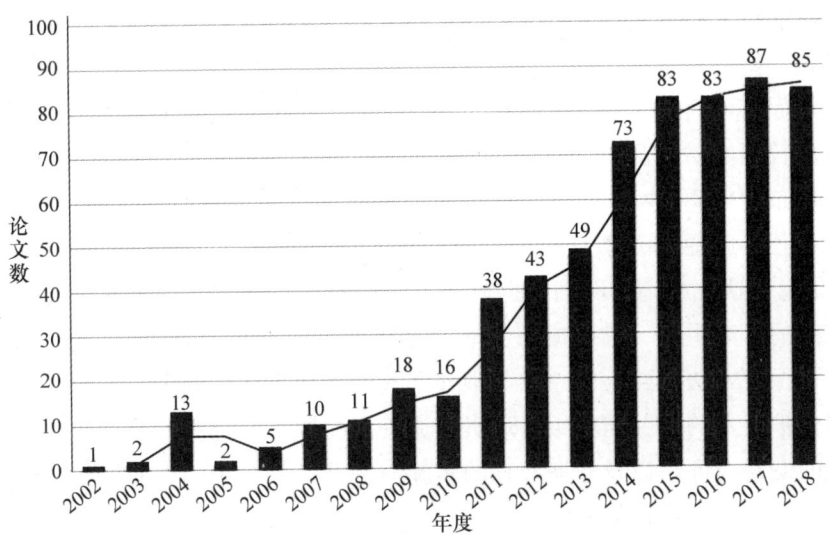

图 1-1 国外非遗研究文献年度分布图（2002—2018 年）

由图 1-1 可知，国外非遗方面的研究成果呈现出逐年增长的趋势，体现出国际社会对非遗关注度和重视度的不断上升。从研究的主题来看，早期的论文侧重于对非遗地位与价值的认识以及部分珍贵非遗项目的介绍。如前文所提及的帕梅拉·范黛华就明确指出：运用实验手段分析、恢复和模拟工艺过程，评估其性能是从工艺角度展开的研究。保护珍贵的手工艺类非遗，还需要深入调查和了解这些手工艺技能与知识在生产生活中的产生、发展和运用。[1] Anna Chiesura 和 Rudolf De Groot 从社会文化的角度称非遗为人类最珍贵的社会资本；[2] Mihály Hoppal 专门介绍了吠陀文化这一珍贵的非遗项目。[3]

---

[1] Pamela B. Vandiver, *Recovering and Rediscovering Craft*, Cambridge: Cambridge University Press, 2002, p.535.

[2] Anna Chiesura and Rudolf De Groot, "Critical Natural Capital: A Socio-cultural Perspective", *Ecological Economics*, Vol.44, No.2-3, 2003, p.219.

[3] Mihály Hoppal, *Shamanic Traditions as Intangible Cultural Heritage of Mankind*, Hungary: Akadémial Kladó, 2003, p.11.

国外非遗研究的高潮首次出现于2004年，2003年《保护非物质文化遗产公约》的颁布很大程度上激起了学界对非遗的关注，进而推动这一高潮的形成。此后的2005年虽有所降低，但在之后的十三年内均保持着持续上升的态势，并在2011、2014年出现大幅上升，呈现出较强的研究活力。值得关注的是，《保护非物质文化遗产公约》的颁布使得2004年及之后的若干年不断有学者去解读其政策内涵、研究其实施原则及法律框架。而《保护非物质文化遗产公约》中对"非遗"这一称谓的明确，也形成了"非遗基本概念与内涵解析"这一新的研究主题，进而成长为非遗基础研究的重要领域之一。此外，非遗保护方法和经验的总结与推介、非遗保护主体的划分与界定、非遗保护技术的研究与介绍、珍贵非遗资源的调查与保护、非遗旅游价值的发现与评估以及非遗教育的实施与普及，都成为国外非遗研究的焦点，笔者试概述如下：

1. 非遗保护经验与方法的总结和推介

针对前期已经开展起来的非遗保护实践，国外不同学者结合实例从政策、主体、技术、资金等角度总结出非遗保护的经验与方法。政策角度，Keith Howard系统阐述了东亚传统音乐保护政策、思想及相关实践。[1] Nicole Ferdinand和Nigel L. Williams提出"文化遗产日"的设定对非遗保护和传承起到的积极作用，并以基于特立尼达和多巴哥风格的嘉年华节日为例，指出其在共享原生态资源上所产生的积极作用。[2] Peng Ye和Yaolin Zhou系统阐述了中国非遗代表作名录制度对非遗保护的积极作用、存在缺陷、解决办法及未来发展的方向。[3] Erika J. Techera从立法角度总结了斐济地区非遗保护的经验与做法，及

---

[1] Keith Howard, *Music as Intangible Cultural Heritage: Policy, Ideology and Practice in the Preservation of East Asian Traditions*, Farnham, UK, and Burlington, VT: Ashgate Publications, 2012, p. 277.

[2] Nicole Ferdinand and Nigel L. Williams, "International Festivals as Experience Production Systems", *Tourism Management*, Vol. 34, 2013, p. 203.

[3] Peng Ye and Yaolin Zhou, *The Development and Trends of China's Intangible Cultural Heritage Representative List*, Paris: Atlantis Press, 2013, p. 499.

第一章 绪论

其对其他发展中岛屿国家非遗文化保护与传承所产生的积极作用。[1] Xiaoyan Gu、Xingqi Zhang 和 Hui Xu 运用实地调查和访谈等方法考察了水族传统体育类非遗。[2]

主体角度，Sila Durhan 和 Ekta Ozgüven 专门探讨了伊斯坦布尔半岛整体文化生态的保存，提出建立露天博物馆以维护城市空间，并引入公众力量，让他们参与方案的讨论、监督和互动。[3] Peter Simonič 以斯洛文尼亚 Pohorie 保护区为例，指出保护区的设定对区内非遗的保护有着积极作用。[4] Daniel Michon 和 Ahmed El. Antably 指出正确解读非遗的文化内涵是科学保护非遗的前提，媒体是承担这项任务最合适的主体。[5] Susan O. Keitumetse 以博茨瓦纳为例，总结出当地社区参与非遗资源管理的可持续发展原则和经验，建议将社区互动纳入到社会参与资源管理的框架之中。[6] Les Roberts 和 Sara Cohen 总结了英国流行音乐遗产保护的经验，总结出"官方授权""自我授权""未经授权"三种主要保护形式，以及"价值""合法性"和"社会文化资本"三项基本要素。[7]

技术角度，Yan Shi、Fangtian Ying、Xuan Chen 以皮影戏为例，探讨

---

[1] Erika J. Techera, "Safeguarding Cultural Heritage: Law and Policy in Fiji", *Journal of Cultural Heritage*, Vol. 12, No. 3, 2011, p. 330.

[2] Xiaoyan Gu, Xingqi Zhang, Hui Xu, "Protection And Inheritance of The Traditional Sports Culture in Intangible Cultural Heritage of Shui Ethnic Group", *Proceedings of The 21st Pan-Asian Congress of Sports And Physical Education*, Vol. 1: Nature, Society and Culture in Sports, 2010, p. 83.

[3] Sila Durhan and Ekta Ozgüven, "Breaking the Duality: The Historical Peninsula of Istanbul as an Open-air Museum", *Journal of Cultural Heritage*, Vol. 14, No. 3, 2013, p. 185.

[4] Peter Simonič, "The Scope of Intangible Cultural Heritage in Protected Areas Pohorje Regional Park", *International Review of Anthropology and Linguistics*, Vol. 108, No. 1, 2013, p. 249.

[5] Daniel Michon, Ahmed El. Antably, "It's Hard to be Down When You're Up: Interpreting Cultural Heritage Through Alternative Media", *International Journal of Heritage Studies*, Vol. 19, No. 1, 2013, p. 18.

[6] Susan Osireditse, Keitumetse, "Sustainable Development and Cultural Heritage Management in Botswana: Towards Sustainable Communities", *Sustainable Development*, Vol. 19, No. 1, 2011, p. 50.

[7] Les Roberts and Sara Cohen, "Unauthorising Popular Music Heritage: Outline of a Critical Framework", *International Journal of Heritage Studies*, Vol. 20, No. 3, 2014, p. 248.

了中国在保护和传承非遗文化过程中对现代信息技术的引进和应用。①Sheenagh Pietrobruno 探讨了将 You Tube 用于存储非遗视频的可行性及具体操作，并将这些遗产视频作为生产数字遗产的非正式档案。②

资金角度，Barbara Vodopivec、Roko Zarnic、Jolanta Tamosaitiene 等指出这是非遗保护中的重要因素，并以斯洛文尼亚城堡为例，运用层次分析法评估了城堡中的主要建筑，有形和无形的遗产，明确了保护的优先级。③

2. 非遗保护主体的划分与界定

围绕非遗保护主体，Rui Su 指出博物馆应当成为非遗保护的新主体与新力量。④Saphinaz Amal Naguib 也认为博物馆对于记录和保存分散活态的非遗，增强群体和社会凝聚力有着重要作用。⑤ Robert Barelkowski 指出社会的参与将是遗产保护的重要因素。⑥ Cristina Garduno Freeman 具体研究了澳大利亚遗产机构利用图片分享网站 Flickr，开展的非遗数字档案收集、展示与交流。⑦ Naohiro Nakamura 以猿河地区的文化影响力评估活动为例，指出当地居民参与的缺失，尤其是未将阿依努尔族土著居民吸纳在评估活动中，直接导致了评估效果的不佳，同时指出

---

① Yan Shi, Fangtian Ying, Xuan Chen, "Restoration of Traditional Chinese Shadow Play – Piying Art From Tangible Interaction", *Computer Animation and Virtual Worlds*, Vol. 25, No. 1, 2014, p. 36.

② Sheenagh Pietrobruno, "You Tube and the Social Archiving of Intangible Heritage", *New Media & Society*, Vol. 15, No. 8, 2013, p. 1260.

③ Barbara Vodopivec, Roko Zarnic, Jolanta Tamosaitiene, et al., "Renovation Priority Ranking by Multi – Criteria Assessment of Architectural Heritage: the Case of Castles", *International Journal of Strategic Property Management*, Vol. 18, No. 1, 2014, p. 89.

④ Rui Su, "Intangible Heritage and the Museum: New Perspectives on Cultural Preservation", *Journal of Tourism and Cultural Change*, Vol. 11, No. 1 – 2, 2013, p. 129.

⑤ Saphinaz Amal Naguib, "Museums, Diasporas and the Sustainability of Intangible Cultural Heritage", *Sustainability*, Vol. 5, No. 5, 2013, p. 2179.

⑥ Robert Barelkowski, *Involving Social Participation in The Preservation of Heritage: The Experience of Greater Poland and Kujavia*, Ashurst Lodge: WIT Press, 2009, p. 436.

⑦ Cristina Garduno Freeman, "Photosharing on Flickr: Intangible Heritage and Emergent Publics", *International Journal of Heritage Studies*, Vol. 16, No. 4, 2010, p. 352.

社区在非遗建档中的参与,最重要的应是在最终决策环节。①

3. 非遗保护技术的研究与介绍

针对保护非遗的技术,Liyan Chen、Beizhan Wang 和 Bing Chen 提出将数字技术引入非遗保护,实现对传统非遗项目的数字化恢复与展示。② Renzo Stanley 和 Hernan Astudillo 认为现有的非遗信息陈旧,部分传承人信息缺漏,建议开展参与式清查,建设基于语义的目录,实现非遗信息的协同库存。③ Peng Ye、Yaolin Zhou 总结了当前中国非遗数字化保护的主要举措,提出了语义模型和元数据标准在非遗保护中的应用及其范围。④ Quan Quan、Yanting Zeng 以三峡地区非遗保护为例,提出利用3G技术强化非遗的数字化保护,构建三网融合的非遗保护服务,利用动画、数字游戏、动作捕捉技术等开展非遗的多形式传播。⑤ Lin Zhang 指出空间信息技术和数字化技术在划定非遗分布地域、构建非遗信息管理系统、开辟非遗保护新技术等方面有着重要作用与意义。⑥ Xiang Lin 主张将信息技术应用于非遗技艺的传承与培训之中。⑦ Tan Guoxin, Hao Tinglei, Liang Shaoquan 等以端午节为例,指出针对非遗信息内隐的特点,结合文本、图形、图像、视频不同知识之间复杂的语义关

---

① Naohiro Nakamura, "An 'Effective' Involvement of Indigenous People in Environmental Impact Assessment: The Cultural Impact Assessment of the Saru River Region, Japan", *Australian Geographer*, Vol. 38, No. 4, 2008, p. 427.

② Liyan Chen, Beizhan Wang, Bing Chen, "Research on Digital Museum for the Intangible Cultural Heritage", *IEEE International Symposium on It in Medicine & Education*, 2009, p. 734.

③ Renzo Stanley, Hernan Astudillo, "Ontology and Semantic Wiki for an Intangible Cultural Heritage Inventory", *Computing Conference IEEE*, 2013, p. 16.

④ Peng Ye and Yaolin Zhou, "The Metadata Standards of Chinese Intangible Cultural Heritages", *Proceedings of the International Workshop on Computerence in Sports*, Vol. 41, No. 1, 2013, p. 688.

⑤ Quan Quan, Yanting Zeng, "Research on Digital Protection of the Intangible Cultural Heritage in Three Gorges Area", *Fifth International Symposium on Computational Intelligence and Design. IEEE Computer Society*, 2012, p. 515.

⑥ Lin Zhang, "The Application of Information Technology in Intangible Cultural Heritage Protection Under All-media Vision", *International Conference on Computer Science and Network Technology. IEEE*, 2012, p. 531.

⑦ Xiang Lin, *Intangible Cultural Heritage Protection Based on Information Technology*, Berlin: Springer-Verlag Berlin, 2012, p. 741.

系，构建起非遗多媒体语义模型。① Muqeem Khan 和 Penny de Byl 尝试运用运动检测技术从视觉和听觉上模拟古老而濒危的土著舞蹈，并以交互式视频，将土著舞蹈动作清晰呈现于大众面前。② Yaxi Hu 指出虚拟现实技术能创设更为逼真的情境，因而在非遗的永久保存和展示中具有更大的优越性。③ Kohei Furukawa、Choi Woong 和 Kozaburo Hachimura 等介绍了电脑制作动画技术，即 CG 技术被用于日本能乐的记录与恢复的实践。④ Miwa Katayama、Kimihiro Tomiyama 和 Yutaka Orihara 等探讨了动态三维技术在日本非遗，尤其是"能乐"和"歌舞伎"保护中的应用，通过对"能乐"演员和"歌舞伎"肢体动作的动态捕捉以及声音的录制，制作完成了日本传统表演艺术的 3D 视频归档系统。⑤

管理系统建设方面，Claudia Bieling 和 Tobias Plieninger 主张构建新兴的文化生态系统综合评估非遗价值。⑥ Tobias Plieninger、Sebastian Dijks 和 Elisa Oteros-Rozas 等也提出应将文化服务评估作为文化景观管理和保护的重要组成，以实现遗产的可持续管理。⑦ Sarah C. Klain, Kai M. A. Chan 则进一步指出空间规划是文化生态服务系统

---

① Tan Guoxin, Hao Tinglei, Liang Shaoquan, et al., "*Research on Construction Method of Multimedia Semantic Model for Intangible Cultural Heritage*", Berlin: Springer – Verlag Berlin, 2012, p. 923.

② Muqeem Khan, Penny de Byl, "Creating Tangible Cultural Learning Opportunities for Indigenous Dance with Motion Detecting Technologies", 2012 *IEEE International Games Innovation Conference（igic）*, 2012, p. 57.

③ Yaxi Hu, "The Researcher of Virtual Reality Technology Application In Intangible Cultural Heritage Protection", 2011 *IEEE 12th International Conference on Computer – aided Industrial Design & Conceptual Design*, 2011, p. 653.

④ Kohei Furukawa, Choi Woong, Kozaburo Hachimura, et al., "*CG Restoration of a Historical Noh Stage and Its Use for Edutainment*", Berlin: Springer – verlag Berlin, 2006, p. 358.

⑤ Miwa Katayama, Kimihiro Tomiyama, Yutaka Orihara, et al., "A 3D Video System for Archiving of Japanese Traditional Performing Art", *Idw/ad'05: Proceedings of the 12th International Display Workshops in Conjunction with Asia Display 2005*, Vols. 1 and 2, 2005, p. 1743.

⑥ Claudia Bieling, Tobias Plieninger, "Recording Manifestations of Cultural Ecosystem Services in the Landscape", *Landscape Research*, Vol. 38, No. 5, 2013, p. 649.

⑦ Tobias Plieninger, Sebastian Dijks, Elisa Oteros – Rozas, et al., "Assessing, Mapping, and Quantifying Cultural Ecosystem Services at Community Level", *Land Use Policy*, Vol. 33, 2013, p. 118.

建设的重要内容。① Liyan Chen、Beizhan Wang、Bing Chen 研究了非遗数字博物馆和非遗信息管理系统的建设。② Lina Yang 以鲁锦为例，探讨了企业资源管理系统 ERP 在非遗产业化中的应用。③ Wei Wang，Hong Kun 结合云南非遗保护实践，提出了文化遗产资源的开放存取理念，以及构建非遗保护平台的紧迫性。④ Junyong Lai 等研究了基于 GIS 的广东省非遗管理信息系统，指出集合了文化专题数据和地理地形数据的信息系统清晰描绘出了非遗的发展轨迹及其存续环境的演变。⑤

4. 珍贵非遗资源的调查与保护

国外学者对部分珍贵、具有较高价值的非遗资源予以格外的关注。Dongxu Zhang、Daping Liu 和 Zelun Cui 等以汉传佛教寺院为例，分析了声场信息的获取、复制、声场环境的模拟对佛教文化的展示和传承具有的重要意义。⑥ Jingyuan Liu 从人类审美的视角研究了泰山的非遗。⑦ Maria Luisa Palma，Luis Palma 和 Luis Fernando Aguado 结合西班牙的塞维利亚节日指出了节庆活动对强化非遗在公众和地方

---

① Sarah C. Klain and Kai M. A. Chan, "Navigating Coastal Values: Participatory Mapping of Ecosystem Services for Spatial Planning", *Ecological Economics*, Vol. 82, No. 10, 2012, p. 104.

② Liyan Chen, Beizhan Wang, Bing Chen, "Research on Digital Museum for the Intangible Cultural Heritage", *2009 IEEE International Symposium on It in Medicine & Education*, Vol. 1-2, 2009, p. 734.

③ Lina Yang, "Research on the Construction Method of ERP System Structure of Lu Brocade Enterprises", *Advances Materials Research*, Vol. 706-708, No. 2, 2013, p. 2031.

④ Wei Wang and Kun Hong, "Build Communication Protection Platform of Intangible Cultural Heritage Expand Channel of Open Access to Shared Information Resources", *Proceedings of the 5th International Conference on Cooperation and Promotion of Information Resources in Science and Technology (Coinfo 10)*, 2010, p. 111.

⑤ Junyong Lai, Mu Zhang, Jing Luo, et al., "Design of the Intangible Cultural Heritage Management Information System based on GIS", *Proceedings of the International Conference on Information Management, Innovation Management and Industrial Engineering*, Vol. 3, 2008, p. 94.

⑥ Dongxu Zhang, Daping Liu, Zelun Cui, et al., *Analysis of the Present Situation of Research on Soundscape and Han-Chinese Buddhist Temples*, Stafa-zurich: Trans Tech Publications Ltd., 2013, p. 388.

⑦ Jingyuan Liu, *The Study of Intangible Cultural Heritage of Mount Tai from Aesthetic Anthropology Perspective*, Paris: Atlantis Press, 2013, p. 650.

之间的联系所起到的重要作用。① Mikkel Bille 以佩特拉的贝都因部落为例论述了土著居民在非遗调查与保护中的重要作用。② Xiakeer Saitaer 则详细介绍了维吾尔族传统特色毛毡的制作过程及保护措施。③

5. 非遗旅游价值的发现与评估

国外学者运用多种研究方法与手段发现并评估了非遗的价值尤其是旅游价值。Catherine Grant 通过对音乐家、教师和演员的半结构访谈，了解了他们致力于保存并恢复柬埔寨传统音乐的动机，在梳理柬埔寨音乐艺术发展历史与背景的基础上，描述了柬埔寨音乐的感知价值及其文化内涵，分析了维护和振兴传统音乐的缘由。④ Faroek Lazrak 等运用空间自回归模型，分析了城市文化遗产的市场价值。⑤ Giulio Zuccaro 等以坎帕尼亚地区火山为例，评估了自然灾害对文化遗产经济价值的影响。⑥ Chunxiao Lu 探讨了非遗价值评估的主要标准，指出文化上的差异影响着价值评估标准的制定。⑦ Xijia Huang 和 Qing Zhou 建议构建起非遗管理系统，以系统理论和计划成本理论指导非遗旅游资

---

① Maria Luisa Palma, Luis Palma, Luis Fernando Aguado, "Determinants of Cultural and Popular Celebration Attendance: The Case Study of Seville Spring Fiestas", *Journal of Cultural Economics*, Vol. 37, No. 1, 2013, p. 87.

② Mikkel Bille, "Assembling Heritage: Investigating the UNESCO Proclamation of Bedouin Intangible Heritage in Jordan", *International Journal of Heritage Studies*, Vol. 18, No. 2, 2012, p. 107.

③ Xiakeer Saitaer, *The Art of Uyghur Traditional Decorative Felt Making and Its Preservation*, Stafa – zurich: Trans Tech Publications Ltd., 2011, p. 2040.

④ Catherine Grant, "Perspectives of Culture – bearers on the Vitality, Viability and Value of Traditional Khmer Music Genres in Contemporary Cambodia", *Asia Pacific Journal of Anthropology*, Vol. 15, No. 1, 2014, p. 26.

⑤ Faroek Lazrak, Peter Nijkamp, Piet Rietveld, et al., "The Market Value of Cultural Heritage in Urban Areas: An Application of Spatial Hedonic Pricing", *Journal of Geographical Systems*, Vol. 16, No. 1, 2014, p. 89.

⑥ Giulio Zuccaro, Mattia Federico Leone, Davide Del Cogliano, et al., "Economic Impact of Explosive Volcanic Eruptions: A Simulation – Based Assessment Model Applied to Campania Region Volcanoes", *Journal of Volcanology & Geothermal Research*, Vol. 266, 2013, p. 2.

⑦ Chunxiao Lu, *The Study on Tourism Development of Intangible Cultural Heritage – Taking Weifang City as Example*, Stafa – Zurich: Trans Tech Publications Ltd., 2012, p. 55.

源的管理与开发。① Curtis Ashton 讨论了2008年奥运会为北京传统非遗保护与传承带来的影响和契机，并以北京烤鸭为例，总结了老北京传统非遗文化的继承、保护和传播。② Y. Necissa 以阿尔及利亚非遗"遗产化"保护为例，指出"遗产化"的保护使得非遗真正成为国家重要的组成部分，遗产化保护也不仅仅是对民族文化的传承，更是其经济状况的反映。③ Zhaoyang Chang 综合分析传统体育类项目的文化与社会价值，指出节庆仪式已成为示范、传播和展示文化记忆最重要的方式和方法。④ Chunmei Zhang 和 Dewen Zou 总结了中国非遗旅游开发的主要模式，并以河北承德为例阐明了旅游开发对非遗保护所产生的积极作用。⑤ Carlo Bottazzi、Marta Bottero 和 Giulio Mondini 等肯定了联合国教科文组织实行的名录制度对非遗保护产生的积极作用，指出旅游需求是联合国保护和管理非遗的基本出发点之一，进而结合访谈与计量经济模型绘制出遗产总体经济价值的分析图，设计出管理决策支持模型。⑥

6. 非遗教育的实施与普及

多个地区在非遗教育研究上也取得了一定的成果。Wanjung Wang 指出由各级各类博物馆针对青少年举办的剧场表演已成为非遗教育和

---

① Xijia Huang and Qing Zhou, *To Construct a Management System for Tourism Resources of Intangible Cultural Heritage*, Stafa – Zurich: Trans Tech Publications Ltd., 2012, p. 377.

② Curtis Ashton, "Peking Duck as a Museum Spectacle: Staging Local Heritage for Olympic Tourism", *Journal of Tourism and Cultural Change*, Vol. 10, No. 2, 2012, p. 150.

③ Y. Necissa, "Cultural Heritage as a Resource: Its Role in the Sustainability of Urban Developments. The Case of Tlemcen, Algeria", *Procedia Engineering*, Vol. 21, No. 1, 2011, p. 874.

④ Zhaoyang Chang, "On Active Existence of Cultural Memory and Its Value Orientation in Traditional Festival Sports", *Proceedings of the 21st Pan – Asian Congress of Sports and Physical Education*, Vol. 1: Nature, Society and Culture in Sports, 2010, p. 37.

⑤ Chunmei Zhang, Dewen Zou, "The Study on Tourism Development Models of Intangible Cultural Heritages: The Case of Chengde, China", *Proceedings of 2009 International Conference on Management Science and Engineering*, 2009, p. 1023.

⑥ Carlo Bottazzi, Marta Bottero, Giulio Mondini, et al., "Evaluation of The Tourist Demand in Management Plans for UNESCO Sites: The Case of The Cinque Terre Park (Italy)", *International Symposium on Environment Identities and Mediterranean Area*, IEEE (2006), Vol. 1 – 2, 2006, p. 367.

宣传的重要形式之一，中国香港、新加坡和中国台湾先后设计出不同形式的教育方案，通过剧场表演加深青少年对历史与文化的认知。① Xiangdong Liu 和 Xueda Yang 提出学校的体育教学可成为保护与传承体育类非遗的重要途径。② Jacqueline Coromoto Guillen de Romero 以委内瑞拉为例，强调了土著语言保护的重要性，指出委内瑞拉是一个多文化、多种族和多语言的国家，要寻找和挖掘已近失传的专业技术和古老知识，土著语言的使用是基本的前提，也是保护这些非遗的基础与前提，同时，土著语言的培训也有助于增进土著居民在非遗保护和传播的参与。③

（二）国内非遗研究进展

为了解国内非遗研究的进展，笔者以中国学术期刊网络出版总库（中国知网，CNKI）下辖的《中国学术期刊网络出版总库》《中国学术辑刊全文数据库》《中国博士学位论文全文数据库》《中国优秀硕士学位论文全文数据库》和《中国重要会议论文全文数据库》五大数据库作为数据源，以"非物质文化遗产"为关键词进行主题检索，截至2018年12月31日，共得文献23790篇，其中期刊论文19169篇，博士论文145篇，硕士论文2352篇，会议论文1610篇，学术辑刊论文514篇。

国内首次提及非遗的成果是1995年发表于《东欧中亚研究》，由常庆撰写的《国际中亚研究所成立并举行首次全体大会》一文，属于会议通告。真正属于非遗研究类的成果则是《非物质文化遗产法律保护》（詹正发撰，1997年刊于《武当学刊》）。在1997—2018年的二十二年里，每年都有新的研究成果产生，其年度分布如图1-2所示。

由图1-2可知，国内非遗的研究文献呈现着逐年上升的趋势，

---

① Wanjung Wang, "Using Process Drama in Museum Theatre Educational Projects to Reconstruct Postcolonial Cultural Identities in Hong Kong, Singapore and Taiwan", *Research in Drama Education the Journal of Applied Theatre & Performance*, Vol. 19, No. 1, 2014, p. 39.

② Xiangdong Liu, Xueda Yang, "Brief Investigation on Inheritance of Sports Intangible Cultural Heritage about the New Curriculum Reform in Physical Education", *International Workshop on Computer Science in Sports*, 2013, p. 136.

③ Jacqueline Coromoto Guillen de Romero, "Venezuelan Indigenous Educational Cultural Diversity in the Social-legal Context", *Revista De Ciencias Sociales*, Vol. 19, No. 1, 2013, p. 170.

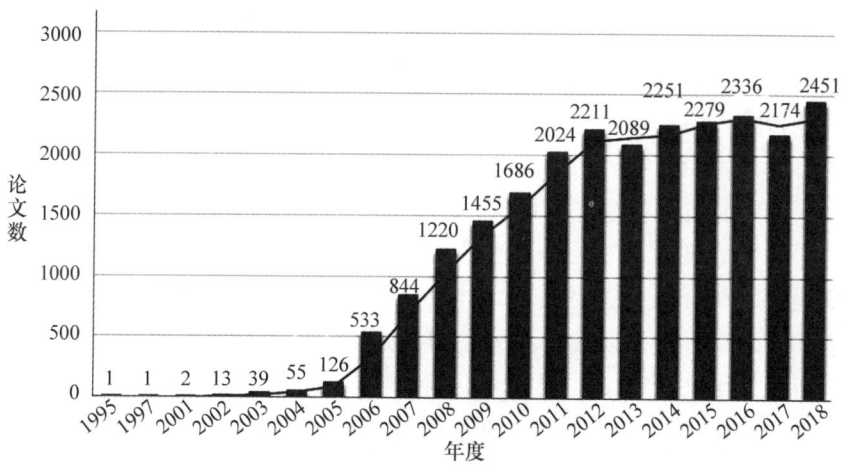

图 1-2 国内非遗研究年度文献分布图（1995—2018 年）

其中在 2006 年出现了第一次高峰，论文数较 2005 年有了数倍的增加，这一年正是国内非遗保护工作全面启动的一年，可见，非遗保护的现实实践在很大程度上推动了非遗理论研究的进步。从研究的主题来看，早期的研究文献偏重于非遗相关法律法规的摘录与宣传、重要非遗项目的介绍与遴选，以及非遗主要保护主体的初步认定上。随着非遗保护工作的深入开展，围绕非遗的研究内容在不断丰富，研究主题也在不断拓宽，目前主要集中在非遗概念的界定、非遗特征的分析、非遗价值的认定、非遗保护主体的安排、非遗法律法规的分析、非遗名录的申报、非遗项目的传承、非遗保护模式的总结、非遗的开发利用，以及非遗的数字化建设十个方面。

1. 非遗概念的界定

针对非遗的概念，国内不同学者分别对非遗概念的缘起及内容展开论述，并结合已经开展起来的非遗工作做了进一步的探讨。针对非遗概念的缘起，杨怡、吕建昌和廖菲、宋俊华分别进行了梳理和阐述。① 吕建昌、廖菲提出"人类口头和非遗"项目的宣布对于非遗概

---

① 杨怡：《非物质文化遗产概念的缘起、现状及相关问题》，《文物世界》2003 年第 2 期，第 27 页。

念的认同起到了非常关键的作用,但是非遗能否直接作为世界遗产的品类还是值得慎重考虑的问题。① 宋俊华也认为当前非遗概念的界定不够科学,需要做进一步的修正与完善。② 张春丽、李星明也通过文献综述指出当前学界对非遗概念的认识尚不统一。③

　　针对非遗的概念,乌丙安④、齐爱民⑤、张春丽和李星明⑥分别阐述了非遗的概念、外延、内涵及其具体分类,乌丙安同时指出非遗的概念,是集合相关历史文献,对比物质文化遗产及当前国家级非遗代表作名录申报工作实践得出的。杨永芳从法理学角度对国际、国内非遗概念的由来、意义、保护主体和客体加以界定。⑦ 李强、杨小明、王华专门探讨了织染类非遗的概念和特征。⑧ 韩小兵概括性论述和分析了国内现有"少数民族非遗"的代表性定义,比较了少数民族非遗与汉族非遗之间的差异,提出单独界定少数民族非遗概念的必要性,及其国内、国际的法律意义。⑨ 陈淑娟指出非遗具有一定范畴,其研究对象也有弹性,需结合非遗定义理解非遗的内涵与外延。⑩

　　一些学者结合《保护非物质文化遗产公约》和《国家级非遗代

---

　　① 吕建昌、廖菲:《非物质文化遗产概念的国际认同——兼谈口头和非物质遗产的法律地位》,《中国博物馆》2006年第1期,第10页。
　　② 宋俊华:《非物质文化遗产概念的诠释与重构》,《学术研究》2006年第9期,第117页。
　　③ 张春丽、李星明:《非物质文化遗产概念研究述论》,《中华文化论坛》2007年第2期,第137页。
　　④ 乌丙安:《非物质文化遗产的界定和认定的若干理论与实践问题》,《河南教育学院学报》(哲学社会科学版)2007年第1期,第11页。
　　⑤ 齐爱民:《非物质文化遗产系列研究(一)非物质文化遗产的概念与构成要件》,《电子知识产权》2007年第4期,第17页。
　　⑥ 张春丽、李星明:《非物质文化遗产概念研究述论》,《中华文化论坛》2007年第2期,第137页。
　　⑦ 杨永芳:《非物质文化遗产保护问题的法学界定》,《行政与法》2007年第7期,第85页。
　　⑧ 李强、杨小明、王华:《染织类非物质文化遗产的概念和特征》,《丝绸》2008年第12期,第52页。
　　⑨ 韩小兵:《少数民族非物质文化遗产概念界定及其法律意义》,《北京政法职业学院学报》2010年第4期,第24页。
　　⑩ 陈淑娟:《非物质文化遗产概念的内涵与外延探究》,《黑龙江史志》2014年第1期,第162页。

表作申报评定暂行办法》两份重要文件对非遗概念做出进一步的明确。苑利将非遗划为传承主体、传承方式、价值、文化形式四要素。[1] 梁保尔和马波则将上述两份文件认定为明确非遗概念的关键，并以"保护为主，合理利用"为主线，探讨将非遗视为旅游资源所采取的保护与利用措施。[2] 刘壮和牟延林首先追溯了非遗的原始含义、其本土化流变的主要历程，并同当前学界提出的主要概念做出比较。[3] 王巨山则以非遗概念演变为切入点，探讨了非遗"物"的概念，以及"物"在非遗保护中的角色。[4]

一些学者还结合非遗工作对非遗概念做了进一步的探讨，谢燕清指出重新界定非遗概念，明确博物馆在非遗工作中的支点，是确保博物馆更好参与非遗保护的前提，进而构建起非遗的概念体系。[5] 王先胜指出"非遗"是在中国传统文化语境下，法理、学理层面最适当的称谓，建议放弃"无形文化遗产"而统一使用"非遗"称谓，使之与政府和官方称谓一致。[6] 潘健如指出清晰界定非遗的概念是解决非遗保护实践存在问题的关键。[7] 刘双玲提出理解和掌握非遗概念、内涵及特征对于保护与弘扬地方非遗具有重大的意义。[8]

2. 非遗特征的分析

围绕非遗的特征，一些学者做了系统总结，也有一些学者对其中

---

[1] 苑利：《进一步深化对于非物质文化遗产概念的认识》，《河南社会科学》2008年第1期，第21页。

[2] 梁保尔、马波：《非物质文化遗产旅游资源研究——概念、分类、保护、利用》，《旅游科学》2008年第2期，第7页。

[3] 刘壮、牟延林：《非物质文化遗产概念的比较与解读》，《西南大学学报》（社会科学版）2008年第5期，第183页。

[4] 王巨山：《"物"与"非物"之辩——谈非物质文化遗产保护中"物"的角色》，《文化艺术研究》2008年第3期，第95页。

[5] 谢燕清：《非物质文化遗产的理念——基于保护层面的理念再建构》，《文化艺术研究》2011年第2期，第86页。

[6] 王先胜：《非物质文化遗产与无形文化遗产辨正》，《民族艺术研究》2011年第4期，第155页。

[7] 潘健如：《非物质文化遗产的界定探讨》，《群文天地》2012年第18期，第47页。

[8] 刘双玲：《略述非物质文化遗产的内涵及特征——以宁夏固原为例》，《科技创业家》2013年第10期，第137页。

单个、突出的特征做了专门描述。宋俊华将非遗的特征描述为无形性、活态性、多元性、传承性与社会性五个方面。① 陈兴贵专门研究了彝族非遗的特征,将其总结为实践性、无形性、动态性、变异性、历史性、群体性和濒危性等。② 卢和乐以温州鼓词为例,将非遗特征总结为民间性、区域性和传承性三大特征。③ 薛丽媛专门阐述了非遗的重要特征——地域性,指出地域是非遗文化的摇篮,是孕育各种类型文化遗产的基础。④ 侯晓敏强调了非遗"口传心授"的无形性。⑤ 肖锋将非遗的"非物质性"同物质文化遗产的"物质性"做了比较,指出当前对非遗认知上存在着两大倾向,一是"非物质"倾向;二是"泛物质化"倾向。⑥

此外,一些学者也指出科学认识非遗特征具有重要意义。孙晓燕提出如果未能很好地把握非遗特征及其价值,缺乏科学而可操作性的标准,就会在短期利益的驱动下形成"泛文化遗产论"⑦。

3. 非遗价值的认定

围绕非遗的价值,一些学者以具体非遗项目为例,探讨其所具有的价值。谢道辛以耳支歌为例讨论了大理白族非遗的价值和以社区为主保护模式。⑧ 罗丹萍将文化遗产价值总结为文化和经济两大价值,其中文化价值是本质价值,经济价值是市场经济背景下的衍生物,同时提出当前存在着过于看重经济价值忽视文化价值的误区,建议培养

---

① 宋俊华:《非物质文化遗产特征刍议》,《江西社会科学》2006年第1期,第33页。
② 陈兴贵:《彝族非物质文化遗产的主要特征》,《怀化学院学报》2009年第10期,第7页。
③ 卢和乐:《民间性·区域性·传承性——浅谈温州鼓词的非物质文化遗产特征》,《曲艺》2009年第7期,第50页。
④ 薛丽媛:《地域性——非物质文化遗产特征之一》,《剧影月报》2007年第4期,第43页。
⑤ 侯晓敏:《对非物质文化遗产特征界定的思索》,《戏剧之家》(上半月)2010年第9期,第73页。
⑥ 肖锋:《论非物质文化遗产的"物质性"与"非物质性"》,《广西社会科学》2013年第12期,第62页。
⑦ 孙晓燕:《非物质文化遗产的特征和价值界定》,《艺术与设计》(理论)2007年第8期,第206页。
⑧ 谢道辛:《山区白族非物质文化遗产的价值与保护——云龙白族耳支歌个案研究》,载《云龙学术会议论文集》,2003年,第190页。

正确的文化价值观，建立起一套适宜的文化遗产管理体系。① 王廷信以"靖江宝卷"为例对少数民族的口头和非遗进行价值审定，指出"靖江宝卷"是在民俗信仰日益衰退、民间艺术日益式微、传统文化日益危机的情况下诞生出的一朵奇葩。② 罗琳分析了中国少数民族口头与非物质文化遗产的价值内涵，并通过语言学、历史学、民俗学等多学科观点，对少数民族口头与非遗的价值进行审视。③ 吴晓秋系统分析了贵州驿道文化线路所具有的价值，并将这些价值归纳为"文化价值""非遗价值"和"文化生态旅游价值"三大类。④ 颜五湘、张式成讨论了郴州市嘉禾县伴嫁哭嫁歌的价值构成。⑤ 菅丰、陈志勤系统分析了非遗的历史性、民族性和稀有性等本源性价值。⑥ 石生认为非遗的稀缺和不可再生很大程度上对非遗价值，尤其是经济价值有着增值作用。⑦ 在此基础上，石生进一步以安徽亳州传统体育项目——五禽戏为例，对其遗产价值、文化内涵和文化价值等进行了分析。钟典模系统研究了体育类非遗的价值及其传承。⑧ 俞晓萍分析了四川西部少数民族地区代表性非遗的价值，并在分析其保护现状和存在问题的基础上，提出了相应的保护措施。⑨ 唐云松则对满族体育类非遗的

---

① 罗丹萍：《论城市经营中文化遗产的价值取向》，硕士学位论文，四川大学，2007年，第15页。

② 王廷信：《靖江宝卷的非物质文化遗产价值——以〈三茅宝卷〉为例》，《民族艺术》2007年第3期，第10页。

③ 罗琳：《少数民族口头和非物质文化遗产的价值审视》，《民族论坛》2007年第8期，第18页。

④ 吴晓秋：《论贵州驿道文化线路的价值构成——以明奢香驿道线路为研究个案》，《贵州文史丛刊》2009年第4期，第78页。

⑤ 颜五湘、张式成：《南岭民歌奇葩——嘉禾伴嫁歌的非物质文化遗产价值探索》，《人民音乐》2009年第5期，第42页。

⑥ 菅丰、陈志勤：《何谓非物质文化遗产的价值》，《文化遗产》2009年第2期，第106页。

⑦ 石生：《安徽省非物质文化遗产"五禽戏"的文化价值研究》，《长春理工大学学报》2010年第11期，第186页。

⑧ 钟典模：《非物质体育文化遗产的价值与继承》，《唐山师范学院学报》2010年第5期，第120页。

⑨ 俞晓萍：《四川西部少数民族地区非物质文化遗产价值及保护研究》，《特区经济》2010年第1期，第198页。

价值做了系统阐述，深入研究了其保护与传承的对策。①

一些学者也对非遗价值做了量化评估。如吴晓秋、胡进初步评估了龙场九驿的非遗价值。②刘瀚熙选取了部分三线建设基地遗产，对其价值、风险进行量化评估。③薛艺兵专门研究了非遗价值判断中的话语权等问题。④彭林绪论述了非遗价值的实现方式。⑤郭剑英、余晓萍同样也构建起了非遗的价值评估体系，并将其应用于四川西部少数民族地区的非遗价值评估。⑥郑乐丹结合非遗价值、特征及保护，筛选出25个非遗价值评估重要指标。⑦汪振军具体探讨了河南省非遗价值的实现及传承。⑧金剑、王贺敏、王建祥研究了非遗价值的具体核算。⑨周兴茂、肖英全面总结和评价了土家族非遗的价值。⑩蒋丽芹主张结合特尔菲法和层次分析法，构建起非遗旅游价值评价指标体系，以明确非遗价值，为非遗的旅游开发提供参考。⑪

一些学者也指出非遗价值评估的重要意义。钱永平指出价值评估

---

① 唐云松：《满族传统体育变迁及其价值》，《满语研究》2011年第2期，第92页。
② 吴晓秋、胡进：《龙场九驿非物质文化遗产价值评估》，《贵州社会科学》2011年第9期，第128页。
③ 刘瀚熙：《三线建设工业遗产的价值评估与保护再利用可行性研究》，硕士学位论文，华中科技大学，2012年，第15页。
④ 薛艺兵：《关于非物质文化遗产保护的价值判断问题》，《民族遗产》2008年，第43页。
⑤ 彭林绪：《非物质文化遗产价值实现方式》，《湖北民族学院学报》（哲学社会科学版）2008年第2期，第41页。
⑥ 郭剑英、余晓萍：《非物质文化遗产价值评价——以四川西部少数民族地区为例》，《乐山师范学院学报》2009年第4期，第91页。
⑦ 郑乐丹：《非物质文化遗产资源价值评价指标体系构建研究》，《文化遗产》2010年第1期，第6页。
⑧ 汪振军：《河南非物质文化遗产价值与传承思考》，《文化产业研究》2011年，第40页。
⑨ 金剑、王贺敏、王建祥：《关于非物质文化遗产价值核算的相关理论问题探讨》，《河北企业》2012年第5期，第93页。
⑩ 周兴茂、肖英：《土家族非物质文化遗产：价值、濒危与保护》，《重庆三峡学院学报》2013年第4期，第34页。
⑪ 蒋丽芹：《非物质文化遗产旅游价值评价体系构建及应用》，《边疆经济与文化》2014年第1期，第9页。

是传统文化表现形式被确认为非遗的必要环节。① 邵际树研究了非遗的旅游价值，将其视为非遗旅游开发的重要环节。② 厉春雷指出厘清非遗的社会价值与经济价值，对于非遗的保护与开发有着重要的现实意义。③ 王运指出科学、全面地评估非遗价值可为非遗的开发、保护与传承提供可靠依据。④

4. 非遗保护主体的安排

针对非遗保护的主体，政府、社会团体、大学、博物馆、图书馆、档案馆、社会公众等都被认为是非遗保护的应有主体。王文馨指出政府以及相关行政机构在非遗保护工作中的最大优势在于他们能够全面地解决私人和企业不能够完成的大型项目。⑤ 贾峻峰号召应让社会团体积极参与到非遗保护中，并对参与原则和参与对策做了总结。⑥ 翁敏华认为大学应当承担起保存非遗、开展非遗研究的重任。⑦ 王巨山则以手工类非遗为例，研究了博物馆在非遗保护中的参与及其具体的参与形式和方法。⑧ 田雁客观审视了博物馆在展示和传承非遗项目上所具有的优点与不足，进而提出改进的建议。⑨ 蔡光龙指出图书馆应负有保护非遗，收集和保存非遗资料的重要职责，但单凭其一己之力是很难完成的，需要通过行业内部的协调，以及跨行业的互动与合

---

① 钱永平：《非物质文化遗产的价值评估与保护实践》，《重庆文理学院学报》（社会科学版）2012年第6期，第1页。
② 邵际树：《非物质文化遗产的旅游价值和旅游开发模式探讨》，《当代经济》2012年第8期，第38页。
③ 厉春雷：《非物质文化遗产的价值审视：基于生存资源与文化资本的两个维度》，《生产力研究》2012年第1期，第129页。
④ 王运：《非物质文化遗产的价值评估》，《特区经济》2013年第7期，第229页。
⑤ 王文馨：《政府主导下的非物质文化遗产保护的几点思考》，《青年文学家》2013年第32期，第176页。
⑥ 贾峻峰：《非物质文化遗产保护中社会团体作用研究》，硕士学位论文，东北大学，2009年，第12页。
⑦ 翁敏华：《论大学应该成为非物质文化遗产博物馆》，《湖北民族学院学报》（哲学社会科学版）2004年第4期，第30页。
⑧ 王巨山：《手工艺类非物质文化遗产理论及博物馆化保护研究》，博士学位论文，山东大学，2007年，第24页。
⑨ 田雁：《非物质文化遗产的博物馆化展示——以深圳博物馆〈深圳民俗文化〉展为例》，《西南农业大学学报》（社会科学版）2012年第6期，第78页。

作才能切实发挥其效用。郑晓雯也认为图书馆应该在非遗保护事业中承担起相应的责任。①

吕俊彪聚焦于中国非遗保护中的"去主体化"现象，认为要有效地保护和传承非遗，需要突破和超越传统的"保护"思维，探寻出一条强化其活态、实现可持续发展的路径，而这一路径的关键就是要重新认定和塑造普通民众在非遗保护中的主体地位，做到"还俗于民"。此外，吕俊彪还专门分析了非遗保护主体中"去主体化"倾向形成的原因，提出了解决这一问题的基本思路。②虞定海、张茂林对中国的传统武术展开了针对性的研究，指出传承和保护中国的传统武术既是政府行为，也应当是社会行为，更强调了社会参与对非遗保护与传承所具有的重要作用。③谭红春也指出政府在非遗工作中的主动以及其他主体的缺席与迷失都会影响到非遗保护工作。④王丽以上海市民为研究对象，探讨了公众对传统端午节习俗的认知程度，分析了上海公众对端午节习俗的参与度，提出保护和传承端午节民俗文化最好的方法就是加大公众的参与度。⑤金文杰提出档案馆也有责任参与到少数民族非遗保护中，主张建立云南少数民族非遗档案馆，并就建设的意义和内容提出设想。⑥

此外，针对非遗建档的主体，一些学者也提出应该建立科学的主体制度，如王庆就提出建立非遗监理人制度；⑦赵东也从民法、物权

---

① 郑晓雯：《图书馆参与非物质文化遗产保护研究》，硕士学位论文，河北大学，2008年，第34页。

② 吕俊彪：《非物质文化遗产保护的去主体化倾向及原因探析》，《民族艺术》2009年第2期，第6页。

③ 虞定海、张茂林：《传统武术传承和保护的政府角色与社会参与机制》，载中国体育科学学会《第九届全国体育科学大会论文摘要汇编（4）》，2011年，第320页。

④ 谭红春：《关于少数民族非物质文化遗产保护实践的反思——以中国瑶族盘王节为例》，《广西民族研究》2009年第2期，第172页。

⑤ 王丽：《上海公众对端午节的认知度研究》，硕士学位论文，上海师范大学，2011年，第24页。

⑥ 金文杰：《云南少数民族非物质文化遗产档案馆构建初探》，《兰台世界》2010年第16期，第2页。

⑦ 王庆：《非物质文化遗产主体制度设计研究》，硕士学位论文，西南大学，2009年，第45页。

法、知识产权等法律制度出发探讨了非遗保护主体制度的建设。①

5. 非遗法律法规的分析

针对非遗的法律法规，费安玲和李宗辉均强调了立法建设对推进非遗保护所具有的重要作用与意义。②③ 张德财从保护非遗的目的出发，提出了中国非遗保护法的立法构想。④ 陈庆云认为应参照国内外非遗保护的立法，认真分析中国非遗保护中存在的法律问题，制定出有效保护与合理利用中国非遗的法律对策。⑤ 崔艳峰从分析非遗的内涵入手，确立非遗的外延，指出中国非遗保护中存在的法律问题，提出了有效保护与合理利用中国非遗的法律对策。⑥ 黎明主张必须建立起完善的少数民族非遗法律制度，同时指出厘清法源将成为建立法律制度的必然要求和重要前提。⑦ 赵敏从法律的角度系统地阐述了非遗知识产权保护的正当性，提出了完善非遗保护的相关建议。⑧ 付弘指出中国的非遗立法工作仍处于起步阶段，仍有许多工作有待开展。⑨ 刘俊、邹权结合非遗相关法律法规分析了非遗保护的权利主体，提出了非遗保护中涉及的权利种类，重点阐述了非遗保护的特殊内容。⑩

---

① 赵东：《少数民族非物质文化遗产的法律保护——从民事主体角度分析》，《法制与经济》（上旬）2011年第12期，第66页。

② 费安玲：《非物质文化遗产法律保护的基本思考》，《江西社会科学》2006年第5期，第12页。

③ 李宗辉：《非物质文化遗产的法律保护——以知识产权法为中心的思考》，《知识产权》2005年第6期，第54页。

④ 张德财：《非物质文化遗产法律保护研究》，硕士学位论文，华东政法大学，2007年，第55页。

⑤ 陈庆云：《非物质文化遗产保护法律问题研究》，《中央民族大学学报》2006年第1期，第40页。

⑥ 崔艳峰：《中国非物质文化遗产法律问题研究》，《法制与社会》2007年第8期，第171页。

⑦ 黎明：《论我国少数民族非物质文化遗产保护的法源问题》，《民族研究》2007年第3期，第11页。

⑧ 赵敏：《非物质文化遗产的知识产权保护研究》，硕士学位论文，重庆大学，2008年，第23页。

⑨ 付弘：《谈非物质文化遗产法律保护中应当界定的几个问题》，《青海社会科学》2008年第4期，第178页。

⑩ 刘俊、邹权：《论非物质文化遗产法律保护的几个主要问题》，《东华理工大学学报》（社会科学版）2008年第1期，第41页。

张邦铺剖析了中国非遗法律保护存在的问题，提出有效保护与合理利用我国非遗的法律对策。① 孙浩坚认为法律是非遗保护中最为有效也最为关键的一环，并结合中国非遗法律保护的现状，全面解析了中国的非遗保护工作。②

一些学者先后介绍并分析了非遗保护的相关立法。周安平、张文敏介绍了国际社会在非遗保护上所做的努力、取得的成果以及中国采取的法律手段。③ 牛文军呼吁尽快制定出非遗保护的专门法规，并注意与非遗保护的相关国际法相配套与衔接。④ 吴双全指出《中华人民共和国非物质文化遗产法》的颁布实施使中国非遗的法律保护进入到一个新的阶段，但仍需进一步修订和细化。⑤

6. 非遗名录的申报

针对非遗名录，一些学者肯定了建立非遗名录对保护非遗所具有的重要意义与作用。陶立璠指出非遗名录的公布标志着中国非遗保护机制正式确立。⑥ 纪永贵、朱坤、孙薇指出名录的发布有助于挖掘零散、自发、濒临灭绝的非遗资源，名录的审核、公布以及接受评议与监督有助于强化非遗在公众间的宣传，进而在公众间起到非遗文化的启蒙作用。同时，建构起来的非遗名录也为区域内文化地图的描绘提供了翔实可靠的资料，为全面摸排、了解和掌握地区非遗资源奠定了坚实的基础。⑦ 周嘉华指出国家级非遗名录的颁布为中国非遗的普查

---

① 张邦铺：《论我国非物质文化遗产的法律保护》，《韶关学院学报》2008 年第 11 期，第 32 页。

② 孙浩坚：《浅谈我国非物质文化遗产法律保护的现状及优化策略》，《大众文艺》2014 年第 4 期，第 3 页。

③ 周安平、张文敏：《非物质文化遗产法律保护现状——从民间文学艺术保护探讨非物质文化遗产的法律保护》，载中央音乐学院音乐学研究所、西南大学音乐学院、南京艺术学院音乐学院《音乐类非物质文化遗产保护国际学术研讨会论文集》，2008 年，第 146 页。

④ 牛文军：《少数民族传统文化立法：问题、成因与对策》，《内蒙古大学学报》（人文社会科学版）2007 年第 5 期，第 40 页。

⑤ 吴双全：《我国非物质文化遗产法律保护的新探索》，《兰州学刊》2013 年第 12 期，第 172 页。

⑥ 陶立璠：《非物质文化遗产名录评审的理论与实践》，《江西社会科学》2008 年第 9 期，第 14 页。

⑦ 纪永贵、朱坤、孙薇：《皖江地区非物质文化遗产名录发布状况调查》，《池州学院学报》2008 年第 4 期，第 85 页。

和保护奠定了初步基础。①

一些学者在肯定名录所具有的积极作用的同时，也指出当前名录制度存在的缺陷。陶立璠指出名录在评审和建设方面还存在一些问题，需要政府、专家、传承人的参与。② 顾希佳指出名录制度存在的问题；如分类体系不合理、申报地区或单位认定不科学等有待进一步梳理，同时指出名录之外的非遗的保护也非常重要。③ 姚伟钧、王胜鹏首先肯定了非遗代表作名录制度在中国非遗保护工作中所具有的重要作用，同时也指出中国正处于"后申报时期"，存在着名录制度与四级体制的层级化分裂、名录制度不足与制度漏洞并存等问题。④

一些学者对现行非遗名录体系展开了具体分析。纪永贵、朱坤、孙薇统计了现有非遗名录体系中皖江地区的非遗项目及数量。⑤ 也有一些学者对下一阶段非遗名录的建设提出建议和展望。如姚伟钧、王胜鹏就提出需要坚持和完善非遗资源的整体性保护原则。⑥ 李新以大理非遗名录影像资料库为例，提出引入现代信息技术以丰富非遗保护的形式与内容。⑦ 张雪峰对当前非遗分类体系中类目的设置提出了质疑和修改建议。⑧ 罗玉洁总结了山西省非遗名录数据库的建设工作，包括传统技艺、传统医药、民间舞蹈、曲艺、民俗等在内的10个大类近100项的非遗名录悉数被收纳进数据库，指出山西省档案部门以

---

① 周嘉华：《国家非物质文化遗产名录的评定与少数民族文化遗产》，《大理民族文化研究论丛》2009年第00期，第648页。

② 陶立璠：《非物质文化遗产名录评审的理论与实践》，《江西社会科学》2008年第9期，第14页。

③ 顾希佳：《关于我国非物质文化遗产名录制度的思考》，《非物质文化遗产研究集刊》2009年第00期，第92页。

④ 姚伟钧、王胜鹏：《完善中国非物质文化遗产名录的思考》，《浙江学刊》2013年第1期，第35页。

⑤ 纪永贵、朱坤、孙薇：《皖江地区非物质文化遗产名录发布状况调查》，《池州学院学报》2008年第4期，第85页。

⑥ 姚伟钧、王胜鹏：《完善中国非物质文化遗产名录的思考》，《浙江学刊》2013年第1期，第35页。

⑦ 李新：《大理非物质文化遗产名录影像资料库开发利用》，《大理学院学报》2009年第11期，第79页。

⑧ 张雪峰：《对国家级非物质文化遗产名录第Ⅵ类命名变化的探讨》，《贵州体育科技》2010年第2期，第14页。

及太原市档案部门在其中起到了积极的作用。①

7. 非遗项目的传承

围绕非遗项目的传承，一些学者列举并研究了其中的代表性案例。黄修忠梳理了第一批非遗名录中民族织锦项目的传承。② 李玲、代武春、娄兴彬重点研究了楹联习俗的传承，指出精英与大众的参与增强了传承的活力。③ 王怀虎、魏玉琴介绍了流传于天水地区的群众性舞蹈——旋鼓舞的传承。④ 曲洪刚从符号视角阐述了满族传统体育类非遗项目的传承工作。⑤

8. 非遗保护模式的总结

结合前期开展的非遗保护实践，一些学者也总结并分析出国内非遗保护的主要模式。如叶芳芳、朱远来将其概括为博物馆模式和田野生态模式两类，在总结特点与局限的基础上，提出改进的对策。⑥ 曹晓峰以辽宁省为例指出旅游开发已成为非遗保护的重要模式，在保护与传承本地非遗资源的同时，还有助于推动旅游经济的快速发展。⑦ 王焯结合辽宁省非遗工作，提出切实可行的产业化保护原则与模式，并将其总结为以"文化"为核心，引入先进的技术，生产出不同形态的文化产品，采取不同的营销模式，实现对文化的多元化立体保护。⑧

---

① 罗玉洁：《太原市档案局（馆）建立非物质文化遗产名录数据库》，《兰台世界》2013年第13期，第7页。

② 黄修忠：《浅谈蜀锦非物质文化的传承与发展》，《四川丝绸》2007年第2期，第53页。

③ 李玲、代武春、娄兴彬：《沉浮在精英与大众之间——楹联习俗传承的特征与当代变迁》，《重庆文理学院学报》（社会科学版）2007年第1期，第4页。

④ 王怀虎、魏玉琴：《非物质文化遗产项目天水旋鼓舞及其体育文化价值研究》，《运动》2010年第5期，第134页。

⑤ 曲洪刚：《符号视角下满族传统体育非物质文化遗产保护与文化传承》，《时代文学》（下半月）2012年第12期，第206页。

⑥ 叶芳芳、朱远来：《少数民族非物质文化遗产整体性保护的困境与出路》，《广西民族研究》2013年第3期，第197页。

⑦ 曹晓峰：《辽宁非物质文化遗产的开发式保护模式》，《辽东学院学报》（社会科学版）2009年第6期，第133页。

⑧ 王焯：《辽宁非物质文化遗产产业化保护模式探究》，《文化学刊》2009年第6期，第113页。

傅才武、陈庚主张将非遗的保护与开发同物质文化遗产的保护并轨同行。[1] 张耕认为非遗的私法保护应重视对知识产权和反不正当竞争的保护。[2] 李晓华以民俗文艺为例，将对其的保护总结为文艺民俗和民俗文艺两大类，指出土家族文艺民俗研究多以固化保护为主，是一种静态保护。[3] 张跃、李曦淼指出非遗应坚持"政府主导、社会参与"的基本原则，并结合怒族非遗保护的具体实践提出了政府在其中的作用和举措。[4] 吴瑞香提出了非遗的"分级保护"模式。[5] 马宁、马小燕以尼洋阁藏东南非遗博物馆为例，提出了博物馆参与非遗保护的模式。[6] 王彦懿、姜保国、陈芙蓉提出应将农业合作社模式同非遗旅游开发相结合，实现保护与开发的良性耦合与互动。[7] 段友文提出将民歌保护模式用于非遗保护，以民歌文化为中心构成文化、社会、自然三个生态圈，融合文艺主体生态系统、文艺本土生态系统、文艺功能生态系统诸因素组合成文艺生态场。[8]

9. 非遗的开发利用

针对非遗的开发利用，王吉林、陈晋璋指出中国非遗私法保护制度的缺失导致非遗开发利用中权利主体制度、利益分配机制的缺失，主张确立限制制度。[9] 徐蓓雯提出将非遗的开发利用纳入到法律轨道

---

[1] 傅才武、陈庚：《当代中国文化遗产的保护与开发模式》，《湖北大学学报》（哲学社会科学版）2010年第4期，第93页。

[2] 张耕：《非物质文化遗产私法保护模式研究——以重庆市非物质文化遗产保护为例》，《西南民族大学学报》（人文社科版）2010年第8期，第105页。

[3] 李晓华：《从民俗文艺看非物质文化遗产的传承与保护——以土家族为个案的系统工程研究概述》，《重庆三峡学院学报》2011年第6期，第30页。

[4] 张跃、李曦淼：《非物质文化遗产保护政府主导模式探讨——以怒族非物质文化遗产保护为例》，《西南边疆民族研究》2012年第2期，第145页。

[5] 吴瑞香：《构建濒危档案文献遗产保护分级保护模式的意义》，《黑龙江档案》2012年第3期，第33页。

[6] 马宁、马小燕：《西藏非物质文化遗产保护的"尼洋阁"模式之反思》，《西藏大学学报》（社会科学版）2013年第4期，第113页。

[7] 王彦懿、姜保国、陈芙蓉：《民族地区非物质文化遗产保护与旅游开发耦合模式研究——以湖北省恩施州利川市为例》，《今日中国论坛》2013年第11期，第89页。

[8] 段友文：《非物质文化遗产视野下的民歌保护模式研究——以山西河曲"山曲儿"、左权"开花调"为例》，《山东社会科学》2013年第1期，第100页。

[9] 王吉林、陈晋璋：《非物质文化遗产开发利用的私法规制》，《河北法学》2011年第11期，第44页。

之中，构建起公私法相交织的综合法律模式。① 张林、邓志新以西藏乃东县民族哗叽手工编织专业合作社为例，指出非遗特殊的存在形式和传承形式成为人们选择非遗作为经营主体的关键性因素，合作社吸纳了"师傅带徒弟"的传统传承方式，形成了新的开发利用模式。② 谢冬兴等立足于广东省、江门市、五邑侨乡的经济、文化背景，提出了荷塘纱龙创新表演形式和改革传承方式等开发策略。③

10. 非遗的数字化建设

此外，国内学者还探讨了非遗的数字化建设。如李轩介绍了虚拟现实技术在南昌傩文化传播中的应用。④ 黄永林、谈国新指出数字化采集和储存在非遗完整保护中的作用。⑤ 彭冬梅等列举了国外非遗数字化保护的主要技术和典型做法，强调了非遗数字化保护的意义与紧迫性。⑥ 卓么措系统考察了热贡唐卡的传承现状和信息技术的应用状况，概括出信息技术应用于藏传佛教艺术传承的主要优势及存在价值。⑦ 徐用高围绕羌族非遗保护实践，提出可依托教育资源，构建起静态保护与活态传承相结合的保护模式。⑧

刘勐、胡文静分析了甘肃非遗数字化建设的现状，提出"花儿"特色数据库的构建方案和数据库建设中的现实问题。⑨ 代俊波

---

① 徐蓓雯：《非物质文化遗产的开发利用法律规制模式初探》，《法制与社会》2013年第33期，第267页。

② 张林、邓志新：《农民专业合作社与非物质文化遗产的开发——以西藏乃东县民族哗叽手工编织专业合作社为例》，《中国农民合作社》2013年第6期，第63页。

③ 谢冬兴、王建文、李锦洲：《非物质文化遗产"荷塘纱龙"的传承、开发与利用》，《河北体育学院学报》2013年第1期，第88页。

④ 李轩：《南昌市傩文化广场虚拟漫游系统的设计与实现》，硕士学位论文，电子科技大学，2011年，第11页。

⑤ 黄永林、谈国新：《中国非物质文化遗产数字化保护与开发研究》，《华中师范大学学报》（人文社会科学版）2012年第2期，第49页。

⑥ 彭冬梅、潘鲁生、孙守迁：《数字化保护——非物质文化遗产保护的新手段》，《美术研究》2006年第1期，第47页。

⑦ 卓么措：《藏传佛教艺术传承中信息技术应用的价值定位研究》，博士学位论文，西南大学，2011年，第34页。

⑧ 徐用高：《羌族非物质文化遗产静态保护和活态传承结合模式构建研究》，硕士学位论文，西南大学，2011年，第12页。

⑨ 刘勐、胡文静：《甘肃非物质文化遗产传承发展的数字化探索——以"花儿"特色数据库为例》，《图书馆理论与实践》2013年第10期，第99页。

详细介绍了多媒体技术在满族非遗收集、整理、制作等过程中的应用。①

（三）国内外非遗研究现状评述

从国内外非遗现有的研究成果来看，国外的非遗研究早期侧重于非遗的概念、价值、保护和开发方式，此后非遗数字化保护研究不断得到重视，开始了虚拟博物馆技术在非遗中的应用，及非遗数字博物馆等的探索。

中国的非遗研究在近年来不断升温，成果迭出，但总体来说起步较晚，难免存在一些不足，主要体现在以下几方面。②

1. 研究视角有待拓展

从主要研究视角看，国内外存在着较大的不同，国内学者更侧重于对抽象或理论性问题的研究，如非遗的基本内涵、主要范畴、典型特征、蕴含的价值及主要功能等。从研究对象看，国内侧重的是对具体非遗项目等个案的研究，横向的比较与研究略显不足，更缺少在某一时间区间内对某个地区非遗演化和变迁历程的探讨与梳理，从政策、标准、体制等角度开展的非遗保护问题研究也很少。此外，目前开展的非遗保护模式研究是仅从旅游角度展开的，视角较为狭窄。

2. 研究内容有待拓宽

从主要研究内容看，中国现行的非遗研究已涉及多个层面，如内涵与范畴的解析、特征的总结、价值的认定、功能的描绘、保护现状的调查与总结、保护作用和意义的明确、保护原则与措施的梳理、不同区域、多种类型保护方法的整理与凝练，以及国外代表性保护方法与模式的总结等。即便如此，依然有一些重要的内容还是被遗漏或忽视了，例如，《中华人民共和国非物质文化遗产法》中提到的"保存""保护"的内涵解析、保存与保护的标准，长期保护的代表性技术，以及非遗保存保护效果评价等。

---

① 代俊波：《基于多媒体技术的满族非物质文化遗产数字化保护应用研究》，《图书馆学研究》2013年第14期，第31页。

② 周耀林、戴旸、程齐凯：《非物质文化遗产档案管理理论与实践》，武汉大学出版社2013年版，第38页。

3. 研究程度有待深化

系统梳理中国非遗保护的研究成果可以看出，中国非遗研究的程度仍显得较为浅显，形成的论著多属于介绍性成果，构建起来的基本理论也有着较为浓重的理论移植的痕迹，成熟、具有普遍指导意义的研究成果并不多见。因此，如何形成具有一定深度的研究成果是学界需要思考的问题之一。

4. 研究方法有待改善

从主要研究方法看，中国非遗研究以定性为主，较少运用定量分析方法，尽管学者们借用各个学科的研究方法和范式来研究非遗问题，但往往具有一定的局限性。对个案的分析不足，缺乏实证研究以及计量统计、计量社会学等方法的运用。

5. 研究队伍有待整合

十余年来，中国非遗研究已形成了一些研究组织，如中央美术学院率先成立了"非遗保护研究中心"，中山大学、华东师范大学、华中师范大学、河南大学等高校设立的非遗研究机构，中国民间文艺家协会设立的"中国非遗研究院"，他们成为非遗研究的中坚力量，推动着非遗研究的深入。但各个研究机构之间的合作不多，尚未形成高效率，联合攻关的研究团队，有待强化。

二 非遗建档研究现状与评述

在整体了解国内外非遗研究进展的基础上，笔者将结合本书研究内容对国内外非遗建档的研究状况进行全面梳理和具体分析。

（一）国外非遗档案研究进展

笔者以（"intangible"+"nonphysical"+"immaterial"）*"cultural heritage"*（"record"+"documentation"+"archiving"+"archives"+"archival"）为关键词进行国外非遗建档相关成果的统计，截至2018年12月31日，共得文献93篇，其中期刊论文49篇，会议论文44篇，其年度分布如表1-1所示。

笔者将十七年间国外非遗建档研究成果与非遗研究成果进行比较，发现不论是论文总数还是年度论文数，非遗建档研究成果在非遗研究成果中的比重都很低，可见非遗建档的研究始终未能成为非遗研究的重点和热点；同时，国外非遗研究呈现出高度上扬的趋势，而非遗建档研究路线虽在 2013 年出现了一次小的高峰，但总体较为平稳，具体如图 1-3 所示。

表 1-1　　　　　国外非遗建档研究成果年度分布统计

年度	数量	期刊论文	会议论文
2002	0	0	0
2003	0	0	0
2004	2	2	0
2005	1	0	1
2006	2	2	0
2007	0	0	0
2008	1	0	1
2009	2	1	1
2010	3	1	2
2011	4	1	3
2012	3	2	1
2013	12	9	3
2014	12	5	7
2015	14	4	10
2016	12	6	6
2017	14	5	9
2018	11	11	0

国外非遗建档的研究成果首次出现于 2004 年，分别为 Kenji Yoshida 所撰论文《The Museum and the Intangible Cultural Heritage》和 Mohammed Bedjaoui 的论文《The "Convention for the Safeguarding of the Intangible Cultural Heritage"：The Legal Framework and Universally Rec-

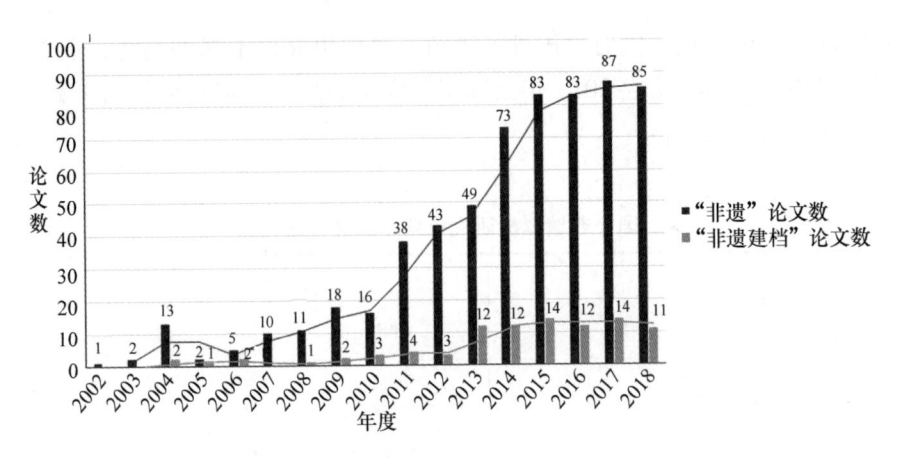

图1-3 国外非遗、非遗建档研究文献年度分布图（2002—2018年）

ognized Principles》，可见，《保护非物质文化遗产公约》中"建档"方式的提倡对于非遗建档的展开以及相关研究的推进有着重要影响。

从研究主题来看，国外非遗建档的研究主要集中在非遗建档主体、非遗建档模式、非遗建档技术和非遗建档方法四个方面。

1. 非遗建档主体研究

对于非遗建档的主体，Kenji Yoshida在国际非遗建档工作开展之初就提出博物馆应当成为非遗档案建设的主体，承担着保护和管理非遗档案的职责。[①] Saphinaz Amal Naguib认为博物馆应该可以承担起对迁移或零散分布的非遗资源的收集、聚合和建设工作，并强化群体与社会的凝聚力。[②] Tom G. Svensson提出人种学博物馆可成为保存和展示非遗档案的主要场所，有责任调动相关责任人共同参与到非遗档案资源的采录和收集中，其中尤以对非遗技艺持有人及其亲属的调动至关重要。[③] Māiri Robertson指出非遗档案保护的主体不应仅限于考古学

---

① Kenji Yoshida, "The Museum and the Intangible Cultural Heritage", *Museum International*, Vol. 56, No. 1-2, 2004, p. 108.
② Saphinaz Amal Naguib, "Museums, Diasporas and the Sustainability of Intangible Cultural Heritage", *Sustainability*, Vol. 5, No. 5, 2013, p. 2178.
③ Tom G. Svensson, "The Management of Knowledge of the Intangible Heritage in Connection with Traditional Craftmanship at the Ethnographic Museum of the University of Oslo", *International Journal of Intangible Heritage*, Vol. 3, No. 6, 2008, p. 118.

家、历史学家和民俗学家们，很多机构和个人都应参与到非遗档案的建设和管理中来，地方性的博物馆和历史学会，既是该地区非遗档案的"本地库存"，也担负着传递非遗档案、整理和编辑非遗资料、锻造社会记忆的任务。当地的居民也根据自己的文化标准和个人喜好组成了很多不同的专业团体，承担着非遗建档很大一部分的工作。[1] Andrēe Gendreau 指出，对非遗档案的收集、展示和传播使得博物馆不再是过去那种只有少数人才能访问的机构，其开放性将得到极大的增强。同时，社区博物馆和生态博物馆的建立、城市或社区的整体博物馆化使得博物馆成为大众传媒的主要媒介，成为西方世界最富活力、最具效率的文化机构，工作目标以及内部管理方式均将发生改变。[2] 面对这种改变，众多学者发表了他们的分析和评价。Alice Duarte 指出，作为非遗建档的主体，博物馆不应该成为机械地保存文件资料的处所，冰冷如陵墓一般的点缀，而是应该积极投身到当代文化的创新与繁荣上，成为对当地文化发展的有益媒介。[3] Marilena Alivizaton 则以瓦努阿图文化中富有代表性的"沙画"艺术为例，着重介绍了美拉尼西亚群岛的博物馆以及部分文化研究机构在非遗建档、保护以及管理上的一些做法。[4]

除了明确博物馆的主体地位外，一些学者也认识到社区公众及土著居民在非遗建档中的重要地位。Guha Shankar 指出在非遗建档保护的过程中，形成了非遗社区及其土著居民在非遗建档中的话语权常常无法得到保证，其原因一方面是国家政府、土著居民、观察员、非政府组织以及社区居民之间的关系并未处理好，另一方面则在于社区居

---

[1] Màiri Robertson, "Aite Dachaidh: Reconnecting People with Place – Island Landscapes and Intangible Heritage", *International Journal of Heritage Studies*, Vol. 15, No. 2 – 3, 2009, p. 153.

[2] Andrée Gendreau, "Museums and Media: A View from Canada", *Public Historian*, Vol. 31, No. 1, 2009, p. 35.

[3] Alice Duarte, "The Contemporary Way to Protecting Heritage or the Only Way for Heritage to Serve the Development of Communities", *Heritage* 2010: Heritage And Sustainable Development, No. 1 – 2, 2010, p. 115.

[4] Marilena Alivizaton, "Debating Heritage Authenticity: Kastom and Development at the Vanuatu Cultural Centre", *International Journal of Heritage Studies*, Vol. 18, No. 2, 2012, p. 124.

民自身的文化素养、管理水平,以及所遭受到的来自生存和发展方面的威胁。因此,世界知识产权组织应采取相关措施以保障社区居民的话语权以及实施知识的知识产权。① Cristina Garduno Freeman 指出更多的社会公众已逐渐参与到文化遗产的保护中来,对悉尼歌剧院的发现和影像共享就是一个最好的例子,这种形式同样也可应用于非遗档案的收集和管理之中的,依托当前的社会文化网络,大家可以组成群体,形成自组织社区,以共同利益为前提,进行资料的搜索、汇集、筛选、评价和分类,由此形成的珍贵非遗档案有着比悉尼歌剧院更为珍贵的价值。② Marilena Alivizaton 也认为需要从新的视角来考量非遗的保护和发展,单纯依照原先的标准是很难实现的,必须要在当地土著人的理解、尊重与参与下才能开展。③ Naohiro Nakamura 则结合日本 Saru 河地区文化影响力评估,充分肯定了当地土著居民,尤其是阿伊努族在非遗申报、建档、评估过程中发挥的积极作用,并指出最大限度地避免公众集体失语是有效开展非遗档案保护的关键。④

2. 非遗建档模式研究

针对非遗资源分布高度分散、濒临灭绝的现实状况,一些专家和学者纷纷献计献策,提出他们对于非遗建档模式的设计与构想。直接参与《保护非物质文化遗产公约》制定与审查工作的主要专家之一的 Mohammed Bedjaoui 指出,由《保护非物质文化遗产公约》为纽带建立的缔约国联盟是非遗建档的"公约模式",这一模式的实现需要整个国际社会的精诚团结,将非遗保护与建档视为本国应该坚持的一

---

① Guha Shankar, "From Subject to Producer: Reframing the Indigenous Heritage Through Cultural Documentation Training", *International Journal of Intangible Heritage*, Vol. 5, No. 6, 2010, p. 13.

② Cristina Garduno Freeman, "Photosharing on Flickr: Intangible Heritage and Emergent Publics", *International Journal of Heritage Studies*, Vol. 16, No. 4 – 5, 2010, p. 352.

③ Marilena Alivizaton, "Debating Heritage Authenticity: Kastom and Development at the Vanuatu Cultural Centre", *International Journal of Heritage Studies*, Vol. 18, No. 2, 2012, p. 124.

④ Naohiro Nakamura, "An Effective Involvement of Indigenous People in Environmental Impact Assessment: The Cultural Impact Assessment of the Saru River Region, Japan", *Australian Geographer*, Vol. 39, No. 4, 2008, p. 427.

种惯例，以实现全人类非遗的保护与建档。① Bedjaoui 同时也指出"公约模式"旨在筑造起一道堤坝，将重要非遗以建档形式固化保存，但是，建档方式一定程度上也弱化了非遗自身的活力和灵活性，但仍是一种比较稳妥，且能在全球范围内实行的方式。

Yong Goo Kim 则详细介绍了日本和韩国在非遗保护与建档方面的"参与式"管理模式，并同联合国教科文组织提出的保护政策做了比较。② Kim 指出日本和韩国很早就认识到技艺传承人和社会公众在非遗保护和建档中的地位与作用，"人间国宝"制度一方面使得非遗传承人得到了应有的保护，享受到更多法律上的权益，同时也吸引更多的人去认识、学习和参与非遗的建档与传承。同时，日本和韩国还以多样化的形式全面发动社会公众参与非遗工作，如举办学习班、民俗博物馆展演、节庆活动的参与等，使得社会公众树立起非遗保护与建档的责任感和使命感。

此外，Susan Keitumetse 指出收集非遗资料需要先建立财产清单和代表名录，以保护非遗的基本要素，同时逐步建立非遗档案。建立的非遗档案应由政府设置国家一级的机构来保存和管理，同时也鼓励社区广泛参与档案的收集，但需要首先评估其可信度和可靠性。③ Keitumetse 指出以建档形式固化保存非遗，在一定程度上会降低其社会文化价值，但建档旨在保证非遗的稳定性，这也是关系到非遗未来命运的大事，需要坚持下去。Sean Casey 则对联合国教科文组织倡导的非遗资源共享模式展开了研究，并以 Tarama 村的八月舞蹈节为例，指出非遗项目的申报、提名有责任吸纳利益相关者的参与，当前国际和一些国家的做法，一定程度上忽略了非遗形式的多样性，需要有一个更加全球化、体制化的保护方式来兼顾文物、旅游、政治之间的重叠

---

① Mohammed Bedjaoui, "The Convention for the Safeguarding of the Intangible Cultural Heritage: The Legal Framework and Universally Recognized Principles", *Museum International*, Vol. 56, No. 1 - 2, 2004, p. 150.

② Yong Goo Kim, "The Policy for Intangible Cultural Heritage of Republic of Korea and Japan", *Milli Folklor*, No. 78, 2008, p. 12.

③ Susan Keitumetse, "UNESCO 2003 Convention on Intangible Heritage: Practical Implications for Heritage Management Approaches in Africa", *South African Archaeological Bulletin*, Vol. 61, No. 184, 2006, p. 166.

关系。① Sila Durhan 和 Yekta Özgüven 专门探讨了伊斯坦布尔半岛整体文化生态的保存，提出建立露天博物馆以维护城市空间，并引入公众力量，参与各种讨论、监督、互动和文化生态的传承等。② Nicole Ferdinand 和 Nigel L. Williams 提出"文化遗产日"对保护和传承非遗所起到的积极作用，并以基于特立尼达和多巴哥风格的嘉年华节日为例，指出其作为经验的生产系统，在提供和共享原生态资源上起的积极作用。③ Lynne Marie Dearborn 和 John Charles Stallmeyer 以琅勃拉邦、老挝为例，深入探讨了全球旅游业对世界遗产城市的影响，指出虽然旅游有着增值城市历史的作用，但是城市的建筑环境也会因此遭到破坏，同时当地居民遗留下来的习俗及日常生活经验也因此被破坏，遗产建筑真正"沦为"旅游景观。④

3. 非遗建档技术研究

随着非遗保护与建档工作的开展和深入，很多专家和学者也对非遗建档的技术展开了积极的探讨。Cheng Yang、Shouqian Sun 和 Caiqiang Xu 等提出运用虚拟现实技术模仿和重现传统的历史文化活动，通过三维扫描、人物动作捕捉、3D 建模和纹理恢复等方法，对活动中的人物、背景进行模拟和组建，力求以真实、生动、形象的手法还原和展示传统文化活动，以实现非遗的数字化归档。⑤ Cristina Garduno Freeman 提出以在澳大利亚主要遗产机构（即图书馆及博物馆）中得到应用的图片分享网站"Flickr"为平台，调动社会公众参与到非遗档案的收集、

---

① Sean Casey, "Okinawan Heritage and Its Polyvalent Appropriations", *Annals of Tourism Research*, Vol. 42, 2013, p. 130.

② Sila Durhan and Yekta Özgüven, "Breaking the Duality: The Historical Peninsula of Istanbul as an Open – Air Museum", *Journal of Cultural Heritage*, Vol. 14, No. 3, 2013, p. 185.

③ Nicole Ferdinand and Nigel L. Williams, "International Festivals as Experience Production Systems", *Tourism Management*, Vol. 34, 2013, p. 202.

④ Lynne Marie Dearborn and John Charles Stallmeyer, "Revisiting Luang Prabang: Transformations Under the Influence of World Heritage Designation", *Journal of Tourism & Cultural Change*, Vol. 7, No. 4, 2009, p. 247.

⑤ Cheng Yang, Shouqian Sun, Caiqiang Xu, "Recovery of Cultural Activity for Digital Safeguarding of Intangible Cultural Heritage", *WCICA 2006: Sixth World Congress on Intelligent Control and Automation*, Vol. 1 – 12, Conference Proceedings, 2006, p. 10337.

分类、筛选和归档中。① Miwa Katayama、Kimihiro Tomiyama 和 Yutaka Orihara 等将三维视频系统用于日本传统表演艺术——"能剧""歌舞伎"的档案化，结合能剧表演艺术家的现场表演，技术人员采用三维视频系统同步捕捉和记录图像，并根据所采集到的画面构建起三维动态模型，进而全方位、多角度、立体化地构建出能剧、歌舞伎等日本数字艺术档案。② Laura Solanilla 指出为非遗建档需要解决的将是元数据采用问题，其次才是非遗的认定标准问题，在建档方式的选择上可以使用记录装置进行故事的叙述和转录，如以传记、日记和会议记录等书面形式，或音频、视频录制，同时，还可以在非遗建档领域发展新的信息通信技术，建立"Cyber – museology"，实现非遗的在线交流。③ Laura 进一步指出，互联网技术的运用可以说是非遗建档的里程碑，近年来兴起的 Web2.0 概念以及由此产生的社会标签，使得用户可以对非遗档案进行集体分类，同时"卡特里娜的犹太之声（http：//katrina.jwa.org/）"等项目的开展，使得虚拟归档和非遗档案在线收集成为可能，对于推动非遗档案的建设与管理有着重要意义。

Sheenagh Pietrobruno 探讨了将 YouTube 作为非遗视频储存展示平台的可行性及其具体做法，指出这一做法已经得到联合国教科文组织的认可，并将这些遗产视频作为生产数字遗产的非正式档案。④ Claudia Bieling 和 Tobias Plieninger 提出构建生态系统以评估非遗的文化和美学价值。⑤ Renzo Stanley 和 Hernan Astudillo 认为当前迫切需要解决的是非遗的协同库存，目前很多传统存货已经过时，但它们的刚性数据和稀缺专家数据都十分重要且需继续保存，因此建议引入参与式清

---

① Cristina Garduno Freeman, "Photosharing on Flickr: Intangible Heritage and Emergent Publics", *International Journal of Heritage Studies*, Vol. 16, No. 4 – 5 (SI), 2010, p. 354.

② Miwa Katayama, Kimihiro Tomiyama, Yutaka Orihara, "A 3D Video System for Archiving of Japanese Traditional Performing Art", *Journal of the American Society for Naval Engineers*, Vol. 29, No. 1, 2005, p. 1.

③ Laura Solanilla, "The internet as a Tool for Communicating Life Stories: A New Challenge for Memory Institutions", *International Journal of Intangible Heritage*, No. 3, 2008, p. 103.

④ Sheenagh Pietrobruno, "YouTube and the Social Archiving of Intangible Heritage", *New Media & Society*, Vol. 15, No. 8, 2013, p. 1259.

⑤ Claudia Bieling and Tobias Plieninger, "Recording Manifestations of Cultural Ecosystem Services in the Landscape", *Landscape Research*, Vol. 38, No. 5, 2013, p. 649.

查，建设语义维基，以更灵活更丰富的协作使公民积极参与到非遗记录中去。① Qin Li 则主张采用数字技术保护民间宗教仪式类非遗，以数码照片结合数字录音技术完成自然环境的收集，以传统的摄影和视频拍摄采集技术结合360度全景图像技术实现现场信息的采集，以三维扫描技术集合动作捕捉技术对仪式行为进行捕捉和数字化。② Miwa Katayama、Kimihiro Tomiyama 和 Yutaka Orihara 等报告了日本传统表演艺术的3D视频归档系统，通过对"能乐"或"歌舞伎"的动态捕捉，模拟构建起动态3D模型。③

4. 非遗建档方法研究

对于非遗建档，Susan Keitumetse 以博茨瓦纳地区为例提出了强化非遗档案建设与管理质量控制的必要性，指出质量控制主要体现在三个方面：第一，建立起来的非遗档案是否就是该非遗项目最原生的文化元素？第二，应该采取何种方式甄别和鉴定既有的非遗档案，以最大限度地确保非遗档案的原真性？第三，应该以何种方式来确保利益相关者能够可持续地开展非遗建档，并确保社区的广泛参与。而社区运营商和直接托管人的介入、非遗档案建设与管理互动社区的建立，将大大提高非遗档案工作的效率。④ Chandra L. Reedy 通过对中国四川安多地区东部藏族文化区域内的 Bonpo 寺院和附近村庄的田野调查，还原并探讨了富有宗教色彩的仪式手工艺品和雕塑的整体制作工艺和

---

① Renzo Stanley and Hernan Astudillo, "Ontology and Semantic Wiki for an Intangible Cultural Heritage Inventory", *Proceedings of the* 2013 *Xxxix Latin American Computing Conference* (*CLEI*), 2013, p. 3.

② Qin Li, "The Digital Protection of Folk Religious Rituals in the View of the Intangible Cultural Heritage", *2011 IEEE 12th International Conference on Computer – Aided Industrial Design & Conceptual Design*, Vol. 1 – 2, New Engines for Industrial Design: Intelligence Interaction Services, 2011, p. 1194.

③ Miwa Katayama, Kimihiro Tomiyama, Yutaka Orihara, "A 3D Video System for Archiving of Japanese Traditional Performing Art", *Journal of the American Society for Naval Engineers*, Vol. 29, No. 1, 2005, p. 1.

④ Susan Keitumetse, "UNESCO 2003 Convention on Intangible Heritage: Practical Implications for Heritage Management Approaches in Africa", *South African Archaeological Bulletin*, Vol. 61, No. 184, 2006, p. 168.

长期保存方式。① Guha Shankar 以 2008 年启动的"创意遗产项目"和"文化遣返计划"为例，指出建设和管理非遗档案，需要加强社区土著居民的归档理念和技术的教育与培训，因为他们才是非遗真正的持有人，但是土著社区面临的经济上的困窘、祖传土地和社区的位移、文化的损失、语言环境的消失以及随之而来的人口外徙，都给非遗资料的收集、建档带来很大的困难，因此应着力探索土著居民的知识产权保护机制，通过建立新的网上图书馆，以拓宽非遗资料收集、归档渠道。② 此外，Laura Solanilla 还以加拉加斯大型国家档案馆为例提出了非遗档案数字化管理策略，通过建立虚拟博物馆或虚拟档案馆实行非遗档案的数字化保存，开展异质备份，并依据非遗所属历史、科技、地理和文化的不同背景，建立起非遗档案分类体系。③

Grete Swensen、Gro B. Jerpasen 和 Oddrun Saeter 等重点分析了各类遗产的价值，指出有形和无形价值的差异已在文化遗产价值评估中形成了，而缩小差距的方法只能是尽力开发文化遗产及其所处文化环境，以各种形式调动公众的参与，引入新的概念与方法。④ Daniel Michon 和 Ahmed El Antably 通过媒体解读认识非遗的文化内涵。⑤ Cristina Garduno Freeman 提出调动公众参与非遗档案管理的良好举措和方法，构建起涉及个人表达和集体认同的视觉和文本的复杂对话的社会公共空间，并提出这种基于社会的视觉手法本身就构成了一种无形的

---

① Chandra L. Reedy, *Preserving Intangible Aspects of Cultural Materials: Bonpo Ritual Crafts of Amdo, Eastern Tibet*, Cambridge: Cambridge University Press, 2008, p. 331.

② Guha Shankar, "From Subject to Producer: Reframing the Indigenous Heritage Through Cultural Documentation Training", *International Journal of Intangible Heritage*, No. 5, 2010, p. 13.

③ Laura Solanilla, "The Internet as a Tool for Communicating Life Stories: A New Challenge for 'Memory Institutions'", *International Journal of Intangible Heritage*, Vol. 3, No. 1, 2008, p. 103.

④ Grete Swensen, Gro B. Jerpasen, Oddrun Saeter, et al., "Capturing the Intangible and Tangible Aspects of Heritage: Personal Versus Official Perspectives in Cultural Heritage Management", *Landscape Research*, Vol. 38, No. 2, 2013, p. 203.

⑤ Daniel Michon and Ahmed El Antably, "It's Hard to Be Down When You're Up: Interpreting Cultural Heritage Through Alternative Media", *International Journal of Heritage Studies*, Vol. 19, No. 1, 2013, p. 18.

中国非物质文化遗产建档标准体系研究

遗产。①

（二）国内非遗建档研究进展

笔者以"非物质文化遗产 建档""非物质文化遗产 档案"为关键词，在中国知网上进行主题检索，截至2018年12月31日，共得到相关文献617篇，其中期刊论文556篇，会议论文11篇，硕士学位论文41篇，博士学位论文5篇，学术辑刊4篇，其年度分布如图1-4所示。

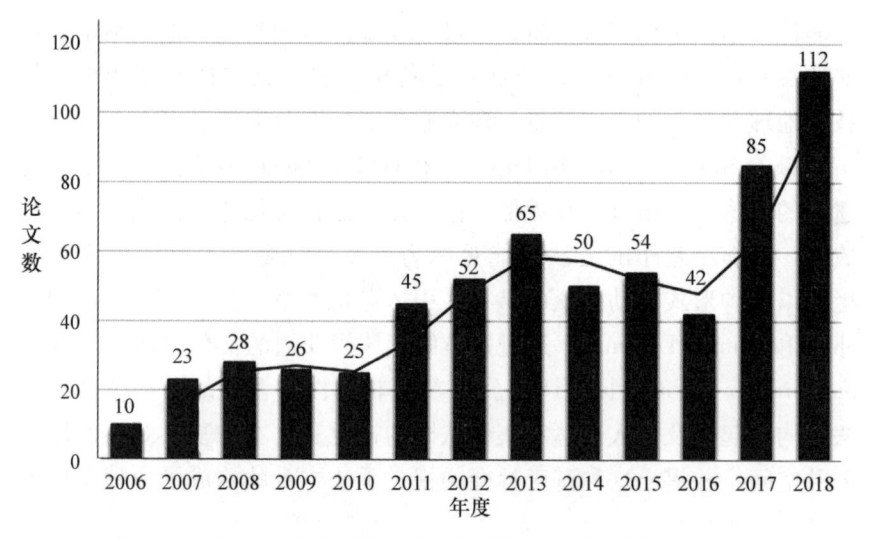

图1-4　国内非遗建档研究文献年度分布图（2006—2018年）

由图1-4可知，中国非遗建档方面最早的研究成果是发表于2006年的《档案部门应加强对非物质文化遗产档案的收集》一文，这是对档案部门参与非遗档案建设与管理的倡导和呼吁，充分反映出档案部门对非遗建档意识的提高。笔者将中国非遗建档的研究成果与非遗的研究成果进行比较（见表1-2），发现不论是论文总数还是年度论文数，非遗建档的研究成果数同非遗成果数都有着非常显著的差

---

① Cristina Garduno Freeman, "Photosharing on Flickr: Intangible Heritage and Emergent Publics", *International Journal of Heritage Studies*, Vol. 16, No. 4-5SI, 2010, p. 352.

距，可见，国内非遗领域对非遗建档的关注度并不高。同时，中国非遗建档的研究成果呈现稳中有升的发展态势，同非遗研究的高度上扬，也有着较大的差别。

表1-2　　　　国内非遗与非遗档案成果统计比较一览表

年度	1995	1997	2001	2002	2003	2004	2005	2006	2007	2008	2009
非遗	1	1	2	13	39	55	126	533	844	1220	1455
非遗档案	0	0	0	0	0	0	0	10	23	28	26

年度	2010	2011	2012	2013	2014	2015	2016	2017	2018	总数
非遗	1686	2024	2211	2089	2251	2279	2336	2174	2451	23790
非遗档案	25	45	52	65	50	54	42	85	112	617

深读上述成果，笔者发现目前国内非遗建档研究主要集中在非遗档案概念与属性的界定、非遗建档主体的安排、非遗建档内容的分析、非遗建档原则与方法的制定，以及非遗建档技术的研发五个主要方面。

1. 非遗档案概念与属性的界定

针对非遗档案的概念，胡芸、顾永贵和席会芬均认为凡是从保护非遗的目的出发，运用文字、录音、录像等多种形式建立起非遗历史记录都是非遗档案。[1][2] 狭义"非遗档案"观的代表是孙展红，他将非遗档案的范畴主要圈定在非遗申报过程中形成的相关材料采录上，认为非遗申报过程中收集、整理、编纂以及成功申报后对该项目实施管理过程中形成的相关记录都属于非遗档案。[3] 对于非遗档案的特征和价值，国内档案界公认的是原始记录性，这是非遗档案作为档案的

---

[1] 胡芸、顾永贵：《如何做好民族民间非物质文化遗产档案管理工作》，《中国档案》2008年第5期，第43页。

[2] 席会芬：《论档案库建设参与非物质文化遗产保护的研究》，《兰台世界》2012年第20期，第35页。

[3] 孙展红：《浅谈非物质文化遗产档案管理》，《黑龙江档案》2009年第3期，第67页。

基本特性，至于其他特性，不同学者的观点不同，如李英认为非遗档案有着文化特异、内容丰富、载体多样、动态发展和资源稀缺等特点。① 赵林林、王云庆则指出地方特色性和保管分散性也是非遗档案所具有的两个重要特性。②

2. 非遗建档主体的安排

对于非遗建档的主体，周耀林和程齐凯将其概括为各级政府、各级事业单位、各级各类文化事业机构、非遗研究性机构、非遗商业性机构以及非遗传承人等。③ 陈祖芬则将其划分为可能主体和现实主体两大类，并指出政府职能部门、档案馆、博物馆、纪念馆、艺术馆、艺术研究机构、民间个人、新闻媒体及摄像爱好者等都是非遗建档的可能主体。④ 席会芬则专门探讨了高校图书馆在非遗建档中的作用，她指出高校图书馆是学校文献信息中心，在功能、资源、技术、场地、人文资源、资源整合与管理方面都发挥着重要的作用。⑤

针对当前各类主体在中国非遗建档中的参与情况，很多学者都表达了他们的担忧。周耀林和程齐凯提出，当前非遗档案的主管机构及相关主体缺乏非遗建档的专业水平与能力，但现行的国家政策却未将具有专业建档水平与能力的档案部门纳入到主体之中，民间公益组织以及公众在非遗建档中的参与程度也很低。⑥ 李姗姗、周耀林和戴旸也提出，现行的非遗建档与非遗档案管理工作主要由文化主管部门来

---

① 李英：《非物质文化遗产档案的特点和建档原则》，《档案管理》2012 年第 1 期，第 80 页。
② 赵林林、王云庆：《非物质文化遗产档案的特征与意义》，《档案与建设》2007 年第 12 期，第 5 页。
③ 周耀林、程齐凯：《论基于群体智慧的非物质文化遗产档案管理体制的创新》，《信息资源管理学报》2011 年第 2 期，第 59 页。
④ 陈祖芬：《非物质文化遗产档案管理主体研究——以妈祖信俗档案管理为例》，《档案学通讯》2011 年第 1 期，第 16 页。
⑤ 席会芬：《高校图书馆加强对非物质文化遗产档案的管理》，《河南图书馆学刊》2011 年第 3 期，第 159 页。
⑥ 周耀林、程齐凯：《论基于群体智慧的非物质文化遗产档案管理体制的创新》，《信息资源管理学报》2011 年第 2 期，第 59 页。

负责，但文化部门自身的局限导致其并不能很好地胜任非遗建档工作。① 陈祖芬也认为可能主体并未全部成为非遗建档的现实主体，这种主体上的缺位带来的是政府主导干涉过多、多头管理、档案分散等问题。② 王云庆等则直言不讳地指出档案机构已被边缘化了。③ 罗宗奎等也认为博物馆、纪念馆、档案馆、各种研究团体、政府文化机构、民间个人等在内的多元档案管理体系的存在，带来的是档案管理的高度分散以及不易控制，很容易造成档案的流失和滥用。④

针对这些问题，周耀林和程齐凯提出要进行管理体制上的改革，在保障文化管理部门主管非遗建档工作的同时，发动档案部门实施业务指导，调动公众广泛参与到非遗建档工作中去。⑤ 罗宗奎等主张将非遗建档纳入到知识产权保护的法律框架之下，让传承人真正成为遗产的"所有者"或"所有群体"，形成强大的驱动力，提升社会公众参与非遗档案建设与保护的自觉性和主动性。⑥ 储蕾指出应该构建起一个政府主导、档案机构为主体、公共文化部门为支持、广大专家和学者联合参与并指导的非遗建档主体结构。⑦

3. 非遗建档内容的分析

对于非遗建档的内容，目前尚未达成共识。赵林林和王云庆从"大档案观"的理念出发，认为非遗档案包括实物档案、记忆档案和

---

① 李姗姗、周耀林、戴旸：《非物质文化遗产信息资源档案式管理的瓶颈与突破》，《信息资源管理学报》2011年第3期，第73页。
② 陈祖芬：《非物质文化遗产档案管理主体研究——以妈祖信俗档案管理为例》，《档案学通讯》2011年第1期，第16页。
③ 王云庆、陈建：《保护非物质文化遗产：警惕档案机构边缘化》，《档案学通讯》2011年第1期，第12页。
④ 罗宗奎、王芳：《知识产权法体系下开发利用非物质文化遗产档案的优势和基本原则》，《档案学通讯》2012年第2期，第44页。
⑤ 周耀林、程齐凯：《论基于群体智慧的非物质文化遗产档案管理体制的创新》，《信息资源管理学报》2011年第2期，第59页。
⑥ 罗宗奎、王芳：《知识产权法体系下开发利用非物质文化遗产档案的优势和基本原则》，《档案学通讯》2012年第2期，第44页。
⑦ 储蕾：《非物质文化遗产档案化保护研究》，硕士学位论文，苏州大学，2012年，第36页。

"申遗"档案三部分。① 何永斌和陈海玉将其分解为非遗发展历程、生存现状、代表性道具、主要传承人及相关活动记录五个部分。② 陈祖芬等以妈祖信俗为例,将妈祖信俗档案具体概括为宫庙纪实类档案、海像纪实类档案、祭典纪实类档案和口述实录类档案等。③ 而王云庆等则将非遗建档的内容,从固化保存进一步拓宽到非遗档案的开发与利用层面,并指出非遗档案的展览是非遗档案开发利用的绝佳实践。④ 此外,储蕾将非遗建档工作划分为收集、建档、保管、利用和宣传等环节。⑤ 汤建容则将非遗档案分为实物档案、文献书籍档案、人物档案、非遗"申遗"档案和非遗声像档案。⑥

4. 非遗建档原则与方法的制定

关于非遗建档的原则,孙展红认为需坚持"依项建档、分级建档和抢救性"的原则。⑦ 罗宗奎等则总结了知识产权法体系下非遗档案开发利用的原则,即分类开发利用原则、激励创新原则和利益平衡原则。⑧ 李英则将非遗的建档原则总结为及时性原则、系统性原则、保护性原则和真实性原则四个方面。⑨ 戴旸等也提出了非遗档案信息化的主要原则。⑩

---

① 赵林林、王云庆:《非物质文化遗产档案的特征与意义》,《档案与建设》2007年第12期,第5页。

② 何永斌、陈海玉:《非物质文化遗产档案工作体系建设刍议》,《四川档案》2008年第6期,第32页。

③ 陈祖芬、杨燕玉、江丽华等:《〈海神妈祖〉的非物质文化遗产档案价值》,《兰台世界》2011年第20期,第54页。

④ 王云庆、陈建:《非物质文化遗产档案展览研究》,《档案学通讯》2012年第4期,第36页。

⑤ 储蕾:《非物质文化遗产档案化保护研究》,硕士学位论文,苏州大学,2012年,第51页。

⑥ 汤建容:《武陵山区非物质文化遗产档案及其分类》,《兰台世界》2012年第29期,第34页。

⑦ 孙展红:《浅谈非物质文化遗产档案管理》,《黑龙江档案》2009年第3期,第67页。

⑧ 罗宗奎、王芳:《知识产权法体系下开发利用非物质文化遗产档案的优势和基本原则》,《档案学通讯》2012年第2期,第44页。

⑨ 李英:《非物质文化遗产档案的特点和建档原则》,《档案管理》2012年第1期,第80页。

⑩ 戴旸、周耀林:《论非物质文化遗产档案信息化建设的原则与方法》,《图书情报知识》2011年第5期,第69页。

对于非遗建档的方法，覃凤琴指出要通过"普查→记录→整理→鉴定→立档"的过程，实现非遗的档案式保护。[①] 张艳欣等强调要建立非遗档案管理体系。[②] 徐拥军等则指出要重点加强档案部门的建档意识。[③] 王云庆等强调了建立非遗传承人档案的重要性。[④] 周耀林和程齐凯则设计出基于群体智慧的非遗建档体制。[⑤] 韩英等着重分析了非遗档案资源开发的类型及路径。[⑥] 李姗姗等则从设置分类层级、制定非遗建档标准与实施细则、重视档案部门的参与等方面提出了突破非遗建档瓶颈的方法。[⑦]

5. 非遗建档技术的研发

针对非遗建档的相关技术，众多学者都将关注点集中在非遗档案的数字化上。黄怡鹏指出，随着多媒体和图形图像处理技术的发展，数字化技术已成为非遗建档的新方法和新途径。[⑧] 彭毅指出数字化与多媒体技术给非遗建档提供了更大的空间，是建设和管理非遗档案的最好手段。[⑨] 高鹏还专门阐释了非遗数字化保护的优势和缺点。[⑩] 王先发、孙二明则主张将"非遗建设应纳入档案信息化建设之中"[⑪]。

---

① 覃凤琴：《从"非物质"到"外化物质"再现——非物质文化遗产档案式保护及其价值考察》，《档案与建设》2007年第10期，第20页。

② 张艳欣、辛近朱：《非物质文化遗产档案管理体系构建研究》，《兰台世界》2012年第5期，第8页。

③ 徐拥军、王薇：《做好非物质文化遗产档案工作应增强五种意识》，《北京档案》2012年第2期，第15页。

④ 王云庆、魏会玲：《论建立非物质文化遗产项目传承人档案的重要性》，《北京档案》2012年第2期，第11页。

⑤ 周耀林、程齐凯：《论基于群体智慧的非物质文化遗产档案管理体制的创新》，《信息资源管理学报》2011年第2期，第59页。

⑥ 韩英、章军杰：《论非物质文化遗产的档案资源开发》，《档案学通讯》2011年第5期，第72页。

⑦ 李姗姗、周耀林、戴旸：《非物质文化遗产信息资源档案式管理的瓶颈与突破》，《信息资源管理学报》2011年第3期，第73页。

⑧ 黄怡鹏：《数字化时代广西壮剧艺术的保护与传承》，《广西社会科学》2008年第9期，第25页。

⑨ 彭毅：《非物质文化遗产档案的数字化保护》，《档案与建设》2009年第1期，第6页。

⑩ 高鹏：《利用数字化档案技术保护非物质文化遗产》，《大众文艺》2010年第19期，第179页。

⑪ 王先发、孙二明：《论档案信息化建设的新视野——非物质文化遗产建设》，《湖北档案》2007年第9期，第16页。

戴旸等提出要强化面向公众的非遗档案网站建设和面向长期保存的非遗档案数据库整合两方面工作。① 而林永忠则具体介绍了福建龙岩市档案局（馆）在非遗档案信息化建设方面的实践与成果，他指出，龙岩市档案局（馆）已经初步建立了全市非遗档案资源数据库和专题资源数据库，对数据库资源的分类工作也在不断完善。②

（三）国内外非遗建档研究现状评述

对于非遗建档的研究，国内外既有相同之处也有着不同之处。文献计量的结果表明，不管是国外还是国内，非遗建档的研究都未能成为非遗研究的重点和热点，其研究成果的增长速度也始终保持着稳中有升的态势，同非遗成果高度上扬的趋势有着较大的不同，可见国内外对于非遗建档的研究刚刚起步，其理论和实践仍有待进一步的深入和拓宽。同时，国内外非遗建档的研究在研究内容上也存在着许多相似之处，如对于非遗建档主体的认定、非遗建档技术的研发，以及非遗建档方法的选择等。从研究的视角来看，国内外都是基于专家视角开展的研究，在研究方法的采用上也都充分结合了具体的案例展开了实际研究。

但从研究的深度与广度来看，国内外的研究仍有一定的分歧和差距。

首先，在"非遗档案"这一概念的认定上，国外将文献化、档案化、实物化和视频化了的非遗资源，都纳入到非遗档案的范畴，属于广义上的非遗档案。而国内的非遗档案则专指档案化了的非遗资源，属于狭义上的非遗档案，这种基本概念认定上的分歧带来的是国外非遗建档的关注面较之于国内更加宽泛和分散。鉴于本书将关注的是档案部门在非遗档案中的作用，因此，本书对非遗档案的认定也将遵循国内的主流观点，视为狭义的非遗档案。

其次，国内外非遗档案概念认定上的分歧，带来的是非遗建档研究主体的不同。国外非遗建档研究成果的形成主体，包括从事非遗建

---

① 戴旸、周耀林：《论非物质文化遗产档案信息化建设的原则与方法》，《图书情报知识》2011年第5期，第69页。
② 林永忠：《福建龙岩市档案局（馆）建立全市非物质文化遗产档案和专题数据库》，《兰台世界》2012年第25期，第56页。

档的实际工作者,《保护非物质文化遗产公约》的制定者,来自图书馆、博物馆的业务工作者,从事遗产学、人类学和博物馆学研究的众多学者等,来自不同行业不同领域专家学者观点和建议的汇集,本身也是一种群体智慧的体现,对于提高非遗建档研究成果的质量和水平有着重要的意义与价值。而国内从事非遗建档研究的主体则较为单一,以从事档案学研究的学者为主,兼有从事档案工作的业务人员,以及极少数的图书馆工作人员,这也进一步从侧面反映出中国非遗建档研究尚未得到国家和学界的重视。

再次,从研究内容来看,国内很多研究成果仍集中在非遗档案内涵、范畴、特征、价值等抽象性问题的研究上,对于个案的研究不足,不少成果仍停留在介绍、呼吁的层面,缺乏有针对性和可操作性的解决对策和实施方案。而国外的研究成果从一开始就很注重同实际的业务工作相结合,因而具有很强的实践性和应用性。

最后,在研究方法的选择上,虽然国内也采用了案例分析的方法,但总体而言,仍以定性研究方法为主,属于理论探索,而国外则非常注重定量研究方法的应用,形成的成果以经验介绍、方法总结和技术推广为主,其业务性和可操作性更强。

综上所述,国外非遗建档研究成果在研究主体、内容和方法上与国内有着一定的分歧和差异,只有在吸收和借鉴国外先进成果的基础上,才能推动国内研究的进步。具体到本书,笔者更加关注的是国外对于博物馆、图书馆和档案馆在非遗建档中地位的认定,以及成果中对于社会公众的尊重与关注。那么,如何在现有体制下,吸收国外经验,以群体智慧理论为指导,充分调动档案部门、非政府组织,以及社会公众等多元主体在非遗建档中的作用,将是本书所要重点关注的问题。

三 非遗建档标准研究进展

在整体了解国内外非遗建档研究进展的基础上,笔者结合本书研究主题,对国内外非遗建档标准的研究状况进行全面梳理和具体分析。

(一)国外非遗建档标准研究进展

笔者以("intangible"+"nonphysical"+"immaterial")*"cultural heritage"*("record"+"documentation"+"archiving"+"archives"+

"archival")*"standard"为关键词进行国外非遗建档标准相关成果的统计,截至2018年12月31日,共得文献17篇,其中期刊论文5篇,会议论文12篇,其年度分布如图1-5所示。

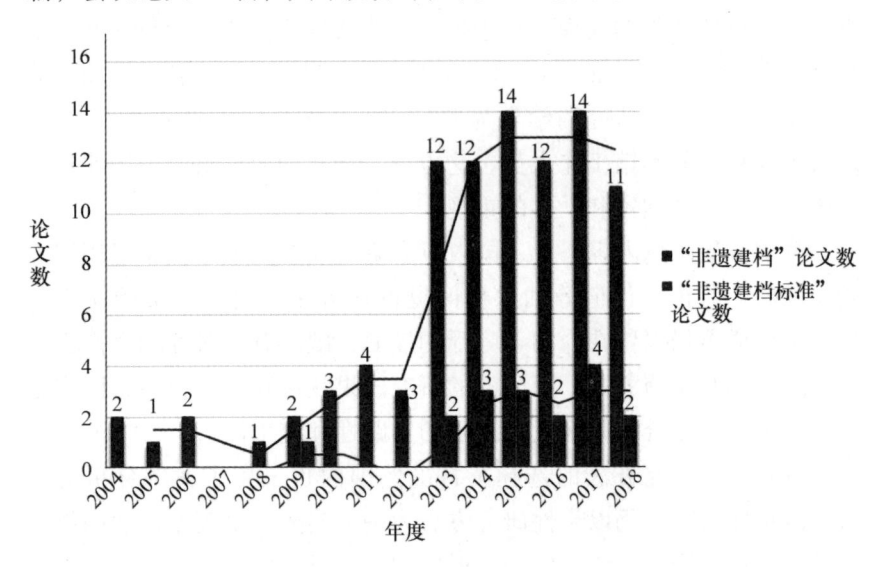

图1-5 国外非遗建档、非遗建档标准研究文献年度分布图
(2002—2018年)

由图1-5可知,从时间上看,国外非遗建档标准的研究成果最早出现于2009年,起步相对较晚,数量仅占国外非遗建档研究成果的极少数。深读上述文献,笔者发现,国外非遗建档标准的研究内容主要涉及标准制定的倡导、相关法律法规的建设与研究,以及专门标准的制定三个方面。

1. 标准制定的倡导

随着非遗建档实践的持续深入,国外一些学者逐渐认识到非遗建档标准化的重要性,进而提出强化标准建设的呼声和请求。Chunxiao Lu指出当前存在较大文化差异的原因正是由于行为准则的缺乏,并以中国手工艺类非遗为例,从理论和实践角度讨论了标准的建设。①

---

① Chunxiao Lu, *The Study on Tourism Development of Intangible Cultural Heritage – taking Weifang City as Example*, Stafa-Zurich: Trans Tech Publications Ltd., 2012, p.55.

Huang XiJia 和 Zhou Qing 首先提出构建一个可持续发展的管理系统以提高非遗旅游管理的绩效，进而专门强调了管理体系的建设需要标准的规范。[①] Hongmei Li 和 Jie Shan 提出对非遗资源的大肆开发和采录一定程度上影响着非遗的知识产权保护，因而需要制定标准规范以限制主客体权利。[②] Federico Lenzerini 指出联合国教科文组织的现行法律不足以指导非遗建档的具体开展，指出必须依靠相关标准和执行程序以确保非遗保护的顺利开展。[③] Birgit Braeuchler 提出应建设国际公认的非遗语料库，以规范各形式各类型非遗的描述。[④]

2. 相关法律法规的建设与研究

法律法规同标准有着共同的规范性和指导性，非遗建档标准的建设起步较晚，而非遗建档的相关法律法规已取得一定成绩，因此，一些学者开始研究和解读国外非遗建档的相关法律法规，为非遗建档标准建设提出参照。Jacqueline Coromoto Guillen De Romero 具体研究了委内瑞拉的非遗法律保护。[⑤] Erika J. Techera 集中讨论了斐济群岛非遗保护的法律、政策和方案，重点介绍了斐济非遗保护的优点，明确了法律、行政层面的不足及未来发展方向。[⑥]

3. 专门标准的制定

此外，还有一些学者也对非遗建档的专门标准进行初步研究，但人数较少，成果也不多，Peng Ye 和 Yaolin Zhou 合撰的《*The Metadata Standards of Chinese Intangible Cultural Heritages*》，系统分析了中国非遗

[①] Huang Xi jia, Zhou Qing, "To Construct a Management System for Tourism Resources of Intangible Cultural Heritage", *Stafa - zurich*: Trans Tech Publications Ltd., 2012, p. 377.

[②] Hongmei Li, Jie Shan, *Construction of Geographical Indications Protective Pattern on Intangible Cultural Heritages*, Stafa - Zurich: Trans Tech Publications Ltd., 2012, p. 409.

[③] Federico Lenzerini, "Intangible Cultural Heritage: The Living Culture of Peoples", *European Journal of International Law*, Vol. 22, No. 1, 2011, p. 101.

[④] Birgit Braeuchler, "Intangible Cultural Heritage as Peacemaker", *Sociologus*, Vol. 61, No. 1, 2011, p. 91.

[⑤] Jacqueline Coromoto Guillen De Romero, "Venezuelan Indigenous Educational Cultural Diversity in the Social - Legal Context", *Revista De Ciencias Sociales*, Vol. 19, No. 1, 2013, p. 170.

[⑥] Erika J. Techera, "Safeguarding Cultural Heritage: Law and Policy in Fiji", *Journal of Cultural Heritage*, Vol. 12, No. 3, 2011, p. 329.

中国非物质文化遗产建档标准体系研究

数字化保护的要求，重点围绕元数据标准和语义展开研究，并建构出元数据标准的模型探讨其主要应用范围。①

（二）国内非遗建档标准研究进展

笔者以"非物质文化遗产 建档 标准""非物质文化遗产 档案 标准"为关键词，在中国知网上进行主题检索，以了解国内非遗建档标准的研究现状，检索结果表明，截至 2018 年 12 月 31 日，共得文献 47 篇，其中期刊论文 34 篇，硕士学位论文 12 篇，博士学位论文 1 篇，其年度分布如图 1-6 所示。

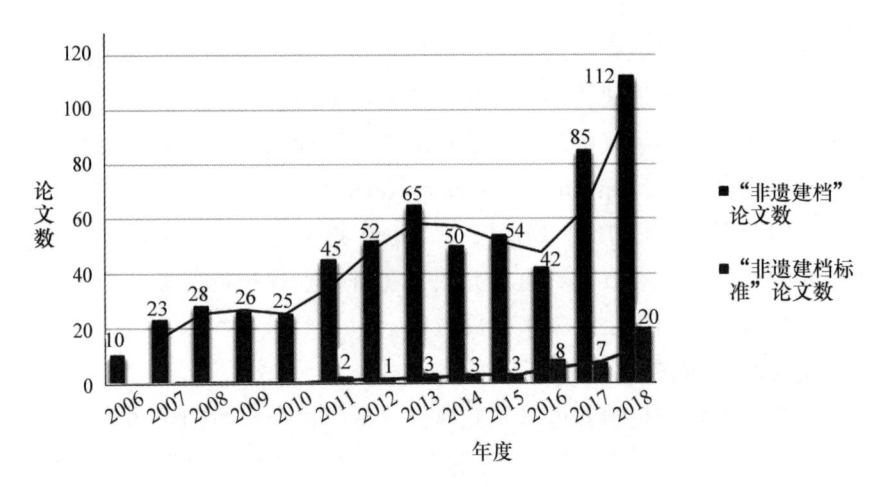

图 1-6 国内非遗建档、非遗建档标准研究文献年度分布图
（2006—2018 年）

由图 1-6 可知，中国非遗档案标准的研究成果同样存在起步较晚，数量较少的问题，从研究主题来看，国内非遗档案标准研究主要集中在国外非遗建档标准的总结，标准制定的倡导和专门标准的制定三个方面。

1. 国外非遗建档标准的总结

国外非遗建档标准的建设早于国内，总结并借鉴国外非遗建档标

---

① Peng Ye, Yaolin Zhou, *The Metadata Standards of Chinese Intangible Cultural Heritages*, Paris: Atlantis Press, 2013, p.688.

准建设的成果与经验有利于中国非遗建档标准建设的开展。戴旸全面地总结了联合国教科文组织，日、美、加等主要国际组织与中国标准建设的成果与特色，提出中国标准建设的举措。①

2. 标准制定的倡导

针对中国的非遗档案工作，钟洪林和董红霞分别强调了标准规范的重要性。②③ 林春万主张尽快制定非遗建档标准以保证非遗建档的有序化。④ 何屹也认为标准规范是解决"后申遗"时代非遗档案问题的关键。⑤

3. 具体标准的制定

针对非遗档案的具体标准，李丹研究了非遗档案的分类标准。⑥ 戴旸等探讨了非遗档案信息化建设的规范。⑦ 戴旸、李财富建构了非遗建档的标准体系。⑧ 叶鹏、周耀林研究了非遗档案元数据的语意标准。⑨ 李姗姗、赵跃探讨了非遗档案资源建设过程中的元数据标准。⑩

（三）国内外非遗档案标准研究现状述评

文献调研结果表明，国外非遗档案建设起步略早于国内，但国内外在研究主题上是基本相似的，早期对标准问题的关注，标准建

---

① 戴旸：《非物质文化遗产建档标准的建设：国外经验与中国对策》，《档案学通讯》2016年第6期，第11页。

② 钟洪林：《浅议非物质文化遗产档案标准化》，《档案时空》2017年第12期，第36页。

③ 董红霞：《非物质文化遗产档案式保护工作方法探析》，《兰台内外》2017年第5期，第15页。

④ 林春万：《非遗档案有序管理对策探索》，《云南档案》2016年第5期，第12页。

⑤ 何屹：《"后申遗时代"非遗档案管理的若干思考》，《浙江档案》2015年第2期，第58页。

⑥ 李丹：《非物质文化遗产档案式保护中的分类问题研究》，硕士学位论文，湘潭大学，2016年，第5页。

⑦ 戴旸、周耀林：《论非物质文化遗产档案信息化建设的原则与方法》，《图书情报知识》2011年第5期，第69页。

⑧ 戴旸、李财富：《我国非物质文化遗产建档标准体系的若干思考》，《档案学研究》2014年第5期，第35页。

⑨ 叶鹏、周耀林：《论我国非物质文化遗产档案元数据的创立思路与语意标准》，《忻州师范学院学报》2014年第2期，第112页。

⑩ 李姗姗、赵跃：《基于关联数据的非物质文化遗产档案资源开发》，《中国档案》2016年第6期，第71页。

设的倡导，逐步开展起的国外非遗建档标准的总结，相关法律法规的梳理，以及随后开展的专门标准初步探索，总体数量不多，专门性研究成果较少，可见，不论是国内还是国外，非遗建档标准始终未能成为非遗建档研究的主要内容和方向。值得肯定的是，广大学者在发现非遗建档存在问题的同时，已经意识到专门标准的欠缺是造成问题的主要原因，而建设专门标准也被认为是解决这一问题的主要途径。在这一背景下，本书研究的开展是必要的，取得的研究成果对于充实国内外非遗建档标准研究成果体系有着重要意义和价值。

第三节　研究思路

本书的研究将以合理借鉴和利用档案管理保证非遗档案的真实性、完整性和可读性为前提，遵循"全面调查—系统研究—揭示规律—形成标准框架—主攻标准内容"的路线，从九个章节展开非遗建档标准体系的系统研究。

第一章为绪论部分。阐述了研究背景、研究意义、国内外主要研究进展、研究思路、研究方法、研究结构及创新之处，清晰、明确地展示本书的研究主旨与研究脉络。

第二章为相关概念界定部分，全面阐述"非遗建档"的相关概念，具体包括"非遗""非遗建档""非遗档案""非遗档案管理"的概念、内涵与特征，明确"标准""标准体系"与"标准化"的概念，比较"标准"与"法规"间的区别和联系，阐释"非遗建档标准体系"的概念与内涵，为后续研究奠定坚实的理论基础。

第三章为国内外非遗建档及其标准体系建设的调查与分析部分。依次对国内外非遗建档的历史与实践、国内外非遗建档标准体系建设的现状展开梳理与总结，通过国内外现状的比较，发现国内在非遗建档、非遗建档标准体系建设方面存在的问题，分析其原因，提出改进对策，进一步明确本书研究开展的必要性。

第四章为中国非遗建档标准体系建设的初步设想部分。立足于充分的社会调查，了解用户对非遗数据库建设的满意程度，发现并找出当前非遗档案建设上存在的问题与缺陷，明确中国非遗建档标准体系建设的必要性、意义与价值。深入分析中国非遗建档体系建设的依据，引入国外非遗标准建设的经验与启示、国内非遗的相关政策，并以霍尔系统工程方法论、信息生命周期理论和文件连续体理论为基础，依次从需求、目的和基本思路三个方面提出中国非遗建档标准体系的建设构想。

第五章为中国非遗建档标准体系框架的构建部分。结合非遗建档的基础理论与实践成果总结出非遗建档的基本要素，分别为"非遗项目建档""非遗传承人建档""非遗建档的业务流程""非遗建档的管理"和"非遗建档的技术"，并将其贯穿于非遗建档标准体系建设中。参考相关国家标准，提出非遗建档标准体系框架构建的基本原则，设计并形成非遗建档标准体系的三维框架，形成"领域维""内容维"和"层次维"三个建设维度，重点对"内容维"上的非遗建档业务流程标准、非遗建档管理标准和非遗建档技术标准做进一步微观而具体的解析。

第六章为中国非遗建档标准体系的制定部分。在设计和构建出中国非遗建档标准体系框架之后，着手研究中国非遗建档标准体系的具体内容，在阐述制定中国非遗建档标准体系需要遵循的原则、方法及主要程序的基础上，以档案（含电子档案）管理标准为参考，提出非遗建档标准体系拟制定的主要标准及代表性标准的大纲。

第七章为中国非遗建档标准体系建设主体的选择。以电子文件管理标准为例，总结并分析国内外电子文件管理标准建设主体上的不同。全面分析中国非遗建档标准建设的现行主体与可能依存主体，科学划分多元主体的角色，提出中国非遗建档标准体系"群体智慧"的主体格局。

第八章为中国非遗建档标准体系的实施与保障部分。探究并总结了非遗建档标准体系实施的主要程序及具体形式，从动力机制、质量控制机制、激励机制和协调机制四个方面构建起非遗建档标准体系实施的保障体系。

第九章为总结与展望部分。依次总结了本书的主要研究结论、研究共享、研究局限及未来的研究展望。

结合上述研究内容，本书的研究技术路线如图1-7所示：

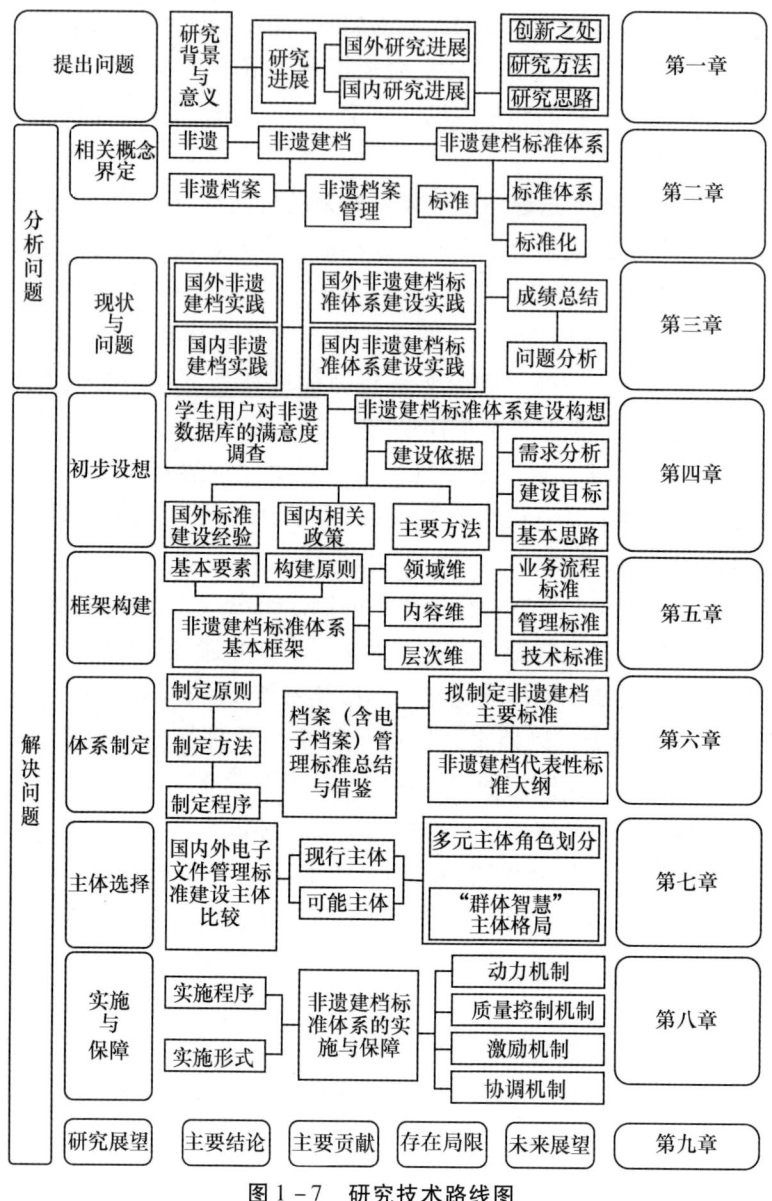

图1-7 研究技术路线图

第四节 研究方法

为完成上述研究任务,本书采用下列研究方法:

一 文献研究法

围绕"非遗建档标准"这一主题,查阅国内外数据库、专著、期刊、报纸等,尽可能全面搜集第一手相关文献资料,经过分析、综合、比较、归纳,把握非遗、非遗建档、非遗建档标准研究的前沿动态,了解国外非遗建档和非遗建档标准体系的发展状况,修正并完善本书的研究思路及研究内容。

二 实地调研法

通过对文化馆、博物馆、档案馆、非遗保护中心等非遗保护、非遗建档主要机构的调查,广泛搜集中国非遗建档、非遗建档标准建设的相关信息,经过系统整理和科学分析,揭示中国非遗建档、非遗建档和非遗建档标准体系建设现状。

三 比较研究法

立足于文献调查和实地调查,将中国非遗建档、非遗建档标准的理论研究同国外进行比较,发现中国理论研究上的不足,吸收国外理论研究和标准建设上的先进成果与经验,以指导本书研究的开展。

四 问卷调查法

根据中国非遗数字化和非遗网站建设成果,遴选具有代表性的四家非遗网站,以国内部分高校学生用户为调查对象,通过发放问卷的方式,调查和了解学生用户对国内有代表性非遗网站了解、感知、使用和满意情况,发现并提炼出影响非遗网站用户满意度的主要因素,从而为本书研究的开展、非遗数字资源标准化建设的推进提供借鉴。

五 半结构访谈法

为进一步了解学生对非遗网站建设情况的满意度及影响因素，选择个体学生用户或焦点小组，以面对面交流和访谈的研究方法，针对用户对非遗网站资源的接受、使用满意度及其影响因素展开非正规、参与式访谈，为问卷调查提供更为准确和全面的信息补充。

六 跨学科研究法

为了达到预期研究目标，本书拟将管理学、档案学、文化人类学、民俗学、信息技术科学等相关理论和方法运用到研究中，多角度、全方位、深层次地探讨中国非遗建档标准体系建设。

第五节 创新之处

本书的研究是在借鉴国外相关研究成果的基础上，结合本国研究现状展开的，可能取得的创新之处有：

第一，基于翔实的文献调研、文本分析和实践调查，开展的国内外非遗建档标准体系研究与建设的系统调查与分析，形成非遗建档标准体系系统化的调查成果，可弥补国内相关成果的不足，有助于推进非遗建档科学化、标准化和规范化进行。

第二，提出的"非遗建档标准为体，档案管理标准为用"的建设思想，结合非遗档案所具有的档案共性及其自身特征，充分借鉴传统档案和电子档案（含电子文件）管理标准，有助于推动非遗建档标准体系的建设，规范和改进当前非遗档案建设与管理。

第三，科学借鉴国外标准化经验、国内相关政策，以系统方法论（尤其是霍尔三维结构模型）、信息生命周期理论、文件连续体理论为指导，从领域、内容和层次三个维度全面地构建起非遗建档标准体系框架，并从非遗建档业务流程、非遗建档的管理、非遗建档的技术三方面具体提出标准体系的内容，为文化部门开展标准化建设提供参考。

第二章　相关概念界定

研究的开展建立在相关概念的科学界定之上。与中国非遗建档标准体系建设研究相关的概念依次有"非遗""非遗建档"和"非遗建档标准体系"等。本章将对这些概念加以阐释和明确，为本书的研究奠定坚实的基础。

第一节　非遗

"非物质文化遗产"的概念，源自联合国教科文组织在2003年颁布的《保护非物质文化遗产公约》，在此之前，"非物质文化遗产"（以下简称"非遗"）多被称为"无形文化财""非物质遗产""口头文化遗产"或"民间创作"等，"非遗"的概念从提出到认同再到最终确立，经历了一个漫长而又复杂的过程。

国际非遗的工作最早可追溯至20世纪70年代。1972年讨论制定《保护世界文化与自然公约》时，就有成员国提交了"关注文化传统或一种目前尚存活或业已消失的文明"的提案，尽管最终未获通过，"文化遗产"依然被联合国教科文组织严格限定为有形文化遗产，但也引起了部分成员国对本国民间传统文化的关注，对其的保护也在部分国家陆续展开。各国基于本国对无形文化遗产的不同认识，给予其不同的诠释与称谓。如日本将本国拥有精湛传统技艺的民间艺人称为"活的民族珍宝"，韩国将本国的非遗称为"无形文化财"，泰国提出的是"无形艺术"概念。1989年颁布的《保护民间创作建议案》中，"非遗"则被狭义地理解为"民间创作"（Folklore）。

对于"非遗"的概念，国际、国内的相关机构、中国政府、部分学术团体及学者，基于不同立场从不同角度对其做出了界定和诠释，笔者选择当前较为权威的五种表述，依据提出时间的先后列举如下（见表 2 – 1）：

表 2 – 1　　　　国内外"非遗"概念的权威表述

序号	提出时间（年）	主要观点	界定主体	来源
1	2003	各群体、团体、有时为个人视为其文化遗产的各种实践、表演、表现形式、知识和技能及其有关的工具、实物、工艺品和文化场所	联合国教科文组织	《保护非物质文化遗产公约》①
2	2005	各族人民世代相承的、与群众生活密切相关的各种传统文化表现形式（如民俗活动、表演艺术、传统知识和技能，以及与之相关的器具、实物、手工制品等）和文化空间	国务院办公厅	《加强我国非物质文化遗产保护工作的意见》附件《国家级非物质文化遗产代表作申报评定暂行办法》②
3	2006	各族人民世代相承的各种口头表述、传统表演艺术、社会风俗、礼仪、节庆，有关自然界和宇宙的知识与实践，传统的手工艺技能和文化创造形式，及与上述表现形式相关的文化空间	王文章	专著《非物质文化遗产概论》③
4	2007	各族人民世代相承的、与群众生活密切相关的各种传统文化表现形式（如民俗活动、表演艺术、传统知识和技能，以及与之相关的器具、实物、手工制品等）和文化空间（即定期举行传统文化活动或集中展现传统文化表现形式的场所，兼具空间性和时间性）	中国艺术研究院	专著《中国非物质文化遗产普查手册》④

---

① Convention for the Safeguarding of the Intangible Cultural Heritage，2017-3-1，http：//portal. unesc o. org/en/ev. php – URL_ ID = 17716&URL_ DO = DO_ TOPIC&URL_ SECTION = 201. html.

② 《国务院办公厅关于加强我国非物质文化遗产保护工作的意见》，2017 年 3 月 1 日，http：//www. ccnt. gov. cn/sjzznew2011/fwzwhycs/fwzwhycs_ flfg/201111/t20111128_ 161463. html。

③ 王文章：《非物质文化遗产概论》，文化艺术出版社 2006 年版，第 54 页。

④ 中国艺术研究院、中国非物质文化遗产保护中心：《中国非物质文化遗产普查手册》，文化艺术出版社 2007 年版，第 54 页。

续表

序号	提出时间（年）	主要观点	界定主体	来源
5	2011	各族人民世代相承并视其为文化遗产组成部分的各种传统文化表现形式，以及与传统文化表现形式相关的实物和场所	中华人民共和国第十一届全国人民代表大会常务委员会	《中华人民共和国非物质文化遗产法》[①]

注：本表根据相关文献资料整理而成。

由表2-1中的五种表述可以看出，国内外界定"非遗"概念的主体是权威且具有公信力的国际组织、国家政府，以及从事相关研究和实践工作的学术组织、著名学者，它们通过国际公约、政府文件、法律法规和学术专著等形式明确了"非遗"的概念与内涵。从具体内容上看，五种概念虽在表述上略有不同，但主要认识是一致的。

非遗是数量繁复且种类多样的，其无形、活态及与群众生活密切相关的特殊性质，成为其区别于物质文化遗产的独有特性。

非遗是"无形"的。它可以是一个民族固有的情感、智慧或思维方式，也可以是特定群体长期形成和积累起来的世界观、价值观、审美观，或是生活理念和经验方法。这种精神层面的文化思维存在于人们的观念之中，需要通过语言、行为或某项技艺才能展示和表达出来。

非遗是"活态"的。它产生或孕育自各社区、各部落或各族群的日常生产或生活，在发展和演化中不断得到丰富和优化，并以口传心授的形式进行着代际间的传承，有着明显的历史延续性和传承性。传承过程中，非遗也并非一成不变的，它会随着时代和环境的变化而变化，在改进和创新中，不断发展，是一种鲜活而富有生命力的文化。

非遗又是"草根"的。它的产生与发展都与群众生活密切相关，有着很强的群众性。笔者以"草根性"代替"群众性"，是为了进一步突出非遗所具有的强烈民众色彩和乡土气息。"草根"的英文为

[①] 《中华人民共和国非物质文化遗产法》，2017年3月1日，http://www.gov.cn/jrzg/2011-02/26/content_ 1811128.html。

"Grass Roots"，含有分布广泛、生命力顽强、质拙无华及吸纳包容等多重意义。非遗来源于生产、生活，它不是脱离民族、居于主流的精英文化，而是关系普通社区、部落或族群，有着深深民族或地域烙印的大众、草根文化。非遗形成于民间、流传于民间、传承于民间，也演化于民间，同民众的生活有着千丝万缕的联系，是民众改造世界、创造生活过程中形成的知识、智慧、精神、理想、信念、道德、伦理的总结。草根性是非遗的原始属性，同官方文化和精英文化的外显性相比，非遗具有内隐性的特色，它生于民间、隐于民间，需要积极地发现和发掘，才能展示其丰富的文化魅力和文化内涵。

"非遗"的概念一经提出，保护处于生存困境中的非遗即成为国际社会必须正视和立即承担起的重要使命。非遗所具有的无形性和活态性等特点，使得人类社会的全球化、城市化进而现代化对其造成了很大的冲击，非遗的生存、延续和发展遭受到极大的威胁与挑战；而其草根性、分散性等特点又决定了非遗的保护将是一项复杂而艰巨的工程。在这一现实下，以联合国教科文组织为代表的国际组织积极探索着非遗保护的方式和举措，为非遗建档就是其重要方式之一。

第二节 非遗建档

从字面上看，"建档"即"建立档案"；"为非遗建档"就是"要建立起与具体非遗项目相关联的档案"。虽然国际社会对非遗概念的认同经历了几十年的发展，但在对"建档"方式的选择与认可上，却是从一开始就坚持的态度和主张。

一 "非遗建档"的国内外认识

从国际层面上看，国外对非遗建档举措的提出首见于1972年联合国教科文组织通过的《关于在国家一级保护文化和自然遗产的建议》[①]，文件提出需要"编纂一份文化和自然遗产的清单"以强化遗

---

① 《关于在国家一级保护文化和自然遗产的建议》，2017年3月4日，http://baike.baidu.com/view/4213519.html。

产的登记，同时也提出构建专门的档案资料服务机构，用以保存与之相关的档案资料，开展档案资料服务。而在1989年颁布的《保护民间创作建议案》中，"建档"也被作为保存民间创作的主要举措而进行了专门的论述。在具体的保存形式上，《建议案》再度提出"应当建立国家档案机构"以收集和存储民间创作资料，同时组建起国际档案的中心机构。① 上述两份文件是以《建议案》的形式颁布，属于软法律，不具有强制执行的效力，只能是对建档方式的建议和推介，而在2003年10月17日颁布的《保护非物质文化遗产公约》中，作为"非遗"保护的重要和普适性方法，"建档"被正式、明确地提出。《公约》提出非遗保护主张的同时，明确将"建档"作为"保护"的重要措施和主要内容。②

中国一贯重视对民俗、民间艺术等民间传统文化资料的收集和整序，这在2004年中国成为《保护非物质文化遗产公约》缔约国之后得到进一步的重申和强调。2005年的《关于加强我国非物质文化遗产保护工作的意见》中，国务院办公厅就强调需要充分运用文字、录音、录像和数字化多媒体的方式，开展非遗资料的积累，借此建立起非遗档案和数据库；而2011年6月颁布的《中华人民共和国非物质文化遗产法》也再次强调了文化主管部门及其他部门负有开展非遗调查的职责，进而对非遗予以认定、记录和建档，建立起健全的信息共享机制。③

二 "非遗建档"的概念与内涵

在国内外共同关注和倡导非遗建档的背景下，国内众多学者也尝试从学理角度认识和了解"非遗建档"，进而对其概念与内涵加以诠释，笔者选择当前主要观点列表总结如下（见表2-2）：

---

① Recommendation on The Safeguarding of Traditional Culture and Folklore, 2017-03-05, http://portal.unesco.org/en/ev.php-URL_ID=13141&URL_DO=DO_TOPIC&URL_SECTION=201.html.

② Convention for the Safeguarding of the Intangible Cultural Heritage, 2017-03-07, http://portal.unesco.org/en/ev.php-URL_ID=17716&URL_DO=DO_TOPIC&URL_SECTION=201.html.

③ 《中华人民共和国非物质文化遗产法》，2017年3月15日，http://www.gov.cn/jrzg/2011-02/26/content_1811128.htm。

表2-2　　　　　　　国内"非遗建档"概念的相关界定

序号	提出时间（年）	主要观点	学者	来源
1	2007	将非遗通过各种文字、图表、声像等不同形式记录保存起来	覃凤琴	文献①
2	2009	按照档案学的基本原理，运用档案工作的技术手段，通过文字、图表、图像等不同形式将红色歌谣有效保存起来，形成红色档案，以便存储和利用	黄明嫚	文献②
3	2011	运用文字、录音、录像、数字化多媒体等手段将无形的非遗真实、系统、全面地保留下来，并按照特定的管理方法存档的一种保护方式，包括普查、建档、保存、提供利用四个环节	陶园等	文献③
4	2011	通过拍照、录音、录像等记录方法，将活态的非遗固化至一定的载体，形成非遗信息资源，进而通过整理、保管等措施为日后提供利用	李姗姗等	文献④
5	2011	将非物质化的医药文化记录下来，使其尽可能地物化和可视，再整理和保护起来	陈海玉	文献⑤
6	2012	通过文字记载、照片、录音、录像、数字化等方式将非遗物化为非遗档案，然后通过对非遗档案所蕴含信息资源的发掘研究、宣传普及，让广大民众了解、理解这些知识，认识到其价值，从而投入到保护非遗的实践中去，最终实现非遗的有效保护、传承和发展	子志月等	文献⑥

---

① 覃凤琴：《从"非物质"到"外化物质再现"——非物质文化遗产档案式保护及其价值考察》，《山西档案》2007年第5期，第23页。

② 黄明嫚：《红色歌谣的档案式保护研究——以百色起义红色歌谣为例》，《百色学院学报》2009年第12期，第128页。

③ 陶园、缪晓梅：《论"徐州琴书"的档案式保护策略》，《兰台世界》2011年第5期，第34页。

④ 李姗姗、周耀林、戴旸：《非物质文化遗产信息资源档案式管理的瓶颈与突破》，《信息资源管理报》2011年第3期，第73页。

⑤ 陈海玉：《云南少数民族口述医药文献的档案式保护研究》，《兰台世界》2011年第8期，第3页。

⑥ 子志月、肖黎煜：《布朗族非物质文化遗产的档案式保护研究》，《兰台世界》2012年第7期，第5页。

续表

序号	提出时间（年）	主要观点	学者	来源
7	2013	将非遗通过文字、图表、声像等不同形式记录保存起来，以物质形式再现无形的文化遗产，为非遗和文化文明史的研究提供珍贵资料	胡艳丽	文献①
8	2013	将无形的非遗利用文字、图像、录音、录像或其他手段"活态"地保留下来，并按照特定的管理方式建立档案	蒲娇	文献②

注：本表根据相关文献资料整理而成。

由表2-2可知，国内对"非遗建档"概念的表述是基本相似的，可见国内在这一方面已初步达成共识。细读之下，笔者发现，"非遗建档"的内涵可总结为以下三个方面。

第一，从指导方法上看，"非遗建档"是要将档案建设与管理的模式应用到非遗的保护和资源建设之中，因此，需要以档案学的基本原理为指导，依据传统档案和电子档案建设与管理的原则及方法开展工作。

第二，从实现手段上看，"非遗建档"实际上是将非遗从"非物质"到"物质"的"外化与再现"的过程。之所以选择以"档案"作为非遗外化的载体和平台，而非"图书"或"文献"，正是缘于档案是社会记忆最真实可靠的记录，其本质属性——原始记录性可以保证在非遗外化过程中，其真实的文化形态得以固化，其原始的文化记忆得以留存。同时，档案所具有的凭证价值和参考价值，决定了以档案形式记录和保存下来的非遗资料有着不容置疑的凭证和参考作用。非遗存在的形式是多样，非遗资料也是丰富和多元的，因此，为非遗建档，单单依靠一种手段或方法是不行的，需要综合运用文字记录、照片拍摄、录音、录像和数字化存储与转化多种方式，以传统档案、

---

① 胡艳丽：《侗族"非遗"档案式保护的整体性研究》，《兰台世界》2013年第4期，第79页。
② 蒲娇：《非物质文化遗产档案性记录研究》，《非物质文化遗产研究集刊》2013年第11期，第13页。

声像档案、数字档案等多种形式存在。

第三，从建设内容上看，"为非遗建档"首要的是以"档案化""外化"的形式对濒临灭绝或业已消亡的珍贵非遗项目进行抢救、追溯和还原，但如果将"建档"的内容仅限于此，那么对"建档"工作的认识就显得过于狭隘。正如《保护非物质文化遗产公约》中所强调的"采取措施，确保非遗的生命力"①，单纯以"静态""固化"的形式记录和保存非遗是无法提高其生命力的，只有在保存的基础上不断转化和创新，才能真正发挥出非遗的活力。事实上，非遗的"活态性"也决定了非遗的文化形式不会一成不变，而是在不断发展和演化的，因此，"立档"仅仅是建档整体流程的一环，继"立档"之后，非遗档案的整理、研究、公开，以及非遗档案的传播和利用都属于非遗建档工作的主要范畴，因此，非遗建档工作是一项庞大而又复杂的系统工程。

三 "非遗建档"的原则

"非遗建档"是一种方法，一种手段，认识"非遗建档"，了解"非遗建档"的内涵，更重要的是要如何去开展非遗建档。中国当前已经开展起非遗建档的相关实践，典型的有布朗族非遗的建档保护、百色起义红色歌谣的建档保护、丽江古城文化和"徐州琴书"的建档，以及遵义红色文化遗产的档案式保护等。总结上述实践的经验，结合国际组织、国家政府相关法规的规定，笔者认为，成功开展非遗建档，需要遵循以下四个原则：

（一）全面普查与重点调查相结合

开展非遗建档工作，首先要明确哪些非遗需要建档，建档的内容又包括哪些，因此，全面、系统地了解中国非遗资源的种类、分布及其文化形式就显得十分重要。中国有着丰富的非遗资源，民族多样、人口众多以及幅员辽阔加大了了解和掌握非遗资源的难度，因此，需

---

① Convention for the Safeguarding of the Intangible Cultural Heritage, 2017 - 03 - 12, http://portal.unesco.org/en/ev.php - URL_ ID = 17716&URL_ DO = DO_ TOPIC&URL_ SECTON = 201.html.

要将全面普查和重点调查结合起来，才能尽可能全面、高效地获取到非遗相关资料。

在调查和了解非遗过程中，在全国或特定地域范围内开展深入、全面的非遗资源普查是首要的工作，以此摸清家底、掌握全局。但是，宏观层面"泛泛"的普查往往会流于形式，难以完整、准确地描绘出非遗的全貌，"全局式"的调查又会耗费人力、物力和财力，拖长普查周期，阻碍建档的进程，因此，需要针对重要、濒危、亟须建档的非遗项目进行重点普查和调研，针对性地了解非遗相关文本资料、实物资料、文化形式和主要传承人等，收集相关资料，确保非遗建档的顺利开展。

（二）文本研究与田野调查相结合

为非遗建档，旨在真实地记录、再现和保存非遗的艺术形式，反映其文化流变。但是，中国非遗长期流散、缺乏保护的现实状况，又决定了资料的收集和建档将是一项极其艰难的工作，需要通过多个渠道以多种方式进行。中国大部分非遗项目都有着一定的传承史，在相关文献、典籍中也有记载，为非遗建档，可以先从非遗相关文本资料的查找与搜集做起，通过相关资料的查找与阅读，了解非遗项目的基本情况，而这些资料本身也可以作为非遗档案的一部分。2009年，妈祖信俗成功入选世界非物质文化遗产，宁波作为妈祖信俗传播较早、影响较广的地域之一，也积极开展起妈祖信俗的建档工作。承担该项工作的主要机构——宁波庆安会馆联合当地的档案机构、文博机构首先开展了妈祖信俗早期文献的搜集和整理工作，发现廖鹏飞的《圣墩祖庙建顺济庙记》、丁伯桂的《艮山顺济圣妃庙记》以及蒋维锬的《宁波妈祖庙的渊源》等文献中均有相关记载，并以此为依据，基本确定了宁波原有八座天后宫的建址。同时，庆安会馆又远赴福建，在福建莆田学院图书馆妈祖文化资料库中搜集并影印得妈祖信俗类档案文献记录共215条，进一步还原了妈祖信俗的艺术形式，为建档工作的进一步开展奠定了坚实的资料基础。

文本研究有助于初步认识非遗项目、明确其文化价值，但是仅仅依靠文本研究获取到的资料是有限的。非遗散存于民间，有着极强的社会性和大众性，要想进一步深入地收集非遗相关资料，需要借鉴和使用人类学、民族学中的主要研究方法——田野调查法。田野调查法是一种实地调查法，强调减少资料传递的层次，获取第一手原始的资料。对于非遗资料的收集、非遗的展示与再现来说，田野调查法要求调查者直接深入到非遗生存环境，通过观察、交谈、体验等方式直接获取非遗资料，完成对非遗的客观描述与叙述，以呈现非遗文化的全貌。这方面最具代表性的当属1930年凌纯声先生开展的为期三个月的赫哲族日常生活田野调查，此后，凌先生用两年多的时间，将调查所得的资料整理撰写成《松花江下游的赫哲族》，真实呈现了赫哲族的风俗习惯、宗教信仰、传统婚俗、民族礼仪和衣食住行。

（三）传统方法与现代技术相结合

国内众多学者在界定非遗建档概念时，无不强调非遗建档应集合文字记录、照相、录音、录像等多种方式。多种方式的选择，一方面是由非遗自身特点所决定的，另一方面也是为了全方位、多角度地展现非遗，以多种形式的非遗档案相互补充、互为印证。非遗的分布范围广泛，且艺术形式多样。一方面，文本研究有助于获取大量的书面资料，非遗项目申报过程中形成的大量文字材料也成为非遗建档过程中必须收集的材料；另一方面，当研究者和调查者亲自深入非遗生存地域展开田野调查，获取第一手资料的时候，往往要利用现代信息技术和记录手段开展对传承人的记录、访谈，通过对非遗形态的拍摄、录制，形成大量的视音频文件。

非遗是无形的，但并不意味着完全没有物质形式和物理载体，非遗文化的存续和展示依托特定的生产、生活工具、民族服饰、民间工艺等，因此，为非遗建档，实现无形非遗的有形化，强调建档的多方法、多技术、多工具和多媒体。目前，一些机构已经尝试运用三维全息技术、多媒体数字化技术等开展非遗转换记录与捕捉、模拟和呈现非遗的肢体表演与艺术形式，在多形式记录非遗信息的同时，进一步扩大非遗传播的范围和影响力。

（四）政府主导和社会参与相结合的原则

从主体层面看，开展非遗建档工作，政府的支持与参与是必不可少的，而且，政府也该是众多主体中施行力度最大的一个。1979—2004年的"十部民间文艺集成志书"编纂工程，可以说是迄今为止政府层面发起的最早规模也最大的民族民间文化行政保护工程，普查过程中收集到的大量文字、录音和录像共同构成了体现中国各民族文化精髓的珍贵宝藏，系列志书的编纂也使得潜藏于民间的宝贵民族民间文化遗产自此得到及时的抢救和较为完善的保护。

但是，政府的主导也离不开社会的参与，这是由非遗自身的大众性和草根性所决定的。包括学者、非遗传承人和社会公众在内的众多主体都有责任参与到非遗资料的收集、建档中。政府需要注意倾听专家的意见，尊重和吸收群众的声音，引导公众参与和协助非遗的建档，以提高非遗建档的广度和深度。

伴随着非遗建档的深入，大量的非遗档案就此产生，非遗档案的管理工作也会进一步展开。因此，在阐述"非遗建档"概念的同时，笔者也将对"非遗档案"和"非遗档案管理"两个概念加以明确。

四　非遗档案

与非遗建档工作持续深入相伴的是大量非遗档案的产生，非遗档案是一种新兴的档案种群，非遗数量的庞大，建档手段的多元化，存储载体的多样化，都决定了非遗档案的数量将日益增长，非遗档案的形式也必将是多种多样的。

（一）非遗档案的概念与内涵

对于非遗档案的概念，国内的一些学者也纷纷提出自己的见解与看法，笔者同样选择最富代表性的一些观点，制表列举如下（见表2-3）：

表2-3　　　　　国内"非遗档案"概念的相关界定

序号	提出时间（年）	主要观点	学者	来源
1	2007	与非遗活动有关的那部分档案，即所有与非遗有关的具有保存价值的各种载体的档案材料，它应当包括非遗活动的道具、实物等，以及对非遗进行记录和保护过程中形成的文字记载、声像资料等	赵林林等	文献①

---

① 赵林林、王云庆：《非物质文化遗产档案的特征和意义》，《档案与建设》2007年第12期，第5页。

续表

序号	提出时间（年）	主要观点	学者	来源
2	2008	为保护非遗而运用文字、录音、录像、数字化多媒体等各种形式对非遗进行真实、系统和全面地记录和收集整理而形成的各种不同形式载体的历史记录	胡芸等	文献①
3	2008	与非遗活动有关的那部分档案，即所有与非遗有关的具有保存价值的各种载体的档案材料，它应当包括非遗活动的道具、实物等，以及对非遗进行记录和保护过程中形成的文字记载、声像资料等	王云庆等	文献②
4	2009	与非遗活动有关的那部分档案，即所有与非遗有关的具有保存价值的各种载体的档案材料，包括非遗活动的道具实物等以及对非遗进行记录和保护过程中形成的文字记载、声像资料等	李波	文献③
5	2009	在非遗保护工作中形成的各类事务性文书档案，也包括遗产项目申报过程中形成的具有档案价值的各种资料	何永斌	文献④
6	2009	非遗项目在调查、研究、保护、传承及申报过程中形成的具有保存价值的文字、图表、照片、声像实物等材料	陈妙生等	文献⑤
7	2009	与非遗活动有关的那部分档案，包括非遗活动的道具实物等，以及对非遗进行记录和保护过程中形成的文字记载、声像资料等	赵爱国等	文献⑥
8	2011	在非物质文化活动中形成的具有保存价值的各种载体的档案材料，它包括非物质文化活动的道具实物等，以及对非物质文化进行记录和保护过程中形成的文字记载、声像资料等	李蔚	文献⑦

① 胡芸、顾永贵：《如何做好民族民间非物质文化遗产档案管理工作》，《中国档案》2008 年第 5 期，第 43 页。

② 王云庆、赵林林：《论非物质文化遗产档案及其保护原则》，《档案学通讯》2008 年第 1 期，第 71 页。

③ 李波：《非物质文化遗产档案在城市文化旅游中的作用》，《北京档案》2009 年第 10 期，第 36 页。

④ 何永斌：《谈非物质文化遗产档案工作中的几对关系》，《山西档案》2009 年第 3 期，第 50 页。

⑤ 陈妙生、陆英：《太仓市加强非物质文化遗产档案工作的探索与思考》，《档案与建设》2009 年第 2 期，第 58 页。

⑥ 赵爱国、王云庆：《法制化框架下的非物质文化遗产档案资源控制问题研究》，《档案学通讯》2009 年第 4 期，第 47 页。

⑦ 李蔚：《创新思维 积极探索档案资源整合新方法——非物质文化遗产档案征集与管理》，《云南档案》2011 年第 2 期，第 17 页。

续表

序号	提出时间（年）	主要观点	学者	来源
9	2011	形成于非遗活动及非遗保护活动中，是非遗、非遗活动、非遗保护活动的原始性记录	周耀林等	文献①
10	2011	通过拍照、录音、录像等记录方法，将活态的非遗固化至一定的载体形成档案资源	李姗姗等	文献②
11	2012	通过文字、照片、音像、声像、多媒体等方式对非遗进行记录、存档的物质化成果	徐拥军等	文献③

注：本表根据相关文献资料整理而成。

由表2-3可知，中国关于"非遗档案"概念的界定主要有广义和狭义之分。广义的"非遗档案"是指由记录非遗本身和反映其保护与管理工作的阶段性、全过程的文献、资料的汇编。而狭义上的概念则指在非遗保护与管理相关工作中所产生的业务性档案文件。笔者认为，非遗档案应该是一个宽泛的概念，所有见证非遗传承演变过程及各个阶段文化特征、反映非遗现存状态和存续情况、记录围绕非遗保护和管理开展的相关活动，反映非遗演化、传承的各种类型记录，都属于非遗档案的范畴。具体而言，非遗档案主要包括以下三个方面：

1. 非遗的本体档案

从字面上看，本体档案应当是与非遗项目直接相关的档案。具体来说，描述、记录或反映出非遗的发展脉络、传承过程以及生存现状的文字、图片或影音等资料，或者与之相关的一切实物都可纳入非遗本体档案的范畴。从内容和构成上看，这部分档案的来源相对复杂，管理起来的难度也较大，但对于非遗建档和非遗档案管理工作而言，这却是管理的重要对象。

---

① 周耀林、程齐凯：《论基于群体智慧的非物质文化遗产档案管理体制的创新》，《信息资源管理学报》2011年第2期，第59页。

② 李姗姗、周耀林、戴旸：《非物质文化遗产信息资源档案式管理的瓶颈与突破》，《信息资源管理学报》2011年第3期，第73页。

③ 徐拥军、王薇：《做好非物质文化遗产档案工作应增强五种意识》，《北京档案》2012年第2期，第15页。

2. 非遗申报与保护工作中形成的档案

非遗申报与保护工作中形成的档案是指非遗申报及保护过程中相伴生成或是体现结果的相关资料。具体而言，申报过程中准备的申报书、保护计划、围绕申报工作形成的相关公文，以及最终申报结果的公布文书等都属于非遗申报与保护中形成的档案。而在保护过程中形成的档案，如为保护非遗而制定的法规、标准、办法等都是围绕非遗保护、管理和开发等形成的各种资料。从目前来看，这部分档案数量相对较少，组成也较为简单，但在地位和重要性上却较申报公文类档案更高，一般以"项目"为单位进行管理。

3. 非遗传承人档案

传承人（含传承团体）最能体现非遗的存在价值。传承人档案是指记录和反映非遗传承人的自然状况与文化背景、说明传承人传承非遗的活动状况和传承状态，以及在认定和管理传承人过程中形成的各种资料，如文化传承人证书。这部分非遗档案常常以"传承人"为单位进行管理，是管理的重点。

（二）非遗档案的特征

非遗档案是众多档案类群的新成员，它既有作为档案的本质属性，也有作为非遗信息资源的独有属性。

1. 原始记录性：非遗档案的本质属性

档案的本质属性是原始记录性，这是档案区别于图书、资料、文献等其他文献形式的重要属性。作为档案属类的一种，原始记录性理应成为非遗档案的本质属性。国际社会及中国政府之所以将"建档"作为抢救和保护非遗的首要举措，而不是"建图书""建文献""建资料"，其根本缘由也正是因为档案所具有的这一根本属性，以及由此所派生出的真实性和可靠性。

档案的原始记录性体现在它是与人类的生产、生活相伴产生的，这一点同样体现在非遗档案之中。非遗申报与保护工作中形成的档案是伴随非遗名录申报及保护工作生成的，是相关活动的第一手资料，因而有着较为显著的原始记录性。而对于非遗本体档案和传承人档案这类后期收集、汇总的档案，其原始记录性则是相对且动态的。正如国内著名档案学者冯惠玲说过的，人们常常会将很多信息视为档案，并以档案的形式和等级加以保存与利用，这些信息之所以能被视为档案，原因就在于它们在人们了解和考证过往史实过程中具有高度可信赖的作用，这种作用就被视为其原始记录性。据此可知，档案的原始记录性并不一定要专注于档案的形成过程和形成方式，而是要更看重其真实与可靠的属性。从这个角度来说，维护原始记录性也成为非遗本体档案、传承人档案乃至申报与保护工作中形成档案建设过程中需要坚持的基本原则。

2. 整体性：非遗档案的重要属性

档案是历史面貌或历史进程的记录，具有不可分割的整体性和相互联系性，这一属性共同存在于非遗档案之中。为非遗建档，实际上就是在一定法律、法规的指导下，通过一定的方式和手段，将分散在各组织、个人手中和散失在其他地方的非遗资料集中归档的过程。因此，"建档"成为非遗资源向非遗档案转化的转折点。非遗资源的归档保存是将多份文件或资料集中起来，依据其内在联系，分门别类，形成关于某一个非遗项目或是某一位非遗传承人的档案。保持全宗整体，是非遗档案乃至所有档案管理过程中都需要遵循的一条重要原则。

与图书、文献、资料不同，档案是一个整体聚合的概念。[①] 文件可以以"份"或"个"计，图书或资料可以以"本"或"册"来计，一份（个）文件、一本（册）图书（资料）都可以单独存在，独立发挥其作用，而档案则是要将众多的历史记录聚合成案卷、全宗，以整体的形式存在并发挥作用。单份非遗文件只能反映某一方面的问题，相关的档案全宗不仅能说明某一个非遗项目的存在，而且关于这一项目的起源、演化脉络、传承代际、名录申报、已经实施的有关保护措施等都能全面展示和反映出来，档案所具有的维护历史真实面貌的功能也正是体现于此，这也是非遗建档的价值之所在。

3. 开放性：非遗档案的特殊属性

中国的档案类群中，公务档案是其主要组成部分，这些档案产生于党政机关、企事业单位及社会组织之中，是党和国家各级各类机关

---

① 查启森：《档案"原始记录性"质疑》，《档案学》1994年第3期，第33页。

工作与活动的真实记录,也是党和国家机密资料的汇总,因此,政治性和机要性一直是档案的重要属性,这也决定着档案不能像图书、文献、资料一样随意地公开,必须在相应法律法规规定下加以管理和保密。《中华人民共和国档案法》曾对不同类型档案的开放日期做出规定,如国家档案馆档案为形成之日起满三十年,经济、科技类档案可少于三十年,事关国家重大利益或安全的则须多于三十年。[①]

但是,对于非遗档案而言,如果在归档保存后不能积极地对外开放,而是被禁锢和封闭,那么势必会背离非遗固态保护的初衷,抛弃非遗原本所应体现出的社会价值和文化意义。因此,即便是档案的一种,非遗档案仍具有有别于其他档案类型的重要属性——开放性,这是由其自身特点所决定的独有属性。非遗生于民众、长于民众,也将展示、分享于民众。为非遗建档,首先是非遗濒临灭绝的现实状况所决定的,同时,也是对不同民族、不同地域、不同群体独创和独享的非物质文化的汇总。汇总的结果首先是保护,但最终是实现跨群体、跨民族、跨地域的开放、传播、交流与共享,这对于增强档案部门的亲和力,增进档案部门之间,档案部门与其他文化部门之间的交流与沟通,架设起档案部门与社会公众之间信息和情感的桥梁无疑具有重要的意义。

4. 知识性:非遗档案的一般属性

知识性是档案的一般属性,这在非遗档案上有着更为显著的体现。从内涵上讲,这种知识性包括显性知识和隐性知识两大类;从功能上讲,则体现在储存知识、传播知识和获取知识三个方面。

显性知识是非遗传递给受众最直观、最表面的知识,例如历史知识、文化知识、科学知识等。非遗是不同群体或不同民族的文化积淀,透过不同的思维方式、心理结构和审美观念,可以追溯到潜存于特定民族或群体中最深的文化根源;非遗也是特定时期特定地域或种群生产力、科学技术、思想感情、风俗信仰等社会历史文化的产物,因此,科技知识也是非遗档案中所具有的重要显性知识。

---

① 《辽宁省人民政府》,2017 年 4 月 1 日,http://www.ln.gov.cn/zfxx/gjfl/xzfl/200804/t20080401_ 177186.html。

隐性知识则是潜藏于非遗知识深处，依附显性知识而存在，与人们主观意志或行为有关的知识，比较典型的如政治知识和社会知识。从一项非遗项目上可以了解潜藏在其背后特定的时代背景、政治氛围以及社会环境，而保护非遗，为非遗建档，很大程度上也是出于维护民族或国家尊严，彰显国家文化优势，提升文化软实力的目的。

从功能上讲，建立非遗档案，抢救和保存非遗，这是知识或信息的存储功能；在此基础上开展的非遗档案的开发和展示，恰恰是在履行其传播知识的功能，这种功能不仅具有空间上的扩散性，还有着历史上的连续性，对于把握非物质文化的历史脉络，传承和发扬博大精深的华夏文化有着重要的意义。此外，非遗档案资源的普查、征集，非遗档案开放利用过程中馆际间的交流与共享，也是一种获取知识的过程，有助于馆藏互补，优化和提升非遗保护工作。

五 非遗档案管理

随着非遗建档工作的开展与深入、非遗档案的大量产生，围绕非遗档案所开展的系统管理工作就显得极为重要。"非遗档案管理"也成为近年来非遗档案研究的重要关键词之一。"非遗建档"和"非遗档案管理"是两个既有联系又有区别的概念。正如前文所阐述的，国内学者在界定非遗建档概念时，都强调了不应将"非遗建档"仅仅局限于狭义的"建设档案"，应是广泛地囊括"整理、研究、公开、宣传、普及和利用"等系列环节。但从现有研究成果来看，很多学者还是单纯地将"建档"理解为"立档"，而将同非遗档案有关联的系列管理工作，统归到"非遗档案管理"之中，因此，"非遗建档"与"非遗档案管理"成为两个彼此相交但又彼此区别着的概念。"建档"首要的环节是"建立档案"；"非遗档案管理"则侧重对建成的非遗档案的系列管理、控制和维护工作。鉴于本书涉及的是非遗档案建设和管理的整个过程，因此有必要对"非遗档案管理"的概念和特点加以明确。

（一）非遗档案管理的概念

同非遗档案一样，非遗档案管理的概念也有广义和狭义之分。广义的非遗档案管理是一种管理的理念,即前文所提及的非遗"档案式"保护,它是秉承"非遗建档标准为体,档案标准为用"的指导思想,以档案管理理论为依据,以档案工作的思路、方法和模式为参照,结合非遗的特点而开展起来的非遗系列保护和管理活动。这是一种"档案式"管理理念,是对非遗保护的宏观指导和总体定位,属于思想意识层的管理。

狭义的非遗档案管理则更贴近于档案管理实务和基本流程,在档案管理"六环节"的指导下,以保护和管理非遗为目标,通过文字、录音、录像等多种方式和手段,对散存的非遗资料开展普查、收集、分类、整理、建档、保管、编研和信息化利用等系列工作,需要注意的是,非遗的建档包含在非遗档案管理工作中,属于其中的一个环节。

对于中国非遗档案管理实际工作而言,广义的非遗档案管理要求其在管理理念上坚持以档案管理的理论和方法为指导,增强档案式管理的意识;狭义的非遗档案管理则要以流程管理为指导,通过非遗档案管理流程的规范实现非遗档案管理的科学化。

(二) 非遗档案管理的特征

管理是要用科学的原理和方法对人力、物力和财力资源进行计划、组织、控制、激励。非遗是高度分散着的,因此,非遗档案的管理也绝不可能是按部就班、一气呵成的,有着动态性、创作性和连续性的特点。

1. 动态性

不同于一般档案的静态和稳定,非遗与生俱来的动态和流变,决定了非遗档案的建设不可能是一劳永逸的。生存环境的变化、传播力度的增强会使得非遗的文化基因发生演化,产生新的文化形式和文化内容;非遗所处的窘迫的生存环境,以及外部力量强行的涉入,会使其随时遭遇破坏或变异,这就需要敏锐地捕捉和归档这些新兴的文化元素,及时记录并保存文化上的转向,进而全面完整地展示非遗发展的脉络,因此,围绕某项非遗的建档工作将是始终进行着的,相应的非遗档案管理的环节也是动态发展的,这种发展将伴随这项非遗生存的始终。

2. 创作性

档案是相关单位、组织或个人在生产、生活过程中相伴生成的。非遗的无形性决定了非遗的相关资料是需要通过文字、口述、影像等形式转录和保存下来的，非遗档案的普查和收集就是以这类工作为主，但是，如前所述，只要记录下来的信息是可靠的，这丝毫不会改变非遗档案的原始记录性，因此，非遗档案管理具有明显的创作性。

3. 复杂性

非遗来源的广泛、数量的繁复以及种类的多样，决定了非遗档案的管理将是一项非常复杂的工作。非遗对口头表述、表演艺术、民俗活动、传统技艺等多种类型文化形式的涵盖也决定了非遗档案管理的内容也将是极其丰富和多样的，这无疑会对非遗档案管理提出更多的要求。同时，非遗濒临灭绝的现实状况及其自身高度分散的特性，都决定了非遗资源的普查和收集将是一项长期而艰巨的任务。此外，非遗档案的建设同普通文书档案的建设有着一定的区别，在保持全宗内部档案文件之间联系的同时，全宗与全宗之间，即单个非遗项目档案或非遗传承人档案之间都是彼此独立的。中国非遗档案的建设与管理处于初级阶段，既无前期经验可以借鉴，也少有国外实践可以参考，如何科学划分全宗，做到分门别类，有序管理，同样也是一项复杂的工作。

第三节 非遗建档标准体系

非遗档案的建设与管理均是出于对非遗的保护而开展起来的系列活动，同时也是在非遗这一新兴工作领域进行的组织和管理工作。在非遗档案建设与管理逐步展开且不断推进的过程中，对其行为的规范及质量的管控就显得十分重要。如前文所述，联合国教科文组织及中国政府针对非遗保护和非遗建档颁布了一系列重要的法律法规，引导着非遗建档工作的开展，但多立足于宏观层面，未有具体的、可操作性的指导与规范，而这一切都需要通过构建非遗建档标准体系来解决。从某种程度上说，非遗保护、非遗建档工作能否顺利、高效地开展，相关标准、标准体系的建设、制定与实施是关键。

中国非物质文化遗产建档标准体系研究

与非遗建档标准体系相关的概念有"标准""标准化"和"标准体系"等,因此,在阐述"非遗建档标准体系"概念之前,笔者先对这些概念做出明确。

一 标准

标准建设古来有之。早在古巴比伦和古埃及时期,人们就订立了关于重量和测量的标准。秦始皇统一中国后实行的"车同轨、书同文"以及对度、量、衡的统一,也属中国早期的标准建设。19世纪工业革命兴起后,火车铁轨宽度不同带来的交通不便、不同城市消防龙头接水装置的差异,以及蒸汽锅炉因配置不统一造成的爆炸事故等使得人们意识到,以先进的科学技术推动生产力的同时,以标准建设实现行业规范,确保公共安全同样是十分重要的。人类社会的发展促进了标准的建设,而标准的建设又进一步保障着人类的进步,中国乃至全球的非遗保护、非遗建档工作同样也需要标准的指导与规范。

(一)"标准"的概念与内涵

在中国,早期的"标准"多被称为"规矩","无有规矩无以成方圆"真切地反映出标准所具有的规范和约束作用,以及社会对其价值的认同。除"标准"外,"规格""规则""成规""规范"和"模范"等也被作为相近的表述。关于"标准"的概念,国内不同机构和主体从不同角度不同层面做出了诠释,笔者选择其中最具代表性的四种观点,制表列举如下(见表2-4):

表2-4　　　　　　　　国内"标准"概念的相关界定

序号	提出时间(年)	主要观点	界定主体	来源
1	1996	(1)衡量事物的准则; (2)可供同类事物比较核对的事物	中科院语言研究所	现代汉语词典[1]

---

[1] 潘晓龙:《现代汉语词典》,海南国际新闻出版中心1996年版,第38页。

续表

序号	提出时间(年)	主要观点	界定主体	来源
2	1990	对重复性事物和概念做的统一规定,以科学、技术和实践经验的综合成果为基础,经有关方面协商一致,由主管机构批准,以特定形式发布,作为共同遵守的准则和依据	国家技术监督局	《中华人民共和国标准化法条文解释》[1]
3	2004	为了在一定的范围内获得最佳秩序,经协商一致制定并由公认机构批准,共同使用的和重复使用的一种规范性文件	信海红等	《质量技术监督基础》[2]
4	2014	为了在一定的范围内获得最佳秩序,经协商一致制定并由公认机构批准、共同使用的和重复使用的一种文件	国家质量监督检验检疫总局,中国国家标准化管理委员会	《GB/T 20000.1-2014 标准化工作指南 第1部分 标准化和相关活动的通用词汇》[3]

注：本表根据相关文献资料整理而成。

在国外,"标准"的英文表述是"Standard"。国际 ISO 标准化组织和国际 IEC 电工委员会,在《ISO/IEC Guide 2 – 1991 General terms and their definitions concerning standardization and related activities（标准化和有关领域的通用术语及其定义）》[4] 中将"标准"诠释为由公认权威机构认可、通过并予以批准的规则,旨在对活动及其结果加以规范约束,并重复使用的文件,当然,从文件形式上看,标准不仅可以是规则,还可以是导则或是有特征性的文件。

比较国内外对"标准"的界定可以看出,虽然国内外在"标准"概念的具体阐述上略有不同,但就"标准"的概念与内涵已基本达成了一致,这种认识主要体现在以下三个方面：

---

[1] 国家质量技术监督局政策法规宣传教育司：《质量技术监督执法实用大全》,中国标准出版社 2000 年版,第 149 页。

[2] 信海红等：《质量技术监督基础》,中国计量出版社 2004 年版,第 12 页。

[3] 《道客巴巴：标准化工作指南第 1 部分标准化和相关活动的通用词汇》,2017 年 4 月 12 日,http://www.doc88.com/p-771457192975.html。

[4] 张保胜：《网络产业：技术创新与竞争》,经济管理出版社 2007 年版,第 121 页。

首先是对标准目的的认识。众多主体认为制定标准的目的是为供某一领域某一行业内各个主体共同遵守使用,旨在获得最佳秩序,实现最佳的社会效益。因此,标准是对某一行业某一领域内某一工作的统一规定,是多元主体遵照执行的行为准则。

其次是对标准建设的认识。众多主体将标准的建设过程看成是对现有科学技术的吸取与采纳,或是对现有经验与做法的凝练,因此,制定出的标准多是对现有经验、做法的总结,有着较强的通用性;标准的制定需要充分考虑各方的利益,经过多方协商,并经某一权威机构批准后方可施行,因此,标准又有着较强的权威性和公信力。

最后是对标准实施过程的认识。众多主体无不认为标准出台后将在较长一段时期内在一定范围内重复使用,因此标准又有着较强的稳定性和指导力,同时,标准还应确保对不同主体的普遍适用,因而具有普适价值。

(二) 标准的类型与特性

正是由于标准在确保行业规范、强化安全管理方面所具有的优越性与重要性,从20世纪50年代至今,各行各业的标准建设都在稳步持续地推进,标准的数量也在与日俱增。标准已然成为辅助和确保人类创造更好生活方式的基础。伴随着标准建设的展开以及标准数量的增多,科学地认识和区分标准的类型与特征也成为至关重要的问题。

1. 标准的主要类型

标准数量丰富,用途也极为广泛,依据不同的分类原则,标准可被分成不同的类型。从国内外现有的理论与实践成果来看,分类的原则主要有标准作用的有效范围、标准的约束性以及标准的规范对象三种。

第一,依据作用范围的不同,标准一般被分为国际标准、国外先进标准和国内标准三大类。

国际标准是在国际范围内统一使用的标准。能够颁布国际标准的机构,主要有国际标准化组织(International Standard Organized,缩写为ISO)、国际电工委员会(International Electrotechnical Commission,缩写为IEC)和国际电信联盟(International Telecommunication Union,缩写为ITU)。此外,也有一些标准,如欧盟(EN)标准等,这些由

CENLEC 和 CEN 等具有国际影响力机构颁布的标准，在获得国际标准化组织认可之后，也可由区域标准上升为国际标准。①

国外先进标准的制发主体多为主要经济发达国家或富有影响力的区域性组织，这些国家或组织制定出的适用于本国或本区域的标准，也会成为主要执行或参考的依据。当前，国际上能够制定并被采纳的区域标准化团体主要有太平洋地区标准会议（Pacific Area Standards Congress，简称 PASC）、欧洲标准化委员会（Comité Européen de Normalisation，简称 CEN）、亚洲标准咨询委员会（Asian Standards Adivisory Committee，简称 ASAC）、非洲地区标准化组织（African Regional Standards Organization，简称 ARSO）、亚洲电子数据交换理事会（Asia Electronic data Interchange Board，简称 ASEB）、欧洲电工标准化委员会（European Committee for Electrotechinical Standardization，简称 CENLEC）、欧洲广播联盟（European Broadcasting Union，简称 EBU）等。而世界主要经济发达国家的国家标准主要包括美国国家标准（American National Standards Institute，简称 ANSI）、德国国家标准（Deutsches Institute for Normung，简称 DIN）、英国国家标准（Britain Standard Institute，简称 BS）、日本工业标准（Japanese Industrial Standards Committee，简称 JIS）、法国国家标准（Association Francaise de Normalisation，简称 NF）等。此外，美国电气制造商协会标准（National Electrical Manufactures Association，简称 NEMA）、美国石油学会标准（American Petroleum Institute，简称 API）、美国机械工程师协会标准（American Society of Mechanical Engineers，简称 ASME）、美国保险商试验所安全标准（Underwriter Laboratories Inc，简称 UL）等美国各机构制发的相关标准。②

国内标准是指中国制（修）定的标准。1988 年 12 月 29 日通过的《中华人民共和国标准化法》将中国标准依据适用范围依次划分为国家级标准、行业级标准、地方性标准和企业级标准四大类型，进

---

① 《国家标准》，2017 年 4 月 21 日，百度百科（http://baike.baidu.com/view/31962.html）。

② 韩耀斌：《食品质量安全检验及食品安全认证》，中国计量出版社 2011 年版，第 38 页。

而提出只有实现各层次间相互依存而又彼此联系，才能构建起一个覆盖全国、层次分明的标准体系。中国国家标准的代号一般用"GB"来表示，行业类别则被划分为安全生产、包装、船舶、新闻出版、档案、公共安全等67类，与本书研究相关的类别有档案、文化、文物保护等行业，其标准代号分别为"DA（档案）""WH（文化）""WW（文物保护）"，地方标准的代号一般用"DB"表示，位于标准体系最底层的企业标准则一般用"QB"表示。

第二，根据标准约束力的不同，中国的标准通常被分为强制性标准和推荐性标准两大类，这也是中国在标准制定上同国外的显著区别。此外，指导性文件也成为继上述两类之后又一重要类型。

在中国，强制性标准的数量在整个国家标准体系中占有绝对的优势。顾名思义，"强制性标准"（Compulsory Standard）是指一经颁布，就必须强制执行的标准。拒不执行的机构或个体，均会受到经济上的制裁或承担法律上的责任。从强制程度上看，强制性标准包括全文强制和条文强制两大类。全文强制是指强制执行的内容或范畴囊括了整个标准的全部内容；条文强制的强制范围则相对窄些，只是其中的部分条文需要被强制执行。在中国，全文强制的标准居多，其国家标准代号为"GB"。

"推荐性标准"（Recommended Standard）在属性上与强制性标准有着截然的不同，它不由标准制发机关强制执行，而由各执行单位、研究机构或执行主体结合其生产、实践的具体过程与要求，自行选择是否采纳，但是，一旦选择接受或采纳这一标准，该标准即成为需要各方共同遵守的执行依据，具有法律约束力。中国推荐性标准的数量也很多，其标准代号一般在技术代码后加上"/T"，如国家推荐性标准为"GB/T"。

强制性标准和推荐性标准共同组成了中国标准体系的主要内容，此外，"指导性文件"也被作为一种新的标准形式纳入到标准范畴之中，成为强制性标准和推荐性标准的有力补充。从内容上看，指导性文件多规定标准化工作的原则及具体做法，其提倡的技术手段与做法多处于尚在发展、取得一定成效、有推广和普及的价值但未成熟至可制定成标准的高度。从制发主体来看，指导性文件多由国务院标准化行政主管部门制定颁布，其代号多在标准代码后缀上"/Z"，如国家指导性文件为"GB/Z"。

第三，根据标准化对象的不同，中国的标准通常被分为技术标准、管理标准和工作标准三大类。

从对象与内容上看，技术标准侧重于各行业各领域的技术的规范，具体包括产品参数、工艺规范、检测方法、试验手段、安全标准、卫生办法和技术指标等。[①] 管理标准则是对各行业各领域相关规范与操作的协调，对生产工作的合理组织安排、妥善利用及稳步发展，以及对生产活动的科学的计划、监督、指导和调控。

工作标准多用于衡量各类人员对工作职责的履行、任务的分配以及水平的考量。具体来说，工作标准会规定工作人员需要具备的工作技能、应当完成的工作内容、建议采用的工作方法，具体的工作要求以及对工作业绩的考核与检查等，以实现业务工作的高效化、管理活动的现代化和科学化。

2. 标准的基本特征

标准是一种规范性的文件，不论是依据何种规则进行划分，总有一些特征是所有标准共同拥有的，这些特征也是标准区别于其他文件的重要特质。笔者将这些特征总结为权威性、稳定性、约束性和动态性四个方面。

（1）权威性

权威性是标准所具有的基本属性，是标准能为各行业各领域所接受，并被很好贯彻施行的重要依据。《中华人民共和国标准化法》等法律法规的颁布与执行，更是强化了标准的权威与强制约束力，支持并保障着标准的顺利执行。拒不执行强制标准，或是已选择采纳推荐性标准却并未很好施行的行为或主体，都将受到法律法规的约束与制裁。

但是，如果简单地将标准等同为强迫和压制，则是对标准价值和作用的曲解。标准的制定、采纳和贯彻是建立在共同的认同和信服基础上的，标准的发布机构多为国际或国内的权威机构，其公信力和权

---

① 宋明顺、周立军：《标准化基础》，中国标准出版社2013年版，第20页。

威性得到一致的认可，因此由这些机构制发或认定的标准应成为行业内较为权威的标准。同时，制发标准的机构或主体多是直接参与业务工作的，提炼制定出的标准源于实践，是对实践工作和成功经验的总结，具有很强的信服力，因而具有很强的指导性、参考性和强制性。

（2）稳定性

标准一经发布，在很长一段时间内都会被稳定推广和使用着，这是标准效用发挥的保证，也成为标准的又一重要属性。从使用期限上看，标准不是临时性的文件，更不是一次性的，而是在相对较长的一段时间内指导相关工作的规范性文件，时间期限被称为标龄。[①] 针对标准的标龄，不同国家、组织和机构均做出了规定。ISO标准化组织的标龄一般为5年，《国家标准管理办法》规定中国标准的使用期限一般不得多于5年。但从国内外标准的实际使用情况看，标准发挥效用的时间往往都会超过5年，达到8年、10年甚至更长的时间。能在如此长的时间内被采用和发挥效用，这就是标准稳定性的体现。

标准的使用期限体现出标准的稳定性，而其制发过程及内容也进一步强化了标准的稳定性。从制定程序上看，标准的产生要经过计划、草案、征求意见、审查、报批等系列程序，涉及机构有国务院标准化行政主管部门、全国专业标准化技术委员会等，权威机构的发布、法制化的操作程序保证了标准的科学、权威，科学、权威的标准必定会得到最大范围的接受，并被稳定地执行下去。从对象上看，标准涉及或规范的领域与对象，早已从传统的生产指导、技术规范延伸拓展至经济建设和社会活动的各个方面，当然，这些领域或行业中规范和约束的对象，也不是指所有的事物与概念，而是其中较为稳定、形成操作惯例的重复性事物或概念。

（3）约束性

从标准作用的发挥来看，约束性是标准所具有的又一重要属性。标准是各方要求和利益协调的产物，每项标准的制定和实施都要兼顾国家、企业和使用者的利益。因此，制定标准的过程就是各方协商、讨论最后达成一致的过程。标准在一定条件下具有法律约束作用，这

---

① 洪生伟：《企业标准化工程》，中国标准出版社2013年版，第252页。

是标准不同于其他类型文件的特点。国内外的各类标准都在一定范围、一定领域以及针对一定的行为或个体发挥约束作用,这种约束也是确保行业规范、强化行业管理的重要手段。

(4) 动态性

标准的稳定性并不意味着标准在使用期限内都是一成不变的,而是会随着时代与行业的发展不断修正、完善和进步的,这种动态发展也是标准不断保持生命力、持续指导行业实践的关键所在。标准是科学技术与成熟经验的集合,当有新的技术产生或更多经验形成时,现行标准就会显得有些滞后。标准要对行业具有一定的指导性和规范力,就必须高于当前的实践,如果标准跟不上时代的步伐,不再具有指导力,那么标准就会被废止,因此,随着生产技术的提高,标准需要不断被修订、补充和完善以适应科学技术的发展。中国标准修订的时限为3至5年,当一项标准有了新的版本时,旧有的版本需要及时废止,并对新版本上传下达、贯彻实施,否则极易造成标准的错用。

(三) 标准与法规的区别与联系

在强调标准所具有的权威、规范和约束性的同时,另一种具有相同功能的文件——法规同样不能够被忽视。在推进人类事业健康、持续、规范发展上,标准与法规都有着重要、基础性的作用。那么,两者之间有着怎样的联系,彼此间又有着怎样的区别,如何实现两者的协调发展,明确这些问题,对于推进人类社会的规范化发展无疑有着重要的意义。

1. "标准"与"法规"的概念比较

如前文所述,"标准"是经多个制发主体共同协商,一致制定,并由公认机构批准,用以提供给标准化对象共同使用和重复使用,以求在一定范围内获得最佳秩序的规范性文件。"法规"则是由国家制定和颁布,由国家强制力保证实施的规范性文件。[1] 标准与法规之间有着共同的工作目标,即创造最佳的工作秩序,获得最大的工作效益。但在具体性质和主要特征上,两者之间又存在着一定的差异,具体体现在以下三个方面:

---

[1] 洪生伟:《技术监督法学》,中国质检出版社2014年版,第169页。

首先,从属性来看,虽然标准有强制性标准和推荐性标准两大类,但总体而言,标准多为推荐采纳,具有自愿采纳的自主选择性;而法规则是由国家颁布,强制遵守并执行的,这也是标准与法规间最为本质的区别。

其次,从规范对象上看,标准侧重于对整个流程所涉及环节的规范与协调,包括每个环节所必须遵循的技术要求和技术细节;法规则以主要社会关系为协调对象,明确和规定各个主体的权利与义务,以维护国家利益和社会公共利益。

最后,从制定程序上看,1997年颁布的国家标准《GB/T 16733-1997 国家标准制定程序的阶段划分及代码(Stage division and code of procedure for development of national standards)》将标准制定分为预备、立项、起草、征求意见、审查、批准、出版、复审和废止九个阶段:先由国务院标准化行政主管部门立项,委托给事业、科研单位或企业具体负责、组织起草,经标准化技术委员会或部门审查通过后,由国务院标准化行政主管部门或国际标准技术审查机构批准,由国家标准出版单位出版发布。而法规的制发主体,则依其文件类型的不同而有所不同。具体来说,法律文件的制发主体是全国人民代表大会或全国人民代表大会常务委员会;行政法规的制发主体是国务院;[①] 自治条例由民族自治地方的人民代表大会制定,经全国人民代表大会常务委员会批准后生效;[②] 部门规章由国家最高行政机关所属的各部门、委员会在自己职权范围内发布;法律解释则由具体的国家机关、组织或个人做出说明。[③]

2. "标准"与"法规"的关系与协调

虽然"标准"与"法规"在本质属性、规范对象和制定程序上有着较大的区别,但实现各行业各领域规范化的共同目标也决定了两者间必定会存在着交集。这种交集也会随着经济体制的进一步完善、政府职能的转变、法律制度的演化以及标准适用性的增强而进一步强

[①] 张晓晓:《法理学导论》,知识产权出版社2013年版,第190页。
[②] 魏海军:《立法概述》,东北大学出版社2013年版,第264页。
[③] 张晓晓:《法理学导论》,知识产权出版社2013年版,第244页。

化和突出。需要认识到的是,标准与法规的协同效用并不一定都是正面和积极的,不同情况下有着不同的表现。

一方面,"标准"与"法规"可以形成良好的协作互补的关系。标准中所介绍、推介的各种技术、工艺以及科学成果均是经过实践验证,确定普遍适用并能被广泛接受的,因此,在草拟、制定法规过程中,适当借鉴与吸纳标准中的内容,有助于提高法规的可操作性和适用性。如果标准中关键环节或技术被法规采纳,上升到法律高度,必定有助于该环节、该技术的有效实施。此外,法规也可以以立法的形式对行使或违反标准的行为予以奖惩,进而为标准的顺利实施提供法律层面的推动与保障。

但是,如果法规在建设过程中借鉴和采纳的标准是不成熟的,其科学合理性、市场适应性都是未经验证的,那么必定会影响到法律的实施。同时,中国当前标准的制定仍存在透明度不够、参与度不够以及标准发布、宣布、推介不力等问题,这些都会影响到标准的采纳。在这样的情况下,标准与法规很难发挥出最佳的水平,产生良好的效用。

在实现某个行业或某个领域的规范化的过程中,标准与法规的建设与完善是必需的。鉴于标准与法规的协调能够带来积极的作用,也可能引起负面的影响,要使标准和法规能够共同指导和推进行业或领域的进步,必须要探讨实现标准与法规协同发展的方法与路径。笔者认为可以从内容建设和功能发挥两个方面展开。

内容建设是指在草拟标准与法规时,要注意将两者结合起来,实现内容上的协调。法规可以以标准为支撑,将标准中先进、成熟的技术和做法吸纳到法规中去,标准的制定也须与法规保持方向上的一致。

功能上的发挥则是要实现标准与法规功能上的协同互补。标准与法规内容侧重点的不同决定了其发挥的功能也不尽相同。标准偏重技术性和可操作性,而法规则侧重于强制性和管理性,这四项功能都是规范化过程中所需要的,因此,需要确保标准和法规能充分运用于实际工作,进而保证功能与效用的发挥。

二 标准体系

标准是为规范行业、强化管理而制定出的指导性文件。但是，行业的建设与管理都是非常复杂的活动，涉及众多利益主体，诸多管理环节，以及许多管理技术。在如此复杂的业务建设和管理活动中，众多的事物、概念、流程重复出现且相互交织，需要成体系、相协调、有互补的标准共同予以指导，以提高管理的效率和效益。因此，为了切实强化标准指导的针对性与有效性，标准体系的建设成为标准化工作的重要内容。

中国第一个标准体系是1973年由电子工业部标准化研究所编制的《电子仪器标准体系》，该体系推出后，即被认为是较为科学的经验而加以推广和运用。1991年颁布的中国首个标准体系的专门标准《GB/T 13016-91 标准体系表编制原则和要求》，第一次明确提出了"标准体系"的概念，即"一定行业、领域或范围的若干标准，依据其内在联系、层次性组合形成的科学的有机整体"。[1]

"标准体系"概念的提出，很大程度上是要将系统方法论运用于标准的系统建设和建立科学的关联。对于"系统"的概念，钱学森曾将其界定为"若干个相互作用、相互依赖的部分或组成，因其具有特定的概念或相关的联系而集合构建起的有机整体"。[2] 标准体系的基本元素是标准，以"体系"的形式将众多标准集合在一起，所产生的效果必将大于众多单独标准之和。这些被囊括在一起的标准，彼此间也有着重要的关联和共性，这种共性体现在以下四个方面：

首先，这些标准的目标是一致的，它们都是关于某一领域、某一业务或某一管理活动的，体现的是这些业务活动的不同层面；其次，这些标准又有着一定的整体性，虽然它们反映的是不同层面的业务内容，但彼此间又是相互成套、相互支持、相互协调的，这些标准的组合必将会对整个业务活动发挥整体效应；再次，标准间又是相互联系

---

[1] 质量技术监督行业职业技能鉴定指导中心组：《质量技术监督基础》，中国标准出版社2014年版，第17页。

[2] 岳高峰、赵祖明、邢立强：《标准体系理论与实务》，中国计量出版社2010年版，第19页。

着的，这种联系体现在彼此间有着层级关系，上层标准对下层标准有着指导关系，下层标准又是上层标准的有益补充，上层标准负责宏观统筹，下层标准负责具体操作的实施；最后，这些标准又有着一定的相关性，这种相关性体现于标准间的相互制约、相互影响和相互依存，既有引用关系、也有参考关系，还有互为印证的关系等。为了更好地分析、研究、规划和评价标准体系，中国还专门设计出"标准体系表"，制定"标准体系明细表"以图表的形式对标准体系的组成做进一步细化的描述。

除了中国重视标准体系建设外，德国、英国、美国等发达国家同样重视以系统论来指导标准的建设与集合。与中国不同，德国将"标准体系"称为"标准化系统"，并将构建这一系统的过程称为系统标准化（Standardization of System），并对标准化系统的编制形制加以规范；英国也表达了将标准体系方法运用于本国标准制定的强烈愿望，Jon Holt 和 Paul McNeillis 共同发表的《系统工程在全球标准化中的角色》指出，"标准是工程师工作中不可分割的一部分，技术和业务系统中的标准越来越复杂……系统工程的兴起帮他们解决了这些问题……"2000 年 8 月，美国提出国家标准战略（NSS），将本国标准体系建设的目的明确为"满足对目的和理想的陈述的需要，并为在当今全球竞争经济中美国标准体系的未来提供一个远见卓识"。事实上，国际标准的制定过程中也很注意标准的系统化和体系化。以国际标准化组织 ISO 为例，其制定和颁布的标准很多都是以"族"（Family）和"系列"（Series）的形式出现，这种"族"和"系统"本身也就是一种简单的小型的体系，在保证标准内在联系的同时也提升了标准实施的效果。

三 标准化

"标准化"是与"标准"密切相关的概念，当人类明确标准对于人类社会发展所具有的关键作用时，如何实现各行业各领域工作的标准化就成为重要的内容。从现有文献看，"标准化"概念的提出略早于"标准"，正是人类认识到实现标准化、规范化的重要性和必要性，才会进一步探讨标准的建设以实现标准化的目的。

同"标准"概念一样,"标准化"概念的界定也主要来自于工具书和相关国家标准。早在20世纪70年代,国际著名的标准化专家桑德斯就将标准化界定为"旨在协调所有相关方面的利益,以促进和实现最佳的社会效益,在相关方面的组织与协调下开展的特定的有秩序的活动"[1]。1996年国际标准化组织颁布的ISO/IEC第2号指南中,标准化更被明确界定为"针对实际或潜在问题做出的统一规定,以供共同和重复使用,以求在相关领域内获得最佳秩序的效益性活动"[2]。1996年,国家标准化管理委员会发布的《标准化和有关领域的通用术语 第1部分 基本术语(GB/T 3935.1-1996)》中,"标准化"被界定为在一定范围内求得最佳秩序,针对实际存在的或潜在的问题提出并制定出共同遵守并重复使用的各项规则的活动。[3]

从上述表述可以看出,国内外对于"标准化"的认识和阐述基本是一致的。笔者试将其总结为以下三个方面:

第一,从目标上看,标准化有着当前和长远两种目标。当前目标即是制定出标准或条款;长期目标则是通过标准化获取最佳的操作秩序,实现效率的最大化。正如前文所述,各个行业、各个领域都需要开展标准化工作,标准的实施既可以提高产品与服务的质量水平,也可以打破行业、领域间的壁垒,可以对先进通用技术加以采纳与推进,也可以通过规范化的管理实现多元主体间的协同与高效。

第二,从策略上看,"标准化"工作的实施、标准效用的发挥是通过标准的共同使用或重复使用来实现的,因此,标准不能是单一或是一次性的,而应是覆盖各业务领域、结构合理、内容先进、技术、管理和工作标准系统衔接的标准体。此外,标准化工作的深入推进还需要有一体化的标准管理体系及科学的管理模式。

第三,从本质上看,"标准化"是一个含有多项活动的过程。曾有学者将"标准化"的过程比喻为"循环螺旋式的上升",[4] 笔者也

---

[1] 季任天、黄旭辉、杨幽红:《质量监督检验检疫概论》,中国计量出版社2007年版,第101页。
[2] 宋明顺、周立军:《标准化基础》,中国标准出版社2013年版,第42页。
[3] 陈曹维、蔡莉静:《馆藏标准文献管理系统》,海洋出版社2008年版,第16页。
[4] 程爱学:《质量总监实战操典》,北京大学出版社2013年版,第120页。

认为"标准化"首要和最关键的工作应当是标准的制定、公布以及贯彻实施,但是,前期的准备、设计,后期的验证、纠错、修订和完善也属于标准化工作的内容,只有在标准化工作中不断提高和强化标准的适用性、通用性和科学性,促使标准在一定范围内的推广,实现标准化对象由杂乱无序向着简单、统一转变,这才是标准化工作的基本内容、宗旨和目标。

第四,从本质上看,"标准化"不单纯是一个过程,更是一场活动,活动的对象不是孤立的事件,而是那些共同实施、重复执行的事物,将这些事物、活动或执行办法上升为标准,实现杂乱无序向有序化、单一化或统一化的转化。

"标准化"本质的明确从侧面反映出"标准"与"标准化"之间的联系与区别。两者首先有着共同的目标和实现策略,但是,标准化的本质是一项活动,标准则是一种文件。标准是标准化活动的产物,当然,除了标准外,还会有其他规范性文件经标准化制定、发布和实施,如规范、规程等。

第四节 非遗建档标准体系

"非遗""非遗建档""标准""标准化"等概念的明确,为本书研究的开展奠定了充足的准备,"非遗建档的标准体系"则是本书研究的核心问题。非遗建档标准体系是集合非遗建档领域内的相关标准,依据其内在联系、相互作用及层次分类形成或构建起的科学的有机整体,体现出非遗建档工作的整体框架,实现对非遗建档工作的宏观管理和顶层设计。标准体系建设的目的是以非遗建档过程中实际或潜在的问题为对象,通过制定、颁布、贯彻、实施相关系列标准,对标准实施效果加以监督,进而在整个非遗建档工作中形成最佳的建档秩序,获得最佳的建档实践,进而实现非遗建档的最大效益。20世纪以来,国外以及中国的非遗保护、非遗建档工作已取得一定的成绩与进展,但是,实践中存在的问题与不足也警醒着人们,只有切实做好非遗建档的标准体系建设工作,才能确保非遗建档工作的持续纵深发展。从某种程度上说,非遗建档标准体系的建设工作已成为非遗建档过程中前期、基础性工作。非遗建档标准体系的建设，首先是一种化繁为简的过程，使得形形色色的建档方式或建档手段经标准的规范之后，保留了最关键最核心的流程和最精练最成熟的手段，摒弃多余、重复、可替代或低功能的环节，这本身就是一种管理活动的调节、管理过程的控制，非遗建档标准体系建设的过程也是一个统一建档过程和手段的过程，从取得同等功效的建档工作中提取共同的技术要素和建档对象加以推广和统一，形成正常的非遗建档的秩序；非遗建档标准体系的建设也是一个协调非遗建档工作的过程，使得建档工作中涉及的多方利益主体、建档环节都能保持相对的平衡与稳定；非遗建档标准体系的建设更是一个不断优化的过程，正是通过前期的简化、统一和协调，不断选择建档技术、设计建档环节、调整建档内容、评价建档效果，达到标准化最理想的结果。当然，标准体系涉及的范围，可以是一个区域、一个行业、一个国家，也可以是面向全球的非遗建档工作。

构建非遗建档标准体系，其主要的内容就是要制定出非遗建档的相关标准，在内容上囊括非遗建档的整个流程，对象上针对非遗建档主要利益主体，以保证获得最佳秩序和效果。笔者认为，建立起来的非遗建档，除具有一般标准的普遍特性外，还应该具有以下三方面的特性：

第一，生产性。建立起来的非遗建档标准将主要用于指导非遗建档的实践，取得较好的非遗档案建设与管理的效果，因此，非遗建档标准不仅需要保证质量和性能，还需要最大限度地降低成本，提高非遗建档的生产力和管理水平。

第二，技术性和可操作性。非遗建档的标准应囊括非遗建档过程中的主要技术要求和性能指标，以满足非遗档案建设和管理的要求，符合技术先进的基本原则，能具体有效地指导非遗建档活动。

第三，效益性。非遗建档的标准不仅是对非遗建档活动进行管理、控制，更是为了调整非遗建档的效果，提升非遗建档的质量，进而实现非遗建档的高质量、高效益和高社会影响力。

当然，非遗建档标准体系的建设也是一项非常复杂的工作，为避免出现标准的交叉与重复，需要对相关标准进行统一、协调、分层及体系化。因此，开展非遗建档标准体系的建设工作，不仅仅是要制定和出台相关的标准，更重要的是要使这些标准体系化，以确保全面、具体地指导非遗建档工作，因此，设计并构建出科学、合理的非遗建档标准体系框架成为实现这一目标的重要手段。本书研究的主旨就是构建出符合中国实际情况的非遗建档标准体系，以实现非遗建档的标准化，推进非遗建档工作的顺利开展。

第三章 国内外非遗建档及其标准体系建设的调查与分析

开展中国非遗建档标准体系研究、构建中国的非遗建档标准体系需要首先了解中国非遗建档及其标准体系建设的现状。中国的非遗建档工作很大程度上受到国际非遗保护浪潮的影响与推动，因此，只有全面了解国内外非遗建档的现状，才能明确中国非遗建档所处的阶段与水平，及亟待解决和突破的问题与瓶颈，这些问题与瓶颈可能只有通过标准体系建设才能解决。同样，国外在非遗建档标准体系建设方面取得的进展也能为中国的标准体系建设提供经验与指导，这些都成为笔者在本章重点研究和阐释的内容。

第一节 国内外非遗建档现状的梳理与分析

因此，在研究非遗建档标准体系之前，全面了解和掌握国内外非遗建档的主要实践与进展是十分必要的。只有充分认识到国内外在非遗建档上采取的主要做法、所处阶段、既得成绩和存在问题，才能明确标准体系建设的主要诉求及其立足点和切入点。因此，笔者对国内外非遗建档的现状进行全面的梳理和分析，作为后续研究的基础。

一 国外非遗建档实践

国外的非遗建档工作对中国的非遗建档一直有影响、推进和借鉴的作用。从历史时期和保护程度上看，国外非遗建档工作可分为传统的建档和现代意义上的建档两大部分。了解传统建档的历史，有助于了解国外诸国对"建档"这一传统做法的接受和采纳；认识现代意义上的非遗建档则是对国外建档经验的汲取,以及国内外建档做法与进展的比较和反思。

(一)国外传统非遗建档的历史

国外最早开展非遗建档实践的地域是西方的古希腊和东方的古印度。公元前9世纪至8世纪间,荷马收集并编纂了《伊利亚特》和《奥德赛》两部史诗。[1]而早在公元前的1500年,古印度的雅利安人就对古印度的吠陀传统颂歌进行加工、整理和编辑,形成四部《吠陀本集》。公元前4世纪至公元4世纪的八百年间,智慧的古印度人集合众多反映历史事件的口头文学编纂而成《摩诃婆罗多》,该书被誉为保存古印度民族思想的经典著作,被奉为"第五吠陀"。公元前3世纪,印度作家蚁垤集合口头流传加工编纂完成诗体典籍《罗摩衍那》。《摩诃婆罗多》与《罗摩衍那》被并称为古印度口头文学汇编的经典史诗,以桦树皮和贝叶等材料为载体,这部史诗经过多次传抄传递,成为继口头流传之后又一主要传播形式。[2]

古希腊和古印度开展的早期非遗建档实践首先体现出古代人们对口头文学类非遗价值的肯定与重视,其以文献化和抄本形式的保存与传播也反映出对以文字记录非遗这一方式的选择与认同。但是,在很长一段历史时期内,无形的非遗始终未能成为文化遗产保护的重点,全球遗产保护的工作多是围绕着物质文化遗产展开的,这一局面直到第二次世界大战之后才有所改变。

(二)国外现代意义上非遗建档的主要实践

1. 现代"非遗保护"意识的觉醒

论及国外现代意义上"非遗建档"的历史,不得不首先认识近现代国外诸国对"非遗"概念与价值的重新认识,以及"非遗保护"理念的树立和强化。正如前文所述,很长一段历史时期内,无形非遗的价值始终未能得到国外诸国的重视与肯定,直到第二次世界大战后,战争在人们心中留下的创伤,战争对城市旧貌的毁坏,以及战后重建对城市原有历史建筑和文化风俗的破坏,触动了人们

---

[1] 魏本权:《中国文化概论》,山东人民出版社2012年版,第145页。
[2] 王文章:《非物质文化遗产概论》,文化艺术出版社2006年版,第190页。

的怀旧之情，也促使人们开始去保护那些濒临灭绝、即将逝去的非物质文化遗产。

国外"非遗"意识的觉醒以及"非遗保护"理念的提出，经历了由一两个国家的最先带动到全球范围内倡导和规范的过程。其中认识较早，对全球非遗保护工作起引领和带动作用的国家莫过于亚洲的日本。当然，日本这方面意识的觉醒同样缘于本国遗产的损毁。1949年至1950年的2年间，日本国内包括法隆寺金堂、京都鹿苑寺在内的五座国宝级建筑先后在大火中焚毁，法隆寺金堂上飞鸟时代的壁画顷刻间消失激起了日本政府及广大民众对文化遗产保护深深的担忧。1950年，日本政府率先颁布了文化遗产保护的专门法律《文化财保护法》，并于同年8月29日实施，文化遗产保护被上升到法律高度。日本政府赋予本国文化遗产统一的称号——"文化财"，并对需要保护的文化财一一进行了种类的划分。值得肯定的是，从一开始，日本政府就将无形的"文化财"纳入到"文化财"保护的行列中。考虑到无形"文化财"与有形"文化财"存续形式的不同，日本政府还专门出台了"人间国宝"制度，授予无形文化遗产中"身怀绝技"的传承人以"人间国宝"的称号，一方面肯定其价值与地位，另一方面也要求其承担起传承无形文化，保护无形文化财的责任。[①] 此后，韩国、菲律宾、泰国、美国和法国等国也纷纷响应，现代意义的非遗保护工作自此展开。

2. 国际"非遗保护"的组织与倡导

在非遗保护的早期实践中，亚洲、非洲和拉丁美洲坚持遵从自身的文化观念，以生活为中心，所开展的实践均较为成功。倒是经济较为发达、现代程度更高的西方诸国，虽也积极参与非遗保护，但实际开展却并不顺利，其遭遇的瓶颈主要来自于两个方面：一方面，西方国家将版权、专利视为智慧的物化形态，将知识产权界定为一种资产，而非遗文化却因没有文字的记载或记录，很难对其进行价值鉴定；另一方面，即便部分国家开展了非遗保护，但仍对非遗保护的可

[①] 牟延林、谭宏、刘壮：《非物质文化遗产概论》，北京师范大学出版社2010年版，第56页。

第三章　国内外非遗建档及其标准体系建设的调查与分析

能性和必要性存有疑义。① 英国就是一个典型的代表。一方面，英国对本国典型的非遗——苏格兰威士忌的酿造和格子纹样进行积极的保护，② 另一方面，其主要文化遗产机构——英国遗产委员会却一再提出，英国根本没有非遗，导致英国民众对非遗认识生疏，系统化的非遗保护工作始终未能展开。

基于这些问题，迫切需要在全球范围内统一非遗、非遗保护的认识，总结非遗保护的成功经验和先进做法，进而在全球范围推广、介绍和实施，联合国教科文组织则成为这一工作的主要承担者。早在20世纪70年代，联合国教科文组织在讨论制定《保护世界文化和自然遗产公约》时，参会代表就提出应将保护的范畴拓展至非物质范畴。尽管这些建议最终未被采纳，但也反映出联合国教科文组织对"非遗"的早期关注。1973年，哥伦比亚政府再次建议在国际版权公约中加入一项旨在保护民间传说的草案。1977年，"非遗"一词首次出现于《联合国教科文组织第一个中期计划（1977—1983）》；1982年发布的基于文化政策的《墨西哥宣言》中，文化内涵有了新的界定：文化"不仅包括艺术和文献，也包括生活模式、人类的基本权利、价值体系、传统和信仰"③。人类文化遗产不仅包括有形遗产，"语言、仪式、信仰、历史遗迹和纪念碑、文学、艺术作品、档案和图书馆"等也成为文化的主要组成部分。

随着"非遗"地位的确立，联合国教科文组织进一步制定并颁布了一系列规范性文件，对非遗和非遗保护做进一步重申与指导。1989年11月15日通过的《保护民间创作建议案（RSTCF）》（以下简称《建议案》）强调了民俗作为人类普遍遗产一部分的重要性，指出不同民族有责任汇集有力手段和社会团体以维护其文化身份、应对多因

---

① 周方：《英国非物质文化遗产立法研究及其启示》，《西安交通大学学报》（社会科学版）2013年第11期，第97页。
② 周方：《英国非物质文化遗产创意开发的政策法律环境研究》，《文化遗产》2013年第6期，第11页。
③ Intangible Cultural Heritage: The Living Culture of Peoples, 2017 – 04 – 21, http://ejil.oxfordjournals.org/content/22/1/101.full.

素的威胁。尽管只是针对民俗提出，但该《建议案》仍被视为国际非遗领域第一份专门性规范。① 此后十余年间，《人类口头及非遗代表作条例》(1998年)、《世界文化多样性宣言》(2001年)、《伊斯坦布尔宣言》(2002年)和《上海宪章》(2002年)等指导性文件先后被颁布，直至2003年《保护非物质文化遗产公约》的出台，人类非遗保护开始进入一个崭新的历史时期。②

3. 非遗建档的具体实践

联合国教科文组织不是国家实体，没有颁布法令的权利，只有通过颁布国际公约、宪章、建议案以及举行各种全球性评选活动来传达自己的宗旨与理念。在上述文件中，联合国教科文组织反复强调了非遗保护的理念，将"建档"作为非遗保护的重要手段，并对其执行与实施进行科学的指导。如《保护民间创作建议案》中对"建档"③方式的提倡，《人类口头及非遗代表作条例》中"支持各国建立候选档案，制定评选标准"④，《上海宪章》中"制定全面开展博物馆和遗产保护实践活动的档案记录方法与标准"⑤，以及《保护非物质文化遗产公约》中的"确认、立档、研究、保存、宣传、弘扬、传承（特别是通过正规和非正规教育）和振兴"⑥。

《保护非物质文化遗产公约》的颁布，以及众多缔约国的加入，使得非遗保护成为全球诸国共同遵守的纲领，非遗建档也成为众多非遗保护举措中的最佳选择。在公约指导下，各国依据公约的精神，从普查、收集、登记、建档、存储、展览和教育培训7个方面，开展非遗建档工作。

---

① 高亚男：《UNESCO保护非物质文化遗产的实践及其对我国的启示》，《浙江学刊》2012年第3期，第209页。

② 李墨丝：《非物质文化遗产保护法制研究——以国际条约和国内立法为中心》，博士学位论文，华东政法大学，2009年，第96页。

③ 《保护民间创作建议案—文化发展论坛》，2017年5月3日，http://www.ccmedu.com/bbs51_94722.html。

④ 《宣布人类口头和非物质遗产代表作条例》，2017年6月1日，http://www.docin.com/p-281475949.html。

⑤ 苏东海：《〈上海宪章〉的意义》，《中国博物馆》2002年第4期，第91页。

⑥ 《保护非物质文化遗产公约》，2017年5月11日，百度百科（http://baike.baidu.com/view/1006148.htm）。

第三章　国内外非遗建档及其标准体系建设的调查与分析

（1）非遗的普查

非遗普查是非遗资料收集、建档的前期基础性工作，旨在了解某个区域、某个时点上非遗资源的总量以及非遗的存续状况。各国在开展非遗保护和非遗建档过程中，无不以非遗的全面普查为前提。

20世纪50年代，日本政府在颁布《文化财保护法》之后，随即开展起多次大规模的"文化财调查"工作，其中就包括对无形文化财的普查。从性质上看，日本政府开展起来的无形文化财普查，既有官方政府主持的遍及农村、山村、岛屿及渔村的民俗调查，也有学术精英自发组织和参与的学术调查，具有代表性的有20世纪80年代陆续开展的"民俗资料紧急调查""民俗文化分布调查""民谣紧急调查"以及"无形文化财记录"等。调查所至的村、町（镇）、市、县，均建立起颇为详尽的地方史记录和民俗志报告，为后期遗产保护与建档积累了大量可靠而又翔实的资料。①

在日本有条不紊地开展本国遗产资源普查的同时，法国国家性的文化大普查也在如火如荼地进行。1962年，法国启动了"法国古迹和艺术财产普查"（Inventaire general des mounments et das richesses artisitques de la France）②，普查的范围涉及1850年以后的艺术类文化遗产，并要求对其一一登记，列出清单。③

法国是一个十分重视遗产保护的国家。从普查范围看，本次普查除覆盖法国全境，国土之外的法国遗产也同样在普查之列，涉及之广，囊括了从"小汤勺到大教堂"。普查过程中，先参考现有的档案与文献，再结合实地调查加以补充和完善，所开展的实地调查既有在特定区域内进行的普遍调查，也有围绕某个主题展开的专门调查，如全国性遗产科技普查、金银器制作花饰普查等。为确保普查工作的准确性，法国还制定了专门的标准，对普查范围加以选择和界定，对普查程度和手段进行规范，对普查结果进行评估，确保能为所有人接

---

① 罗艺：《国外非物质文化遗产法律保护概述》，《云南电大学报》2010年第12期，第64页。
② 顾军、苑利：《法国文化遗产大普查的启示》，《浙江日报》2005年7月25日第11版。
③ 王文章：《非物质文化遗产概论》，文化艺术出版社2006年版，第23页。

受、查询和使用。①

截至目前，这项自1962年启动的全国性遗产普查工作仍未结束，法国文化遗产部门也明确指出遗产普查永远不会结束。在此期间，参与遗产普查的主体不断得到充实与壮大。法国遗产普查工作一直由文化部统筹实施，文化部设有文化遗产司，早期负责遗产普查的是古迹和艺术财富全国普查委员会，2007年后改由法国国家文化遗产普查委员会负责，并由法国文化部长直接主管。② 2004年，法国政府颁布了《地方自由和责任法》，明确提出大区政府应当在文化遗产普查方面履行更多职责，承担更多责任，这是一种权力的下放，让更熟悉文化遗产生存现状的大区政府直接负责文化遗产的普查，有利于避免国家级行政部门缺乏专业性知识而给普查工作带来不必要的损害，同时，法国政府还进一步以委托民间社团组织的方式，联合学者组成普查队伍共同参与遗产的普查，由文化部负责监督和指导。③

20世纪以来，更多新的技术也被运用到法国遗产普查工作中，各大区政府网站上均设有普查专页，并与文化部网站互联互通，法国国家文化遗产普查委员会出版了电子杂志《在原地》，定期展示各地文化遗产分布状况、各地文化遗产普查情况及结果，文化部建设了专门数据库，及时公布和传播普查结果。随着互联网技术的发展，互联网成为开展遗产普查、公布普查结果的良好平台，各大区政府均在自己的官网上开设遗产普查专栏，并与国家文化部网站和其他各大区政府官网建立连接，确保信息的互联与互通。④ 可见，无论从持续性、全面性，还是深入性来看，法国所开展的遗产普查工作都堪称国际遗产普查的典范。

除日本和法国开展起具有代表性的遗产普查工作外，其他国家在

---

① 牟延林、谭宏、刘壮：《非物质文化遗产概论》，北京师范大学出版社2010年版，第58页。
② 王焯：《国外非物质文化遗产保护的理论与实践》，《文化学刊》2008年第6期，第28页。
③ 《法国文化遗产大普查给我们带来的启示》，2017年11月10日，http://www.gmw.cn/01gmrb/2005-06/03/content_244365.htm。
④ 何晓雷：《文物普查与我国文物登录制度的发展》，《中国文物报》2012年12月28日第3版。

对本国非遗普查上也取得了较好的进展。斐济政府依据2003年的《保护非物质文化遗产公约》，委托文化遗产部的土著文化研究所，对本国传统知识和文化表现形式进行清点和普查。① 印度英迪拉·甘地艺术中心与 Michael Lorblanchet 教授合作，依托印度与法国的文化交流计划（Indo – French Cultural Exchange Programme），分别于1993年和1996年，针对印度水彩画绘制艺术进行了两次田野调查。②

（2）非遗收集

法国的遗产普查启动之初，时任文化部长马尔罗和法国著名的艺术史家安德烈·沙泰尔曾同时指出：遗产的普查不应成为政府行为，而需视为一项档案事业。③ 因此，在法国遗产普查过程中，遗产资料的收集、编辑和整理也一并推进。如果说普查是非遗建档的基础与前提，那么非遗资料的收集则是开展非遗建档的必经之路。

国外已经开展的非遗资料收集大致分为两种，一种是建立在个人或组织前期成果基础上的再收集、再加工和再整理。例如，英迪拉·甘地艺术中心在开展卡拉尼迪文化建档过程中，多是立足于学者、艺术家个人收集基础上的再分类、整序与编目，这些学者和艺术家大多用尽一生致力于这一方面的研究。④ 同样，摩尔多瓦州立大学在进行民俗及土著语言建档时，也是以该校语言学专业学生实践材料为基础展开的。⑤

另一种是与非遗普查相伴进行，在发现和普查非遗项目的同时对相关资料的及时的收集与拣选，这是一种初级、"泛化"的收集，收集到的多是"第一手"、原始的资料，也是当前非遗资料收集的主要形式。2004年，越南文化体育旅游部对广宁省颜洪区无形文化遗产

---

① Fiji Government Online Portal – Pacific Intangible Cultural Heritage Made Visible Through Publication, 2017 – 10 – 13, http: //www. fiji. gov. fj/media – center/press – releases/pacific – intangible – cultural – heritage – made – visible – . aspx.

② Janapada Sampada Division, 2017 – 09 – 21, http: //ignca. nic. in/js_ body. htm.

③ 顾军、苑利：《法国文化遗产大普查的启示》，《浙江日报》2005年7月25日第11版。

④ About Ignca, 2017 – 06 – 11, http: //ignca. nic. in/about. htm#intro.

⑤ Patrimoniul Material Republicii Moldova – Home, 2017 – 08 – 10, http: //www. patrimoniuimaterial. md/.

进行了全面调查，发掘并抢救5900余项非遗项目，收集相关文件1569份。① 加拿大纽芬兰和拉布拉多遗产基金会（HFNL）自2008年以来就持续开展着非遗资料的收集工作。② 收集过程中，很多国家都强调对非遗原生地的调查与收集，印尼明确提出"本土知识（IK）"的概念，指出收集非遗资料需要重视社区文化的保存。但是，在具体收集中，如何将非遗项目从原有生存环境中分割卸下，使其脱离原来的生存环境，同时也能保证这种文化不会被表达为静态文化，尽可能保持其活态，收集的方法显得极为重要。针对这一要求，国外多主张将田野调查法、民族志编写法用于其中。

①田野调查法

田野调查法是人类学研究中获取第一手原始资料的重要方法，要求选择富有代表性、具有特殊关系或是已有前期调查经验和基础的区域进行调查，借此收集新的、别人没有发现过的材料。③ 田野调查的方式主要有"参与式观察"和"深度访谈"两种。"参与式观察"是指观察者在不宣明观察目的和意图的情况下，亲历或参与到所观察对象的群体及其开展的活动中去，以一种探入和体验的方式更直观、真实、全面地了解相关信息。④ "深度访谈"则是对调查对象进行深入的访问，属开放性、探测性的调查。⑤ 国外学者认为将田野调查法应用于非遗资料的收集，最为关键的环节是要拟定详细、具有导向性的调查提纲，以确保收集资料的系统和全面，避免出现资料的遗漏与残缺不全。⑥

为此，20世纪80年代，日本应夫义塾大学学者中原律子制定出

---

① 韦红萍：《越南保护物质与非物质文化遗产现状》，《中国浦东干部学院学报》2013年第11期，第119页。

② Intangible Cultural Heritage Conferences，2017-09-01，http://www.mun.ca/ich/resources/conferences/.

③ 许茂琦：《"非遗"传统美术类项目的田野调查法》，《四川戏剧》2013年第6期，第75页。

④ ［美］格莱斯：《质性研究方法导论》，王中会、李芳英译，中国人民大学出版社2013年版，第43页。

⑤ 许静：《传播学概论》，北京交通大学出版社2013年版，第212页。

⑥ 牟延林、谭宏、刘壮：《非物质文化遗产概论》，北京师范大学出版社2010年版，第116页。

第三章 国内外非遗建档及其标准体系建设的调查与分析

一套详细全面的《民俗调查提纲》①，以指导民俗调查和资料的获取，笔者试择取其中"民间艺术、娱乐游戏、体育与竞技"和"岁时风俗"两大类项目的调查提纲列举如下（见表3-1）：

表3-1　　　　中原律子所拟民俗项目调查提纲（节选）

调查提纲	民间艺术、娱乐游戏、体育与竞技
调研说明	民间艺术包括民间音乐、民间舞蹈、民间戏曲、民间曲艺、民间杂技和马戏、民间美术等。民间艺术的内容和形式。民间艺术的传承情况（特定的集团传承，或一个村庄里的传承，或家庭传承等）。娱乐游戏、体育与竞技是群众性的活动，应注意活动的群众范围和竞技的场合、竞技的规则和裁判等。集体性的民间艺术活动和娱乐游戏、体育竞技与其他社会活动的关系。
调研内容	1. 民间戏曲 　　民间戏曲的种类与名称（如长鼓戏、采茶戏、秧歌戏、二人转以及木偶戏与皮影戏等）。各种戏种的流行地域范围。组织者是何人。表演者的身份、年龄、性别、人数与角色。角色的名称（生、旦、丑等）。代表剧目及剧本，剧本作者。表演的环境（室内或室外，有无舞台），舞台的设备。表演的时间，同婚礼、祭礼等仪式有无关系。关于戏种的起源沿革的传输。道具、服装、乐器的种类名称样式。化装与脸谱的艺术。技艺的传授方式、师徒关系。表演的经济收入情况。 　　2. 民间曲艺 　　民间曲艺的种类与名称（如大鼓书、评弹、道情、快书、相声、评书等）。流行的地域范围。表演者的身份、名称、性别、年龄、社会地位、人数与角色、评艺的传输。有无艺人的组织。有无曲本、何人编写。演出的地点、时间、乐器、道具、服装的种类名称与样式。演出的经济收入情况。 　　3. 杂技与马戏 　　杂技与马戏以及其技艺（如武技、猴技等）的种类与名称。表演者的身份、名称、年龄、社会地位。表演的人数与角色。技艺的传授情况。艺人的流动演出的范围。服装道具的种类、名称和样式。 　　4. 民间音乐 　　民间音乐（歌曲与乐曲）的种类与名称。有无曲谱、曲牌。流行的地域范围。有无乐器，乐器的种类与样式。有无著名歌手、歌手的经历与社会地位。民间音乐的传承方式。有无群众性节日性的唱歌活动。

---

① 《民俗调查提纲》，2017年9月23日，百度文库（http：//wenku.baidu.com/link?url＝L_0U80_Dtqqq1fhe5wzrmwfnvn8fwvpzauoppgvqhc5uhpjt4cghefhlxkj4vekx4og-K9l_Eq0bkak4ajfse7tmy4qfppjtkfe6_O2vkfk）。

· 103 ·

续表

调查提纲	民间艺术、娱乐游戏、体育与竞技
调研内容	5. 民间舞蹈 民间舞蹈的种类与名称、流行的地域范围。有无乐曲歌曲伴奏。有无服装道具和化装。舞蹈的动作。舞蹈的传承。舞蹈与节日、仪式的关系。 6. 民间美术 民间美术的种类与名称（绘画、剪纸、泥塑、木雕、石刻、瓷雕、刺绣、印花等）。民间美术品的制作情况，技艺和工具，技艺的传承，有无职业艺人，关于技艺和艺术品的传说。 7. 民间体育与竞技 民间体育的种类与名称，活动的情况，有关的传说。竞技的种类与名称（如赛马、射箭、摔跤、龙舟赛等），竞赛的双方是何人，胜败的基准。有无用动物的竞技（如斗牛、斗蟋蟀）。竞技的集体活动的组织、组织者、参加者、时间和地点、竞技与节日的关系、有关竞技的传说。 8. 娱乐与游戏 娱乐的种类与名称，娱乐的方法、参加人。儿童游戏的种类（包括口头游戏或用具的游戏）与名称（如放风筝、踢毽子等），室内还是室外的，个人的还是集体的。
调查提纲	岁时风俗
调研说明	岁时风俗就是与生产活动、民间习俗有关的节日活动。有的节日活动以家庭为单位、有的节日是集体性活动，后者也要从集体和家庭两方面进行调查。岁时风俗由于地区、民族、历法等方面的不同而各有差异。但也有各民族都举行的节日活动（如端午、春节等）。要全面调查各种节日（包括本民族自己的和从汉族传来的以及全国范围的）。
调研内容	1. 一年中有哪些节日、举行的时间（用本民族历法）、名称、地点、节日活动的内容（如仪式、唱歌、跳舞、竞技等），在节日中由于年龄、性别、身份的不同各自从事什么活动（如巫师等民间宗教者从事仪式活动，壮族的歌舞队活动主要是年轻人等）。节日活动有无主持人，主持人的年龄、性别、身份。节日的饮食和服装。节日的准备工作（如扫房、贴门神等）。节日的礼物（包括供神的），关于节日起源沿革的传说。 2. 注意节日活动与社会生活的关系，调查节日活动的不同性质和目的（有的活动与生产有关，通过节日活动占卜和祈求五谷丰登，有的节日活动是为了除病免灾，有的节日活动是为了求子、祈求人丁兴旺、有的节日活动是为了寻求配偶等）。还要注意调查有的节日往往有多种性质和目的。 3. 有无节日祭祀活动，祭祀的对象（祖先、历史人物、各种神以及自然物，如日光祭等）。节日与宗教信仰的关系。 4. 大型的节日活动（如歌圩、火把节、泼水节、六月六、花儿会、庙会等）的参加者来自何地，参加者的地域范围（即节日圈）。节日活动中有无市场。

注：节选自中原律子拟定的《民俗调查提纲》。

第三章 国内外非遗建档及其标准体系建设的调查与分析

②民族志

民族志（Ethnography）是人类学研究中又一重要的写作文体，是建立在田野调查基础上关于习俗、文化的描述与展示。同田野调查法相似，民族志要求有长期的参与式观察，依托不同深度的访问访谈描绘家族谱系，追索社区发展史和族群生命史等。①

美国国家民俗中心是美国国内保存与传承美国民俗文化的主要机构，收藏了众多美国民俗的图片、声音和书面记述，如美洲原住民的歌舞、古英语的民谣、用乔治亚海群岛的古拉方言讲述的"布卢兔"故事、阿巴拉契亚的小提琴旋律，以及二战前峇里岛甘美兰的生活记录等。② 美国国家民俗中心在进行资料收集时明确提出以编写民族志的方法撰写专业笔记和采访日志。专业笔记要求研究人员详细记录野外调查过程、被采访者印象、谈话内容、自然与人文环境以及详细的活动年表，是非遗资料收集的核心文档。受访日志相对简洁一些，它不是逐字逐句的记录，而要求快速、简洁，有的还包括社区成员的音频或视频记录。路易斯安那州的"声音"网站专门收集并展示了各种形式的野外工作现场记录和受访日志。③

除了撰写文种外，一些国家还对撰写语言做出了规范。印度尼西亚就提出了"本土知识（IK）"的概念，并规定以当地土著语言来描述和记录本土的知识，不得以土著语言之外其他语言来撰写，以维护和保存文化的多样性。④

（3）非遗登记

联合国教科文组织指出，除了普查和收集之外，建档的前期环节，还包括非遗的登记，指将非遗项目及其信息记载在册籍上，对此联合国教科文组织主张建立详细的非遗清单。但是，笔者认为，如果

---

① 赵营业、秦莹：《少数民族科学技术史研究方法探析》，《社科纵横》2012年第3期，第182页。
② American Folklore Society，2017-11-12，http://www.afsnet.org/.
③ Cultural Documentation Guidelines，2017-11-08，http://www.loc.gov/folklife/edresources/ed-trainingdocuments.html.
④ ［英］高拉·曼卡卡利达迪普、白羲：《保护印度尼西亚非物质文化遗产：保护系统、保护计划、相关活动及其所出现的问题》，《民间文化论坛》2012年第8期，第96页。

中国非物质文化遗产建档标准体系研究

将非遗登记理解为信息的记录，就显得过于简单，除了制定非遗清单外，非遗的登记还应包括基于清单展开的遴选与排序，从中判断价值的大小、重要程度的高低以及建档的优先级，国外在开展非遗登记工作时也是从上述两个方面展开的。

①非遗清单的制定

联合国教科文组织颁布的《保护非物质文化遗产公约》中，提出了"制定非遗清单"的要求，并强调制定非遗清单的过程就是对领土范围内的非遗加以确认并保护的过程，清单的数量可以是一份，也可能是数份，同时，这些清单也需要定期加以更新，以保证数据的即时性。在此基础上，联合国教科文组织进一步规定，各缔约国定期向保护非遗委员会提交本国或本地域非遗保护工作报告时，必须随同提交非遗清单，并对清单内容做了明确，具体包括：一般说明；主要社会实践活动；拟增加的传统舞蹈和音乐；成功经验、代表性保护措施，如建档、存储，以及对非遗资源的访问等。[①]

在联合国教科文组织的影响下，各国纷纷着手建立并提交出本国的非遗清单。日本很早就建立起本国文化遗产的清单，详细记录了遗产的种类、数量、发展沿革、生存现状、传承状况等，并以此为基础形成选择记录制度和登录注册制度。

选择记录制度是一项以日本国内非遗为主要对象的制度。选择记录的非遗项目多是尚未被指定为非遗，但在了解和展示日本文化艺术以及工艺技术的变迁上有着积极作用和重要价值的项目。选择记录制度要求文化厅长官必须将这些项目认定为"应当以记录的方式加以保存"的非遗项目，并由国家组织专门力量，或对地方政府予以经费补助开展起相关的记录工作。[②]

登录（注册）制度建立于1996年，最早是针对具有一定价值但又尚未被国家和地方政府列入指定或选定名录的建筑物，2004年后，登录（注册）制度的适用范围延伸拓展至非遗，并被日本文化遗产

---

① ［英］哈里埃特·迪肯：《〈保护非物质文化遗产公约〉框架下的非物质文化遗产清单制定工作》，《文化遗产》2012年第3期，第11页。

② 廖明君、周星：《非物质文化遗产保护的日本经验》，《民族艺术》2007年第1期，第131页。

第三章 国内外非遗建档及其标准体系建设的调查与分析

行政当局认定为提高国民对文化遗产（包含非遗）的关注度，更大限度、更大范围开展文化遗产（包含非遗）保护的重要制度。相对来说，登录（注册）制度是一项较为缓和，也更为简易、灵活的遗产保护方式，当地的居民或遗产技艺的掌握者可以自主、自愿地参与文化遗产（包含非遗）的保护和利用，确保保护工作的有条不紊。[1]

除日本外，其他国家也着手开展本国非遗清单的制定工作。德意志州文化部长常务会议（Standige Konferenz der Kultusminister der Lander，简称Kultus ministerkonferenz，缩写为KMK）先后提交了32份非遗清单给联合国教科文组织德国委员会；[2] 加拿大纽芬兰和拉布拉多遗产基金会一致致力于本省非遗清单的制定；[3] 印度哈里亚纳邦建立了亚达夫社区的口头历史文化遗产清单；[4] 而意大利早在20世纪的70年代就建立起国家文化遗产编目中心，及时登记了包括非遗在内的众多文化遗产。21世纪以来，国家文化遗产的编目中心进一步与国内主要网站合作，借助网络平台展示遗产名录及其具体信息，以提高公众对相关遗产资源的认知度，促进国家文化建设。[5]

各国在制定非遗清单时，一方面遵从联合国教科文组织的建议和要求，另一方面也结合本国国情做了进一步的细化。德国指出非遗登记并非挑战权威，而是力求最大限度保存各群体、社区，甚至个人的文化，以展现多种多样的文化遗产表达方式，并将以下六方面作为拟定非遗清单的主线：[6]

---

[1] 牟延林、谭宏、刘壮：《非物质文化遗产概论》，北京师范大学出版社2010年版，第52页。

[2] Intangible Cultural Heritage – Deutsche UNESCO – Kommission, 2017–06–17, http://unesco.de/kultur/immaterielles – kulturerbe.html? L = 1.

[3] Heritage Foundation: Tourism, Culture and Recreation, 2017–07–03, http://www.tcr.gov.nl.ca/tcr/heritage/heritage_ foundation.html.

[4] Janapada Sampada Division, 2017–12–13, http://ignca.nic.in/js_body.html.

[5] ICCU Istituto Centrale peril Catalogo Unico – Metadata standards and applications within Cultural Heritage sector, 2017–11–20, http://www.iccu.sbn.it/opencms/opencms/en/main/standard/metadati/.

[6] German Commission for UNESCO Commissopn allemander pour I UNESCO, 2017–09–16, http://unesco.de/fileadmin/medien/Dokumente/Kultur/IKE/120831 – Arbeitspapier_ Lebendiges_ Kulturerbe_ CH.pdf.

·107·

・哪些文化形式是值得保护的本国非遗？

・哪些文化形式适合列入全国性清单？

・传承非遗的社区和群体是如何组织的？

・外来文化和跨国文化交流对本国非遗保护有何影响？

・非遗文化迁移、演变过程中新媒体技术、网络技术应用程度如何？

・德国在开展本国工作及与其他缔约国合作过程中有何新颖、有趣的思路与做法？

②非遗的遴选

登记非遗信息，除了拟定详细的非遗清单外，对清单中非遗项目的遴选、择优和排序同样也很重要。西方国家很早就建立过类似的遗产制度。1975年，澳大利亚通过《澳大利亚遗产委员会会议》，宣布设立国家遗产登记册制度，提出在慎重评估遗产价值和重要性的基础上，将列入清单的遗产依次归入国家、联邦、州和地方四级，不同级别有不同的保护要求，采取不同的保护手段，由此形成的分级管理、分级保护的思想大大提高了遗产保护的质量与效率。① 这种制度很快影响到亚洲的遗产保护工作，以此为借鉴，日本也先后建立起遗产指定制度和认定制度。②

指定制度是日本系列遗产遴选制度中，建立最早的一项，日本政府1950年颁布的《文化遗产法》规定由"文化审议会"向文部科学大臣提出指定要求，文部科学大臣通过考量比较后决定是否予以"指定"，一旦确定为指定对象，则以官方的身份发布公告，并告知文化遗产的"持有者"或相关当事人。③ 值得提出的是，该法律将"重要非遗""重要民俗文化遗产"等纳入了文化遗产的范畴，指定制度从建立之初就适用于非遗，因此，该制度约束和实施的对象也主要是针对的文化遗产。庆幸的是，日本在对文化遗产进行分类时，一开始就

---

① 张松、胡天蕾：《澳大利亚遗产登录制度的特征及其借鉴意义》，《城市建筑》2012年第8期，第31页。

② 苑利、顾军：《非物质文化遗产学》，高等教育出版社2009年版，第20页。

③ 周超：《日本的文化遗产指定、认定、选定与登录制度》，《学海》2008年第11期，第171页。

第三章 国内外非遗建档及其标准体系建设的调查与分析

将"重要非遗""重要民俗文化遗产"及其具体类型囊括在内。

认定制度是专门针对非遗制定的制度,包括传承人认定和传承团体认定,认定的方式有个别认定、综合认定和传承团体认定。个别认定是将具有高超非遗"技能""技艺"的人认定为"重要非遗传承人";综合认定是针对一些需由两人或两人以上方能演绎的非遗艺术,将这两人或两人以上的群体"综合认定"为传承人,如"传统组踊保存会会员";而传承团体认定的不再是单个或三个以下的少数个体,而是有着一定数量、规模,致力于相关技能保持和传承的团体,这种情况多见于一些传统工艺技艺,这些技艺大多由较多人传承,个人色彩风格较为淡薄,因此,应当予以"团体认定"。①

在非遗项目的登记和遴选中,部分国家的早期探索成为值得借鉴和参考的做法,它们被联合国教科文组织收入指导性文件中,在全球范围推广和实施。1998年联合国教科文组织的《人类口头及非遗代表作条例》就将人类口头及非遗代表作的标准划定为文化标准和组织标准。②

文化标准侧重于强调入选作品在历史、文化艺术、文字社会学和人类学层面的高度集中的特殊价值,强调其作为人类创作天才代表作所具有的特殊价值,例如大部分非遗项目均植根于社区,非遗艺术的展示有助于拉近民族或区域间的距离,辨识特定的民族及特定文化流传生长的主要区域,实现文化与灵感间的交流与互动。此外,文化标准的提出还源于这些遗产所处的尴尬窘境,珍贵的文化遗产若未能得到妥善的保护和传承,快速的城市化、文化变革都会加速这些文化的消失湮灭,因此,遴选代表作时首先看重的就是该遗产所具有的文化价值。

与文化标准不同,组织标准主要针对的是遴选材料的制作。标准规定,提交相关文化场所或文化形式候选材料时需随附今后十年保护、保存、传承的行动计划,以及围绕此计划制定的相关法律和实际

---

① 周超:《日本的文化遗产指定、认定、选定与登录制度》,《学海》2008年第11期,第172页。
② 《宣布人类口头和非物质遗产代表作条例》,2017年10月26日,http://www.docin.com/p-281475949.html。

执行措施，并对相关内容做出全面细致的描述和说明。

(4) 非遗的建档与数字化

在对非遗进行初步普查、全面收集、详细登记和重点遴选的基础上，需要结合遴选的结果开展非遗的建档工作。非遗由技术和技能组成，技术与技能会随着社会环境的变化而变化，建档策略的选择，将有效地防止这种变化，将非遗由"非物质"转化为"物质"。

国外很多国家选择以建档的方式保护本国非遗。2003 年，越南政府结合本国非遗普查，对 60 余项非遗项目进行建档。① 印度的卡提亚达姆梵剧是联合国教科文组织颁布的首批"人类口头和非遗代表作"之一，主要流传于印度国内喀拉拉邦等三个部落。在联合国教科文组织的倡议下，印度运用马拉雅拉方言和德拉维语对卡提亚达姆梵剧进行建档。② 加拿大纽芬兰和拉布拉多政府将非遗保护和非遗建档纳入省级战略文化关键行动计划，并将"以建档的形式保存非遗传统信息，为未来的后代以文档的形式提供良好的实践"作为文化战略的首要愿景，以"确保纽芬兰和拉布拉多非遗作为传承当地创造力活的源泉与保障"。2008 年，联合国教科文组织英国全国委员会苏格兰委员［the UK National Commission for UNESCO（UKNC）Scotland Committee］与苏格兰博物馆美术馆组织（Museum Galleries Scotland）及苏格兰艺术委员会（the Scottish Arts Council）合作发布了名为《苏格兰非物质文化遗产的范围与分布》（Scoping and Mapping Intangible Cultural Heritage in Scotland）的报告，2009 年以来，里斯本着手开展对本国法多（FADO）艺术的建档保护工作，相关实践工作被联合国教科文组织誉为非遗建档保护的最佳实践。③ 提出将建档作为非遗保

---

① 韦红萍：《越南保护物质与非物质文化遗产现状》，《中国浦东干部学院学报》2013 年第 11 期，第 118 页。

② Kuttampalam and Kutiyattam, A Study of the Traditional Theatre for the Sanskrit Drama of Kerala, A Rare Book, 2017 – 12 – 25, http：//www.exoticindiaart.com/book/details/kuttampalam – and – kutiyattam – study – of – traditional – theatre – for – sanskrit – drama – of – kerala – rare – book – NAB952/.

③ FADO：World's Intangible Cultural Heritage – UNESCO Portuguese American Journal, 2018 – 01 – 02, http：//portuguese – american – journal.com/fado – worlds – intangible – cultural – heritage – unesco/.

第三章　国内外非遗建档及其标准体系建设的调查与分析

护的主要举措。史密森民俗和文化遗产中心开展了对拉夫林兹民俗的收集和建档工作。①

除对具体非遗项目的建档保存外，一些国家也认识到土著方言作为无形遗产的载体，本身也是一种遗产，进而将对土著方言的建档保护作为非遗保护的第一步，荷兰的马克斯·普朗克研究所就开展了"濒危语言建档项目（DBES）"②。印尼有超过700种语言，在非遗建档方面，印尼政府提出本土知识（Indigenism Knowledge，简称 IK）概念，将社区本土知识看作是一个整体，强调本土知识不应以土著语言之外其他语言来撰写，而应以土著语言来描述、展示丰富多彩的语言艺术和文化遗产。③

落实非遗建档需要强大的技术支撑，拍照、录音、录像都成为建档的主要方式。日本很早就以录音、录像的方式保存非遗信息，④日本文化遗产部门专门设立了歌曲表演艺术录音工作室，对日本能剧最年长的表演者之一 Kondo Kennosuke 先生进行能剧表演录制，⑤同时对 Kodan 的重要持有人 Ichiryusai Teisui 进行数码录音。⑥瓦努阿图专门设立了国家音像处，负责本国非遗的音像录制，尤其是对沙画艺术的建档。⑦摩尔多瓦共和国设置了专门的村庄民间传说录音服务中心，对布科维纳、南比萨拉比亚以及 Gug 东部村庄的村庄文献、音乐民俗

---

① UK National Commission for UNESCO：Documenting Intangible Cultural Heritage（ICH）in Scotland，2018 - 01 - 17，http：//www. unesco. org. uk/documenting_ intangible_ cultural_ heritage_ （ich）_ in_ scotland.

② Role of the Nationaal Archief within APEnet National Archives of the Netherlands，2018 - 01 - 24，http：//en. nationaalarchief. nl/international - cooperation/archives - portal - europe - apenet - project/role - of - the - nationaal - arch.

③ Indonesian Studies：Theories and Practice ANU，2018 - 02 - 12，http：//programsandcourses. anu. edu. au/course/ASIA2517.

④ Department of Intangible Cultural Heritage，2018 - 01 - 21，http：//www. tobunken. go. jp/~geino/index_ e. html.

⑤ Dept. Intagible Cultural Heritage 09 Audio - Visual Documentation of Intangible Cultural Properties，2017 - 11 - 24，http：//www. tobunken. go. jp/~geino/e/kenkyu/09kiroku. html.

⑥ Dept. Intagible Cultural Heritage 08 Audio - Visual Documentation of Intangible Cultural Properties，2017 - 10 - 28，http：//www. tobunken. go. jp/~geino/e/kenkyu/08kiroku. html.

⑦ Vanuatu Sand Drawing - Lingua Franca - ABC Radio National（Australian Broadcasting Corporation），2017 - 09 - 24，http：//www. abc. net. au/radionational/programs/linguafranca/2012 - 11 - 17/4369388.

进行录音存档。① 印度的英迪拉·甘地艺术中心（Indira Gandi National Centre for the Arts，简称 IGNCA）专门以视听文档的形式对建筑、雕塑、绘画等物质文化和表演艺术、舞蹈、戏剧、博览会等无形文化进行保存，存储了录音磁带 2000 余个，视频影片 1500 余盒。② 越南政府开展的非遗建档工作，主要形式就是 CD、VCD 录制和科学电影摄制；荷兰在开展"濒危语言建档项目"时，多媒体、照片、音频视频也是其主要记录形式；③ 美国哥伦比亚大学图书馆收集的口述历史档案一直居于世界前列，该机构每年都会收集并形成大约 300—500 小时的采访录音，作为口述历史存档。④

随着现代技术的发展，更多技术和手段被引入到非遗建档中，除拍照、录音、录像之外，数字化技术和互联网技术也成为建档的重要手段。

作为一个有着悠久文化历史和丰富非遗资源的国家，印度在非遗数字化建档方面取得了不错的成绩。印度国家博物馆推出的"九大师文档"项目，对印度九位艺术大师的作品和技艺一一进行数字化记录和展示。⑤ 英迪拉·甘地艺术中心先后承担了包括印度岩画艺术在内 20 余项非遗数字化存档工作。为更好展示史前岩画艺术，英迪拉·甘地艺术中心重点打造了"Adi Drsya（Primeval sight，原始的景象）"和"Adi Sravya（Primeval Sound，原始的声音）"两个子项目。Adi Drsya 项目以数字影像和数字文件的方式还原了史前洞穴或避难处所墙壁上绘制的刻画，真实展现了原始人类最古老的创造冲动；Adi Sravya 则致力于记录或捕捉岩画艺术流行地域内的传统声音，以展示

---

① Patrimoniul Material al Republicii Moldova – Home，2017 – 08 – 21，http：//www.patrimoniuimaterial.md/.

② Cultural Archive，2017 – 06 – 21，http：//ignca.nic.in/cul_body.html.

③ Role of the Nationaal Archief within APEnet：National Archives of the Netherlands，2018 – 03 – 01，http：//en.nationaalarchief.nl/international – cooperation/archives – portal – europe – apenet – project/role – of – the – nationaal – arch.

④ Our Archives Columbia University Libraries，2018 – 04 – 06，http：//library.columbia.edu/locations/ccoh/our_work.html.

⑤ National Museum Institute：About Department of Museology，2018 – 01 – 18，http：//nmi.gov.in/departmentsmuseologyprojects.htm.

第三章　国内外非遗建档及其标准体系建设的调查与分析

传统的文化生态。两个项目的展开创建出原始景象与原始声音共存双重美术馆，为公众和研究者提供一个体验印度传统文化艺术的平台，① 此外，英迪拉·甘地艺术中心还对印度传统颂歌、宗教舞蹈、古典音乐进行数字化保存与展示，如安得拉邦古老寺庙传统舞蹈的数字化存档、莫西尼·厄特姆舞表演艺术建档、曼尼普尔传统颂歌艺术建档、罗摩衍那表演艺术电影录制、古吉拉特语濒危语音建档、匈牙利著名画家 Elizabeth Brunner 女士作品艺术建档等。②

除印度外，加拿大的非遗数字化进展也较为突出。隶属于国家遗产部的加拿大图书馆和档案馆（Library and Archives Canada，简称LAC）是加拿大图书馆与加拿大档案馆合并而成的创新型的知识机构，致力于加拿大文化遗产数字资源建设，以缩微胶片的形式保存加拿大遗产访问记录，内容涵盖遗产数字化、索引及相关描述。③ 同时，加拿大纽芬兰和拉布拉多遗产基金会（HFNL）同纽芬兰和拉布拉多纪念大学伊丽莎白二世图书馆合作，在该图书馆内开展的"数位典藏计划（DAI）"中加入遗产数字化的内容。④ 数位典藏（Digital Archive）是指将有保存价值的实体或非实体资料，以过数位化的方式（摄影、扫描、影音拍摄、全文输入等）加以存储、转化，加上内容的描述，旨在丰富遗产形式，扩大流通区域与范围，提升社会整体文化水平。⑤ 在此基础上，纽芬兰纪念大学又提出了"数字档案记忆倡

---

① Multimedia Presentations, 2018 - 02 - 25, http：//ignca. nic. in/jsmmbody. htm#SRAVYA.

② Books of Kalasamalocana Series, 2018 - 01 - 27, http：//ignca. nic. in/kksllist. htm#Seminar.

③ Library and Archives Canada and Canadiana. org Partner on Digitization, Online Publication of Millions of Images From Archival Microfilm Collection Library and Archives Canada, 2017 - 08 - 07, http：//www. bac - lac. gc. ca/eng/news/Pages/2013/lac - canadiana - partner - digitization. aspx.

④ Heritage Foundation Tourism, Culture and Recreation, 2017 - 08 - 09, http：//www. tcr. gov. nl. ca/tcr/heritage/heritage_ foundation. html.

⑤ Case Study：Memorial University's Digital Archive Initiative Digitizing Intangible Cultural Heritage：A How - To Guide Find Resources Canadian Heritage Information Network, 2017 - 08 - 25, http：//www. rcip - chin. gc. ca/carrefour - du - savoir - knowledge - exchange/patrimoine_ immateriel - intangible_ heritage - eng. jsp? page = etude_ cas_ case_ study.

议"（Memorial's digital archive initiative，简称 DAI），由纪念大学档案部门主管并开展非遗资源的数字化转化、管理、学习和研究，并以 Image、Audio、Video 等格式对数字对象进行长期保存。目前，该项目只对纪念大学社区成员开放。

除国家政府、科研机构和高等院校外，一些大型企业也加入到非遗数字化的行列。微软公司与 CyArk 携手创建 CyArk.org 网站，以数字化的方式展示全世界重要的文化遗产。CyArk 是一个致力于以数字化手段保存世界主要文化遗产的非营利组织，早期的数字化对象囊括了庞贝城、巴比伦、总统山、比萨斜塔、伦敦塔等著名文化遗址，团队通过 WebGL 技术重新编写网页代码，对上述遗址实现了 3D 图像展示。目前，CyArk 将数字化范围拓宽到非遗领域，目前对卡卡杜（澳大利亚国家公园）土著岩画艺术等非遗项目进行数字化建设与展示。① 在微软公司的支持下，Maptek I - Site 工作室也加入到岩画艺术的扫描和数字化工作中，该工作室 Maptek 软件被用于岩画艺术激光扫描和 3D 复制。②

（5）非遗档案的存储

非遗资料建档后，如何存储这些非遗档案成为非遗建档工作又一重要内容。联合国教科文组织曾提出非遗档案的存储方案，建议"与主管机构和文献机构一起，保存活的人类知识和技能……采用适当的法律、技术、行政和财政措施……建立非遗文献机构……吸收档案馆、文件系统、博物馆或各相关部门……培训收藏家、档案、文献资料和其他专家"。从现行的实践看，国外非遗档案的存储主要采取的是以下三种形式：

第一，博物馆、图书馆、档案馆等非营利性常设机构的加入。

博物馆、图书馆、档案馆等非营利性常设机构长期肩负着保存和传播文化、提升全社会文化水平的任务。因此，在保存、传播和展示

---

① 《科技巨头投身文化遗产保护：看好激光及 3D 打印技术》，2017 年 9 月 29 日，http://laser.ofweek.com/2014 - 10/ART - 240015 - 8300 - 28888938.html。

② Maptek Donates 3D Data of Aboriginal Rock Art Scan to CyArk Archive CyArk, 2017 - 09 - 29, http://www.cyark.org/news/maptek - donates - 3d - data - of - aboriginal - rock - art - scan - to - cyark - archive.

第三章　国内外非遗建档及其标准体系建设的调查与分析

非遗档案方面，上述机构无疑扮演着重要角色，这些机构中原本保存的非遗资料和文献也成为非遗档案的重要组成。哥伦比亚大学图书馆、纽芬兰和拉布拉多大学图书馆在非遗建档中的参与就是这一方面富有代表性的例子。纽芬兰和拉布拉多纪念大学图书馆保存了160多个社区的非遗档案，囊括了照片档案、录音档案、视频档案等多种类型。[①] 一些国家也不断强化这些机构在非遗档案存储方面的任务与职责。2003年6月17日，越南总理亲自签署决议，由文化博物馆开展对越南少数民族文化遗产的保存和发展；[②] 2010年9月14日，芬兰教育文化部专门阐述了本地或国家博物馆及专业博物馆在保存地方遗产档案方面所具有的重要地位；[③] 里斯本兴建了法多博物馆以保存法多艺术档案，丹麦的奥尔胡斯大学图书馆也致力于遗产档案的数字化、长期保存和文化交流。[④] 值得一提的是，为推进瑞喜敦岛说书人项目的建档与保存，加拿大布雷顿角区图书馆先后设立了13个分部和2个流动图书点以收集和保存说书人档案，对于社区记忆和口头传统的保存产生重要示范作用。[⑤]

第二，专门性存储机构的建立。

除了上述机构外，一些国家也专门建立起一些机构来存储非遗档案。印度政府也在拉达克和北方邦的西部地区建立了非遗库存。[⑥]

纽芬兰和拉布拉多省以非遗传承人为纲，建立了全省范围内的库存。20世纪60年代，纽芬兰和拉布拉多省民俗部门和语言部门委托

[①] Intangible Cultural Heritage Archives, 2017 - 10 - 01, http://www.mun.ca/ich/documnting/archives.php.

[②] 韦红萍：《越南保护物质与非物质文化遗产现状》，《中国浦东干部学院学报》2013年第11期，第119页。

[③] Digitalkoot: crowdsourcing Finnish Cultural Heritage, 2017 - 10 - 12, http://blog.microtask.com/2011/02/digitalkoot - crowdsourcing - finnish - cultural - heritage/.

[④] Intangible Cultural Heritage Archives, 2017 - 10 - 15, http://www.mun.ca/ich/documenting/archives.php.

[⑤] The Public Library and Intangible Cultural Heritage: The Storyteller - in - Residence Program of the Cape Breton Regional Library Urbaniak Journal of Library Innovation, 2017 - 10 - 28, http://www.libraryinnovation.org/article/view/194.

[⑥] Department of folklore: about munfla, 2017 - 09 - 02, http://www.mun.ca/folklore/munfla/.

纽芬兰和拉布拉多纪念大学建立了民俗与方言档案库（the Memorial University of Newfoundland Folklore and Language Archive，简称 MUNF-LA），集中收集纽芬兰和拉布拉多省的民歌音乐、口述历史、民俗、信仰和童话，形成了纽芬兰方言、谚语和谜语等特色档案，绘制出本省的语言地图（截至目前，该库仍是纽芬兰和拉布拉多省最大的非遗档案库。）[1]。

第三，在线数据库或存储平台的建设。

除上述存储方式外，依托互联网和数据库技术建立起来的在线数据库或存储平台也在国外占据着重要位置。英迪拉·甘地艺术中心在对国内 30 余项非遗项目数字化的基础上，建立起国家级数据库，遴选出需要紧急保护的名录，同时重点建成了岩画艺术网站，以相关视频、照片和文档构建起融合生物文化地图、精神和生态图谱的岩画艺术景观。[2] 英迪拉·甘地艺术中心还与联合国开发计划署合作，利用计算机多媒体技术创建各种软件包，用以保存本国珍贵艺术与文化。截至目前，集照片、视音频、多媒体和 GPS 数据的大型非遗数据库已在印度基本建成。

联合国教科文组织英国全国委员会苏格兰委员会等发布的《苏格兰非物质文化遗产的范围与分布》报告中指出，利用 Wiki 系统构建起国家数据库是苏格兰非遗保护中最具效果与效率的措施，对非遗保护的动态实践有利于保障非遗的存续，使其获得更好的维护。[3] 在该报告的指导下，受英国艺术与人文研究理事会（AHRC）知识转移奖学金的资助，爱丁堡纳皮尔大学建立起苏格兰非遗在线库存，用以记录苏格兰非遗文化。[4] 加拿大也建立起国家级虚拟博物馆以存储非遗档案；越南专门建立了越南无形资源数据库；史密森民俗和文化遗产

---

[1] Intangible Cultural Heritage Archives，2017-10-11，http://www.mun.ca/ich/documenting/archives.php.

[2] Rock Art Ignca Project，2017-10-15，http://ignca.nic.in/rockart.html.

[3] Janapada Sampada Division，2017-10-16，http://ignca.nic.in/js_body.html.

[4] UK National Commission for UNESCO Documenting Intangible Cultural Heritage（ICH）in Scotland，2017-10-29，http://www.unesco.org.uk/documenting_intangible_cultural_heritage_(ich)_in_scotland.

第三章　国内外非遗建档及其标准体系建设的调查与分析

中心建成了史密森民俗音乐网站以记录早期的乡村音乐、蓝调音乐和其他类型民俗音乐;① 莫纳什大学构建起多媒体归档系统以保存土著口头记忆,帮助开展对传统本土文化的考察与鉴定。②

除国家级在线数据库外,一些区域性数据库也逐步建立起来。2009 年,联合国教科文组织批准成立了韩国亚太地区非遗国际信息与网络中心,继而构建起亚太地区非遗信息系统。③ 除承担自身建设任务外,该中心还向其他国家提供技术上的支持与援助,如扶助印度开展国家非遗清单制定和网上数据库建设,建成联合国教科文组织新德里办事处,协助印度文化部建成"印度文化图集"数据库等。④

2009—2012 年间,欧盟委员会联合 17 个欧洲国家档案馆实施了 APEnet 计划,旨在构建互联网平台保存欧洲地区文化及与之相关的文献与档案,建立门户网络存储欧洲非遗档案,面向欧洲公民提供在线访问。该网站于 2012 年 1 月 12 日正式上线,访问量超过 1400 万,对欧洲非遗的保存和利用起到推动作用。⑤ 在 APEnet 项目结束后,后续项目 APEx 项目也随之启动,2012—2015 年间,欧洲地区档案部门的基础设施得到进一步强化,更多欧洲国家参与到项目研究和具体工作中。⑥

除区域性数据库和网站外,一些存储软件和平台也得到开发,如

---

① Center for Folklife and Cultural Heritage (CFCH) Smithsonian Fellowships and Internships, 2017 - 10 - 24, http://www.smithsonianofi.com/sors - index/center - for - folklife - and - cultural - heritage - cfch/.

② Cultural heritage Monash University, 2017 - 11 - 03, http://www.monash.edu/research/capabilities/leading/cultural.

③ Asia - Pacific Database on Intangible Cultural Heritage (ICH), 2017 - 11 - 05, http://www.accu.or.jp/ich/en/.

④ UExplore Ahmedabad City Online Map, Google Map, Gujarat Map, Ahmedabad City Map, Culture Map, Ahmedabad Heritage, Interactive Map, Educational Map, Gujarat Guide, Ahmedabad Guide, Online Guide to Ahmedabad Heritage Mapping Cultural Mapping Online Guide Gujarat India, 2017 - 11 - 17, http://www.uexplore.in/index.php.

⑤ Archives Portal Europe (APEnet project) National Archives of the Netherlands, 2017 - 11 - 15, http://en.nationaalarchief.nl/international - cooperation - 0.

⑥ APEnet and Europeana National Archives of the Netherlands, 2017 - 11 - 25, http://en.nationaalarchief.nl/international - cooperation/archives - portal - europe - apenet - project/apenet - and - europeana.

Dedalo 软件。Dedalo 在古希腊神话中是建造克里特岛迷宫的著名建筑师，现今则被作为非遗、口述历史的开发、管理平台。

Dedalo 是一款自由软件，其功能可用于非遗资料的上传、分享，以及非遗资料的存储、阅读和修正。Dedalo 可存储数千小时的视听记录、文本资料和音频资料，可用于博物馆、图书馆或任何非遗存储与利用的机构，有助于公众无偿获得文化资源，实现知识的民主化。[①]

2012 年 5 月 3 日，由加拿大图书馆和档案馆开发的"移民遗产在线"被正式发布，该软件主要用于记录、添加、存储和读写本国遗产。中国、日本和东印度也使用过类似软件，通过该软件用户可自由搜索各种遗产数据库及在线目录，自由访问数据库中的照片、艺术品、文字、音乐和其他资料，一键实现遗产信息的存储、利用和共享。[②]

（6）非遗档案的展览

建设和存储非遗档案的最终目的是为了传播非遗及蕴含在其中的非遗文化，因此，各国在做好非遗建档工作的同时，也很重视对非遗及非遗档案的宣传和展示工作，结合"文化遗产日"举办相关展览活动是其主要形式。意大利将每年 5 月的 24 日至 30 日的一周设为"文化遗产周"，这一周里，包括博物馆、美术馆等在内的主要公共文化机构都会向公众免费开放，大量物质文化遗产和非遗档案在此期间也会被悉数展出。[③] 以"文化遗产日"或"艺术家"的方式展示非遗，影响力最大的当属由美国国家博物馆史密森尼学会定期举办的史密森尼民俗艺术节。[④] 20 世纪 60 年代，史密森尼学会民俗和文化传统中心同国内各种类型社区协商后，决定以一种较为新颖的形式展示遗产，展示的遗产包括语言、故事、音乐、舞蹈、传统工艺、社会习

[①] Dedalo Software Platform for Oral History and Intangible Cultural Heritage Management Faqs，2017 - 11 - 27，http：//www. fmomo. org/dedalo/pg/faqs. php.

[②] Library and Archives Canada Launches Wahkotowin Aboriginal Imprints in Canadian Heritage Online Toolkit Library and Archives Canada，2017 - 11 - 30，http：//www. bac - lac. gc. ca/eng/news/Pages/lac - launches - wahkotowin - online - toolkit. aspx.

[③] 王文章：《非物质文化遗产概论》，文化艺术出版社 2006 年版，第 199 页。

[④] Smithsonian Center for Folklife and Cultural Heritage About the Ralph Rinzler Folklife Archives and Collections，2017 - 12 - 02，http：//www. folklife. si. edu/archive.

俗、民族科学、传统农耕方式以及其他类型的文化表现形式，参加者则有中国的舞狮者、美洲印第安的沙画画家、陶艺人、波西米亚扬琴乐队、讲故事艺人，以及山地班卓琴手、俄罗斯合唱团和蓝调、福音歌手等，正是这一艺术节的举办，使得遗产展览的内涵从物质文化遗产向非遗扩展。①

除了艺术展出之外，一些围绕非遗展览的研究项目也同时展开。印度政府主持开展的"博物馆可访问和访客研究"项目，以印度三个最重要的博物馆——国家博物馆、国家现代艺术、手工艺品美术馆和纺织博物馆为对象，进行了博物馆自我评估、游客问卷和跟踪调查。此外，一些新型技术也被运用到非遗档案的展示中，加拿大图书馆和档案馆利用播客展出了馆内收集的吉尔德莱尼档案，同时提供RSS和iTunes订阅服务，帮助公众及时获取最新资源，观看最新的档案资料。②

（7）非遗建档的教育与培训

联合国教科文组织非遗署主席 Cecile Duvelle 曾说："公约上提及的工作是多方面和复杂的，其中许多方面都呼吁专家，或至少有硕士水平的参与，同得到很好建设的文化艺术相反，全世界范围的非遗工作都缺乏专家的支持，这是顺利完成2003年公约的障碍，……这不仅需要联合国教科文组织中的专家，还需要世界各国政府、文化部门和众多非政府组织中从事维护活动的专家。"基于这种认识，各国都很重视对非遗和非遗建档工作的培训。纽芬兰和拉布拉多遗产基金会就对本省遗产部门开展非遗田野调查指导培训项目。挪威科技大学（NTNU）在开展舞蹈类非遗建档过程中，就聘请专家提供专业化培训。③ 意大利政府为做好本国西西里傀儡戏的保护和建档工作，一方

---

① Intangible Cultural Heritage: A New Horizon for Cultural Democracy IIP Digital, 2017 - 12 - 05, http://iipdigital.usembassy.gov/st/english/pamphlet/2013/05/20130510147239.html#axzz2frNh9Dpc.

② Library and Archives Canada Launches Wahkotowin - Aboriginal Imprints in Canadian Heritage Online Toolkit Library and Archives Canada, 2017 - 12 - 18, http://www.bac-lac.gc.ca/eng/news/Pages/lac-launches-wahkotowin-online-toolkit.aspx.

③ Intangible Cultural Heritage Choreomundus, 2017 - 12 - 23, http://www.ntnu.edu/studies/choreomundus/intangible-cultural.

面坚持在国内定期举办"西西里木偶"节,开展木偶展品和木偶制作技艺的展示,同时在国外举办巡展,开办木偶戏曲学校,不定期举办木偶制作技艺培训,培养和扶持青年一代木偶技艺传承人。① 为强化蜡染技术的传承和保护,印度政府在小学和初级、高级职业学校中专门设置了蜡染课程,传承蜡染文化保护蜡染技艺。

此外,欧洲一些非政府组织和第三世界国家,也依据联合国教科文组织的建议,认真遴选参与本国、本区域非遗建档的人员,并开设 Choreomundus 培训项目,侧重于对田野调查、非遗建档基本原则与方法的研究与培训,接受过该培训的人员即可获得相应的资质认可,获得从事非遗建档工作的机会。

二 国内非遗建档实践

中国有着丰富的非遗资源,保护民族民间文化的历史也同样悠久,而立足于广泛普查、搜集基础上的档案式建设和编纂,一直是其重要手段之一。

(一) 中国古代非遗建档沿革

早在西周时期,官方政府就创立了采诗观风制度,委派专门官员——"行人"到民间开展歌谣的搜寻和采集。秦汉时期专门负责掌管音乐的机构——乐府在承担民间歌谣和民间风俗搜集的同时,还负责乐谱的制定、乐工的训练,以及上古歌舞的编排和表演。此后,历代官方所开展的文化典籍整理工作,以及文人、学者的个人收集和著述,无不对民间文化的采集、保存和编纂给予了极大的关注,形成众多富有文化艺术、科学技术价值的综合性或专门性作品。例如民歌民谣方面的《诗经·国风》、《诗经·小雅》、《乐府诗集》(南宋·郭茂倩)、《古今谣》和《古今风谣》(明·杨慎)、《天籁集》(清·郑旭旦)和《古谣谚》(清·杜文澜)等;歌舞技艺方面的《乐府杂谈》(唐·段安节);民间故事、传说方面的《山海经》、《笑林》(三国魏·邯郸淳);民间文学方面的《吴越春秋》,以及民间风俗方

---

① 李昕:《非物质文化遗产保护与文化产业发展》,江苏人民出版社 2010 年版,第 138 页。

面的《风俗通义》(东汉·应劭)和《荆楚岁时记》(晋·宗懔)等,这些都可算是中国非遗建档的早期成果。①

(二) 现代意义上非遗建档的主要实践

中国现代有组织、有计划地调查、采录民间文学的活动始于1918年刘半农首倡的民间歌谣征集活动。相关组织在歌谣、神话、传说、民间故事、民族资料的整理和保存方面做了大量工作,形成了一大批富有价值的研究成果和资料汇编,②如《歌谣周刊》(北京大学歌谣研究会)、《云南民族调查报告》(杨成志,1930年)、《西南采风录》(刘兆吉,1946年) 等。

20世纪八九十年代以来,中国的非遗建档和档案管理工作在我国政府高度重视、身体力行,并自上而下地逐步推进下展开。国际非遗建档工作也对中国产生了重要而深远的影响。中国非遗资源是丰富而多样的,因此,中国非遗建档和档案管理工作也同样是复杂而琐碎的。从现有的非遗建档和档案管理实践成果看,中国非遗档案管理工作主要集中在非遗档案的普查与收集、非遗档案的编纂和出版、非遗档案的展示以及非遗档案的数字化建设四个主要方面。

1. 非遗档案的普查与收集

普查是非遗建档和档案管理的基础工作,也是中国一贯坚持开展的工作。1986年,由文化部、国家民族事务委员会、中国音乐家协会首先发起(1979年)、中国民间文艺研究会(1981年)先后参与的"十套中国民族民间文艺集成志书"的编纂正式启动,这是中国系统抢救和全面普查、整理口头语言类非遗最为壮观的一项文化工程,为非遗建档保护的后续工作树立了良好的典范。③。

2002年,中国民间文艺家协会发起并组织了"中国民间文化遗产抢救工程";2003年,"中国民族民间文化保护工程"正式启动;2005年,首次全国性的非遗资源普查工作正式开始。伴随着全国性非遗普查工作的开展,全国各级文化部门、民间团体和非遗保护相关

---

① 王文章:《非物质文化遗产概论》,文化艺术出版社2006年版,第169页。
② 同上书,第175页。
③ 陈子丹:《民族档案史料编纂学概要》,云南大学出版社2009年版,第88页。

机构也都积极参与到非遗档案资源的普查和收集中去。2005年初，西安市委宣传部联合西安市鼓乐办、西安市电视台共同开展起对西安鼓乐的抢救性录音和录制工作，组织西安市9家鼓乐社的多位老艺人参与了西安鼓乐的录制和拍摄工作。[1] 2006年，中央电视台、中国联合国教科文组织全国委员会、中国民间文艺家协会以及央视国际网络、新浪网、羊城晚报等多家机构共同启动了"中国记忆——2006中国濒危口头和非遗调查活动"，对40余项濒危非遗进行调查，并在中央电视台10套以电视纪录片的形式播出。2007年以来，昆明市档案馆先后对云南省、市两级的非遗项目，如彝族山歌、花灯歌舞、民间传说等非遗项目和传承人的线索及资料进行普查和收集，共得资料800余卷。[2] 2007年至今，上海市浦东区档案馆先后对三林舞龙、三林刺绣、浦东说书、金桥庙会、高桥龙舟等非遗项目进行建档，继而制定出分类方案，参照《浦东新区档案馆声像档案管理办法》进行非遗档案的整理与保管。[3] 2009年3月，重庆梁平县完成了对3000余名非遗人才的建档工作，建档对象包括参与非遗保护、教学、传承工作的管理类人才、专业类人才以及经营类人才，梁平年画、梁山灯戏、梁平癞子锣鼓、梁平竹帘、梁平抬儿调则是重点建设的非遗项目。[4] 2009年3月至10月间，河南省文化厅投入经费近1600万元、普查人员约16万人，对全省范围内的非遗进行普查。[5] 2010年1月21日，香港特别行政区政府委托香港科技大学正式开展香港非遗普查工作，对香港地区典型的非遗项目，如祭白虎仪式、咸水歌、螳螂拳、盆菜等进行资料收集和建档，并呼吁市民通过电话、E-mail或

---

[1] 《"音乐活化石"西安鼓乐成为世界非物质文化遗产》，2017年3月21日，http://news.artxun.com/yinlehuohuashixiangulechengweishijiefeiwuzhiwenhuayichan-1528-7635350.shtml。

[2] 李蔚：《创新思维 积极探索档案资源整合新方法——非物质文化遗产档案征集与管理》，《云南档案》2011年第2期，第17页。

[3] 《浦东：积极为非物质文化遗产建档》，2017年4月2日，http://club.jjjaaa.com/10101_gambit/thread-32091-1-354.html。

[4] 《重庆梁平县为三千余名非物质文化遗产人才建档》，2017年4月5日，http://news.qq.com/a/20090313/000537.html。

[5] 《豫"马街书会"抢救工程启动》，2017年4月6日，http://news.xinhuanet.com/mrdx/2010-02/28/content_13066685.html。

传真等形式踊跃参加。① 2011年，浙江省平湖市非遗保护中心对平湖拔子书进行抢救性采录，邀请85岁高龄的平湖拔子书省级传承人郭锦文对《武松杀庆》《杨子荣打虎上山》等经典选段进行说唱表演并录制影像。②

在非遗资源普查如火如荼开展的同时，非遗保护和非遗建档的主管部门——国家文化部也在积极寻找着提高普查效率、改进收集效果的方式和方法。2006年，受文化部委托，中国艺术研究院设计开发了"中国非遗数据库普查管理系统软件"，并于同年9月举办"中国非遗数据库普查管理系统软件培训班"，对全国非遗普查工作者进行集中培训。除政府文化部门外，其他机关单位社会热心人士的参与，也使得非遗资源普查和收集工作进一步顺利展开。2011年10月8日，上海的施先生将自己珍藏的3段总计1小时的王少堂说演扬州评话《武松打虎》的录音资料，以无偿赠送的形式移交给扬州曲艺团，③从而为扬州曲艺类非遗又增添了一份重要的艺术瑰宝。

2. 非遗档案成果的编纂与出版

将普查、建成的非遗档案，通过整理、编纂，以各种类型出版物的形式向社会公开，进而提高全社会对非遗的认识，是中国当前非遗档案工作的又一重要内容。

2007年4月，由中国艺术研究院非遗保护中心发起，由近30名专家历时7个月编纂的《第一批国家级非物质文化遗产名录图典》正式完成，并于4月13日在中国艺术研究院举行了首发式，全书共60余万字，收录图片3000余幅，全面、生动地展现了中国第一批国家级非遗代表作518个项目的历史演变、艺术形式、文化内涵、生存区域、遗产价值以及生存现状，该书的出版标志着中国的非遗档案成

---

① 《香港开展非物质文化遗产普查》，2017年4月8日，http://www.lawtime.cn/info/zscq/gnzscqdt/2010090844937.html。
② 《平湖市非遗中心开始对部分非遗项目进行抢救性录制保护》，2017年5月1日，http://www.zjwh.gov.cn/dtxx/zjwh/2011-04-02/99119.html。
③ 《扬州评话传承添"活教材"》，2017年5月5日，http://www.dongdongqiang.com/XQ_ylsd/2011/10/10/c039c59e-2bd7-47b6-8f2b-75f8a073d9bd.html。

果,正式由"读文"时代进入了"图文并茂"时代。① 2009年10月,由数十万人参与,历时近三十年编纂而成的"十套中国民族民间文艺集成志书"正式出版,全书共约5亿字、298部省卷、400册,"十套中国民族民间文艺集成志书"的编纂活动是中国迄今开展的规模最大的非遗档案编纂和出版活动,为非遗保护和传承奠定了坚实的基础,因而被誉为中国文化史上的"文化长城"。

在政府、文化部门和相关组织机构的引领带动下,一些学者和艺术家们也将自己多年收集起来的非遗资料编辑成书,以保存和传播非物质文化。2009年,由著名音乐史学家李石根编写的《西安鼓乐全书》问世,全书共分5卷,收录曲谱700余首、研究论文70余万字,珍贵图片数十帧,是李老先生耗费五十余年的时间,穷毕生之力完成的一部音乐学著作。②

除纸质文本外,视音频资料也成为非遗档案出版的又一主要形式。2010年初,详细记录和展示重庆市第一、二批国家非遗名录传统音乐类项目的《巴渝非物质文化遗产》(DVD光碟)第一辑(上部)正式发行,这是全国第一套完整记录地方非遗资源的音像出版物,并于2011年6月获得第三届中华出版物音像提名奖。③ 2009—2011年的3年间,上海文广新闻传媒集团艺术人文频道联合上海文广影视管理局、上海非遗保护中心摄制完成了《上海市国家级非物质文化遗产项目》系列专题片,成为展示和宣传上海非遗文化的重要资源。④

3. 非遗档案成果的展示

在编辑和出版非遗图书和音像资料的同时,以生动、鲜活的形式

---

① 姜玉芳:《〈第一批国家级非物质文化遗产名录图典〉问世》,《中华文化书报》2007年第5期,第127页。
② 《一件事做一辈子 李石根与〈西安鼓乐全书〉》,2017年5月8日,http://www.china.com.cn/culture/minsu/2010-04/22/content_ 19883161.htm。
③ 《〈巴渝非物质文化遗产(国家级)第一辑〉获第三届中华出版物音像提名奖》,2017年5月10日,http://www.cq.gov.cn/zwgk/zfxx/321781.html。
④ 《2010年上海市国家级非物质文化遗产项目系列专题片摄制、丛书出版工作全面启动》,2017年5月21日,http://shwomen.eastday.com/renda/node7737/node8168/node8169/u1a1658645.html。

将非遗档案资料展示给广大社会公众是非遗档案管理的又一重要环节。非遗档案成果的展示有着不同的类型和形式,从形式上看,有单纯静态的文本式展览和文本、实物、声音、视频等多种形式相结合的动态展示,从时间上看,既有短期的非遗档案展览,也有常规化的非遗档案展示。

(1) 非遗档案的短期展览

中国非遗档案的系列展示活动是"十一五"以来才得以陆续开展起来的,这也是前期非遗普查、收集和建档工作成效的体现。2006年1月,中国第一个由政府举办的全面反映非遗保护成果的大规模展览——"中国非物质文化遗产保护成果展"在中国国家博物馆成功举办;① 2007年6月,"中国非物质文化遗产专题展"在中华世纪坛开幕;② 2007年8月,由北京市海淀区档案馆主办的"华彩海淀·非物质文化遗产档案集萃"展在北京开幕,展示的内容为2006年入选首批"北京市艺术家庭"的10个非遗项目,如张晓林剪纸艺术、郎志丽面塑艺术和王冠琴绣花鞋工艺等,多种类型的非遗资料全方位多角度地展现出传统民间艺术的文化魅力。③

2010年5月,由贵州省档案局和上海市档案局联合发起并举办了"黔姿百态——贵州省国家级非遗档案展",展出了贵州地区富有特色的地方戏曲、民族舞蹈、传统技艺以及节庆习俗等,充分展示了贵州地区特有的文化景观和艺术形式。④ 2010年6月12日,中国非遗数字化成果展在首都博物馆开幕,此次展出围绕编纂完成的"中国民族民间文艺集成志书",展出了一系列数字典藏和非遗档案数字

---

① 《非物质文化遗产保护成果展今日在京启幕》,2017年5月28日,http://culture.people.com.cn/GB/22219/4095763.html。
② 《中国非物质文化遗产专题展》,2017年5月29日,http://www.yznews.com.cn/zjyz/2007-06/10/content_726684.html。
③ 莫陌:《北京市海淀区档案馆"华彩海淀·非物质文化遗产档案集萃"展开幕》,《北京档案》2007年第8期,第5页。
④ 《档案展现"黔姿百态"》,2017年6月3日,http://news.163.com/10/0527/13/67MP0B3F00014AED.html。

化成果。① 2011年6月8日，国家图书馆举办了"册府琳琅，根脉相承——中华典籍与非物质文化特展"，展出地点设于国家图书馆古籍馆文津楼，此次展示的目的旨在从文献的角度揭示中国非遗保护的成果，并对部分非遗项目加以介绍。②

（2）非遗档案的长期展示

除了短期性展览，通过建成非遗实体博物馆或非遗实体展示中心的形式进行长期展示，也是非遗档案展览的又一主要形式。笔者以建成时间先后为依据，对中国现有典型的非遗博物馆和展示中心统计制表如下（见表3-2）：

表3-2　　　　中国代表性非遗展示机构一览表

序号	建成时间（年）	名称	主建单位	展示内容	特点
1	1997	梭嘎生态博物馆	中国与挪威合作创建	梭嘎苗族（长角族）原始、古朴、独特的文化习俗	中国乃至亚洲第一座生态博物馆
2	2004	白裤瑶生态博物馆	广西壮族自治区文化厅与南丹县委、县政府合作共建	以实物、图片和影像资料展示白裤瑶的历史发展过程及民风民俗；保存蛮降、化图、化桥三个原始村落中白裤瑶民的民风民俗	中国第一座瑶族生态博物馆，广西第一座生态博物馆③
3	2007	三科非遗博物馆	中国三科电器有限公司	收藏和展示乐清黄杨木雕和细纹刻纸精品	企业出资建造的博物馆④

---

① 《感受遗产——中国非物质文化遗产数字化成果展》，2017年6月6日，http://www.artnews.cn/artenws/zlxw/2010/0613/122050.html。

② 《"册府琳琅，根脉相承——中华典籍与非物质文化遗产特展"6月8日国图开幕》，2017年6月9日，http://news.163.com/11/0603/16/75KUV4DT00014JB5.html。

③ 《南丹白裤瑶生态博物馆》，2017年6月23日，http://baike.baidu.com/view/866110.html。

④ 《非物质文化遗产　黄杨木雕　木雕工艺品　刻纸　三科博物馆》，2017年6月29日，http://www.cnbwg.com/。

第三章 国内外非遗建档及其标准体系建设的调查与分析

续表

序号	建成时间（年）	名称	主建单位	展示内容	特点
4	2008	侗族非遗展示中心	广西壮族自治区文化厅、柳州市文化局共建	以资料、实物等形式原生态地展示侗族传统文化的魅力	设在国家级非遗项目代表性传承人杨似玉家中的非遗展示中心①
5	2009	新疆蒙古族非遗保护传承中心	新疆博湖县政府	集合动态影像、图片、文字的县级非遗展示中心和名录体系资料库	新疆第三个非遗传承机构②
6	2009	中国曲艺非遗博物馆	中国曲艺家协会联合各地曲艺团体，及相声界人士	以北京评书、北京琴书、连珠快书、梅花大鼓为主的曲艺非遗保护项目	完全依靠民间力量组建起的专题博物馆③
7	2010	皖南皮影戏博物馆	皖南皮影戏第九代唯一传承人何泽华	以资料、实物等形式展示皖南皮影	农民个人自费开办的专题博物馆④
8	2010	中国帽文化博物馆	帽业老字号"盛锡福"	历代冠帽、民族冠帽，以及皮帽制作工艺	企业负责修建的专题博物馆⑤
9	2010	蓝夹缬博物馆	浙江省瑞安市马屿靛青合作社	历代展品及技艺流程	蓝夹缬的传承人王河生搜集并带头出资建成的专题博物馆⑥

---

① 《柳州市建成广西第一家市级非物质文化遗产传承展示中心》，2017年7月1日，http：//www.liuzhou.gov.cn/lzgovpub/lzszf/sszdw/A020/201101/t20110119_436946.html。

② 《新疆博湖县建成蒙古族非物质文化遗产保护传承中心》，2017年7月2日，http：//news.163.com/09/0222/07/52O7PCOM000120GU.html。

③ 《中国曲艺非物质文化遗产博物馆》，2017年7月3日，http：//www.chinese.cn/quyi/article/2011-03/21/content_236491.html。

④ 《皖南农民建起皮影博物馆》，2017年7月2日，http：//style.sina.com.cn/news/2010-03-26/101659154.shtml。

⑤ 《中国帽文化博物馆》，2017年7月4日，http://baike.baidu.com/view/9677932.html。

⑥ 《瑞安"国字号"非遗——蓝夹缬博物馆开馆》，2017年7月4日，http：//www.zhuna.cn/article/285740.html。

续表

序号	建成时间（年）	名称	主建单位	展示内容	特点
10	2010	图们朝鲜族非遗馆	图们市政府	朝鲜族民间舞蹈、传统乐器制作技艺、传统音乐、传统文学故事、传统工艺、服饰文化等	第一家少数民族非遗展览馆[①]
11	2010	上海宝山国际民间艺术博物馆	上海宝山区政府与上海大学合作建设	全面展示亚太地区、中国、上海，以及宝山区重要的非遗项目	上海第一家融非遗的展示、研究和保护为一体的展览馆，中国国内规模最大的世界非遗展览馆[②]
12	2010	黑龙江非遗传承体验区——"民俗文化和艺术"展示馆	黑龙江大学艺术学院	展出了包括鱼皮、桦树皮、方正剪纸在内的国家级非遗项目和绥棱、勃利黑陶等省级非遗项目	由高校主建的黑龙江首家非遗传承体验区[③]

注：本表根据相关文献资料整理而成。

除上表中列举的主要非遗博物馆和展示机构外，中国仍有不少专题博物馆，如中国年画博物馆、苏州刺绣博物馆、武强年画博物馆等长期集中展示某项或某类民间美术的作品、制作技艺等。一些民间文化艺术博物馆，如湖南民间艺术博物馆、中国民间文化艺术博物馆等，也将民间美术作为常设的展示板块，在此限于篇幅，不再一一赘述，总体而言，上述机构的建成对于非遗档案资料的保存、展示和传承发挥了重要的作用。

4. 非遗档案的信息化建设

中国现行的非遗档案建设和管理工作，除了坚持纸质化和文本化

---

① 《图们市中国朝鲜族非物质文化遗产展览馆掠影》，2017年6月28日，http://cxjj.cinic.org.cn/news/difang/jilin/16101.html。
② 《上海宝山国际民间艺术博览馆》，2017年7月5日，http://baike.baidu.com/view/5954863.html。
③ 《黑龙江非物质文化遗产传承体验区——民俗文化和艺术展示馆正式开放》，2017年7月6日，http://www.hljswl.com/web/detail/, P=0, ID=28Y38R07O5R095RH.shtml。

这一传统建档方式外,引入信息化技术,开展非遗档案的数字化建设和虚拟化存储,并以3D动画、全景全息的方式,代替单一的舞台展示,也为非遗档案工作开拓出更为广阔的发展空间。

(1) 非遗档案的数字化建设

中国现行开展的非遗档案数字化建设工作,主要集中在利用数字化技术实施非遗档案数字化转换,利用数字化和信息化技术实现非遗档案采录与存储。

2006年6月10日,湖北宜昌率先建立非遗资源数据库,存入视频素材达2.5太、图片近5000张、文字数据约2吉,各县市数据量近1.8太。① 2007年以来,昆明市档案馆立足于前期的非遗项目普查和收集工作,制定出非遗档案分类表,开展文本数据的数字化转录和存储工作。② 2008年2月29日,四川省成都市建成非遗普查数据库,创建非遗项目120余个,填写电子表格近千张,录入文字25万以及大量图片和影像资料。③ 2008年,中国艺术研究院启动了"馆藏濒危音像档案数字化技术"项目,在对中国艺术研究院过去所收藏的视频、音频、文本和图片类音像文献进行全面整理的基础上,逐步开展起数字化转化、存储和利用工作。④ 2008年,江苏太仓市档案馆将过去两年多来所收集到的非遗文字、图片音像和实物资料500多件,通过扫描制作成电子文档,初步建立起非遗档案专题数据库。⑤ 2009年以来,天津大学"中国非遗保护数据中心"也运用数字化手段,对现存的约数百万字的文字资料、几十万张图片、几千小时的录音资料和上千小时的影像资源进行数字化保存,并投入300万元建立起数据

---

① 《保护地方艺术 宜昌建立非物质文化遗产数据库》,2017年7月8日,http://www.ce.cn/kjwh/ylmb/ylgd/200607/03/t20060703_7594920.shtml。
② 李蔚:《创新思维 积极探索档案资源整合新方法——非物质文化遗产档案征集与管理》,《云南档案》2011年第2期,第17页。
③ 《成都建成非物质文化遗产普查数据库》,2017年7月9日,http://news.sina.com.cn/c/2008-02-24/043013464128s.shtml。
④ 《我国着力用数字技术保护文化遗产》,2017年7月9日,http://www.qianinfo.com/index/34/50/1142.html。
⑤ 陈妙生、陆英:《太仓市加强非物质文化遗产档案工作的探索与思考》,《档案与建设》2009年第2期,第58页。

库，对相关资源进行数字化展示。①

  2010年，文化部正式启动"中国非遗数字化保护工程"，开展非遗档案的数字化采集、资源建设。②同年，佳能（中国）有限公司启动"苗族非遗保护项目"，用影像技术对苗族银饰锻制技艺、苗绣、芦笙制作、芦笙舞、鼓藏节等苗族国家级非遗名录中最具代表性的项目做了记录，项目组共采集了珍贵照片5万多幅（700吉），动态视频300多个小时（1.9太）。③与此同时，"中国口头文学遗产数字化工程"随即启动，该项目于2011年1月进入到实质阶段，目前已完成100多万条目的录入，即将完成的"中国民间文学基础资源数据库"包括古诗43万首、歌谣11万首、谚语39万条，共约4亿字。④

  继2010年对苗族非遗的数字化采录后，2011年7月，佳能有限公司再次启动对白族、傣族和彝族非遗数字化影像保护项目，项目组历时两个多月，深入云南省4个自治州的30多个市、县，用影像技术全面、深入、系统地记录下了白族、傣族、彝族国家级非遗名录中最具代表性的傣族孔雀舞、彝族烟盒舞等四项非遗。⑤2011年12月16日，赫哲族说唱艺术伊玛堪研究中心在黑龙江省哈尔滨市正式成立，伊玛堪是中国东北地区赫哲族的独特曲艺形式，2011年11月被联合国教科文组织列入急需保护的非遗名录，该中心启动了传统伊玛堪音像资料的数字化工作，构建起伊玛堪数字资源数据库，收集补充国外伊玛堪相关研究资料。⑥同年，全国"格萨尔数据库·果洛分库"建设项目正式启动，该项目在走访、调查果洛地区的格萨尔艺人

---

  ①《天津大学建成首家非物质文化遗产保护数据中心》，2017年7月10日，http://www.edu.cn/gao_xiao_zi_xun_1091/20090615/t20090615_384111.shtml。
  ②《"中国非物质文化遗产数字化保护工程（一期）"项目研讨会在京召开》，2017年7月10日，http://top.weinan.gov.cn/fwzwhyc/bhdt/15139.html。
  ③《"影像公益"再度聚焦非遗文化 佳能（中国）启动苗族非物质文化遗产数字化保护项目》，2017年7月11日，http://digi.tech.qq.com/a/20100521/001590.html。
  ④《中国启动民间口头文学遗产数字化工程》，2017年7月11日，http://www.chinanews.com/cul/2010/12-31/2758863.shtml。
  ⑤《佳能"影像公益"纪录白傣彝族文化》，2017年7月12日，http://epaper.jinghua.cn/html/2011-10/17/content_719618.html。
  ⑥《黑龙江成立赫哲族说唱艺术伊玛堪研究中心》，2017年7月12日，http://news.xinhuanet.com/shuhua/2011-12/17/c_122437829.html。

第三章 国内外非遗建档及其标准体系建设的调查与分析

的基础上，运用录音、录像、摄影等手段，对格萨尔艺术进行普查、收集，有重点地对在档的艺人进行跟踪，对说唱文本进行科学记录，进而形成比较完善的史诗说唱资料库。①

此外，为了更好地管理非遗档案，昆明市档案局应用《昆明市档案局馆非物质文化遗产档案分类表》，制定了《昆明市档案局馆非物质文化遗产档案机读目录数据库结构格式》，并研究开发了非遗档案管理软件，建立起来的非遗档案数字化管理系统获得 2007 年云南省档案工作创新一等奖。②福建省龙岩市档案局（馆）也广泛征集了当地富有特色的非遗项目，如山歌剧、木偶戏、采茶灯等的相关资料，通过科学的整理与分类，初步建立起市级非遗档案和专题数据库。③重庆市九龙坡区文化馆积极收集当地民间故事，在对其相关文字资料收集整理后，移交重庆市非遗保护中心，由重庆市非遗保护中心以电子文档的形式录入并储存。

（2）非遗的数字化展示

建设数字博物馆和非遗网站以展示非遗档案是当前中国非遗档案展示、传播的又一重要渠道。2008 年 6 月，中药企业广药陈李济推出中药数字博物馆，分别对中药发展史、传统制药工艺、古方正药等实物进行数字化展示，这是岭南地区首家数字化中药博物馆。④ 2008 年 7 月，"羌族文化数字博物馆"正式开通，该数据库以图片、影像等手段分主题分门类地展现羌族这一古老少数民族悠久的文明历史及点缀其间丰富的遗产资源。⑤ 2008 年 10 月中国苗族刺绣艺术数据库项目启动，这个数据库是国内首个运用现代数字技术全面、系统、完

---

① 《全国"格萨尔数据库——果洛分库"建设项目正式启动》，2017 年 7 月 13 日，http://www.npopss-cn.gov.cn/GB/219506/219507/16265116.html。
② 李蔚：《创新思维 积极探索档案资源整合新方法——非物质文化遗产档案征集与管理》，《云南档案》2011 年第 2 期，第 17 页。
③ 林永忠：《福建龙岩市档案局（馆）建立全市非物质文化遗产档案和专题数据库》，《兰台世界》2012 年第 25 期，第 56 页。
④ 《陈李济推出首家数字博物馆》，2017 年 7 月 12 日，http://epaper.oeeee.com/D/html/2008-05/22/content_473190.html。
⑤ 《羌族文化数字博物馆》，2017 年 7 月 14 日，http://baike.baidu.com/view/4403012.html。

整地采集收录全国范围内不同地域苗族支系刺绣工艺的国家数据库，编制而成的"中国苗绣分布图"直观展现了中国苗绣的分布情况，并指引读者直接点击进入自己感兴趣的板块。①② 2010年7月，重庆开通少数民族传统文化数字博物馆。在全国率先实现了对省域少数民族传统文化大规模全方位的数字记录与展现。③ 2011年，山西省非遗保护中心推出非遗数字博物馆，收录16大类的非遗信息8万多条，项目3万多条，照片21万多张，音视频资料6000多个小时。④

三 国内外非遗建档的总结与比较

由上所述，国内外在非遗建档方面都有着较为悠久的历史，传统意义上的非遗建档，无论是国外还是国内，都局限于民间文化等相对狭小的范围，直到联合国教科文组织明确提出"非遗"的概念，并对其内涵与组成做出清晰界定与划分之后，非遗建档的内容和范畴才有了进一步的充实与壮大，而这种集合多元主体力量，采纳多种建档技术开展起来的建档工作，才是真正的有着现代意义的非遗建档工作。

（一）国内外非遗建档的现状总结

总结国内外非遗建档工作的现状，要看到20世纪以来国内外在非遗建档上所取得的突出进展与成绩，这种进展与成绩主要体现在建档体制、建档内容和建档手段三个方面。

1. 建档体制

20世纪以来，国内外相继开展起来的非遗建档保护工作在主体层面上经历了一个从民间组织自发开展到"政府主导，多元主体"共同参与的逐步规范化的过程。以建档的方式保护和传承非遗成为政

---

① 《我国将建立"中国苗族刺绣艺术数据库"保护苗绣》，2017年7月13日，http://news.artxun.com/cixiu-1546-7725348.shtml。

② 《"蜀风雅韵——成都非物质文化遗产数字博物馆"获文化部创新奖 让非物质文化遗产"活"起来》，2017年7月14日，http://scopera.newssc.org/system/2009/11/16/012429054.shtml。

③ 《重庆开通少数民族传统文化数字博物馆》，2017年7月15日，http://news.163.com/10/0718/14/6BSMLOPI000146BC.html。

④ 《贵州领建中国首个苗绣"数字博物馆"》，2017年7月15日，http://bbs.3miao.net/thread-45181-1-1.html。

府以及各级各类机构所共同重视和从事的伟大事业。

从国内外现行的非遗建档体制来看，政府文化行政部门均成为组织和开展非遗建档的主管部门，如日本的文部省、法国的文化部及文化部下属文化遗产司以及中国的文化部等。这些文化主管部门对全国的非遗建档工作有着重要的组织、指挥和协调作用，并对下属机构的非遗建档工作有着指导作用。可喜的是，除了政府和文化主管部门外，非遗建档工作还得到了众多机构和主体的参与，如以日本的文化财保护委员会、英国的遗产委员会、印度的英迪拉·甘地艺术中心、加拿大纽芬兰和拉布拉多遗产基金会、美国国家民俗中心、中国的艺术家协会等为代表的团体组织，以斐济的土著研究所、美国哥伦比亚大学图书馆、加拿大纽芬兰和拉布拉多纪念大学等为代表的研究机构，以苏格兰博物馆、美术馆、加拿大图书馆和档案馆等为代表的公共文化机构，以微软公司、MaptekⅠ-Site 工作室等为代表的企业，以及以日本学者中原律子、中国学者李石根等为代表的对非遗有着深厚情感的个人，这些主体利用自身的优势，在非遗建档工作中发挥出积极的作用。政府主导、文化行政部门主管、多元主体共同参与的非遗建档格局在国内外均已初步形成。

2. 建档内容

国内外开展的早期非遗建档工作，其内容仅限于局部地域、小范围、单一类型的非遗项目，如民间文化、颂歌和节庆礼仪等。20世纪以来，全国性的、更为全面系统的非遗普查、收集、建档以及成果建设和展示等活动得以在各国展开。非遗建档逐步发展成为一项重点突出、分阶段有步骤的建设工作。

除了管理范围的拓宽外，管理对象也有了进一步的丰富与充实。不同于前期单纯的文本形式，这一时期所建立起来的非遗档案，既有文本资料，也有大量实物、照片、图片，这也从侧面反映出各国非遗建档的组织者和实施者对于非遗的内涵、范畴和形式有了更为清晰的认识，早已超出了单一的文本资料，所有与非遗展示传承有关的实物道具、图片、照片都被纳入到非遗档案的范畴之中。

3. 建档手段

国内外在非遗建档上取得的进展，除了体现在建档体制和建档内容上，多种管理手段的运用也成为国内外非遗建档的又一重要特点。实践证明，国内外在开展非遗建档过程中，充分运用了录音、录像、传统媒体、新媒体以及数字化技术，由此形成的音频、视频资料已经成为除文本资料外又一重要组成部分，它们以生动、鲜活的形式，更为直观和真实地记录并展示了非遗项目及非遗传承人所持有的独特魅力。

同时，报纸等平面媒体、电视、网络等立体媒体以及虚拟现实技术、三维图形图像技术、计算机网络技术、立体显示系统等数字化技术，在非遗档案的传播与展示中同样发挥着重要的作用，它们向原本呆板、枯燥的非遗档案注入了更多的颜色与生命力，在拉近受众与非遗档案之间距离，增加受众感知和接受质量的同时，也大大提升了非遗档案的传播效果。

（二）国内与国外非遗建档现状的对比与反思

在对国内和国外非遗建档工作的特点与进展加以总结的同时，也需要看到，同国外相比，中国的非遗建档工作存在着一些问题和不足，一定程度上影响并制约着中国非遗建档的纵深发展，具体来说，体现在以下三个方面：

1. 建档主体的权责失当

虽然中国和国外在非遗建档主体上都坚持"政府主导，多元主体共同参与"的原则，但在建设深度上却同国外有着一定的差距，各类主体在非遗建档的权责分配上仍有失当之处，可以简单概括为"越位""错位"和"缺位"三种情况。

"越位"是指中国政府及文化行政部门在非遗建档工作中的一手包办。曾有学者指出，政府和文化行政部门组织开展的非遗档案资料的普查和收集工作，很多情况下都是以一种"外来者"和"闯入者"的身份进入的，[1] 由政府和文化行政部门主持开展的非遗建档工作，某种程度上已将非遗剥离其原本产生和繁衍着的社会土壤，"官俗化"色彩较为浓重。同政府部门的大包大揽、越俎代庖

---

[1] 贾峻峰：《非物质文化遗产保护中社会团体作用研究》，硕士学位论文，东北大学，2009年，第12页。

相对应的就是多元主体在非遗建档中的"错位",原本应该由社会多元主体履行的建档任务被政府部门先行完成了,从主要参与者变成辅助和补充,这种主体角色的错位很大程度上会挫伤多元主体参与的积极性,其自身的优势和特长未能得到很好的发挥。此外,建档主体的问题还表现在一些原本应该参与建档的主体却因种种原因未能被纳入主体阵营之中,即档案部门和广大社会公众的"缺位"。在中国已颁布的非遗相关法律法规中,均未将档案部门纳入非遗保护和建档主体之中,而社会公众在非遗建档中广泛失语的现象,也成为阻碍非遗建档持续发展的重要瓶颈,很多优秀的艺人、工匠处于自生自灭的状态,他们的作用和价值未能得到真正的体现。即便有少数人的参与,但仍属于"少数""小众"的情况,面向社会的广泛参与依旧未能形成。

2. 建档流程的笼统粗放

中国现行的非遗建档工作,从工作环节上涵盖了非遗档案的普查与收集、非遗档案成果的编辑与出版、非遗档案成果的展示以及非遗档案的数字化建设,较之于以前的非遗建档工作,这已经是很大的进步和突破,但同国外相比,这种流程仍显得较为笼统和粗放。非遗建档是一项复杂、系统而又艰难的工程,单靠"收集—整理—利用"这三大环节是无法涵盖其全部的,其间的每一项流程都需要被分解和细化,还有一些流程应该被补充和强化,如非遗档案资料在最初的普查与收集之后,还需要对其进行筛选、剔除、整理、分类、鉴定、保管,这些原本也应该成为非遗建档的核心环节。如果将非遗建档仅简单地理解为从民间"拿来",简单"糅合"之后,立即重新"投放"到社会中去,这样的建档仅属于最低层次、最简单的"整合",并未实现真正意义上的"建设"。

3. 建档内容的分散繁杂

在联合国教科文组织及国外诸国的影响和带动,以及中国政府的号召和推进下,中国的非遗建档工作在20世纪八九十年代以后,尤其是"十一五"以来,呈现出快速发展与勃兴的态势,这也从中国非遗建档的相关实践中可以看出,全国性的非遗普查持续展开,大量非遗资料得以收集并保存,数字化技术的运用也使得大量音频、视频和数字文件海量激增。但是，在全国各级各类机构都以一种踊跃的姿态投身到非遗建档工作中去时，由此带来的非遗档案数量和质量的隐忧却鲜有人考虑，在某种程度上，很多人将非遗资料数量上的增加视为一种工作的绩效，但是非遗档案质量上的参差不齐，以及因数量激增带来的存储、筛选和利用上的难度却是非遗建档热情退去后需要马上面临的问题，这一问题不仅仅存在于中国，其他国家也同样存在。以非遗数字档案为例，各地收集和存储起来的非遗档案动辄以吉、太计，同时，元数据缺失的现象也普遍存在于这些文件之上，即便后期对这些数据进行了补充，但其原始性已很难得到保证。同时，数字档案种类多样，格式各异，很多机构尚不具备技术与条件开展数字文件格式间的相互转换与统一，因而，导致文件存储格式繁杂多样，既有文本形式，也有图像和图形形式，从存储格式来看，包括 doc，txt，wps 和 cz 在内多达 20 余种格式散存于非遗数字档案中，影响了数字档案的共享与利用。

  之所以会存在上述问题，笔者认为，首先应当归咎于中国所处的非遗建档初级阶段。从 2004 年至今，中国正式的非遗建档工作开展不过十余年的时间，而国际非遗建档工作的开展也不过二十余年的时间，因此形成的成功经验和科学方法相对有限。国际、国内相关法规对建档主体、建档流程规定上的不足与过于简单，在一定程度上也使得中国的非遗建档工作处于无指南可参考，完全依靠自身摸索的境地，加之中国"大政府、小社会"传统管理体制的掣肘，多元主体协调合作机制的缺少，针对性、可操作性标准的缺乏，都会导致上述问题的产生。

  发现问题，是为了更好地解决问题。如前所述，中国的非遗建档工作已开展有十余年了。中国当前的非遗建档工作正处于一个由草创摸索到深入规范的重要转折阶段，如何正视和妥善解决上述问题，直接关系着中国非遗建档工作的深入与成效。笔者认为，系统开展非遗建档标准体系建设，将是解决上述问题的最优也最为稳妥的途径，这也是本书研究开展的基本立足点与出发点。

第二节 国内外非遗建档标准体系建设现状总结与分析

探讨和研究中国非遗建档标准体系的建设,需要首先了解国内外在这一方面取得的进展、所处的阶段、存在的不足,以此作为开展中国非遗建档标准体系建设的依据与借鉴。

一 国外非遗建档标准体系建设进展

总结标准体系建设的进展,可以从相关立法和专门标准建设两个方面着手。正如第一章所述,法规与标准同属具有规范、约束和指导作用的文件,而从国内外非遗建档相关实践来看,非遗相关立法在引领和推进非遗建档工作上有着重要的作用。

(一) 国外非遗建档相关立法建设

国外开展非遗建档立法建设,最权威最具影响力的组织莫过于联合国教科文组织。20世纪70年代以来,该组织就一直致力于非遗的保护,并以颁布公约、规范或指导性文件的方式对国际非遗保护工作提出建议和指导,在这些文件中,以建档的方式保存非遗被联合国教科文组织作为一种最稳妥、最具普适性的措施一再加以强调。

1976年11月,联合国教科文组织第19届会议颁布了国际首个非遗文件《教科文组织关于无形(非物质)文化遗产的全面规划》[UNESCO Comprehensive Program on the Intangible (non-physical) Cultural Heritage]》,该文件对不同类型的文化传统、生活方式、方言等无形文化的价值做出了正确的评价,提出尊重和保护上述文化的倡议。当然,这仅属宽泛性的工作规划,尚未涉及具体的工作内容。1989年9月,联合国教科文组织第25届会议上通过了保护民间文学艺术的准则性文件——《保护民间创作建议案》(Recommendation on the Safeguarding of Tradition Cultural Folklore)。文件就民间文学艺术的鉴别、保存、保护、传播、维护和国际合作做出了具体的规范,明确提出将"协调种种收集和存档之方式"作为保存民间创作的主要举措。① 而《宣布人类口头和非物质文化遗产代表作》的颁布则成为联合国教科文组织保护非遗进程中最关键的一步。"人类口头和非物质文化遗产代表作"的提出，使得"无形"的文化遗产得以从笼统的文化遗产概念中抽离出来，拥有了与"有形"文化遗产同等的地位。"非遗代表作"概念的提出，使得各成员国就"非遗"概念进一步达成了共识。② "人类口头和非物质文化遗产代表作"的申报评定工作由联合国教科文组织于2001年首次启动。同年11月，联合国教科文组织第31届会议上讨论通过了《世界文化多样性宣言》（University Declaration on Cultural Diversity），该文件进一步重申和强调了联合国教科文组织在非遗保护上所承担的责任、应履行的职责，并针对当前非遗生存的现状，讨论决定将以颁布公约的方式督促与规范各国的非遗保护工作。③ 2002年9月，在第三次国际文化部长圆桌会议上，联合国教科文组织进一步讨论并发布了非遗保护的《伊斯坦布尔宣言》（Istanbuul Declaration），宣言首先肯定并强调了非遗的文化价值与文化地位，指出全人类、各国政府都有责任选择以记录、建档和保存的方式对其加以保护，制定政策对保护工作加以指导和规范，促其不断传承和发展。

在前期文件之后，国际非遗保护的重要公约性文件——《保护非物质文化遗产公约》（Convention for the Safeguard of the Intangible Cultural Heritage）终于在2003年10月正式通过。《公约》提出了保护和建档的倡议，主张以遴选和建立"公约"的方式开展非遗的研究、保护、保存、宣传、弘扬与振兴。值得一提的是，《公约》选择以"Safeguard"而非"protection"来描述"保护"，反映出联合国教科文组织希望以更为多样化、积极的形式保护非遗及其生态

---

① 于海广：《传统的回归与守护：无形文化遗产研究文集》，山东大学出版社2005年版，第177页。
② 赵方：《我国非物质文化遗产的法律保护研究》，中国社会科学出版社2009年版，第37页。
③ 乔晓光：《中国民间美术》，湖南美术出版社2011年版，第22页。

第三章　国内外非遗建档及其标准体系建设的调查与分析

环境。①

2005年10月,联合国教科文组织制定并通过了《保护和促进文化表现形式多样性公约》(Convention on the Protection and Promotion of the Diversity of Cultural Expressions),预示着国际社会在维持、保护和促进文化多样性方面又迈出了重要而关键的一步,该公约也成为各国制定和实施相关策略的重要法律依据。②

除上述文件外,联合国教科文组织颁布的其他的一些规范性文件,也为非遗建档工作的顺利实施提供了保障。如《世界人权宣言》(1948年)和《经济、社会和文化权利国际公约》(1976年),两份文件认真阐述了人类享有的文化权利,将其认定为个人的基本权利,指出人人都有权参加文化生活,人类创作的任何文化也都有被保护的权利。两部文件从侧面体现出个人捍卫文化权利、参与非遗建档的必要性和重要性。

版权保护上,《伯尔尼保护文学和艺术作品公约》和《世界知识产权组织表演和录音制品条约》对民间文学艺术版权和邻接权的保护做出了较为清晰的规范。

同时,国际组织也重视对非遗原生地土著居民知识产权和参与非遗建档权利的保护。《巴拿马特别法》鼓励土著居民对自身所握有的传统文化资源进行登记和注册,以捍卫自身的文化权利。这也是国际上首部强调保障土著居民知识产权和参与权的法规。③ 2007年9月,《土著人民权利宣言》在联合国大会通过,土著人民的文化权利再次得到重申与强调,土著人民有权对本区域的语言、口头传统、历史、文学等形式文化加以复兴、传承和发展,土著人民有责任保持和强化自身文化和传统,按照自身需要和愿望选择发展道路。④

除联合国教科文组织外,其他一些在非遗保护和非遗建档方面取

---

① 魏磊:《行政法视野下非物质文化遗产保护研究》,中国书籍出版社2013年版,第238页。
② 乔晓光:《中国民间美术》,湖南美术出版社2011年版,第22页。
③ 《非物质文化遗产保护与知识产权国际研讨会》,2017年7月16日,http://wenku.baidu.com/view/869b501d650e52ea551898da.html? from = related&hasrec = 1。
④ 姜德顺:《联合国处理土著问题史概》,四川人民出版社2012年版,第217页。

得卓越成效的国家也十分重视立法的建设。其中最典型的当属日本,《古器物保护法》(1871年)、《古寺庙保护法》(1897年)、《历史名胜天然纪念物保护法》(1919年)、《国宝保护法》(1929年)以及最具影响力的《文化财保护法》(1950年),都对日本本国以及国际文化遗产,尤其非遗的保护产生重要影响。同时,韩国的《文化财保护法》(1962年),在吸取日本1950年《文化财保护法》的基础上,对本国文化财(即"非遗")的调查、认定、保存和利用等做出规范,其中的"人类活珍宝"体系直接被联合国教科文组织《宣布人类口头和非物质遗产代表作》参考并吸收。

1992年,菲律宾正式通过了《菲律宾共和国第7355号法令》,着重对传统民间艺术的概念做出界定,对其保护做出强调,进而提出以设立"国家活珍宝奖"的形式保护民间艺术。此后的1996年,蒙古国也先后颁布了《蒙古文化法》和《国家文化政策》两部法规,2001年又颁布了《文化遗产保护法》,三部法律都包含了与非遗保护有关的内容,成为蒙古国非遗保护法律体系的重要组成。

2001年,越南颁布了《文化遗产法》,明确提出保护非遗的建议,指定国家非遗保护工作由越南文化信息部主管,下属的文化遗产局负责具体工作的执行,越南文化信息研究所和越南音乐研究所等负责非遗保护的研究和监督。

此外,澳大利亚等国也十分重视对本国土著居民文化权利的保护,以及土著居民手中所掌握文化遗产的保护。新西兰政府也很重视对本国主要土著居民——毛利人文化权利的保护,1963年的《毛利艺术和手工艺学院法》以及1987年的《毛利语言法》都是针对毛利手工艺、毛利语言等颁布的法律。[①]

(二)国外非遗建档标准的建设与采纳

在联合国教科文组织及国外诸国以立法的形式明确了保护非遗的主旨,并提出建档保护非遗的建议后,围绕非遗建档制定的一些标准和条款也相应形成,为非遗建档工作的顺利开展起到了指导作用,同时,其

---

① 李墨丝:《非物质文化遗产保护法制研究——以国际条约和国内立法为中心》,博士学位论文,华东政法大学,2009年,第81页。

他领域一些成功的标准也被采纳和借鉴到非遗建档工作中。笔者对这些标准与条款加以梳理与总结，并依据其与非遗建档工作的相关程度，依次划分为非遗建档相关标准、遗产相关标准和其他领域标准三大部分。

1. 非遗建档相关标准

非遗建档相关标准是指与非遗建档直接相关，专门用于指导非遗建档工作的相关标准与条款。从约束范围看，主要有非遗建档相关国际性标准、非遗建档相关国家标准两大类。

（1）非遗建档相关国际性标准

国际性的非遗保护和非遗建档工作是在联合国教科文组织倡导下展开的，非遗领域相关的国际法及公约也是由联合国教科文组织主持制定的，非遗建档领域相关国际性标准的主要制定主体同样也是联合国教科文组织。联合国教科文组织制定的非遗建档专门标准不多，其颁布的相关公约和法规兼有对建档标准化和规范化的作用。从内容上看，这些规定主要集中在对"非遗"相关术语的明晰、非遗价值的品评以及建档方式的规范三个方面。

联合国教科文组织提出的非遗建档的相关标准与规范，最早可追溯至1972年的《保护世界文化和自然公约》，从严格意义上讲，该公约并未将视角延伸至"非遗"领域，只是提及了"文化遗产"与"自然遗产"，但是，在制定文化遗产考评标准时，该公约还是提出了"艺术成就""创造性""建筑艺术""传统思想""纪念物艺术"等评定标准，这种建立于人文、艺术基础上对"无形价值"的评价，被视为对"物质文化遗产"背后所承载的"非物质"文化元素的重视。

2002年6月，在巴黎举行的"非物质文化遗产：制定术语表"第三次国际专家圆桌会议上，《非物质文化遗产术语表》得以审议通过，这也被认定为是国际关于非遗首个专门性标准，其对非遗、非遗的主要类型、非遗保护和非遗建档等基本概念都做出了较为准确和详细的阐释。①

为进一步强化非遗保护工作，联合国教科文组织制定了"人类口

---

① Mutual Cultural Heritage National Archives of the Netherland, 2017 – 07 – 17, http://en.nationaalarchief.nl/international – cooperation/mutual – cultural – heritage – 0.

头与非遗代表作名录"制度,在全球范围内定期遴选和公布富有价值、濒危、值得重点保护的非遗项目。为确保遴选过程的客观、合理和科学,联合国教科文组织专门制定了"人类口头与非遗代表作"遴选标准,具体内容包括以下七个方面:

・存在形式的高度集中;
・具有突出价值的传统文化表现形式;
・根植于当地社团;
・对推进文化发展、彰显文化特征有重要作用;
・技术先进,质量突出;
・能很好地反映现存文化传统;
・其生存状况处于不利境地。

2003年,联合国教科文组织颁布《保护非物质文化遗产公约》,重新明确了非遗的概念,划分出非遗的主要类型,提出了亟待抢救和保护的非遗的认定标准,具体包括以下五个方面:

・具有珍贵的历史价值、艺术价值和科学价值等;
・具有独特的文化形态,能体现所在民族或群体的文化特征;
・依附于特定民族、群体、区域或个体,当前依然存在;
・其生存状态濒危,亟须抢救和予以保护;
・符合人性、顺应发展,有助于推动民族团结和社会进步。

从内容上看,《保护非物质文化遗产公约》中提出的认定标准同"人类口头与非遗代表作名录"的遴选标准有着很大的相似之处,可以说,前者是在后者基础上的进一步凝练与完善。

除联合国教科文组织外,2007年11月,世界知识产权组织也颁布了《非遗建档、记录和数字化指南》,该指南规定了关于非遗建档、记录和数字化的实践、协议与政策记录。世界知识产权组织调查并总结了各国开展的富有代表性的非遗建档政策、实践且作为最佳实践和指导原则列入标准之中。[1]

---

[1] Guidelines for Documenting, Recording and Digitizing Intangible Cultural Heritage IFACCA, the International Federation of Arts Councils and Culture Agencies, 2017-07-18, http://www.ifacca.org/publications/2007/11/05/guidelines-for-documenting-recording-and-digitizin/.

第三章 国内外非遗建档及其标准体系建设的调查与分析

（2）非遗建档相关国家级标准

除联合国教科文组织、世界知识产权组织等国际性组织外，一些非遗保护和非遗建档开展较为成功的国家也着手制定起非遗建档的相关标准，既指导和约束本国非遗建档工作，也为国外提供借鉴与参考。日本《重要无形文化财指定以及保持者与保持团体的认定标准》（1954年）以"艺术价值特别高""艺术史上占有特别重要的地位"以及"在地方或流派方面特色显著"作为重要无形文化财认定的主要标准，"能够高度体现被指定为重要文化财艺能或艺能技法"作为保持者和保持团体的认定标准。[①] 2009年2月，致力于苏格兰非遗建档保护研究与实践工作的苏格兰博物馆画廊组织颁布标准《非遗的定义与描述：相关艺术品报告》，阐释了非遗的定义，描述了非遗建档的具体步骤和主要模式，该报告被刊载于国际艺术理事会与文化机构联合会（IFACCA）网站上，成为国际非遗建档的典型实践。[②]

同时，一些国家也对本国非遗建档的具体实施提供操作性指南。如加拿大就制定了《非遗建档过程中信息采集的问卷格式》（见表3-3），纽芬兰和拉布拉多遗产基金会提出了《非遗田野调查指导性表格》（见表3-4），匈牙利拟定了《非遗题名撰写格式》（见表3-5），纽芬兰和拉布拉多纪念大学依托伊丽莎白图书馆的"数字档案倡议（DAI）"计划，颁布了《非遗建档数字化执行指南》，[③] 该指南对非遗数字化过程中的元数据做出了较为详细的规范，要求对每个照片、视频或音频都必须进行元数据描述，录入电子表格，上传至 DAI 网站予以展出。

---

① 张松：《非物质文化遗产的保护机制初探——基于中日比较视角的考察》，《同济大学学报》（社会科学版）2010年第6期，第28页。

② D'Art report: Defining and Mapping Intangible Cultural Heritage IFACCA, the International Federation of Arts Councils and Culture Agencies, 2017-07-21, http: //www.ifacca.org/publications/2009/02/15/dart-report-defining-and-mapping-intangible-cultur/.

③ Case Study: Memorial University's Digital Archive Initiative - Digitizing Intangible Cultural Heritage: A How To Guide Find Resources Canadian Heritage Information Network, 2017-07-20, http: //www.rcip-chin.gc.ca/carrefour-du-savoir-knowledge-exchange/patrimoine_immateriel-intangible_heritage-eng.jsp? page=etude_cas_case_study.

表3-3　　　　　　　加拿大非遗信息采集问卷填写格式

序号	问题
1	您选择如何记录您所在环境中的非遗元素？ ·您确定记录哪些非遗元素？ ·您会和谁咨询相关的非遗信息——社区？ ·所在社区是否接受参与信息的提供？
2	您所收集的信息将选择以何种方式、何种媒体记录建档？ ·您所在环境中已使用哪些媒体来记录建档？ ·您选择以何种身份参与非遗的记录建档？
3	建档过程中是否应该向非遗持有人获取知情同意书？ ·您是否拟定了非遗建档的既定进程？ ·如果没有拟定建档进程，您将如何实现非遗建档？（例如，您是否应提前创建一份与社区合作的同意书，由社区非遗持有者们签署？抑或您是否获得他们的口头同意？）
4	您确定以何种程度、何种水平来访问和调查非遗信息？ ·针对您选择建档的非物质文化遗产，是否有哪些方面的限制？ ·如果真的有限制，那么您将如何规避或是维护好非遗信息中的敏感元素呢？ ·在建档过程中谁负责做这些决定，您将如何征询他们对这些问题的看法？
5	非遗建档过程中应选择记录哪些信息？（如编目信息等） ·可依序建立非遗档案目录"目录—文件的日期—地方文件—记录者"
6	该以何种方式方法建设和维护非遗文件？
7	您将以何种方式存储非遗文档？ ·如何将建立起的非遗档案纳入到现存档案中，如果并无现存档案，又当如何重新创建、存储？
8	您将如何维持这种存档？您将采取何种措施来保持非遗建档工作？ ·尤其注意如何防止现存的非遗档案可能会遭遇到的自然老化、盗窃等问题。
9	如何传播建立起来的非遗档案？ ·您将选择以何种媒体记录非遗档案以确保非遗的传播？ ·如何建立支持本地传输的非遗建档，建设目标又是什么？

第三章　国内外非遗建档及其标准体系建设的调查与分析

表 3-4　　**纽芬兰和拉布拉多遗产基金会非遗田野调查指导性表格**①

序号	调查问卷
1 田野调查和责任	A 道德 B 内容形式的获取和使用 C 建档收集 D 版权材料和使用同意书
2 文化视角	A 非遗和物质文化遗产之间的区别 B 非遗组织与传承人的认定 C 传统艺术和工艺
3 人类学观察	A 社区环境中的田野调查 B 动态资源和场地环境社区 C 田野调查、野外日志和内容观察 D 照片、草图、野外工作日志和纪念品
4 面试	A 亲属、社区成员、陌生人采访 B 专业界限和建立一个面试 C 开放式访谈和其他面试技术 D 无计划访谈和令人惊讶的结果
5 项目计划	A 研究氛围、研究重点、研究目标、研究资金的确定 B 非遗资源列表的识别和发展 C 田野调查定位、调查人和调查装备 D 实地考察、交通、住宿和其他必需品协调
6 田野记录	A 摄影 B 音频记录和采谱 C 视频录制
7 野外数据的整理和归档	A 组织方法的发展 B 数据归档的过程 C 数字访问指数概述（DAI） D 归档收集管理
8 野外数据分析和显示	A 组织收集信息 B 线性与概念性展示 C 幻灯片的展示 D 计划与合作的最终项目 E 主要讨论问题和答案组件

① Intangible Cultural Heritage Training, 2017-07-21, http://www.mun.ca/ich/documenting/training.php.

表 3-5　　　　　　　　匈牙利非遗题名撰写格式①

序号	类型	详情
1	基本信息	·主要元素的识别； ·主要元素的名称； ·其他元素的名称； ·存续空间（社区、组别，或者个人）； ·代表性项目、元素
2	元素的描述	·重视社区在元素描述上的作用与贡献； ·鼓励政府与社区或社区中个人的对话（一般不超过7000个字符）
3	过去或近期对元素开展的保护措施	·主要维护措施的提出（不超过1000个字符）； ·对非遗危害元素的抑制和维护； ·社区参与的承诺、相关组织或个人（不超过3500个字符）
4	参与的社区、团体或个人	·社区、团体或个人参与的自由、责权或知情同意题名； ·社区、团体或个人的管理（对其习惯做法的尊重）
5	必需或需要补充的相关文档	
6	注册表项	
7	额外的资源	（不超过1页）
8	联系信息	·提交者身份； ·通信联系人； ·相关主管机构； ·有关社区组织或代表年代； ·签名

2. 遗产相关标准

国际与国外非遗保护和非遗建档工作起步不久，形成的标准仍是有限的。实践证明，国外在开展非遗建档工作时，很大程度上还是参

---

① Szellemi Kulturális Örökség Magyarországon, 2017-07-22, http://szellemiorokseg. hu/eng/index. php? menu=22&m=nemzeti.

第三章　国内外非遗建档及其标准体系建设的调查与分析

考了遗产保护方面的标准，依据约束范围的不同，这些标准同样也可被分为国际性标准、区域性标准和国家性标准三大类。

（1）遗产相关国际性标准

对非遗建档工作有着一定借鉴和参考作用的国际性遗产标准，首推联合国教科文组织制定的《实施保护世界文化与自然遗产公约的操作指南》（以下简称《操作指南》），这是世界文化遗产认定的官方标准，在制定"人类口头与非遗代表作名录"遴选标准时，主要参照的就是这一标准。《操作指南》重点强调了遗产所具有的"突出的普遍价值（Outstanding Universal Value）"，并就这一价值的评估制定了标准。[1] 从1977年至2012年，《操作指南》中的价值评估标准不断得到完善和补充，除延续其基本内涵之外，标准的包容性更强，内容也更为缜密。2012年版的《操作指南》中，遗产"突出的普遍价值"被归纳为十项标准（见表3-6）。在这十项标准中，前六项被认为主要针对世界文化遗产，后四项则主要针对世界自然遗产，前文联合国教科文组织制定的非遗抢救和保护的认定标准中，都可以看到借鉴和采纳的痕迹。

表3-6　《实施保护世界文化与自然遗产公约的操作指南》
中"突出的普遍价值"评估标准[2]

序号	标准细则
1	代表人类创造精神的杰作；
2	体现了在一段时期内或世界某一文化区域内重要的价值观交流，对建筑、技术、古迹艺术、城镇规划或景观设计的发展产生过重大影响；
3	能为现存的或已消逝的文明或文化传统提供独特的或至少是特殊的见证；

---

[1] 史晨暄：《世界文化遗产"突出的普遍价值"评价标准的演变》，《风景园林》2012年第2期，第59页。
[2] 吴葱、邓宇宁：《美国文化遗产测绘记录建档概况》，《新建筑》2007年第10期，第104页。

续表

序号	标准细则
4	是一种建筑、建筑群、技术整体或景观的杰出范例，展现历史上一个（或几个）重要发展阶段；
5	是传统人类聚居、土地使用或海洋开发的杰出代表，代表一种（或几种）文化或者人类与环境的相互作用，特别是由于不可扭转的变化的影响而脆弱易损；
6	与具有突出的普遍意义的事件、文化传统、观点、信仰、艺术作品或文学作品有直接或实质的联系（委员会认为本标准最好与其他标准一起使用）；
7	绝妙的自然现象或具有罕见自然美的地区；
8	是地球演化史中重要阶段的突出例证，包括生命记载和地貌演变中的地质发展过程或显著的地质或地貌特征；
9	突出代表了陆地、淡水、海岸和海洋生态系统及动植物群落演变、发展的生态和生理过程；
10	是生物多样性原地保护的最重要的自然栖息地，包括从科学或保护角度具有突出的普遍价值的濒危物种栖息地

此外，联合国粮农组织（FAO）也于 2002 年提出了全球农业文化遗产的选择和认定标准，将其总结为"突出特征、可持续性的历史证明、全球重要性"三个方面。[①]

（2）遗产相关区域性标准

除国际性标准外，一些区域性组织也对本区域内的遗产管理和保护制定出系列标准。欧洲委员会将保持欧洲文化认同、文化发展多样性作为开展委员会活动的主要原则。2005 年，欧洲委员会发起了针

---

① 闵庆文：《全球重要农业文化遗产评选标准解读及其启示》，《资源科学》2010 年第 6 期，第 1023 页。

第三章　国内外非遗建档及其标准体系建设的调查与分析

对东南欧国家的建筑和考古遗产修复计划，制定《欧洲遗产评估指南》用以指导巴尔干半岛的遗产信息收集和编译工作，这一标准的颁布，不仅为欧洲地区遗产信息的收录提供了通用指南，还提供了特定的分析工具用以创建遗产清单、评估各国遗产价值。[1]

2009年3月，欧洲委员会发布《文化遗产保存与建档指南》，旨在进一步推进遗产管理，强化对遗产的综合保护与永续利用。《文化遗产保存与建构指南》明确提出建档与存储将成为实现遗产综合保护的重要途径，并对建档和存储的具体措施加以明确和统一。[2]

（3）遗产相关国家性标准

对非遗建档有着借鉴与参考作用的国家性标准首先是美国民俗中心（The American Folklife Center）制定并颁布的《文化建档指南》，该指南是专门针对文化遗产建档工作提供的实践指南，具体内容包括项目规划、伦理视角下的民俗学、人类学、人类音乐学、博物馆研究和知识产权政策等，该指南还列举了田野调查、访谈过程中所应注意的技巧和技术，专业笔记和书面访谈的撰写格式、记录日志的写作提纲，以及从知识产权保护角度划定的参与者工作权限和信息发布的主要途径与形式等。[3]

其次，1999年，澳大利亚"国家遗产调查委员会"（the Committee of Inquiry into the National Estate）编制形成《国家遗产名录的遗产地评估指南》，以此作为澳大利亚国家遗产评估的纲领性文件，这是国家遗产名录最重要的一份指导性文件，提出了世界、国家、州/领地及地方四级遗产体系，具体管理机构如表3-7所示。分级管理制度的提出，为非遗的四级管理制度及依级建档做法的实施提供了很好的借鉴。

---

[1] 郭旋：《世界文化遗产的标准及申报方法和程序》，《中国名城》2009年第2期，第6页。

[2] Guidance on inventory and documentation of the cultural heritage - IFACCA, the International Federation of Arts Councils and Culture Agencies, 2017-07-22, http://www.ifacca.org/publications/2009/03/23/guidance-inventory-and-documentation-cultural-heri/.

[3] Cultural Documentation Guidelines (The American Folklife Center, Library of Congress), 2017-07-23, http://www.loc.gov/folklife/edresources/ed-trainingdocuments.html.

表3-7　　　　　　澳大利亚遗产分级及其管理结构图①

联合国教科文组织	联邦	州或地区	地方
世界遗产名录 由总部位于巴黎的联合国教科文组织世界遗产中心保存	·国家遗产名录 ·联邦遗产名录 ·国家遗产注册（2012年逐步结束） ·史上著名的失事船只注册	·首都地区　首都地区遗产注册 ·新南威尔士州　新南威尔士州遗产注册 ·昆士兰州　昆士兰州遗产注册 ·塔斯马尼亚州　塔斯马尼亚遗产注册 ·维多利亚州　维多利亚州遗产注册 ·西澳洲　西澳洲遗产注册 ·普遍情况，有的州和地区也坚持单独的原住民遗址注册	·首都地区　无合适的地方遗产 ·新南威尔士州　新南威尔士州遗产详细名录/地方环境规划 ·昆士兰州　当地政府遗产注册 ·南澳洲　目录在委员会发展规划内 ·塔斯马尼亚州　遗产注册或规划构架内的遗产项目名录 ·维多利亚州　所有属于当地政府规划的遗产 ·WA西澳洲地方政府的详细名录

《评估指南》还划定了遗产名录的评定标准及具体的入选门槛，具体如表3-8所示。

表3-8　　　　　　澳大利亚遗产名录的入选门槛

管理级别	遗产名录	门槛
联合国教科文组织	世界遗产	突出的普世价值
联邦	国家遗产	在国家层面的突出的遗产价值
州或地区	联邦遗产 州或领地遗产	有重大意义的遗产价值
地方	地方遗产	对地方社会的重要性或重大意义

---

① 路芳：《澳大利亚国家遗产名录评估体系的特色》，《徐州工程学院学报》（社会科学版）2012年第6期，第86页。

第三章 国内外非遗建档及其标准体系建设的调查与分析

此外，澳大利亚"遗产藏品委员会"（Heritage Collection Council 简称 HCC）项目组 2001 年颁布的《重要性：文物和藏品"重要性"评估指南》，专门且详细地阐述了文物和藏品等文化遗产"重要性"价值的评估方法和步骤。该指南将"重要性"价值的评估标准划分为基本准则和相对准则，基本准则侧重于文化遗产历史价值、艺术意义和科研价值等的衡量；相对准则则集中于文化遗产的来源、稀缺程度、完整状况以及保存现状等的考察，该指南被众多文化遗产机构采纳和使用，成为遗产价值评估的指导性手册。[①]

3. 其他领域标准

非遗建档过程中，数字化已成为建档的主要内容与手段，涌现出大量的电子资源和数据库。从类型上看，这些资源以文献资源居多，音频和视频资源次之。在非遗数字化建设过程中，涉及多方面的非遗信息，既有艺术形式、视觉形象、空间分布、主要特点等方面的物理信息，也有创作者、持有者、主要馆藏、所有权等描述性信息，还有采集技术、采集手段、存储格式等采录信息。承担非遗数字化建档任务的主体多来自于博物馆、图书馆和档案馆，因此，图书档案管理领域、博物考古领域一些标准对于非遗数字化建档有着普遍适用价值，成为非遗数字化建档的指导性标准，其中代表性的有以下七类：

（1）FADGI 系列标准

联邦机构数字化指南自治委员会（Federal Agencies Digitization Guidelines Initiative，简称 FADGI）是美国一个致力于研究和制定数字化建设标准的机构，由美国国会图书馆发起成立于 2007 年，其成员包括美国军事历史研究所、美国国防信息可视化委员会、"美国之音"等 18 个联邦机构。[②]

FADGI 负责的数字标准化领域主要集中在图像和影音两个方面，其执行机构分别为联邦静态图像数字化工作组和联邦音视频工作组。联邦静态图像数字化工作组致力于图片、文字、影印或打印的图像等

[①] 周耀林：《档案文献遗产保护理论与实践》，武汉大学出版社 2008 年版，第 232 页。
[②] 蔡舜：《FADGI 的标准化行动及其启示》，《图书馆工作与研究》2014 年第 3 期，第 47 页。

材料数字化过程的标准化，具体涉及文件数字化格式的选择、制定与转换、数字化图像色彩及相关元数据；音视频工作组的职责是实现音频数字化和动画制作的标准化，以及原生数字音频资料的接收与保存策略。FADGI自成立之日起，先后制定了十余项数字化标准，目前被用于指导文化遗产数字化建档的主要有以下九项（见表3-9）：

表3-9　　　　　　　FADGI主要数字化标准简表

序号	标准名称	主要内容	标准类型	制定工作组
1	文化遗产的图像数字化技术指南	从数字化图像捕捉、数字图像颜色封装、数字化工作流程、推荐格式、文件规范化命名、存储推荐及质量管理等方面对文化遗产图像的数字化进行通用性规范	技术性标准	静态图像工作组
2	数字成像框架	调查、评估、描述和证明影响数字成像的相关因素	管理性标准	静态图像工作组
3	数字化活动——项目计划	数字化工程项目规划、重要步骤、管理过程，及可能涉及的重要技术	管理性标准	静态图像工作组、音视频工作组
4	音频模数转换器的性能	模拟音频转换为数字音频的相关标准、测量方法与操作指南	技术性标准（模数转换）	音视频工作组
5	文件格式比较	对数字化图像八种主要格式①的持续性、成本、系统观察、质量和功能性进行比较和详细解答	技术性标准（存储格式）	静态图像工作组、音视频工作组
6	内容的种类和数字化目标	数字化图像八种格式的重新界定	技术标准（存储格式）	静态图像工作组

---

① FADGI归纳出数字化图像的八种主要格式分别为：T（文本和影印）、PR（视觉或图形材料）、PT（摄影底片或幻灯片）、AR（需要通过反射光进行观察的特殊用途的图片）、AT（需要通过透视光继续观察的特殊用途的图片）、3D（三维作品）、SPA（文化或艺术的专业成像）、SPR（为研究和分析的特殊目的而专门成像的图片）。

第三章　国内外非遗建档及其标准体系建设的调查与分析

续表

序号	标准名称	主要内容	标准类型	制定工作组
7	MXF 应用说明	选择以 MXF（素材交换格式）作为数字音视频文件长期保存格式的操作指南、具体说明及保存流程。	技术标准（存储格式）	音视频工作小组
8	TIFF 图像元数据	以 TIFF 格式存储的数字化图像最简单的描述性元数据。	技术标准（元数据）	静态图像工作组
9	数字静态图像中的最小描述性封装元数据	以史密斯学会相关规定为借鉴，对数字静态图像中最简单核心元数据进行描述和推荐，指出不必封装在内的元数据。	技术标准（元数据）	静态图像工作组

（2）CDWA

文化遗产数字化过程中，如何科学描述数据的内容特征以保证数字文化资源的确认、存储、检索、跟踪和管理，元数据标准显得极为重要。国外博物馆、艺术馆、美术馆等机构都会选择使用一些权威通用的元数据标准开展馆藏资源的描述、著录和存储，"艺术作品描述类目"（Categories for the Description of Works of Art，简称 CDWA）就是具有代表性的一项。

与其他标准不同的是，CDWA 是专为艺术品管理人员、艺术史研究专家制定的，专门用于艺术作品描述的元数据标准，是由盖迪基金会（J. Paul Getty Trust）联合 AITF 艺术信息工作组于 1996 年共同发布。[1] AITF 成立于 20 世纪 90 年代，由各类提供或使用艺术信息的团体机构或代表组成，旨在推进艺术史界、艺术馆和艺术工作者之间的信息交流，CDWA 的制发正是基于这一初衷。[2]

CDWA 约有 540 个类别及子类，其核心类目有 27 个（见图 3-1），属描述艺术品时所需的最基本信息，每一核心元素下又含有一层或多层子元素。为方便数据间的交互与共享，CDWA 还制定了其他元

---

[1] 刘路：《高校图书馆美术资源数据库建设初探》，《科技情报开发与经济》2014 年第 10 期，第 26 页。

[2] 冯项云、肖珑、廖三三、庄纪林：《国外常用元数据标准比较研究》，《大学图书馆学报》2001 年第 4 期，第 16 页。

数据标准如 Dublin Core、VRA 等的映射表，以实现数据间的长期存取与迁移。①

（3）VRA Core

同 CDWA 一样，VRA Core 也是专门用于描述艺术作品的元数据标准，该标准全称为 VRA 视觉资源核心类目，其英文表述则为 VRA Core Categories for Visual Resources，简称 VRA Core，是美国国会图书馆网络与 MARC 标准办公室联合美国视觉资源协会于 1996 年完成并发布。②

```
• Catalog Level 编目等级          • Object/Work Type 作品类型
• Classification Term 分类        • Title or Name 标题              For the Object
• Measurements Description 测量尺寸                                  Architecture, or
• Materials and Techniques Description 材料及技术方法的描述              Group
• Creator Description 创作者描述 · Creator Identity 创作者身份        关于对象、建筑、团
• Creator Role 创作者责任方式    · Creator Date 创作时间              体的描述类目
• Subject Matter Indexing Terms 题材索引
• Current Reposition/Geographic Location 现存资源库/地理位置
• Current Reposition Numbers 现存资源库编号

For the Person/Corporate Body Authority    • Term                    • Place Name
关于人/团体法人的描述类目                      条款                       地点名称              For the
                                           • Related Generic Concepts • Place Type         Place/Location
 • Name 姓名                                 (hierarchy)                地点类型              Authority
 • Biography 个人简介                         通用概念（层次）            • Related Places    关于地点和馆藏
 • Birth Date 死亡日期                       • Scope Note 范围注释        (hierarchy)         机构的描述类目
 • Nationality/Culture/Race                                            相关地点（分支）
   国籍/文化/种族                          For the Generic Concept Authority
 • Life Role 责任方式                       关于权威通用概念              For the Subject Authority
 • Related People/Corporate Bodies(i                                   关于权威主题
   hierarchy)
   相关人员/法人团体（如果有分支）                                        • Subject Name
                                                                        学科名称
                                                                      • Related Subjects
                                                                        (if hierarchy)
                                                                        相关学科
```

图 3-1　CDWA 的核心类目③

---

①　兰绪柳、孟放：《数字文化资源的元数据格式分析》，《现代情报》2013 年第 8 期，第 62 页。

②　陈兵强、王益兵：《VRA Core 的 XML 格式在照片类数据库建档中的应用》，《现代图书情报技术》2005 年第 4 期，第 31 页。

③　黄永欣：《文化遗产资讯领域中的参考模型》，《图书馆学研究》2012 年第 11 期，第 59 页。

VRA Core 主要用于描述建筑艺术、史前古器物、民间文化艺术等可视化艺术资源，编制图像和视频资源目录，开展图像在线交互扫描、著录并检索，数字资源的扫描、著录与检索等。① VRA 的设计与制定，一定程度上参照了 CDWA，但较之于 CDWA 庞大的类目体系，VRA Core 则显得十分简洁，其核心元素仅为 19 项（见表 3 - 10），包括作品记录（Work record）和图像记录（Imaged record）两部分，为了便于记录的共享和交换，VRA 还提供了 XML 的编码数据格式，并建立了与 MARC、CDWA、Dublin Core 等标准的映射，以实现不同信息资源描述标准之间的互通。目前，美国国家美术馆、芝加哥艺术博物馆麦卡伦视觉资源中心、印第安纳大学、加州州立大学等机构数字图书馆计划均采纳其为主要元数据标准。②

表 3 - 10　　　　　　　　VRA Core 核心元素表③

元素级别	元素名称	定义与描述
核心元素	·work, collection, or image (id)	作品、藏品或图片的编号
	·agent	代理人
子元素	– attribution – culture – dates (type) earliest Date (circa) latest Date (circa) – name (type) – role	属性 文化 日期 最早的日期 最近的日期 姓名 责任方式

---

① 于嘉：《VRA Core 元数据的发展与现状》，《新世纪图书馆》2008 年第 4 期，第 75 页。

② 刘路：《高校图书馆美术资源数据库建设初探》，《科技情报开发与经济》2014 年第 10 期，第 27 页。

③ VRA Core Schemas and Documentation：VRA CORE – a Data Standard for the Description of Works of Visual Culture：Official Web Site（Library of Congress），2017 – 08 – 01，http：//www.loc.gov/standards/vracore/schemas.html.

续表

元素级别	元素名称	定义与描述
核心元素	·Cultural Context	文化脉络
	·Date（type）	年代
子元素	－earliest Date（circa） －latest Date（circa）	早期 近期
核心元素	·description	描述
	·inscription	题词、铭文
子元素	－author －position －text（type）	作者 位置 文本
核心元素	·location（type）	位置
子元素	－name（type） －refid（type）	名称 参考
核心元素	·material（type）	材料
	·measurements（type，unit）	测量值
	·relation（type，relids）	关系
	·rights（type）	权限
子元素	－rights Holder －text	权利持有者 文本
核心元素	·Source	来源
子元素	－name（type） －refid（type）	名称 参考

第三章　国内外非遗建档及其标准体系建设的调查与分析

续表

元素级别	元素名称	定义与描述
核心元素	· state Edition（count，num，type）	版本状态
子元素	– description – name	描述 名称
核心元素	· style Period	风格、时期
	· subject	主题
子元素	– term（type）	主题
核心元素	· technique	技术手法
	· textref	参考文本
子元素	– name（type） – refid（type）	名称 参考
核心元素	· title（type）	标题
	· worktype	作品性质

（4）CIDOC CRM

CIDOC CRM 是国际博物馆协会（the International Council of Museums，简称 ICOM）于 1996 年提出并制定的文化遗产领域的概念参考模型（Conceptual Reference Model，简称 CRM），具体制发机关是 ICOM 组织 CIDOC 分委员会的 Documentation Standards 工作群组和 CIDOC SIG 工作群组。①

CIDOC CRM 首先界定出能为大众所理解并能实现知识与信息分享的概念体系，进而构建出模型以供文化遗产领域开展信息交换时

---

① The CIDOC CRM，2017 – 08 – 01，http：//www. cidoc – crm. org/tutorials. html.

参照。2006年12月9日,CIDOC CRM V5.0.4版本正式被国际标准化组织ISO分委会TC46/SC4认定为文化遗产领域的国际标准,标准号为ISO/CD21127。在这一标准中,文化遗产领域的知识体系被界定为90个实体(Entity)和149个属性(Property),范围涵盖了历史史实、人文艺术、考古遗迹、地点、人物、实体物件或历史条约等,该标准在数字博物馆建设中运用较多,对于解决数字文化遗产的信息异构,实现互操作有着积极的作用,但是,在对数字图像信息、视音频信息的描述方面,CIDOC CRM还是表现出一定的局限性。①

(5) FRBR

标准FRBR全称为"书目记录的功能需求"(Functional Requirements for Bibliographic,简称FRBR),是国际图联为应对互联网这一新的信息资源建设的环境以及由此不断产生的新用户需求,于1998年以报告形式发布的一部书目记录标准。② 其制发的背景是,FRBR对于信息资源的描述、呈现和检索产生了极大的影响。从表现形式上看,FRBR适用于文本、图形、音频、视频、图表以及三维立体物体,存储介质囊括了纸张、影片磁带、光盘等;从使用对象而言,FRBR的使用对象超出了传统的图书馆机构,包括读者、学生、学者、出版商、图书馆员、代理商、零售商和传播者等在内的主体均可依此进行信息资源的建设,实现馆藏资源的检索、资源获得、编目、详细目录管理、文献传递、参考咨询等。③

同其他标准元素集不同的是,FRBR是以"实体"+"关系"的方式来构建自身的概念模型,具体如图3-2所示。

---

① 陈艳、周馨:《基于CIDOC CRM的文化遗产资源的元数据集成》,《现代情报》2010年第5期,第60页。
② 单晓红:《RDA:未来的资源描述规则及其发展》,《图书情报工作》2007年第8期,第144页。
③ 金晶、姜恩波:《FRBR、RDA与Extensible Catalog》,《图书馆杂志》2012年第11期,第31页。

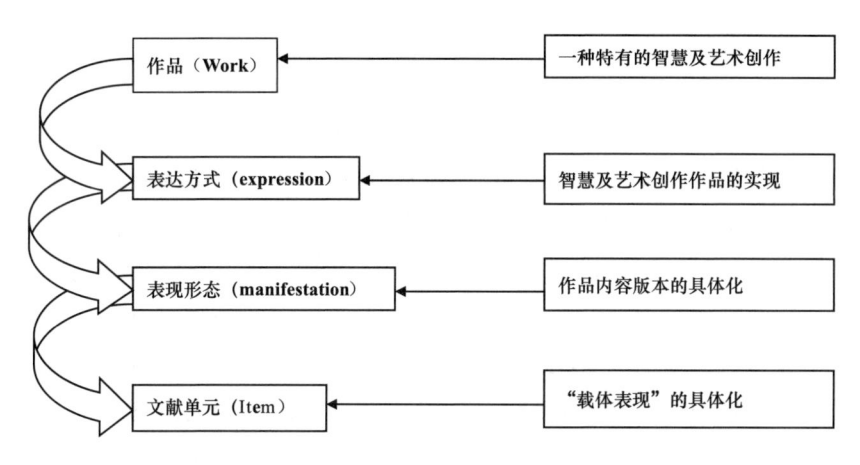

第三章 国内外非遗建档及其标准体系建设的调查与分析

```
作品（Work） ← 一种特有的智慧及艺术创作
    ↓
表达方式（expression） ← 智慧及艺术创作作品的实现
    ↓
表现形态（manifestation） ← 作品内容版本的具体化
    ↓
文献单元（Item） ← "载体表现"的具体化
```

图 3-2 FRBR "实体—关系" 模型图

由图 3-2 可知，FRBR 构建起来的模型图中，实体的类型，如作品、表达方式、表现形式、文献单位等组成其核心和关键部分，FRBR 对这些实体的概念做出了解释，进而对相互间的关系做出了描述。①

FRBR 有着较大的适用性，不仅适用于传统的信息资源，还适用于新型信息资源在网络环境下的编目、存储。当然，FRBR 也有不成熟之处，其依据实体关系建立的描述模型在实际操作过程中有一定的难度，描述对象虽覆盖音频、视频、图像等资源，但仍未囊括所有资源，此外，"作品""表现形式"等概念的界定尚不够精确，增加了界定区分描述对象的难度。

即便如此，FRBR 仍以其优越性和普适性为很多机构所采纳，其中较为典型的就是印第安纳大学数字音乐图书馆项目（Indian University Digital Music Library Project），以及中国台湾数字典藏计划、中国绘画及书法数字化典藏计划等。

(6) RDA

国际编目标准 RDA 全称为资源描述与检索（Resource Description and Access，简称 RDA），是美国国会图书馆以工具包的形式于 2010

---

① 王绍平：《FRBR 与面向对象模型》，《新世纪图书馆》2007 年第 2 期，第 11 页。

年6月发布。①

《英美编目条例（AACR）》是国际编目界的重要规则，一直是许多国家开展本国编目工作的主要依据。该标准于1978年初版，三十余年来仅修订至第2版AACR2，足见其科学性、权威性和完善性。②但是，AACR2产生于传统的卡片时代，受限于卡片空间的大小，其著录只关注单一记录的描述，未能体现文献之间、记录之间的关系，这在网络环境日益复杂、数字资源急剧增长、资源类型复杂多样的背景下显得有些落伍。③为此，RDA应运而生，RDA首先继承了AACR的大量文本内容，兼及采纳了FRBR的建设思想，制定出的标准主要用于网络环境下文本资料、印刷资料、视音频资料、地图等的记录与描述，该标准兼容性较强，可同其他著录与检索标准相兼容，实现资源的共享。

从内容上讲，RDA很大程度上继承和沿袭了FRBR的建设思想，它突破了传统MARC的扁平结构，以"实体"+"属性"+"关系"概念为基础。RDA的实体囊括了载体表现、作品和内容表达，以及个人、家族与团体，概念、实物、事件和地点等，进而明确其"属性"以及相互间的关系，④使用起来更为灵活、简便、高效、易学，因此，RDA多在网络上发布，供全球广大用户选择并使用。

（7）Dublin Core

在众多的元数据标准中，Dublin Core是一种被广泛关注的元数据，是由OCLC（Online Computer Library Center，简称OCLC）和NCSA（National Center for Supercomputing Application，简称NCSA）于

---

① 杨莉萍：《美国国会图书馆RDA服务实践所感》，《现代情报》2011年第11期，第75页。
② 胡小箐：《RDA：从内容标准到元数据标准》，《图书馆论坛》2014年第7期，第2页。
③ 单晓红：《RDA：未来的资源描述规则及其发展》，《图书情报工作》2007年第8期，第145页。
④ 吴跃：《AACR2与RDA的联系及在图书著录部分的区别》，《大学图书馆学报》2010年第4期，第78页。

1995 年共同研讨制定，取其研讨地点 Dublin 命名而成。[①] DC 标准的著录对象仅限于网络电子资源，最初出版的 Dublin Core 包含 13 个元数据项，后经多次补充和修订，目前扩充完善至 16 项元素，具体如表 3-11 所示。

表 3-11　　　　　　　　Dublin Core 基本元素标识表

元素类型	元素名称	定义与描述
内容描述类元素	Title	名称：资源的名称
	Subject	主题：资源内容的简略描述，可以是反映资源内容主题的关键词、短语或分类号
	Description	描述：对资源内容的说明，可以包括文字、目次，也可以是自由文本
	Language	语言：资源对象所用的语言类型
内容描述类元素	Source	来源：资源出处信息
	Relating	关联：当前资源与其他相关资源的联系，这种联系包括版本、替代、节选、参照、格式、需要等
	Coverage	覆盖范围：资源内容涉及的时间和空间范围
知识产权类描述	Creator	创建者：资源内容的主要责任者
	Publisher	出版者：提供资源利用的责任者
	Contributor	其他责任者：对于资源的创建和利用做出贡献的其他责任者
	Rights	权限：对于资源的权限管理的声明，或是提供资源权限管理服务的参照

[①] 胡敏：《MARC 与 Dublin Core 两种元数据的比较研究》，《现代情报》2005 年第 1 期，第 139 页。

续表

元素类型	元素名称	定义与描述
外部属性类描述	Date	日期：资源创建或提供利用相关的日期，包括创建日期、出版日期、修改日期和有效期等
	Type	类型：资源类别，例如小说、诗歌、报告、论文、词典等
	Format	格式：资源的物理或数字化的表现形式，包括外部尺寸、数据格式等，可以利用来确定对资源进行操作的软硬件要求
	Language	语种：描述资源内容的语种
	Identifier	标识符：标识资源具有唯一性的符号，如URL、ISBN、DOI等

同其他标准相比，Dublin Core有着简单易用、扩展性强、使用灵活等特点，Dublin Core的16个元素每个都简单通俗，即使不是专业人员也能快速掌握使用，这恰恰符合了Dublin Core制定的初衷。为此，Dublin Core为多国所采用，成为国际范围内普遍接受的元数据标准。但是，同其他元数据标准相比，Dublin Core简单有余，完整性、精确性稍逊，因而在检索可靠性上有所欠缺，但庆幸的是，Dublin Core的可扩展性很强，可被允许在原有基础上对信息资源做出更详细更精确的描述，这一点在很大程度上弥补了可靠性不足所带来的缺陷。Dublin Core产生后，相关的研究随之展开，包括信息学、人文学、地理学等领域在内的众多学者和实践工作者纷纷对其予以了关注和研究，Dublin Core已经成为一项应用前景极广的元数据标准，推动着网络信息资源的组织、管理和利用。

二 国内非遗建档标准体系建设现状

全面总结国外非遗建档标准体系建设现状之后，需要回归到中国非遗建档标准体系建设问题上来。同国外一样，中国的非遗建档标准体系建设也体现在相关立法的建设以及标准的拟定与采纳上。

第三章　国内外非遗建档及其标准体系建设的调查与分析

(一) 国内非遗建档相关立法建设

实践工作的开展需要相关法律法规的指导和规范。在"先地方，后中央"立法思路的指导下，中国首部非遗专门性法律法规——《云南省民族民间传统文化条例》于 2000 年正式颁布，此后，贵州省 (2002 年)、福建省 (2004 年)、广西壮族自治区 (2005 年) 也相继出台了保护当地民族民间传统文化的相关条例。2003 年 11 月，《中华人民共和国民族民间传统文化保护法 (草案)》经全国教科文卫委员会组织起草，并提交全国人民代表大会常务委员会审议，从而为全国性非遗保护法律的制定做出前期准备。

2004 年，中国加入《保护非物质文化遗产公约》，成为最早加入该公约的缔约国之一。"非遗"成为中国民族民间文化保护的统一称谓，中国的非遗保护、非遗档案管理工作也被正式纳入到国际非遗保护和建档的阵营之中。2004 年 8 月，全国人民代表大会将《中华人民共和国民族民间传统文化保护法 (草案)》更名为《中华人民共和国非物质文化遗产法 (草案)》，并将其列入全国人大立法规划中。2005 年 3 月，国务院办公厅颁布了《关于加强我国非物质文化遗产保护工作的意见》，及其附件《国家级非物质文化遗产代表作申报评定暂行办法》，确保在《中华人民共和国非物质文化遗产法》尚未正式颁布前，由这两部法规对中国非遗保护工作进行先期的指导和规范。在此基础上，2006 年，财政部和文化部共同出台了《国家非物质文化遗产保护专项资金管理暂行办法》，文化部制定了《国家级非物质文化遗产保护与管理暂行办法》；2007 年，《关于加强老字号非物质文化遗产保护工作的通知》(商务部和文化部) 和《关于印发中国非物质文化遗产标识管理办法的通知》(文化部) 相继出台；2008 年，文化部又制定了《国家级非物质文化遗产项目代表性传承人认定与管理暂行办法》，这一系列综合或专门性规章制度的颁布，为《关于加强我国非物质文化遗产保护工作的意见》和《国家级非物质文化遗产代表作申报评定暂行办法》的实施提供了有力的支持和补充。

与此同时，宁夏回族自治区 (2006 年)、江苏省 (2006 年)、浙江省 (2007 年)、江西省 (2007 年) 和新疆维吾尔自治区 (2008

年）也先后制定并颁布了本地区非遗保护条例。随着《国家级非物质文化遗产项目代表性传承人认定与管理暂行办法》的出台，《陕西省非物质文化遗产项目代表性传承人认定与管理暂行办法》（2007年）、《宁夏回族自治区非物质文化遗产项目代表性传承人认定与管理暂行办法》（2008年）、《安徽省省级非物质文化遗产项目代表性传承人认定与管理暂行办法》（2008年）、《山西省省级非物质文化遗产项目代表性传承人认定与管理暂行办法》（2008年）、《海南省非物质文化遗产项目代表性传承人认定与管理办法》（2009年）、《上海市非物质文化遗产项目代表性传承人认定与管理暂行办法》（2009年）、《湖南省非物质文化遗产项目代表性传承人认定与管理办法》（2009年）、《福建省非物质文化遗产项目代表性传承人认定与管理暂行办法》（2010年）等地方性法规也相继出台。

2011年6月1日，十一届全国人大常委会第十九次会议审议通过的《中华人民共和国非物质文化遗产法》正式实施，该法律的颁布，使得中国非遗保护正式进入有法可依的阶段。

深读上述文件可以发现，中国现行尤其是2004年以后制发的法律法规，都对联合国教科文组织、国外及国内早期非遗保护经验进行总结、移植和推介，其中，为非遗建档、加强非遗档案管理，成为上述文件中共同认可、明确推介的非遗保护措施，笔者将其具体条文摘录如下（见表3-12）：

表3-12　　　　中国非遗建档的相关法律法规条文

序号	法规名称	颁布时间	条款	具体内容
1	云南省民族民间传统文化保护条例	2000年5月	第二章第十二条	对于收集到的重要的民族民间传统文化资料，有关单位应当进行必要的整理、规定，根据需要选编出版。重要的民族民间传统文化资料、实物，应当采用电子音像等先进技术长期保存。

第三章 国内外非遗建档及其标准体系建设的调查与分析

续表

序号	法规名称	颁布时间	条款	具体内容
2	贵州省民族民间文化保护条例	2002年7月	第二章第十条	县级以上人民政府文化、民族宗教实物等部门对于整理、搜集的民族民间文化资料,应当进行系统的整理、归档,逐步建立信息查询系统。重要的民族民间文化资料、实物应当长期保存。
3	福建省民族民间文化保护条例	2004年9月	第二章第八条	县级以上地方人民政府文化行政部门应当对本行政区域内的民族民间文化进行普查、确认、登记、立档,加强挖掘、整理、研究工作,弘扬优秀的民族民间文化。
4	广西壮族自治区民族民间传统文化条例	2005年4月	第二章第十一条	县级以上人民政府文化行政部门应当组织本行政区域内民族民间传统文化的普查、搜集、整理和研究工作,建立民族民间传统文化保护档案。
5	关于加强我国非物质文化遗产保护工作的意见	2005年3月	第三部分	……要运用文字、录音、录像、数字化多媒体等多种方式,对非遗进行真实、系统和全面的积累,建立档案和数据库。
6	国家级非物质文化遗产代表作申报评定暂行办法	2005年3月	第七条	(一)建档:通过搜集、记录、分类、编目等方式,为申报项目建立完整的档案。
7	国家级非物质文化遗产保护与管理暂行办法	2006年10月	第八条	(一)全面收集该项目的实物、资料,并登记、整理、建档。
8	国家级非物质文化遗产项目代表性传承人认定与管理暂行办法	2008年5月	第十一条	国家级非遗项目保护单位应采取文字、图片、录音、录像等方式,全面记录该项目代表性传承人掌握的非遗表现形式、技艺和知识等,有计划地征集并报告代表性传承人的代表作品,建立有关档案。
			第十五条	国务院文化行政部门应当建立国家级非遗项目代表性传承人档案。

· 165 ·

续表

序号	法规名称	颁布时间	相关内容 条款	相关内容 具体内容
9	宁夏回族自治区非物质文化遗产保护条例	2006年7月	第二章第十二条	文化行政部门应当采用录音、录像、拍照、文字记录、数字化多媒体、实物收集等方法建立非遗档案和数据库。自治区文化行政部门应当指导和协助市、县（市、区）文化行政部门做好非遗的档案建立和代表作名录的编列工作。
10	江苏省非物质文化遗产保护条例	2006年9月	第二章第十条	县级以上地方人民政府应当组织文化行政部门及其他有关部门对本行政区域内的非遗进行普查、确认、登记，运用文字、录音、录像、数字化多媒体等方式，对非遗进行真实、系统和全面的记录。县级以上地方人民政府文化行政部门应当建立非遗档案及相关数据库，可以公布的，应当及时公布。
11	新疆维吾尔自治区非物质文化遗产保护条例	2008年1月	第二章第十条	县级以上人民政府应当组织文化行政部门及其他有关部门对本行政区域内的非遗进行普查、调查，了解和掌握非遗资源的种类、数量、分布状况、保护现状及存在问题，运用文字、录音、录像、数字化多媒体等方式，对非遗进行真实、系统和全面记录，并建立非遗档案和相关数据库。
12	安徽省省级非物质文化遗产项目代表性传承人认定与管理暂行办法	2008年12月	第十条	省级非遗项目保护单位应采取文字、图片、录音、录像等方式，全面记录该项目代表性传承人掌握的非遗表现形式、技艺和知识等，有计划地征集并保管代表性传承人代表作品，建立有关档案。
13	重庆市非物质文化遗产项目代表性传承人认定与管理暂行办法	2008年8月	第十一条	市级以上非遗项目保护单位应采取文字、图片、录音、录像等方式，全面记录该项目代表性传承人掌握的非遗表现形式、技艺和知识等，有计划地征集并保管代表性传承人的代表作品，建立有关档案。

第三章 国内外非遗建档及其标准体系建设的调查与分析

续表

序号	法规名称	颁布时间	条款	具体内容
14	上海市非物质文化遗产项目代表性传承人认定与管理暂行办法	2009年4月	第十六条	上海市非遗项目保护单位应采取文字、图片、录音、录像等方式，全面记录上海市非遗项目代表性传承人掌握的非遗表现形式、技艺和相关知识等，有计划地征集并保管其代表作品，建立专门档案。
15	河北省省级非物质文化遗产项目代表性传承人认定与管理暂行办法	2009年12月	第十一条	各级文化行政部门和省级非遗项目保护单位应采取文字、图片、录音、录像等方式，全面记录省级非遗项目代表性传承人掌握的非遗表现形式、技艺和知识等，有计划地征集并保管代表性传承人的代表作品，建立有关档案。
16	福建省非物质文化遗产项目代表性传承人认定与管理暂行办法	2010年4月	第十九条	各级文化行政部门和非遗保护中心应采取文字、图片、录音、录像等方式，全面记录传承人所掌握的非遗的表现形式、技艺、技能和知识等资料，建立本区域内省级非遗项目代表性传承人档案。
17	中华人民共和国非物质文化遗产法	2011年6月	第二章第十二条	文化主管部门和其他有关部门进行非遗调查，应当对非遗予以认定、记录、建档，建立健全调查信息共享机制。文化主管部门和其他有关部门进行非遗调查，应当收集属于非遗组成部分的代表性实物，整理调查工作中取得的资料，并妥善保存，防止损毁、流失。其他有关部门取得的实物图片、资料复制件，应当汇交给同级文化主管部门。

注：本表根据相关资料整理而成。

上述条文中对非遗建档策略的明确与推介，可以说是21世纪以来中国非遗建档和档案管理工作在全国范围内全面展开和深入的直接动因。

(二) 国内非遗建档标准的建设与采纳

中国开展的非遗建档工作，很大程度上受到国家政府及文化部的指导和推进，因此，国内非遗保护的相关政策为非遗建档工作的开展提供了重要依据与指导。伴随着非遗建档工作的深入，非遗建档相关的标准建设和采纳工作也相应展开。依据这些标准与非遗建档相关程度的不同，笔者将其划分为直接标准和相关标准两大类。

1. 直接标准

直接标准是与非遗建档工作直接相关，具有专门指导作用的标准，从内容上可分为非遗建档业务标准和非遗管理标准两大类。

非遗建档业务标准是指与非遗建档工作直接相关的标准。国内一些非遗资源丰富、建档工作开展较早的地区，先后结合本地非遗建档的实践，制定出本地区的非遗建档业务标准，如云南省昆明市档案局制定的《昆明市档案局馆非物质文化遗产档案分类表》和《昆明市档案局馆非物质文化遗产档案机读目录数据库结构格式》，从数量上看，这类标准并不多见，但属于与非遗建档关联性最大、最具指导性的标准。

同时，一些非遗研究机构、非遗管理和保护机构也结合非遗研究和非遗保护管理工作，制定出非遗管理的标准与规范，这些标准与规范对非遗建档工作也有着一定的指导作用。如中国民族民间文化保护工程国家中心主持，集合国家统计与标准化管理研究机构、文化部相关部门以及众多专家学者制定的《中国民族民间文化保护工程普查工作手册》（以下简称《手册》），对于初期的非遗建档保护工作起到了很好的指导作用。[①]《手册》结合非遗普查的结果，参照国家社会科学、中国图书分类法等分类原则，采用层级分类的方法对非遗进行划分，以数字编码的形式编制非遗的类别代码，便于对不同类型非遗进行区分和定位，同时针对性地制定不同非遗门类的调查提纲和非遗信息登记表，如民间文学调查提纲、民间美术作品调查表、民间音乐传人调查表、曲艺协会行会调查表等，以指导非遗普查和非遗信息的采

[①] 中国民族民间文化保护工程国家中心：《中国民族民间文化保护工程普查工作手册》，文化艺术出版社 2005 年版，第 18 页。

集与录入。①

2007年，在《中国民族民间文化保护工程普查手册》的基础上，中国艺术研究院和中国非遗保护中心推出其修订版《中国非物质文化遗产普查手册》，在进一步修订完善前期内容的基础上，加入了传统医药的调查提纲，单独印行了《国家级非遗代表作申报书参考范本》，以进一步指导各地区非遗申报和信息收集工作，② 其部分内容如表3-13所示：

表3-13　　　　　国家级非遗代表作申报书部分提纲

序号	主要提纲
1	本技艺的名称和俗称是什么？
2	分类编码。
3	本技艺所在地区和产地在哪里？
4	本技艺有哪几种代表产品，它们的功用是什么？
5	本技艺在技术上和艺术上有哪些特点？技术水平如何？
6	本技艺在本县以至本省、全国具有怎样的地位和影响？
7	本技艺是否得过奖，有无证明材料？
8	本技艺的主要传承人及其简历（性别、出生年月、住址、文化程度、从艺时间和主要成就）。
9	本技艺属于个体经营还是手工作坊或其他？
10	本技艺的产品是怎样销售的，经济效益和市场前景如何？
11	本技艺以何种方式传承，目前有无学徒或由家人传承？
12	本技艺还有哪些须着重说明的情况（沿革、文献记载、所用原材料、工具、设备、工艺流程和技法有何特异之处）。

注：本表根据相关文献资料整理而成。

此外，山东省非物质文化遗产保护中心制定的《山东省非物质文化遗产普查验收标准》、湖南省文化厅制定的《湖南省非物质文化遗

---

① 周耀林、王咏梅、戴旸：《论我国非物质文化遗产分类方法的重构》，《江汉大学学报》（人文科学版）2012年第2期，第31页。
② 李小苹：《法律视角下的非遗分类标准研究》，《青海社会科学》2012年第2期，第89页。

产普查验收标准》和温州市群众艺术馆制定的《非物质文化遗产普查标准》等,对于非遗建档工作也有着重要的参考价值。

2. 相关标准

相关标准是指非遗建档过程中采用或采纳其他标准体系中的标准。在非遗建档专门性标准不多的情况下,一些办法或规范类文件成为非遗建档宏观规划的指导性文件,如新疆维吾尔自治区昌吉州以《艺术档案管理办法》为依据进行《新疆曲子》等曲艺档案的收集与整理;黑龙江省哈尔滨市依据《哈尔滨重大事项档案管理办法》开展非遗档案的管理和保护。

同时,国内其他领域的一些现行标准也成为非遗建档过程中的主要参考和依据,主要涉及档案、图书、文博、文化等领域,因为档案馆、图书馆、博物馆、文化馆等机构一直是非遗建档工作的主要承担者和执行者,在没有专门性标准指导的情况下,很自然地会选择和参照本领域内一些成功的经验与做法。

笔者对上述领域中对非遗建档工作有着借鉴和指导意义的标准进行梳理与总结,并制表列举如下(见表3-14):

表3-14　　　　非遗建档其他领域相关参考性标准

序号	标准号	标准名称	颁布时间(年)	所属领域	标准属性
1	GB/T17678.1-1999	CAD电子文件光盘存储、归档与档案管理要求第一部分:电子文件归档与档案馆	1999	档案保护	国家推荐
2	GB/T17678.2-1999	CAD电子文件光盘存储、归档与档案管理要求第二部分:光盘信息与组织	1999	档案保护	国家推荐
3	GB/T17678.2-1999	CAD电子文件光盘存储归档一致性测试	1999	档案保护	国家推荐
4	GB/T20530-2006	文献档案资料数字化工作导则	2006	档案保护	国家推荐

第三章 国内外非遗建档及其标准体系建设的调查与分析

续表

序号	标准号	标准名称	颁布时间（年）	所属领域	标准属性
5	GB/Z23283-2009/ISO/TR18492-2005	基于文件的电子信息的长期保存	2009	图书保护	国家指导
6	QJ2426.1-1993	档案缩微品管理规定管理要求与方法	1993	档案保护	行业强制
7	QJ2426.2-1993	档案缩微品管理规定保存技术要求	1993	档案保护	行业强制
8	DA/T15-1995	磁性载体档案管理与保护规范	1996	档案保护	行业强制
9	DA/T21-1999	档案缩微品保管规范	1999	档案保护	行业推荐
10	DA/T25-2000	档案修裱技术规范	2000	档案保护	行业推荐
11	GA27-2002	文物系统博物馆风险等级和安全防护级别的规定	2002	文物保护	行业强制
12	DA/T29-2002	档案缩微品制作记录格式和要求	2002	档案保护	行业推荐
13	DA/T31-2005	纸质档案数字化技术规范	2005	档案保护	行业推荐
14	WH/T21-2006	古籍普查规范	2006	图书保护	行业推荐
15	WH/T24-2006	图书馆古籍特藏书库基本要求	2006	图书保护	行业推荐
16	DA/T38-2008	电子文件归档光盘技术要求和应用规范	2008	档案保护	行业推荐
17	WW/T0018-2008	馆藏文物出入库规范	2009	文物保护	行业推荐
18	WW/T0019-2008	馆藏文物展览点交规范	2009	文物保护	行业推荐
19	WW/T0020-2008	文物藏品档案规范	2009	文物保护	行业推荐

续表

序号	标准号	标准名称	颁布时间（年）	所属领域	标准属性
20	DA/T43－2009	缩微胶片数字化技术规范	2009	档案保护	行业推荐
21	DA/T47－2009	版式电子文件长期保存格式要求	2009	档案保护	行业推荐
22	DA/T48－2009	基于XML的电子文件封装规范	2009	档案保护	行业推荐
23	JGJ25－2010	档案馆建筑设计规范	2010	档案保护	行业强制
24	JGJ25－2010	档案馆建筑设计规范（条文说明）	2010	档案保护	行业强制
25	WW/T0017－2013	馆藏文物登录规范	2013	文物保护	行业推荐

注：本表根据相关网站资料整理而成。

由表3－14可知，来自档案、图书、文博领域对中国非遗建档有着一定指导和借鉴意义的标准，从约束范围上来看，主要有国家级标准和行业标准两大类，其制发机构主要有中国国家标准化管理委员会、中国标准化研究院、全国文物保护标准技术委员会、全国档案工作标准化技术委员会、全国信息与文献标准化技术委员会和全国文献影像技术标准化技术委员会等。中国标准化研究院是中国开展标准化建设的国家级科研事业单位，直属于国家质量监督检验检疫总局。全国文物保护标准化技术委员会成立于2005年，由国家文物局向国家标准化管理委员会申请，经国家标准化管理委员会批准后建成，以加强文物保护标准化体系以及相应标准的建设为主要职责，是国家文物局标准化主管部门，秘书处设在中国文化遗产研究院。全国档案工作标准化技术委员会成立于1991年，是全国档案工作标准化技术工作组织，负责档案标准和标准化工作的立项、评议、审查、修订和废止等工作。

行业标准是在行业范围内统一使用的标准，其管理主体为其归口管理部门，行业标准的制定须征得国务院有关行政主管部门的同意，经国家标准化主管部门审查并批准后方能发布,各行业有着不同的行业标准代号,① 如档案行业标准代号为 DA、文化行业标准代号为 WH、文物行业标准代号为 WW、公安行业标准代号为 GA、建筑行业工程建设规程代号为 JGJ、航天行业标准代号为 GJ 等。

从标准化对象来看,现行标准主要由技术标准、管理标准和工作标准三大类组成,其内容包括相关业务工作的规范、材料的选择与维护、保护技术的研发与推广、保护环境的选择与优化等,具体如表3-15所示:

表 3-15　　　　　非遗建档相关标准主要标准化内容

主要标准化内容	相关业务工作规范	电子文件存储、归档、管理要求、档案缩微品保管规范、档案缩微品制作记录格式和要求、电子文件长期保管格式要求、档案缩微品管理与保护、古籍普查、文物信息登记录入、文物出入库、文物展览点交、文物建档
	材料的选择与维护	光盘技术要求、基于 XML 的电子文件封装
	保护技术的研发与推广	数字化工作导则、存储介质(光盘)信息与组织要求、光盘存储一致性测试、基于文件的电子信息的长期保存、档案缩微品保存技术
	保存环境的维护与优化	博物馆风险等级和安全防护级别确定、古籍特藏书库要求、安全防范工作设计规范

三　国内外非遗建档标准体系建设的总结与展望

由前所述,现行的国内外非遗建档标准体系建设,有了专门针对非遗建档制定的标准,但更多的是从遗产保护、图书保护、档案保护、文物保护、文化建设等领域引用、借鉴来的标准,这些标准在推动初级阶段非遗建档工作方面,在实现非遗建档规范化方面的确起到了一定的作用,但是,专门针对非遗建档、为非遗建档"量身定制"的标准的缺乏,却成为非遗建档标准体系建设中不可忽视的缺憾。现有的少量的非遗建档标准,从严格意义上并不能称之为"标准",只

---

① 《行业标准》,2017 年 7 月 28 日,百度百科(http://baike.baidu.com/view/197141.html)。

是在一些文件或条文中简单地提出，作为执行的依据和指针，同时，从内容上看，这些标准或条款，更多的是针对非遗建档相关术语、非遗项目认定和非遗价值评估等最基本、最初级的管理环节，非遗建档的具体流程、非遗建档过程中究竟该采取何种技术、如何施行，这些都远远未曾涉及。

为此，国内外在非遗建档标准体系研究和建设上都是任重道远的，建设标准体系不仅仅是出台若干个标准或规范，而是需要围绕非遗建档工作形成分层次、成体系、覆盖非遗建档整体的系统化标准，唯其如此，才能全方位地为非遗建档工作提供指导。在本书接下来的五个章节中，笔者将专门针对中国非遗建档标准体系的建设问题，展开深入、系统而又详尽的研究与探索。

第四章　中国非遗建档标准体系建设的初步设想

中国是一个非遗资源丰富的国家，保护非遗、为非遗建档的任务是重要且艰巨的。2012年2月，中国被联合国教科文组织正式授予亚太地区非遗培训中心的称号，意味着中国将在亚洲乃至全球的非遗保护、非遗建档工作中扮演示范和教授的角色。这一切敦促着中国需要尽快提高非遗保护、非遗建档的水平与质量，而这一目标实现的基础与前提，就是要加快中国非遗建档标准化的研究与建设，构建起中国非遗建档的标准体系。本章立足于社会调查，深入分析非遗建档标准体系建设的必要性与意义，全面阐释非遗建档标准体系的建设依据，进而从需求分析、建设目标和主要建设思路三方面提出中国非遗建档标准体系的建设构想。

第一节　中国非遗档案建设状况调查——以非遗数据库用户满意度为例

第三章中，笔者在总结中国非遗建档现状的基础上，分析了其中存在的问题。但是，中国非遗档案的建设状况究竟如何？仅从专家、建设主体的视角加以判断是不够的，广大公众对非遗档案资源的认知、接受和满意程度，同样是评价与衡量建设质量的关键。因此，在提出非遗建档标准体系建设构想之前，笔者拟采用社会调查的方法，从用户体验的视角对中国非遗档案的建设，尤其是数据库建设的现状进行调查，进而发现问题的症结，找准标准体系建设的切入点和着重点。

中国非物质文化遗产建档标准体系研究

建设非遗档案，强化非遗的保护，更多是为了宣传和展示非遗魅力，提升公众对非遗的认识与了解，拉近公众与非遗间的距离，进而增加公众在非遗建档、非遗保护中的参与度。2003年以来，中国陆续建立起了一系列国家级、省市级和县级的非遗数据库，成为面向公众展示中国、本省、本市县主要非遗资源的主要窗口，也成为中国非遗数字化建档的重要成绩。那么，这些数据库建成后，用户对于数据库中提供信息的感知和满意程度究竟如何？笔者选择自己较为了解且容易开展调查的大学生用户为调查对象，通过发放问卷、半结构访谈的方式展开非遗数据库用户感知及满意度的调查，并利用扎根理论和结构方程模型进行满意度影响因素分析，运用SPSS和Smart PLS2.0统计软件进行检验。

一 调查背景

2003年以来建成的非遗数据库是本国、本省或本区域内非遗资源的凝聚和汇总，其代表性数据库如表4-1所示。

2012年6月至10月间，笔者选择中国艺术研究院主办的"中国非遗数字博物馆"、中国艺术研究院与中国国家博物馆主办的"中国非遗保护成果展览网上展馆"、浙江省文化厅主办的"浙江省非遗网"和中山市非遗中心与中山大学中国非遗研究中心合办的"中山非遗网"为研究对象，进行非遗数据库的用户满意度调查。

表4-1　　中国各级非遗代表性数据库统计表

名称	级别
非物质文化遗产·中国非物质文化遗产数字博物馆、中国非物质文化遗产网、中国非物质文化遗产保护成果展览网上展馆	国家级
浙江省非物质文化遗产网、河北非物质文化遗产保护网、上海非物质文化遗产网、河北非物质文化遗产网、河南非物质文化遗产信息网、湖南非物质文化遗产网、福建非遗网·福建省非物质文化遗产保护中心、云南非物质文化遗产保护网、宁夏非物质文化遗产保护网、陕西省非物质文化遗产网、重庆非物质文化遗产保护中心、四川非物质文化遗产网、吉林非物质文化遗产网	省（自治区、直辖市）级

续表

名称	级别
天津市河西区非物质文化遗产网、宁波非物质文化遗产网、嘉兴市非物质文化遗产网、中山市非物质文化遗产网、深圳市非物质文化遗产网、苏州非物质文化遗产信息网、江门市非物质文化遗产保护网、潍坊非物质文化遗产保护网、潮州非物质文化遗产信息网、延边非物质文化遗产网	市（州）级
安溪非物质文化遗产网、潮安县非物质文化遗产保护网、邵阳县非物质文化遗产网	县级

注：本表根据相关资料整理而成。

"满意"一词最早出现于市场营销领域，是针对有形商品而取得的"顾客满意"，满意度则是顾客满意的量化统计指标。20 世纪 90 年代末，顾客满意理论开始在信息与服务领域中运用，并因服务对象的改变而形成"用户满意"的相关理论。作为信息与服务产业的一种，信息资源数据库的用户满意度是指用户对数据库所展示信息的感知程度，以及对数据库提供信息服务的接受和满意程度，这种感知、接受与满意是用户结合自身预期和实际使用体验比较之后做出的整体评价。

二 基于 SEM 的非遗数据库用户满意度调查

满意度的测评需要通过构建满意度模型来实现。瑞典顾客满意度模式 SCCTB 是最早的全国性顾客满意模型，该模型于 1989 年提出，通过引入预期质量（Expectation）、感知价值（Perceived Performance）、顾客满意度（Customer Satisfaction）、顾客抱怨（Customer Complaint）和顾客忠诚（Customer Loyalty）五个变量来评估产品或服务的质量。[1] 1994 年，美国 Anderson 和 Fornell 等学者在保留 SCCTB 模型主要变量的基础上，增加了感知质量（Perceived Quality）变量，构建起美国顾

---

[1] Michael D. Johnson, Anders Gustafsson, Tor Wallin Andreassen, Leif Lervik, Jaesung Cha, "The Evolution and Future of National Customer Satisfaction Index Models", *Journal of Economic Psychology*, Vol. 22, No. 2, 2001, p. 217.

客满意度 ACSI 模型,① 这也是在全世界范围内应用和影响最为广泛的满意度模型。1999 年,欧洲质量管理基金会与欧洲质量组织在借鉴 ACSI 模型的基础上,构建起欧洲顾客满意度 ECSI 模型,并在变量抽取中舍弃了顾客抱怨,增加了企业形象这一变量。② 2002 年,中国标准化研究院与清华大学管理学院合作,以 ACSI 模型为基础,吸收了 ECSI 模型中的形象变量,构建起符合中国现状的中国顾客满意度指数(China Customer Satisfaction Index, CCSI)模型。③

随着顾客满意度理论在信息产品与服务领域中的应用,更多的用户满意度模型相继推出,如数字图书馆用户满意度模型、图书馆网站用户满意度测评模型、电子政务网站用户满意度模型等。在参照国内外经典满意度模型基础上,结合非遗数据库特点,笔者构建起非遗数据库用户满意度(Intangible Cultural Heritage Resources—User Satisfaction Index,简称 ICHR – USI)模型,进而开展非遗数据库用户满意度的研究。

(一)模型的构建与研究假设

考量顾客或用户满意度时,顾客或用户的自身情况,以及他们对数据库的使用情况、价值感知都会影响到满意度,满意度的高低也会形成最终的用户忠诚或用户抱怨,促进或阻碍数据库的后续使用。因此,非遗数据库用户满意度的 ICHR – USI 模型,将继续采用这些主要变量;同时,国内外网站、信息系统或网络教育满意度的相关成果表明,用户特征与用户的满意度也有极大的关联,这种特征将通过用户的需求体现出来。因此,在本节中,除了保留经典顾客满意度模型中核心和共有变量外,还增加了用户需求变量,构建起非遗数据库用户满意度 ICHR – USI 模型(见图 4 – 1),并提出相关理论假设。

---

① 国家质检总局质量管理司、清华大学中国企业研究中心:《中国顾客满意指数指南》,中国标准出版社 2003 年版,第 15 页。
② 吕娜、余锦凤:《数字图书馆以用户为中心的通用满意度模型的构建》,《情报学报》2006 年第 3 期,第 332 页。
③ 甘利人、谢兆霞等:《基于宏观测评与微观诊断的图书馆网站测评研究》,《情报理论与实践》2009 年第 5 期,第 44 页。

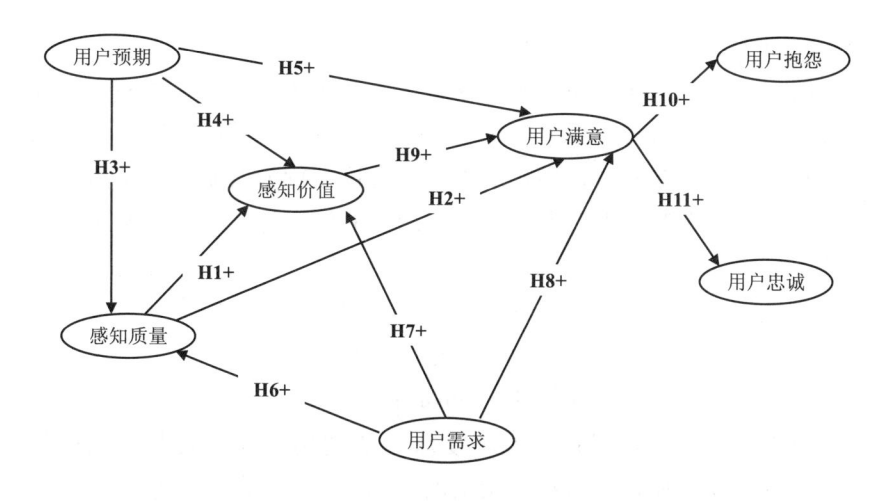

第四章 中国非遗建档标准体系建设的初步设想

图 4-1 非遗数据库用户满意度 ICHR – USI 模型

1. 感知质量（Perceived Quality）

感知质量是顾客或用户根据自身感受对购买或使用过的产品与服务质量所做出的评价。具体到信息或服务行业，用户所体验到的将是来自网络资源、信息系统自身以及系统所提供的服务三方面的质量。因此，非遗数据库的感知质量是指学生用户在使用资源库后，对资源库中的信息资源、系统性能以及相关服务所做出的判断。从现有研究成果看，顾客或用户对数据库质量的感知同其原有的预期有着很大的关系，进而同价值的感知以及最终的满意程度直接相关。

2. 用户预期（User Expectation）

用户预期是指顾客或用户在购买或使用产品与服务前，对所能获得的产品与服务、即将达到的效果的一种假设与预判，这是顾客或用户心理上的预期，也是理想标准的体现。具体到非遗数据库上，不同的用户对于数据库有着不同的期望，有的期望获取自己所需要的有关资源，有的期望能够借此达到积累知识的目标，有的则期望以最快最方便的形式查找资源。从现有的研究成果看，顾客或用户对数据库的使用预期直接影响着最终满意度，而这种预期能否实现是同顾客或用户对数据库质量的感知，以及价值的感知直接相关的。

3. 用户需求（User Need）

同用户预期一样，用户需求也是一个心理学的概念。Maslow 认为人在某一时期的行为，受其当时主导需求的影响和驱动。① 因此，当用户使用非遗数据库时，用户的需求也是这一行为实施的驱动力。非遗数据库是一个知识型资源数据库，用户的访问与使用多是基于学习知识、解决问题，不断实现自我提升的主要需求，属于认知范畴，用户需求能否得到满足将直接影响到用户对非遗数据库的满意程度，这种需求与感知质量、感知价值有着正向关联。

4. 感知价值（Perceived Performance）

感知价值是顾客或用户在享受服务或使用产品、获取信息过程中，对其享受或使用的过程所做出的整体评价。当然，在享受和使用过程中，顾客或用户也会有相应的成本支出。只有当顾客或用户获取到的价值大于成本支出时，顾客或用户才会对这一经历表示满意，并有可能持续购买或使用。非遗数据库是一个公共的信息数据库，所提供的信息资源都是免费的，因此，货币成本对于用户没有影响，时间成本和学习成本则成为用户感知价值的主要影响因素。当用户以较低的时间成本、较高的学习效率来访问和使用非遗数据库时，用户将产生积极的情绪感受和正面的价值评价，因而产生较高的满意度，这种情况在初次使用时表现更为明显。

5. 用户满意（User Satisfaction）

如前所述，"顾客满意"针对的是有形的实物产品，"用户满意"则专指无形的网络资源或系统服务，两者只有对象的不同，并无本质的区别。"顾客满意"一经提出，众多的学者予以了高度的关注，形成不同的理解与诠释，但主要集中在情感和过程两个维度。非遗数据库的用户满意，也是指用户使用非遗数据库后，对使用经历的高度评价以及由此获得的心理满足和愉悦，这里的满意，既有对经历或过程的满意，也有对最终结果的满足。相关研究表明，顾客或用户对服务或产品越是满意，就越能产生很好的用户忠诚；反之，就会滋生更多的用户抱怨。

---

① 尤建新、陈守明：《管理学概论》，同济大学出版社 2007 年版，第 23 页。

第四章　中国非遗建档标准体系建设的初步设想

6. 用户抱怨（User Complaint）

用户抱怨是顾客或用户在购买或使用产品与服务后，不愿意再次购买或使用，或者因此而做出投诉的意向和行为。如果说用户满意促进了用户忠诚，那么用户的不满意将直接导致用户抱怨。对于非遗数据库而言，不存在投诉型抱怨，用户可以以传播负面口碑或直接抱怨的形式表达对非遗数据库使用过程或结果的不满意。对于非遗数据库而言，用户抱怨是一个反面的因素，对于改进非遗数据库的建设有着借鉴和参考作用，因此，本研究也将其作为模型中的一个变量。

7. 用户忠诚（Customer Loyalty）

用户忠诚是顾客或用户在购买或使用产品与服务，并做出相应评价后，仍继续接受该产品或服务的意向和行为。对于非遗数据库而言，用户忠诚是指用户愿意持续使用非遗数据库并为之传播正面口碑，甚至当出现更好的可替代的非遗数据库也坚持原来选择的可能程度。互联网的产生、多种非遗平台或网络数据库的出现，使得用户有着更多可供选择的对象，使用的意向更加易变和不确定，因此，用户忠诚无疑是判定非遗数据库建设成败的关键。McConnell 等通过实证研究证明，用户满意与顾客忠诚有着正向关系；[1] 而 Reichheld 则进一步指出用户满意可使顾客的忠诚度提高。[2]

基于以上分析，笔者提出了相关理论假设，具体如表 4-2 所示：

表 4-2　　　　　　　ICHR—USI 相关理论假设

序号	主要假设
H1	感知质量对感知价值具有正向显著性影响
H2	感知质量对用户满意具有正向显著性影响
H3	用户预期对感知质量具有正向显著性影响
H4	用户预期对感知价值具有正向显著性影响

---

[1] J. Douglas McConnell, "Effect of Pricing on Perception of Product Quality", *Journal of Applied Psychology*, Vol. 52, No. 4, Aug 1968, p. 332.

[2] Frederick F. Reichheld, W. Earl Sasser, "Zero Defections: Quality Comes To Services", *Harvard Business Review*, Vol. 68, No. 5, 1990, p. 106.

续表

序号	主要假设
H5	用户预期对用户满意具有正向显著性影响
H6	用户需求对感知质量具有正向显著性影响
H7	用户需求对感知价值具有正向显著性影响
H8	用户需求对用户满意具有正向显著性影响
H9	感知价值对用户满意具有正向显著性影响
H10	用户满意对用户抱怨具有负向显著性影响
H11	用户满意对用户忠诚具有正向显著性影响
H12	用户忠诚对用户满意具有正向显著性影响

（二）研究设计与数据分析

本书收集资料及数据将采取实地走访和发放问卷的形式，运用 SPSS 和 SmartPLS2.0 软件开展数据的处理和分析，进而通过结构方程模型中的 PLS 分析方法建立结构化模型以验证上述理论模型（见图 4-2）。

1. 研究变量与相关测度

本研究模型中有 7 个潜在变量，且 3—4 个观测变量组成一个潜在变量。为了保证变量的信度和效度，所有观测变量都从已有文献中选取，具体的操作性问项也是在结合国内外相关理论成果与前人实证研究的基础上，根据非遗数据库的实际特点修正而成。根据前期模型、主要设计变量及题型，笔者制作出调查问卷，为确保问卷的精确性、易理解性和普适性，邀请来自不同高校图书情报、档案学学科的 10 位本、硕、博士生进行问卷前测（pre-test），这些人都使用过非遗数据库，并对网络数据库或资源的建设有一定的了解、认识与研究。设计出的问卷采用 Liker7 级量表，答题选择范围介于"强烈不同意"（1）到"强烈同意"（7）之间。针对前测对象的意见和建议，笔者进一步修正了调查问卷，在"问卷星"平台上发布调查问卷，并邀请熟人和学生自愿填写，开始数据收集。

2. 数据收集

问卷收集工作始于 2016 年 6 月，至 2016 年 8 月结束，前后持续约8周时间，收集到有效问卷302份，依据样本数至少须大于题项数5倍的原则，本书的样本抽样是合理的。值得提出的是，考虑到非遗数据库是一项公共资源数据库，其使用的学生用户应横跨不同学科和专业，面向全体学生，为此，笔者的调查对象是全体高校学生，在文件中设置甄别页，对不符合条件的填写者进行过滤，以确保回收问卷的有效性。

3. 样本特征分析

统计样本特征后发现，从性别上看，调查对象中男性为148人，约占总数的49%，女性为154人，约占总数的51%，女性略多于男性；从年龄分布上看，70%的填答者为18—30岁的青年学生；从受教育程度上看，有202名本科生，36名硕士生，2名博士生，以及62名本科学历以下学生；从使用非遗数据库的经验来看，有260人使用过，42人未使用过。

4. 测量模型有效性分析

在测量模型有效性时，笔者遵从验证性因子分析的方法从信度和效度两方面进行检验。信度是一份调查问卷能否稳定测量到它要测量事项的程度，通常以内部一致性来评价，得到复合信度（Composite Reliability，CR）与 Cronbach Alpha 系数。[1] 在理论研究中，若 CR 与 Cronbach Alpha 系数大于0.7则说明量表的内部一致性信度良好。[2] 本研究中，所有的 CR 和 Cronbach Alpha 系数均达到0.8以上，表明样本数据的信度较好。

效度是一份问卷能否正确测量到它要测量事项的程度，主要包括内容效度三种。效标效度和建构效度，内容效度及建构效度是本研究主要考虑的方面。因本研究量表均来自已有成果，同时也经过问卷前测加以修正，因此可以认为具有良好的内容效度。建构效度则包括收敛效度（Convergent Validity）和区分效度（Differential Validity）。收敛效度可通过各潜变量的平均方差提取量 AVE（Average Variance Ex-

---

[1] Detmar Straub, Marie‐Claude Boudreau, David Gefen, "Validation Guidelines for is Positivist Research", *Communications of AIS*, Vol. 3, No. 1, 2004, p. 380.

[2] Richard P. Bagozzi, "Evaluating Structural Equation Models with Unobservable Variables and Measurement Error", *Journal of Marketing Research*, Vol. 18, No. 3, 1981, p. 375.

tracted）来检验，由表4-3可知，各变量AVE均超出最低门槛0.5，具有较好的收敛效度。区分效度则要求每一个变量AVE的平方根值大于该变量与其他变量之间的相关系数值，同时，相对于其他变量的低因子载荷系数而言，每一变量的组成因子应具有较高的载荷系数，由表4-4可知，样本数据同样具有较好的区分效度。[1]

表4-3　　　　　　　　　验证性因子分析

	题项数	AVE	Composite Reliability	Cronbachs Alpha
感知质量	3	0.796504	0.921520	0.872394
感知价值	3	0.742118	0.896007	0.826427
用户抱怨	3	0.814953	0.929473	0.909151
用户满意	3	0.855732	0.946791	0.915727
用户需求	4	0.728885	0.914501	0.874018
用户预期	4	0.816085	0.946656	0.924831
用户忠诚	3	0.822313	0.932810	0.892007

表4-4　　　　　　　变量间相关系数与AVE平方根

	感知质量	感知价值	用户抱怨	用户满意	用户需求	用户预期	用户忠诚
感知质量	0.892						
感知价值	0.727920	0.861					
用户抱怨	0.173338	0.124376	0.903				
用户满意	0.764040	0.776484	0.054719	0.926			
用户需求	0.576799	0.510649	0.051082	0.621893	0.854		
用户预期	0.488777	0.483069	-0.164155	0.574293	0.621033	0.903	
用户忠诚	0.635091	0.695251	-0.022283	0.729985	0.607056	0.673478	0.901

注：变量相关系数矩阵中对角线上的值是AVE平方根。

---

[1] By Karl G. Jöreskog, Dag Sörbom, *Lisrel 8: Structural Equation Modeling with the Simplis Command Language*, Chicago: Scientific Software International, Erlbaum, 1993, p. 23.

第四章 中国非遗建档标准体系建设的初步设想

5. 结构模型验证

在对模型进行验证时，笔者首先使用 SmartPLS 进行路径参数估计，再利用 bootstrspping 对原始数据选取容量为 1000 的重抽样样本，进而检验出路径系数的显著性。路径系数是潜在变量之间影响程度的表示，路径系数越大，该变量在因果关系中的影响程度就越高。如图 4-2 所示，研究模型中的 11 条假设均得到了支持，表明模型中的所有因果关系都得到了验证。其中，用户满意对结果变量用户忠诚的影响程度最高（0.73），感知价值（0.405）、感知质量（0.319）对于用户满意也有着较高的影响程度，同时，用户需求对感知质量也有着较高的影响（0.445），进而由此间接地影响到用户满意。此外，笔者还对性别、年龄和教育程度等控制变量与用户满意之间的关系进行测量，发现这些变量同用户的满意没有显著性影响，以此消除调查样本自身的特征对于调查结果可能会产生的影响。

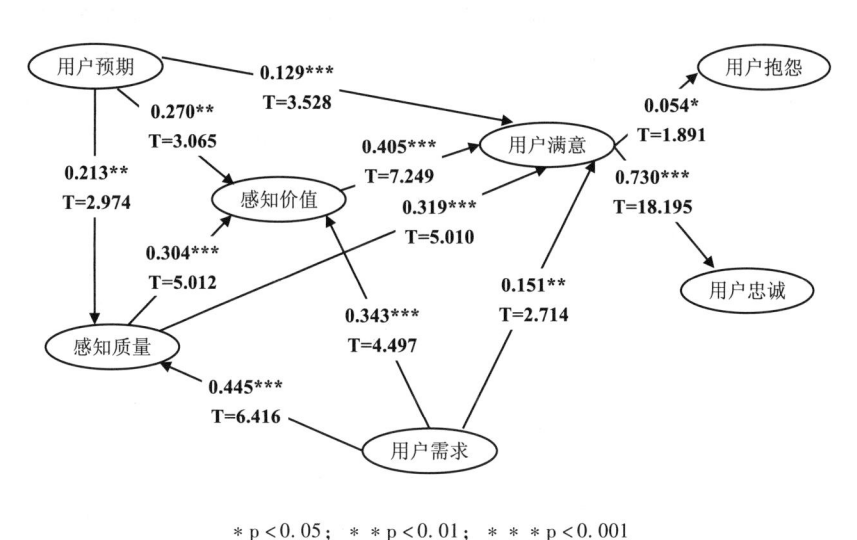

* $p<0.05$；** $p<0.01$；*** $p<0.001$

图 4-2 PLS 结构模型测量结果

基于以上的调查与分析，笔者发现用户对于非遗数据库使用的满意程度很大程度上受其原有的预期（用户预期）、使用数据库的目的（用户需求）、使用过程中对数据库信息质量和价值的感知与接受程度（感知质量、感知价值）的影响，较好的满意度会强化用户继续使用的愿望（用户忠诚），较差的满意度则会滋生更多的反感与抱怨（用户抱怨）。

从影响程度来看，用户对数据库的满意程度直接并显著地影响着用户再度使用数据库（用户忠诚），用户对数据库较低的满意程度也容易产生较多的用户抱怨，使用的预期（用户预期）、对数据库的使用要求（用户需求）、对数据库信息质量和价值的感知（感知价值和感知质量）也直接影响着用户对数据库的满意度。在上述影响因素中，感知价值是用户满意各个影响因素中最突出的一个，这一点在感知价值影响用户满意的路径系数（0.405）上也有着充分的体现。

三 中国非遗数据库用户满意度影响因素探索性分析

基于 SEM 的非遗数据库用户满意度 ICHR—USI 模型的构建、调查和分析，明确了影响非遗数据库用户满意度的主要变量以及各变量对满意度不同的影响程度。但是，用户的预期与需求究竟有哪些？感知的质量和价值究竟由哪些因素所组成？用户忠诚和用户抱怨的外在表现又有哪些？在上述调查中并未得到反映。为做进一步具体的分析，笔者引入扎根理论（Ground Theory），通过半结构访谈和三级编码的质性研究方法，开展起用户对非遗数据库满意度影响因素的探索性分析。

（一）基础理论与研究方法

鉴于目前尚未有非遗数据库用户满意度方面成熟的理论假设和具体研究，本书将以扎根理论为基础，通过质性研究的方法对用户使用非遗数据库的满意度及其影响因素进行探索和分析。

扎根理论（Ground Theory）产生于 20 世纪 70 年代，是用于理论假设缺乏、相关研究不足领域研究工作的定性归纳分析方法。[1] 扎根理论要求研究人员舍弃文献演绎的方法，事先不做任何理论假设，从实际观察入手，通过对大量实证资料的收集、整理、对比、编码、分析和提炼，总结出研究对象的核心概念，进而上升为系统理论，是一

---

[1] Bahney G. Glaser, Anselm L. Strauss, *Time for Dying*, Chicago: Aldine, 1968, p.58.

种自下而上建构理论的方法。扎根理论的提出，搭建起实证研究与理论架构互为印证的桥梁。研究者可以从实证资料中总结和提炼出理论，理论也可以以实践为立足点，与现实的结合更加紧密。当前，扎根理论在中国理论研究中的运用并不多，因此，本书对扎根理论研究方法的引入，具有一定的创新性。

扎根理论的运用建立在大量详细、深入实证资料的基础上，而这些资料的获取，则主要通过访谈的方法来实现。访谈可进一步被分为结构式访谈和半结构式访谈两种，笔者选择使用的是半结构式访谈。

半结构式访谈（Semi-structured interview）是指访谈者以直接、一对一的形式同受访者进行交谈，从而了解其在某一方面的生活经历以及由此产生的行为动机、心理、态度和情感等，是质性研究中的常用方法之一。半结构访谈开始之前，访谈者需拟定粗略的大纲或简单的访谈要点，访谈者和受访者可以围绕这一提纲或要点进行，也可依据实际情况做出弹性处理，进行更为深入或广泛的交谈与讨论。

半结构式访谈为扎根理论的运用提供了丰富的资料，而扎根理论的形成也在一定程度上补充完善了半结构式访谈的研究策略和具体程序。在受访者选择上，半结构式访谈一般不采取随机抽样，而是结合偶遇抽样、目的抽样和滚雪球抽样等多种方法，尽量选择能为访谈提供最大信息量、最好效果的对象。访谈过程中，应根据受访者不同情况，综合具体性提问（Specific Questions）、开放型提问（Open-Ended Questions）、追问型提问（Probing Questions）三种方式获取信息，并严格遵守知情参与、最小伤害及匿名伤害三大原则，最大限度地保护和尊重受访者的个人利益。

(二) 研究设计与资料整理

笔者仍选择"中国非遗数字博物馆""中国非遗保护成果展览网上展馆""浙江省非遗网"和"中山非遗网"为研究对象，访谈的设计将在遵照扎根理论的具体要求以及半结构式访谈惯常做法的基础上，围绕以下两个问题展开：（1）您对当前的非遗数据库满意吗？（2）哪些因素促进或抑制了您对非遗数据库的满意程度？其中第二个问题将是本次访谈探讨的重点。

1. 样本选择

出于资料收集与访谈的便利,笔者选择自己学习、工作以及有一定熟识度的武汉大学、安徽大学和中国人民大学作为样本采集地点,通过自身询问和熟人推荐的方式确定选择范围。依据 Lincoln 的要求,半结构访谈的样本数量应大于 12 个,[1] 因此,在综合考虑学校、年龄、性别、专业、受教育程度等因素的基础上,本书采用目标性抽样(Purposive Sampling)和滚雪球式抽样(Snow-ball Sampling)两种方式,访谈对象最终选定了 19 人,其中预备阶段访谈对象有 3 人,正式阶段访谈对象有 16 人,表 4-5 所示为其具体构成。

表 4-5　　　　访谈研究样本具体构成（N=16）

序号	性别	年龄	教育程度	学校	所在院系
*	女	20	本科生	安徽大学	管理学院
*	男	23	硕士生	中国人民大学	经济学院
*	男	25	博士生	武汉大学	水利水电学院
S_1	男	19	本科生	安徽大学	物理与材料科学学院
S_2	女	19	本科生	安徽大学	管理学院
S_3	男	19	本科生	武汉大学	化学化工学院
S_4	女	20	本科生	中国人民大学	信息资源管理学院
S_5	女	20	本科生	安徽大学	生命科学学院
S_6	男	21	本科生	武汉大学	信息管理学院
S7	女	21	本科生	安徽大学	外语学院
S8	女	21	本科生	武汉大学	社会学系
S9	女	22	本科生	安徽大学	文学院
S10	女	22	本科生	中国人民大学	信息资源管理学院
S11	女	23	硕士生	中国人民大学	信息资源管理学院
S12	男	21	本科生	安徽大学	社会学院
S13	男	24	硕士生	安徽大学	管理学院
S14	男	25	硕士生	武汉大学	信息管理学院
S15	女	26	博士生	武汉大学	行政管理学院
S16	男	27	博士生	中国人民大学	经济学院

---

[1] Yvonna S. Lincoln, Egon G. Guba, *Naturalistic Inquiry*, New York: Sage, 1985, p.124.

第四章　中国非遗建档标准体系建设的初步设想

2. 访谈过程

本次访谈分两个阶段，分别是预备访谈和正式访谈。预备访谈目的在于对访谈提纲的适用性与合理性进行测试，确保正式访谈科学有效，本书正式资料的分析并不包括预备访谈的结果。正式访谈的进行需要严格依照半结构式访谈的要求，图4-3所示为其具体流程。

如上所述，半结构式访谈是一种粗线条开放式访谈，故未拟定详细具体的访问提纲。访谈以"你知道这几个数据库吗？访问过它们吗？"为开端，将受访者逐渐带入本研究的话题中，了解和询问受访者对主要非遗数据库的感受、满意程度及具体的影响因素。每个受访者限定1小时以内的谈话时间，并且为保证其处于最佳精神状态，部分受访者中途进行了短暂休息。访谈地点选择在便于交谈、安静舒适，且能够保护隐私的场所，并征得受访者同意，对全程进行录音，访谈即将结束时，访谈者对谈话要点进行总结，并询问受访者是否还有补充，以保证访谈信息饱和。

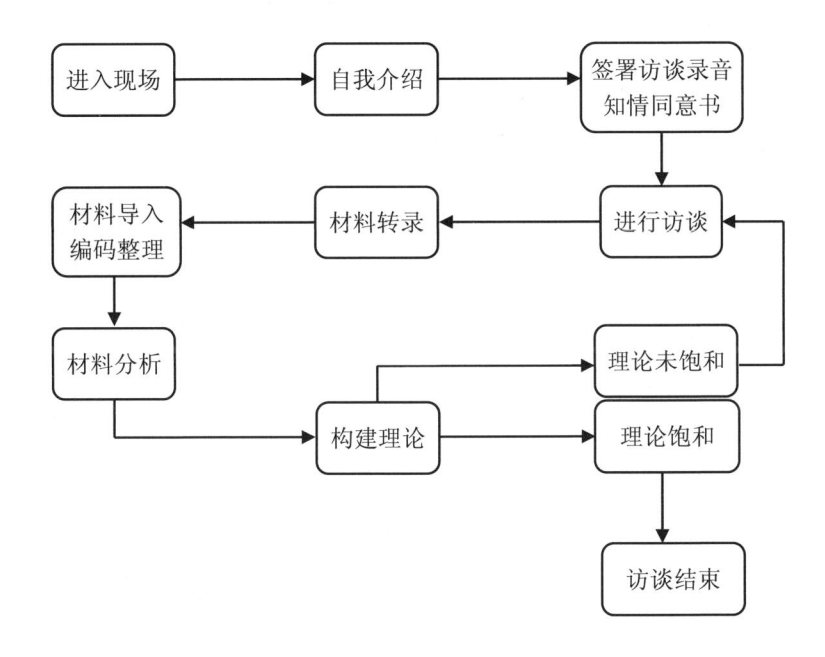

图4-3　半结构访谈具体流程图

3. 资料整理

访谈结束后,研究人员会在 24 小时内将其转录为逐字稿,逐件编号,并反复阅读,找出多次出现的相同信息点。本次访谈的起止时间为 2016 年 7 月至 2016 年 10 月,笔者依据扎根理论,对资料进行实质性编码。

编码是扎根理论研究方法中的关键环节,旨在依据不同标准,从多个角度对资料进行归纳、聚类和总结,进而逐步提炼升华为初级概念和系统理论。从流程上讲,编码主要包括开放式、关联式和选择式三个级别的编码。[1]

(1) 开放式编码(Open Coding)

开放式编码是指研究者坚持开放的态度,悬置个人的倾向,在保持访谈资料本来面目的基础上,将资料打散、逐字逐行分析,赋予其概念,并依据这些概念之间的关联进行分类、整合和范畴化的过程。通过对 16 位在校大学生访谈资料的开放式编码分析,笔者共获得 196 个原始及初始概念、125 个正式概念和 65 个范畴。限于篇幅,截取部分表格示例如下(见表 4-6):

表 4-6　　　　　访谈资料开放性编码(示例)

原始资料记录	开放性编码		
	概念化	说明	范畴化
浙江省非遗网上那些类别图标挺别致的。	资源展示方式	将意义相同的描述进行规范化	资源形式
中山非遗网上"资源展示"部分图片太少了。	资源数量		资源数量
"非遗保护成果网上展馆"乱糟糟的,有点晕。	资源展示方式		阅读效果
我暑期社会实践调查的就是非遗,相比较上面的内容还是简单概括性的。	简单概括	描述内容简化	资源质量
我在电视上听说过非遗,但具体有哪些不了解,上了这些网站后,我对各种非遗都有一个初步的了解,通过互联网了解更方便,我觉得不错。	增进了解	内容拆分	资源需求
	节约时间		时间成本

---

[1] Juliet Corbin and Anselm Strauss, *Basics of Qualitative Research: Techniques and Procedures for Developing Grounded Theory*, Los Angeles: Sage Publications, 2008, p. 379.

第四章 中国非遗建档标准体系建设的初步设想

续表

原始资料记录	开放性编码		
	概念化	说明	范畴化
肯定是中国非遗网最规范了,官方的嘛!	资源规范化	描述规范化	资源质量
数据库都会用,上这些网站很容易的。	个人查找能力	对原始语句进行调整使之与研究范围相一致	个人经验
我大学公选课选的就是非遗,老师建议我们多通过互联网了解更多资讯。	老师推荐	对同一描述对象进行聚类综合	访问动机
现在非遗这么"火",好奇,想多知道点。	个人爱好		
我室友是黄梅剧社的,她喜欢,带着我也喜欢了。	熟人推荐		

注:本表根据访谈结果选取制作而成。

(2) 关联式编码(Axial Coding)

关联式编码是指依托上一阶段取得的开放式编码,对开放式编码中的概念和范畴进行深入分析,依据相似关系、因果关系、结构关系和类型关系等,结合研究目的,对开放式编码进行合并、聚类,进而形成新范畴的过程。笔者对开放式编码中的 125 个概念和 65 个范畴进行了仔细的考察,得到 21 个关联式编码,示例表格如表 4-7 所示。

表 4-7　　　　　访谈资料关联性编码(示例)

开放性编码	关联性编码	说明
资源展示、资源数量、同质化、原则性错误、内容完整性、相关网站链接	资源质量	资源展示方式、展示数量、内容深广度、内容规范化对资源质量的影响
检索时间、查找便捷、快速阅读	时间成本	时间成本影响价值感知,进而影响用户满意
页面拥挤、字体偏小、条目零乱、色彩繁杂	网页外观	色调、字体、页面设置等是网站外部形成的主要组分
多知多识、完成学习任务、资源检索	用户需求	用户对非遗数据库服务的要求及心理定位,构成用户满意的心理底线

中国非物质文化遗产建档标准体系研究

续表

开放性编码	关联性编码	说明
在线视频观看、访客论坛、非遗工作进展	辅助功能	网站所展示和提供给用户的其他服务
手机访问、电脑阅读、客户端下载、视频阅读器	阅读方式	阅读方式决定阅读效果,进而影响用户满意

（3）选择式编码（Selective Coding）

选择式编码是在关联式编目的基础上对其所做的进一步分析、凝练和归类,以期将概念聚合到一个更为核心的范畴之内。核心范畴代表着探索研究中所要获取的最重要或最根本的现象,因此,选择式编码又称维度编码。通过选择式编码,笔者最终获得非遗数据库使用满意度的5个一级影响因素和2个一级结果变量（见表4-8）。

表4-8　　　　　　　　选择性编码示例

选择性编码	关联性编码	编码特征
网站形象	网页外观、网页设置、辅助功能	影响因素
用户需求	资源需求、服务需求、阅读目的	影响因素
社会影响	熟人推荐、老师推荐、个人经验、网络口碑	影响因素
感知质量	资源质量、阅读方式、阅读效果	影响因素
感知价值	时间成本、精力支出	影响因素
用户抱怨	放弃使用、口头埋怨、提出建议	结果变量
用户忠诚	继续使用、口头肯定	结果变量

（三）研究结果分析

经过扎根理论的反复比较,以及层级细化的编码提炼后,笔者构建出非遗数据库用户使用满意度影响因素的模型图,如图4-4所示。

通过模型的直观展示,结合访谈内容,笔者得出,网站形象、用户需求、社会影响、感知质量和感知价值共同组成了非遗数据库用户使用满意度的核心影响因素。具体而言,网站页面的设置、主体色调、栏目编排、信息容度,网站本身的响应度,以及网站所提供的检

第四章 中国非遗建档标准体系建设的初步设想

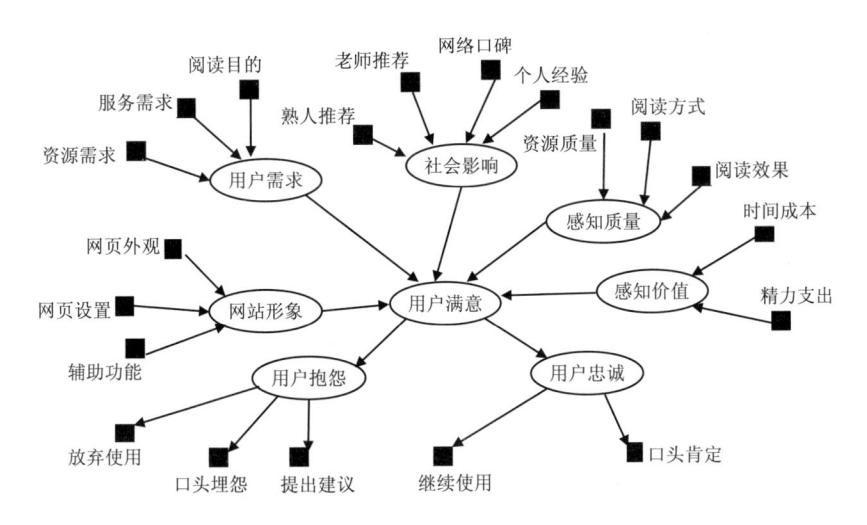

图 4-4 代表性非遗数据库用户使用满意度影响因素模型

索服务和推荐服务，都是学生用户使用非遗数据库过程中所接触和关注的主要因素。学生用户依据自己生活、学习的需求，对将要获取的资源有着自己的定位和要求，数据库实际提供的资源和服务，能否满足用户的需求，在一定程度上决定着学生用户的满意度。同时，学生用户周围的老师和同学，他们的意见和看法对于用户使用和评价非遗数据库也有着较大的参考。此外，在校大学生对资源质量、系统性能以及网站服务的感知，以及与自身在时间和精力支出上的对比，都成为影响用户心理满意的主要因素。而用户的满意又进一步推动着用户在使用上的忠诚，同时，也同用户抱怨有着反向作用。

值得提出的是，针对上述五个非遗数据库，多数受访用户对"中国非遗网"表示出较高的青睐度，认为其网站内容丰富且规范，信息更新速度快，真实记录和反映了当前非遗保护方面的主要工作状况。一些用户认为相关网站上列出的传承人简介、非遗项目的分类别展示都是非常积极有用的，但也有用户对"中国非遗保护成果网上展馆"中将非遗板块简单划分为"综合""地方"两大类提出了质疑。此外，一些受访者也提出，上述网站的名称是"非遗网"，即定位应当是非遗资源库，但这些网站提供的资源数量、质量、深度和广度都不够理想，业务网站色彩较浓，对资源的展示仅限于概括性展示和简单普及的程度，大量的非遗资料并未得到很好的展出。

由此可见，中国的非遗保护、非遗建档工作中资源建设仍存在很大的问题，仍有很多亟待深入和改进的地方。深思之，中国现行的非遗数据库建设之所以仍停留于表面，无法深入、系统地展开，不同数据库之间非遗类别的划分、板块的展示差异会如此悬殊，归根究底，还在于全国性通用规范标准的缺乏。

第二节 中国非遗建档标准体系建设的必要性与意义

基于以上的调查与分析，加快中国非遗建档标准化建设，构建非遗建档标准体系，既是必要，同时也有着十分重大的意义。

一 中国非遗建档标准体系建设的必要性

中国非遗建档标准体系建设的必要性，主要体现在以下两个方面：

一方面，非遗建档标准体系的建设是应对国内非遗建档存在问题的重要举措。建设非遗建档标准体系，对于重新梳理中国非遗建档流程、完善非遗建档内容有着重要的作用。现行非遗建档的流程存在着笼统粗放，部分流程被忽视或尚未开展的问题，不同机构与主体开展的非遗建档存在着各行其是、各自为政的弊端。建设非遗建档标准体系，有助于重新梳理中国非遗建档的主要流程，厘清每一项流程所要开展的主要内容及具体要求，并通过标准的履行实现中国非遗建档流程的统一化和规范化。

如前所述，中国非遗档案的数量呈几何倍数增长，不论是纸质档案、音视频档案，还是数字档案均是如此，可以预见到的是，在不久的将来，非遗档案的数量仍将持续增加，这将对非遗档案质量的控制、价值的鉴定、筛选、甄别提出很大的挑战。伴随着非遗数字化建档的推进，数字档案也将会成为非遗档案的主要文件类型，而这些文件种类的复杂、格式的多样，都会为非遗档案的保存、共享和交流带来很大的困难，只有开展非遗建档标准体系建设，对非遗建档所采纳

第四章　中国非遗建档标准体系建设的初步设想

的技术、档案存储格式、档案存储要求等加以规范和统一，才能提升非遗建档质量，保证非遗档案的利用与共享。

另一方面，非遗建档标准体系的建设也是弥补当前中国非遗建档标准化存在不足的迫切需求。现行的非遗建档标准，无论是其国际化程度，还是自身的水平与质量，都同非遗建档标准化要求有着很大的差距。从标准的国际化程度而言，中国非遗建档标准与国际标准的接轨程度不够，对国外标准的借鉴相对有限。国际非遗建档的思想精髓主要集中在联合国教科文组织颁布的《保护传统文化和民间文学艺术建议案》《保护非物质文化遗产公约》和《人类口头及非物质文化遗产代表作宣言》等文件中。中国吸纳并承袭了这些思想和理念，在非遗基本概念的认识、主要类别的划分、建档方式的采纳上同国际保持了基本的一致，这是值得肯定的。

但是在制定具体标准时，中国只是有限地借鉴了国际上比较通用的标准。当前国外非遗建档工作中参考和借鉴的遗产类标准还是较为先进和科学的，如用于各种异构文化遗产信息源之间信息交换和集成的《面向对象的概念参考模型——CIDOC 概念参考模式（CIDOC Conceptual Reference Model）》，[1] 用于艺术品描述的《CDWA 艺术作品描述类目（Categories for the Description of Works of Art）》，[2] 用于网络环境下艺术、建筑、史前古器物、民间文化等艺术类可视化资源描述的《VRA 核心类目（VRA Core）》、用于文物及其影像著录的《文物编目：描述文物及其影像指南（Cataloguing Cultural Objects：A Guide to Describing Cultural Objects and Their Images，CCO）》，以及《博物馆藏品记录标准程序（Standard Procedures for Collections Recording Used in Museums，SPECTRUM）》、《博物馆手册（National Park Service）》、[3]《博物馆记录原则宣言（Statement of principles of museum documentation）》等。这些标准的制定，实现了不同地域文化遗产数据信息的高度共享和充分利用，也满足了统一流程与规范操作的需求，这些问题

---

[1] The CIDOC CRM，2017 - 08 - 01，http://www.cidoc-crm.org/chios_iso.html.
[2] 黄永欣：《文化遗产资讯领域中的参考模型》，《图书馆学研究》2012 年第 11 期，第 59 页。
[3] 颜上晴：《博物馆程序标准之研探》，《博物馆学季刊》2011 年第 3 期，第 54 页。

也是我国非遗建档遭遇到且亟待解决的,但从现行标准的内容看,并未很好地加以借鉴。

从中国非遗建档标准自身而言,中国非遗法律法规最早颁发于2005年,对非遗建档工作进行了初步的规范。随着非遗建档工作的开展,非遗建档标准与非遗管理标准在2007年以后陆续少量出台,这些标准大多是为应付具体工作、针对某个环节而提出,标准较零散,并且非遗建档的基本流程也无法涵盖,更谈不上贯穿建档前、建档中和建档后的整个生命周期。

从约束范围来看,现行非遗建档标准以地方性标准为主,国家层面的统一规范较少,因而通用性较差;各地区结合本地实际制定的标准一定程度上加剧了非遗建档各自为政的局面,出现难以逾越的技术鸿沟。同时,现行标准多为概念性描述,技术含量较低,实际操作性不强;一些标准重复制定,相互矛盾交叉,如普查标准、验收标准等;对非遗建档中的重要环节未曾涉及,如非遗档案的建档、非遗档案的质量管理等,系统化的标准体系并未形成,标准间的配套性和协调性很差。

笔者认为,造成上述不足的原因可以从两个角度来分析:非遗建档标准的国际环境以及中国非遗建档工作自身。

国际层面:中国在学习和借鉴国外非遗建档标准建设经验上,一直坚持的是开放和积极的态度,但是,国际非遗建档专门标准的缺失也成为中国无法借鉴国际标准的客观原因。从1989年国际非遗保护领域的第一份官方文件——《保护传统文化和民间文学艺术建议案》对建档方式的首次提出,[1] 到2003年《保护非物质文化遗产公约》[2] 对其的再度重申和强调,国际对非遗建档的认可和实践时间短,前后也不过二十余年,因此成功经验与科学方法较少,在全球范围内没有贯彻与统一。在国际文化遗产领域中,针对非遗建档,现有标准并未做出专门规定,所以,对中国来说,国际领域无明确规章可循,无专门标准可鉴,只能依靠自身的摸索。

---

[1] 989 Recommendation on the Safeguarding of Traditional Culture and Folklore,2017-08-02,http://www.folklife.si.edu/resources/unesco/1989Recommendation.html.

[2] UNESCO Culture Sector-Intangible Heritage - 2003 Convention,2017-08-02,http://www.unesco.org/culture/ich/index.php?lg=en&pg=00006.

第四章 中国非遗建档标准体系建设的初步设想

国内层面：标准要按照实际工作需要来制定。在中国，由于非遗建档工作起步晚，只开展了非遗资源普查、资料收集、归档以及整理等基础环节的工作，故现行标准也是仅仅围绕以上几个基本环节来提出的。虽然在中国非遗建档工作中，数字化技术已经得到了运用，但其运用基本还处于试行、摸索和初步架构的阶段，没有完全吸收国内电子档案的标准，也未能试行和印证国外文化遗产元数据标准对中国非遗建档工作的适用性及可行性，因此要将其应用到中国非遗建档标准之中还无法实现。总之，中国的非遗建档工作自身的不成熟是导致中国非遗建档标准层次较低的又一重要原因。

二 中国非遗建档标准体系建设的意义与价值

虽然中国非遗建档标准的问题与不足存在着一定的客观性，但非遗建档工作中暴露出的弊端、非遗建档工作后续任务的迭出，也敦促着中国必须尽快开展非遗建档标准体系的建设。中国非遗建档标准体系建设有着重要的理论意义和实践价值，这种意义与价值分别体现在以下方面：

（一）中国非遗建档标准体系建设的理论意义

建设非遗建档标准体系既是非遗建档宏观层面与总体设计的重要内容，也是实现非遗保护国家战略的重要组成部分，其建设的理论意义主要体现在以下三个方面：

第一，标准体系的构建是对整个非遗建档标准化工作全局的计划与掌控。正如"标准体系"概念所提及的，标准体系是众多相互关联的标准组合在一起的整体，只有制定了非遗建档标准体系，并将其应用于非遗建档实践，才能确保中国非遗建档工作的标准化与规范化，中国非遗建档的标准化工作也才能走上科学发展的轨道。

第二，非遗建档标准体系的制定是建立在人们对于非遗、非遗建档理论研究和实践经验既得成果的基础上的，这在非遗建档标准的整个建设过程中有着充分的体现。非遗建档标准涉及非遗建档工作的方方面面，每一项标准均对非遗建档某一层面的工作做出了规范，而相关标准的制定，也是在主管部门、标准化机构和专业化部门的指导与参与下进行，因此，标准是对现有经验的总结，也是对现有成功做法的凝练,将其融入标准,并最终在下一步践行和推广,这也是标准实施、修正和完善的最终目的。

第三,非遗建档标准体系的实施将是避免标准化资源浪费,最大限度提升标准化工作效率的重要举措。依据标准体系框架开展的标准建设,有利于从全局合理地配置非遗建档标准化资源,合理安排标准化建设进程,减少标准化建设成本,避免重复开发和交叉建设局面的出现,保证非遗建档标准化建设的效率与均衡。

(二) 中国非遗建档标准体系建设的实践价值

除了理论研究上的意义,建设中国非遗建档的标准体系对于指导非遗建档的实践也有着重要的价值,这种价值体现在以下两个方面:

一方面,非遗建档标准体系是非遗建档顺利开展的基础保障。非遗建档工作是一项系统、复杂而又极其庞大的工程,要保证这一工程各环节之间的相互衔接、系统配合,标准化是一个必要且重要的环节。只有以标准体系来规范和引导标准化工作,才能提升非遗建档的整体工作水平,提高非遗建档效率,降低非遗建档的成本。中国的非遗建档工作正处于转折时期,非遗建档工作纷纷启动,参与机构众多,建档对象丰富,形成的档案资源也是海量的,没有标准的指导,将不利于非遗建档的规范化和科学化。目前,全国非遗信息的录入、非遗的具体建档、非遗建档技术方法等都需要标准的指导,唯其如此,才有利于全国非遗建档工作、非遗档案资源的互联互通,使中国非遗建档工作由无序化、低水平向有序化、高水平繁荣发展。

另一方面,建设中国非遗建档标准体系,也是实现中国非遗建档工作与国际接轨的通行证。在全球非遗建档浪潮的推动,联合国教科文组织的影响下,中国的非遗建档工作才逐步启动并开展起来。作为联合国教科文组织《保护非物质文化遗产公约》缔约国之一,作为国际非遗保护领域的重要成员,中国的非遗建档工作既要与国际接轨,也要让国际社会更了解和感受我国的非遗文化,因此,必须采纳国际领先的非遗保护、建档理念,运用科学的方式及办法改进中国的非遗建档工作。而建设非遗建档标准体系,实现非遗建档标准化则是实现这一目标的有力武器。

从国内外非遗建档标准体系建设现状来看,中国与国外的标准化程度都滞后于技术和实践的发展，需要充分重视非遗建档标准化工作，尽快开展非遗建档标准体系的建设，以确保其与非遗建档事业的同步，进而获得更多的国际话语权和更高的国际地位，这也是中国作为亚太非遗培训中心应当履行的职责。

三　中国非遗建档标准体系建设的基本思路

结合非遗建档标准体系建设的主要需求和目标，笔者认为可依次从以下四个方面开展非遗建档标准体系的建设。

（一）构建非遗建档标准体系框架

科学地构建非遗建档标准体系框架，合理地规划非遗建档标准体系建设规程，是妥善开展非遗建档标准体系建设的基础与前提。传统的标准体系框架多是较为简洁的二维结构，只能表达出标准二维要素的联系。标准要素错综交汇时，难以准确表达出每项标准的定位，相互间也易发生干扰。20世纪60年代以来，约·沃吉次基、魏尔曼和霍尔等学者先后提出了三维空间结构理论，指导着国内外各领域构建起更为完备优化的三维标准体系结构。非遗建档标准体系也是一项范围广、覆盖面大、完整且复杂的系统，引入三维空间结构理论构建非遗建档标准体系三维框架，更能全面概括出非遗建档标准体系的全貌，形象展示出非遗建档标准体系的内部结构。

结合中国非遗建档的基础成果与实践经验，笔者认为可将非遗建档标准体系框架的构建维度依次划定为"领域""内容"和"层次"。"领域"是非遗建档标准体系所规范的主要领域或对象。中国非遗建档的基础理论将"非遗项目建档"和"非遗传承人建档"作为贯穿非遗建档的两条逻辑主线，具体实践时，依"项"建档、依"人"建档、"一项一档"和"一人一档"也是主要的建档原则，这使得非遗项目档案和非遗传承人档案成为非遗档案的两大组成，非遗建档标准体系也需要以非遗项目建档和非遗传承人建档为主要对象。"内容"维是非遗建档标准体系的主要内容，笔者认为具体涉及非遗建档业务流程、非遗建档管理和非遗建档技术三方面。此外，依据标准内容、性质、功能的不同，合理划分不同层级，借此明确不同标准的作用范围、重要程度以及标准建设的优先级，这是"层次"维建设的主要目的。

（二）制定非遗建档具体标准

构建出非遗建档标准体系框架后，需要着手制定非遗建档的具体标准。如前所述，中国非遗建档标准体系的建设是一项从无到有的开拓性工作，前期基础少，可以参考的依据有限，非遗建档工作自身的复杂性也增加了标准制定的难度，只有以明确的原则、科学的方法加以指导，才能确保非遗建档标准体系制定的科学与高效。中国非遗保护工作自开始之日起就坚持分级管理的原则，非遗建档标准体系的制定也应相应地坚持层次分明的原则，不是单项标准的简单叠加或"填充"，而应从整体上进行系统设计。非遗档案是档案的一种，建档也是档案建设与管理的基本流程，因此，制定非遗建档标准可以合理参考并借鉴传统档案、电子档案管理的相关标准，传统档案和电子档案管理中成熟稳定应用的标准也可部分吸纳、采用，以推进非遗建档标准体系制定的进程。在非遗建档标准体系框架的三个维度中，"内容"维是非遗建档标准体系的主要内容，而其中具体的非遗建档业务流程标准、非遗建档管理标准和非遗建档技术标准，业务流程标准应是主线，包含每项流程、环节的实施细则与工作要求，管理标准是对非遗建档的保障，技术标准则是对非遗建档的引导与支持。每一项流程、每一层次的管理活动、每一类型的技术下分别对应相应标准，拟定非遗建档代表性标准大纲，形成非遗建档标准体系的主要内容。

（三）明确非遗建档标准体系建设主体

建设主体是非遗建档标准体系建设研究中值得关注的重要问题。建设主体选择得是否科学与全面，直接关系着非遗建档标准体系建设的顺利进行。相关领域的标准化建设中，建设主体囊括了国际组织、国家政府及其直属机关、学术团体、研究机构、公共文化机构和企业，以及以学者、专家、业务工作者和信息技术人员为主要组成的广大公众，呈现出多元化局面，在科学定位非遗建档标准体系的建设主体时也应坚持这一思想。笔者认为，建设非遗建档标准体系，一方面要调动多元主体，同时还要进一步明确各类主体在非遗建档标准体系建设中所处的位置、承担的职责、发挥的作用，以一种更符合非遗建档标准体系建设实践，科学、合理的管理模式，探究各主体在非遗建档标准体系建设过程中应保持的关系，以及各主体的参与方式和内容。

（四）实施并保障非遗建档标准体系

在制定并发布标准之后，需要尽快将标准贯彻实施于实践，以转化为生产力，产生应有的经济效益与社会效益。实施非遗建档标准体系，需要首先明确标准实施的程序，并且根据标准所属层次、涉及内容的不同，科学遴选标准的实施形式。此外，非遗建档标准体系顺利、高效地实施，需要各主体间的相互协调与合作，各主体在各自权限范围内，依照自身群体的行为规范，有效地完成其应尽的职责，才能有力保障非遗建档标准体系的实施。为此，还需从实施动力、质量控制、实施激励、主体协调四个方面探究非遗建档标准体系实施的保障，以规范各主体的思想和行为，维持并优化不同主体间的关系，形成最大的实施推动力。

第五章　中国非遗建档标准体系框架的构建

提出中国非遗建档标准体系建设的初步设想后,需要对非遗建档标准体系建设进行具体的研究。《中华人民共和国标准化法》将标准化建设工作划分为标准的制定、标准的贯彻实施以及标准实施的监督三大任务,[①] 而科学地设计非遗建档标准体系的层次与结构,合理地规划非遗建档标准体系建设的进程,则是妥善开展这些工作的基础和前提。本章中,笔者将遵循新型国家标准体系框架的构建思路,结合非遗建档工作的现状与成效,设计出一套领域完整、布局合理、满足非遗建档标准体系建设需求的体系框架,细化、充实并解析框架的具体内容,以推进非遗建档标准体系建设的顺利进行。

第一节　非遗建档标准体系框架的构建依据

框架构建属于宏观规划和顶层设计,旨在以框架的模型高度概括出标准体系的全貌,形象展示出标准体系的内部结构,明晰体系构成要素间的相互关系,使得标准的组成由重复、混乱走向科学、合理和简化,进而发现标准制定的空白领域,提出需要加强的方面。构建非遗建档标准体系框架,需要首先明确非遗建档标准体系所涉及的基本要素及标准体系框架的构建原则,这是设计与构建非遗建档标准体系

---

① 《中华人民共和国标准化法》,2018 年 1 月 12 日,http://www.npc.gov.cn/wxzl/gongbao/1988 - 12/29/content_ 1481259. html。

框架的基础与前提。

一 非遗建档标准体系的基本要素

基本要素是非遗建档过程中重复出现的事物和具体化概念，这也将成为非遗建档标准体系主要规范对象及所涉及的主要内容。中国非遗建档的基础理论将"非遗项目建档"和"非遗传承人建档"作为贯穿非遗建档的两条逻辑主线；具体建档实践中，非遗建档属于事务性、管理类工作，有具体的业务流程，也需要科学的管理策略和先进的技术手段来保障和促进非遗建档的实现，因此，笔者提炼出非遗建档的五个基本要素——"非遗项目建档""非遗传承人建档""非遗建档的业务流程""非遗建档的管理""非遗建档的技术"，并将其贯穿于非遗建档标准体系建设中。其中，"非遗项目建档"和"非遗传承人建档"成为非遗建档标准体系规范的主要对象，"非遗建档的业务流程""非遗建档的管理"和"非遗建档的技术"成为非遗建档标准体系的主要内容，具体如图5-1所示。

二 非遗建档标准体系框架的构建原则

构建原则是构建非遗建档标准体系框架时所要遵循的质量要求和行为规范，旨在引导建设工作健康、有序地进行。国家标准《标准体系编制原则和要求（GB/T 13016-2009）》提出了"目标明确、全面成套、层次适当和划分清楚"四项普遍性建设原则。结合非遗建档的理论与实践，笔者认为，构建非遗建档标准体系框架应遵循以下四个原则：

（一）系统性原则

系统性原则是构建非遗建档标准体系框架所要遵循的首要原则。非遗建档标准体系应是由一整套相互联系、相互制约的非遗建档系列标准组合而成的有机整体，因此，构建非遗建档标准体系框架应紧扣非遗建档的基本要素，依据"非遗项目建档"和"非遗传承人建档"两条主线划定非遗建档标准体系规范的主要对象，突出"非遗建档的管理""非遗建档的业务流程"和"非遗建档的技术"三方面内容，明确各要素间的内在联系、相互关系及所属层次，构建起系统化的非

中国非物质文化遗产建档标准体系研究

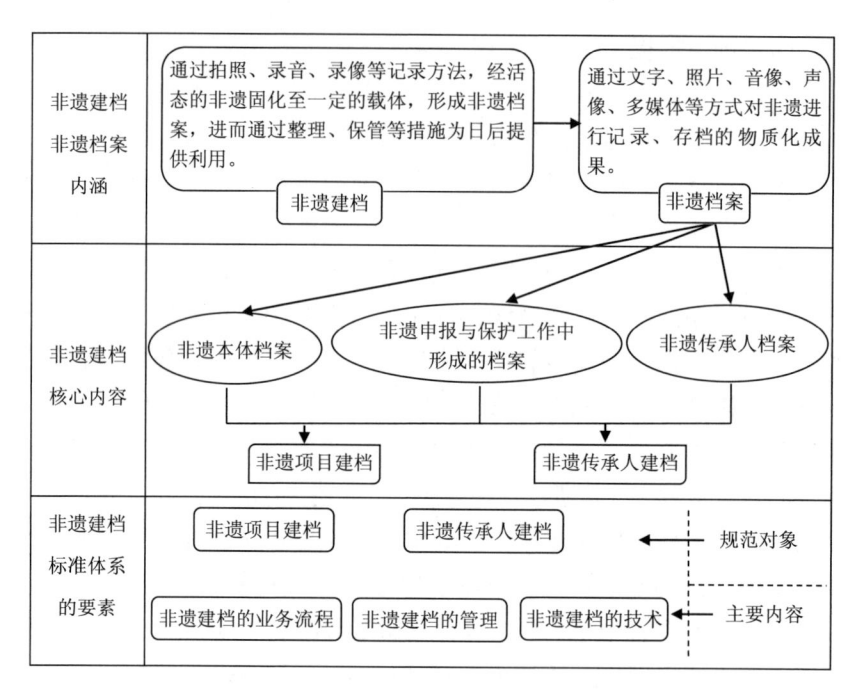

图 5-1 中国非遗建档标准体系的基本要素

遗建档标准体系，确保体系的内在一致性和持续稳定，实现非遗建档标准体系整体效益的最优。

（二）层次性原则

标准是标准体系的基本单位，但是，构建标准体系绝不是对单项标准的简单叠加，而是要运用系统分析的方法建立起一个分类科学、结构优化、数量合理的标准体系。因此，构建标准体系框架时，要根据标准的类型、效用及其适用范围，合理安排不同标准的层次与序列，如应用范围广的标准处于较高层次，应用范围窄的标准安排在较低层次；明确标准间的关系，如高低层次标准间的关系是从属关系，左右层次标准间的关系是协调与服务关系，以明晰标准体系的结构、降低标准体系建设的难度，减少标准间的重复与矛盾。

（三）实用性原则

实用性原则是构建标准体系框架时必须考虑的重要原则。非遗建档标准体系的构建应以满足非遗建档需求为第一目标，因而要从实际应用的角度出发，构建出清晰、简洁、实用的体系框架，科学地划定体系框架建设维度，分析体系建设内容，合理地遴选标准，优先列入必需且能产生实效的标准，兼顾现行标准、制定中标准和拟制定标准的全面配套，科学制定非遗建档标准体系的建设方案，由低层次标准建设稳步向中高层次过渡，使标准体系建设始终与建档业务需求紧密联系，以确保非遗建档标准体系的实用性。

(四) 可持续性原则

非遗建档标准体系的建设是一个不断修改和完善的过程，因此，构建出的标准体系框架应具有一定的延展性，即可随着非遗建档的发展适当扩展，以确保体系的完整性、科学性和指导力。从宏观上看，非遗建档标准既要从当前行业科技发展现状出发，体现行业发展水平，也要考虑将来的技术发展；在具体标准的制定上，既要吸纳成熟的技术，也要适当超前，推介一些先进的技术。此外，随着非遗建档的推进，标准体系的要素和层次也会发生一些变化，需要及时更新、重组，以适应非遗建档的实际，确保非遗建档的长期稳定。

第二节　非遗建档标准体系框架的形成

一　三维框架模型的选择

传统的标准体系框架多是较为简洁的二维结构，只能表达出标准二维要素的联系。标准一般具有对象、内容和级别三个要素，标准要素错综交汇时，二维结构难以准确表达出每项标准的定位，相互间也易发生干扰，框架的容量也很小。针对这一问题，波兰学者约·沃吉次基率先提出了标准化三维空间理论，从领域、内容和级别三个维度构建起标准体系的三维空间模型。此后，印度学者魏尔曼也从标准层次（X轴）、专业序列（Y轴）和行业门类（Z轴）三个层面构建起标准体系的框架，如图5-2所示。框架中，三个属性维相互结合的立体区域构成了标准体系的内容范围，(X，Y，Z)坐标定位出的点就是标准体系的子体系或是子标准，每一维又增加了小门类，延伸了

中国非物质文化遗产建档标准体系研究

结构的空间，扩展了标准的存储容量。① 总体而言，各个维度划分得越精确，其确定的范围就越小，所得子体系的有序度就越高。

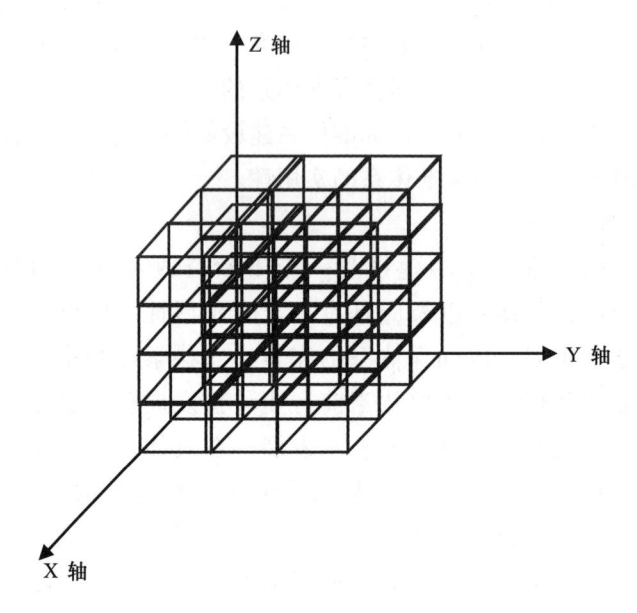

图5-2 魏尔曼三维标准体系框架

1969年，美国系统工程专家霍尔（A. D. Hall）提出了霍尔三维结构模型，将整个系统工程活动过程分为前后紧密衔接的七个阶段和七个步骤，形成由时间维、逻辑维和知识维所组成的三维空间结构（见图5-3），成为解决大型复杂系统规划、组织和管理的系统工程方法论。②

约·沃吉次基、魏尔曼的三维标准体系框架和霍尔的三维结构理论对国内标准化研究带来了很大的影响，多个领域的多位专家与学者据此开展起三维标准体系的研究，如周晓莉、陈佳鹏、王静等学者先后将霍尔三维结构模型引入公共管理、煤炭资源开发利用和地铁安全

---

① 梁小明：《基于三维模型的质监信息化标准体系框架构建》，《中国质量》2011年第10期，第58页。
② 孙康、吴翔华、李薇：《基于霍尔三维结构绿色建筑标准体系构建研究》，《工业安全与环保》2014年第11期，第86页。

第五章 中国非遗建档标准体系框架的构建

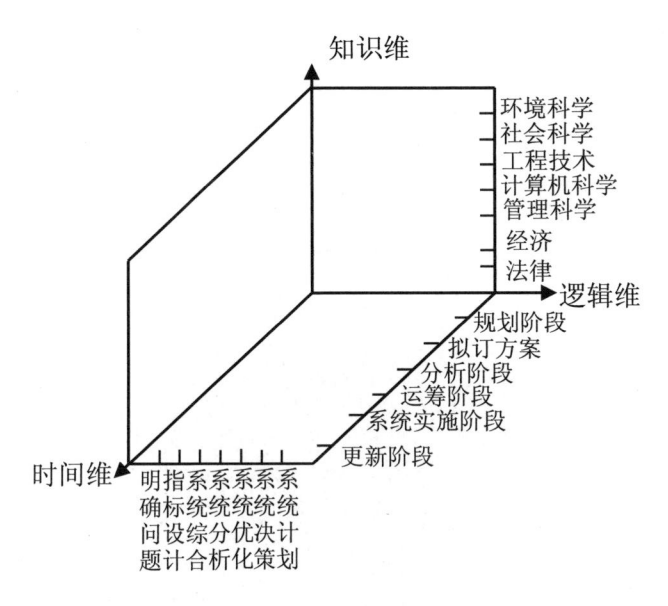

图 5-3 霍尔三维结构理论图

等标准体系框架的研究设计；孙康等构建了覆盖绿色建筑全生命周期的标准体系；王心颖等设计了涵盖农业机械化领域、农机产品和标准种类三大属性的三维标准体系框架；门永生等提出了电力突发事件应急标准体系框架模型。档案学领域，早在2009年，冯建周就引入了霍尔三维结构模型，从管理、技术和层次三个维度构建出档案信息化标准体系框架；贾文溪在构建档案标准文件体系模型时也参考了这一模型。

二 非遗建档标准体系框架的设计

结合上述三维结构理论与模型，依据非遗建档标准体系的构建原则，笔者将非遗建档领域（对象）、非遗建档内容（内容）和非遗建档标准层次（级别）作为体系框架的三个维度，设计出非遗建档标准体系框架，如图5-4所示。

X轴为领域维，表示非遗建档标准体系所规范的主要领域或对象。如前所述，非遗项目建档和非遗传承人建档是中国非遗建档一贯坚持的两条逻辑主线，初步建立起的跨越国家、省、地市、县四级的

·207·

中国非物质文化遗产建档标准体系研究

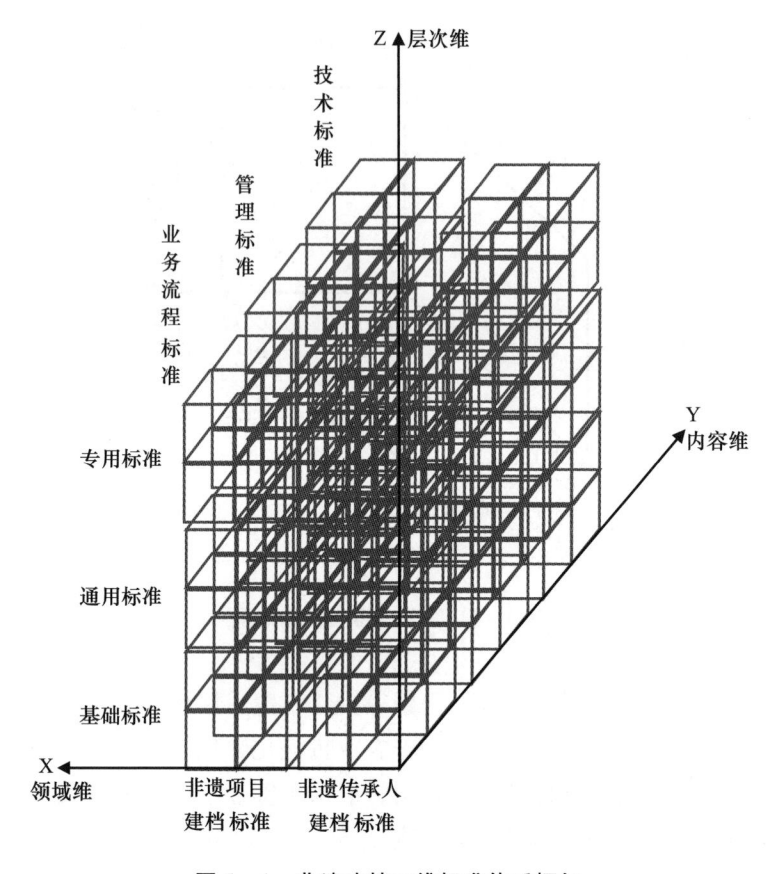

图 5-4 非遗建档三维标准体系框架

非遗代表作名录制度和传承人制度，推动着非遗项目、非遗传承人的普查、遴选、申报、评定、分级工作的顺利进行。依"项"建档、依"人"建档、"一项一档"和"一人一档"的建档原则，使得非遗项目档案和非遗传承人档案成为非遗档案的两大组成。非遗项目档案从多个方面多个角度反映出一项非遗活动产生、流转、发展和演变的过程；非遗传承人档案则清晰地梳理出非遗技艺代际传承的脉络、技艺持有者的图文影像，及其所掌握的技艺形式、技能水平和文化内涵。因此，在构建非遗建档标准体系，实现非遗建档工作标准化时，非遗项目建档和非遗传承人建档同样是需要规范的两大主要工作领域。

第五章 中国非遗建档标准体系框架的构建

Y轴为内容维，是非遗建档标准体系所涉及的主要内容。标准体系框架的构建原则要求全面覆盖非遗建档整体流程，实现对非遗建档的全过程质量控制和监督，因此，Y轴是三维框架的主轴。结合前文提取的非遗建档标准体系的基本要素，笔者将非遗建档标准体系的内容划分为非遗建档业务流程标准、非遗建档管理标准和非遗建档技术标准三个主要板块。按照"一体化""流程化"思想，业务流程标准应遍历非遗建档的主要流程，明确每项流程、环节的实施细则与工作要求；管理标准是对非遗建档的保障，侧重于行政、组织层面的管控，旨在正确处理非遗建档各流程间的相关关系，科学行使计划、监督、指挥、调整、控制等行政与管理职能，总结、普及、延续和提高管理经验，构建起协调高效的非遗建档管理秩序。技术标准包括非遗建档基础环境的技术标准、产品标准、检测试验方法标准，以及安全、卫生、保存环境的维护标准等，是对非遗建档的引导与支持。

Z轴为层次维，是对标准所属层级、类型的区别与划分，旨在明晰非遗建档系列标准的应用范围、重要程度以及建设次序。不同依据下，标准的层级可做不同的划分。依据标准使用范围和约束力的不同，标准通常被分为国家标准、行业标准、地方标准和企业标准；依据标准内容和性质的不同，标准可被分为基础标准、通用标准和专用标准。国家标准是指在全国范围内统一的技术要求；行业标准是在全国行业范围内统一的技术要求；地方标准是省、自治区、直辖市范围内制定并实施的标准；企业标准则指由企业制定并实施的标准。非遗建档依然是一项需要在全国或行业范围内统一执行的事业，因而国家标准、行业标准仍占大多数，虽然允许鼓励地方和企业制定标准，但所占比重不会太大。有鉴于此，为确保标准层级划分的全面、具体和细致，笔者选择以标准的内容和性质作为主要划分依据，将非遗建档系列标准划分为基础标准、通用标准和专用标准三个类型。基础标准位于非遗建档标准体系第一层次，是指具有广泛普及范围或包含一个特定领域通用规范的标准，在非遗建档范围内作为其他标准的基础并普遍使用，具有广泛指导意义的术语、符号、计量单位、图形、基本分类、基本原则等的标准。通用标准位于非遗建档标准体系第二层次，是指在一定范围和领域内通用的标准，由各项专用标准中将其共

· 209 ·

性内容提升上来的标准,是针对某一类标准化对象制定的覆盖面较大的共性标准,可以作为制定专用标准的依据。专用标准位于非遗建档标准体系第三层次,是指受有关基础标准和通用标准所制约,是针对某一具体标准化对象或作为通用标准的补充、延伸制定的专项标准,其覆盖面一般不大,如质量验收要求、方法和管理技术等。在此基础上,可以以使用范围和约束力作为辅助依据,对非遗建档标准体系层次进行补充划分,如基础标准、通用标准和专用标准中可包括国家标准、行业标准、地方标准和企业标准。

上述框架模型中,三个属性维保持着相对的独立性,三个属性维相互结合构成的立体区域就是非遗建档标准体系的内容范围。三维相交时,派生出一系列具体的标准,如非遗项目档案整理方面的基础性标准,从而确保具备最大的延展性和最小的重复性。

第三节 非遗建档标准体系框架的内容解析

非遗建档标准体系的框架模型宏观而笼统地概括出非遗建档标准体系的主要组成,为使非遗建档标准体系建设更为科学、完整和有序,还需要做进一步微观而具体的解析。在非遗建档标准体系的三个维度中,领域维是"纲",提炼了"非遗项目建档"和"非遗传承人建档"两大规范领域,层次维划定了基础、通用和专用三个层级,内容维则是非遗建档标准体系的主要内容。如前所述,非遗建档的内容涉及非遗建档的业务流程、非遗建档的管理以及非遗建档的技术,因此,在图5-4中,内容维度上的非遗建档标准由非遗建档业务流程标准、非遗建档管理标准和非遗建档技术标准组成,笔者试细化并解析如下:

一 非遗建档业务流程标准

非遗建档业务流程标准是针对非遗建档具体业务环节、工作流程及其具体内容和要求制定的标准,这是非遗建档标准体系中占据较大比重的标准。业务流程标准一般依据业务流程制定,但从现行的非遗建档实践来看,中国非遗建档的业务流程存在着粗放、笼统和不完整的问题，因此，在分析非遗建档业务流程标准之前，需要先厘清非遗建档的应有业务流程，以保证相关标准建设的顺利进行。

(一) 非遗建档的主要业务流程

中国现行的非遗建档工作涵盖了非遗资料的普查与收集、非遗档案的编辑与出版、非遗档案的数字化建设和非遗档案成果的展示，笔者将其总结为"收集—整理—利用"三大流程，这种流程是笼统且粗放的，一些重要流程如非遗资料的筛选、剔除、鉴定等也未能得到重视或实施。非遗建档属于档案建设与管理工作的范畴，非遗档案也成为档案属类中的新兴种群。中国现代的档案管理工作，在经历了几十年的发展和完善之后，已经形成了一套符合国情、科学、成熟的管理流程。在"统一领导、分级管理"基本原则的指导下，传统档案的建设与管理流程囊括了收集、整理、鉴定、保管、检索、编研、利用和统计八大流程，电子档案的建设与管理则又增加了电子档案的设计、形成，以及电子档案数据库建设等环节。

非遗建档的业务流程应该参照和借鉴传统档案、电子档案建设与管理流程，结合非遗建档的特点与实际制定而成。为此，笔者利用日本东京大学石川馨教授的"鱼骨图"①，以鱼头代表目标（或结果），即非遗档案，鱼尾代表问题，即非遗资料，鱼的主骨表示非遗建档所要经过的主要流程，构建起非遗建档业务流程的鱼骨图，如图5-5所示。

图5-5中，一根鱼刺大骨代表着一项主要流程，一根鱼刺支骨表示主要流程中的具体环节，进而将非遗建档梳理为"收集→整理→鉴定→保管→信息化→利用"六大业务流程。收集是首要流程，直接决定着非遗建档的质量与效果，整理使得收集起来的非遗档案摆脱纷繁、凌乱、无序的状态，确保后续流程的有效开展，鉴定考证着非遗档案的真伪与价值，保管保障着非遗档案的安全，信息化丰富了非遗档案的形式，利用则推进了非遗档案的共享与交流。

(二) 非遗建档主要业务流程标准解析

非遗建档的业务流程标准应面向非遗建档各主要业务流程，以统

---

① 曾德君：《ERP典型业务流程案例分析》，合肥工业大学出版社2010年版，第208页。

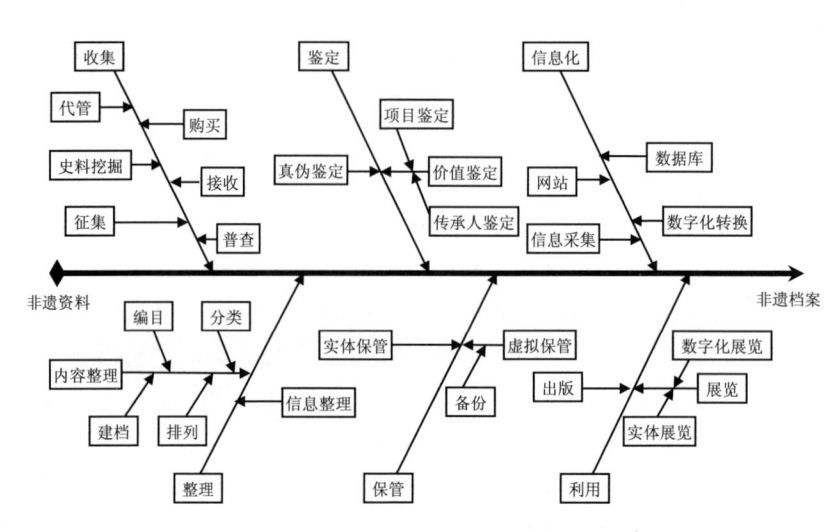

图 5-5　中国非遗建档主要业务流程鱼骨分析图

一各业务流程的内容，规范各业务流程的实施，具体包括非遗档案收集标准、非遗档案整理标准、非遗档案鉴定标准、非遗档案保管标准、非遗档案信息化标准和非遗档案利用标准。

1. 非遗档案收集标准

收集阶段的非遗档案并非真正意义上的档案，依据文件生命周期理论，仅属于资料。非遗产生于民间，分散、碎片化地存在于非遗传承人及其文化空间之中，其活态、流变的特性丰富了非遗档案的内容、种类及其载体，也增加了非遗档案收集的难度，只有综合采用征集、接收、购买、代管和史料挖掘多种渠道，才能确保非遗档案收集的及时、完整、全面和高效。

征集是非遗建档的相关机构和个人以积极、主动的姿态投身于非遗档案的收集；接收是指各级档案馆按照法律法规的要求无偿接收非遗申报单位、保管单位或个人移交的归档文件的过程；购买是档案部门依据等价交换的原则，经平等协商从所有者手中计价收购非遗资料的方式；代管是档案部门代为保管机构或个人手中掌握的非遗资料的方式；史料挖掘则是档案部门联合文化部门、文史专家，共同发现和挖掘隐藏在众多史料中的珍贵非遗资料的过程。

依据非遗档案收集流程的内容，笔者认为，非遗档案收集标准不可或缺的内容包括：（1）收集流程的总体业务要求；（2）具体收集方式的实施指南；（3）非遗档案验收、交接的细则；（4）重要收集手段，如口述的采录、文本转换、资料拍摄等的操作规范。

2. 非遗档案整理标准

非遗档案的整理是指通过一系列措施和方法，对收集起来的非遗资料进行科学的分类、组合、排列及编目，使其有序及系统化的过程。与传统档案整理不同，非遗档案整理坚持的是"依项建档"和"依人建档"，即围绕每一个非遗项目和每一位非遗传承人建立起独立的档案全宗，这是非遗档案客体全宗"质量统一"的体现，也是实现杂乱无序的非遗档案条分缕析最有效的办法。非遗档案整理的内容依次为非遗本体档案的实物化、建立非遗档案全宗、非遗档案的分类、非遗档案的立卷，以及非遗档案的档号编制与入库上架五个方面。

非遗本体档案的实物化是指运用摄影、录音、录像等现代电子设备将这些非遗本体档案转化为可保存的数字信息，并通过文字形式分阶段、分专题、全方位地予以记录和表述，形成图文并茂的实物化非遗档案。非遗档案全宗一般以"项"和"传承人"为单位。全宗内档案的分类一般依据非遗的类别或非遗档案性质、内容、载体类型等进行划分。分类后，还需进行非遗档案的立卷，即以案卷为单位，形成内在联系密切的若干档案文件组合体。非遗档案全宗内档案的分类是立卷的前提和基础，每一次分类只能使用一种标准，将全宗内的档案分为若干类别；而立卷则可根据非遗档案的特征使用多种标准，将联系紧密的档案文件划分为同一案卷。完成非遗档案的分类及立卷后，还需要编制非遗档案的目录，进而将其放入相应的柜架予以保存。鉴于非遗档案的社会需求较之于纸质档案更加重要和特殊，因此其保管条件将更加严格，入库上架后也不能与普通的纸质档案一并保存。

依据非遗档案整理流程的内容，笔者认为不可缺少的非遗档案整理标准包括：（1）整理流程的总体业务要求；（2）非遗项目档案、传承人档案的分类方法；（3）非遗项目档案、传承人档案的立卷要求；（4）非遗项目档案、传承人档案档号编制规则；（5）非遗项目档案、传承人档案著录与标引的细则。

3. 非遗档案鉴定标准

鉴定是建档的重要流程。传统档案和电子档案的鉴定是要鉴定档案所具有的历史记忆价值和情报价值，非遗档案所要考虑和鉴定的不仅是其价值，还有其本体的真伪。非遗是复杂和不可控的，这会增加非遗档案鉴定的难度，出现原始记录性难以保证、完整性鉴定相对困难等问题，因此，非遗档案鉴定不会一蹴而就，而是始终贯穿于非遗建档整个流程。笔者认为，其间至少有三次重要的鉴定，分别是收集阶段的鉴定、档案室阶段的鉴定和档案馆的鉴定。文件收集阶段的鉴定是鉴定流程的开始，直接影响到最终归档档案的质量，内容和来源是鉴定的主要标准，关注的是内容的真实性、重要性以及文件来源的可靠性。收集阶段的鉴定宜松不宜紧，力争保持文件的完整性和文件间的有机联系性，一般由非遗保护单位或者非遗保护项目的业务人员、基层文化站人员承担，鉴定主体对非遗以及非遗保护工作较为熟悉，其鉴定意见在后续鉴定过程中应该得到足够的重视。档案室鉴定是鉴定流程的第二阶段工作，档案室工作人员按照鉴定标准以及收集阶段鉴定的鉴定意见，挑选出不具有临时保存价值的文件予以销毁或者移送其他机构，同时将具有长期保存价值的文件挑选出来交付档案馆。档案馆鉴定是鉴定环节中最关键、最重要，也是最专业的部分。档案馆需要对接收进馆的档案进行全面的审阅和鉴定，剔去没有价值的档案，留下需要长期或永久保存的档案。档案馆还应定时进行档案的复审。

依据非遗档案鉴定流程的内容，笔者认为，相应的鉴定标准应遵从少而精的要求，旨在以共性的要求保证全国非遗档案鉴定工作的一致，具体应从非遗档案鉴定的执行规则和非遗档案具体鉴定细则两方面加以规范。

4. 非遗档案保管标准

非遗档案的保管也是非遗建档的重要流程。非遗档案收集和采录的方式是多样的，既有文字的记载，也有照片的拍摄，以及音视频的摄录，同时，非遗活动也会生成相关的物质成果，如手工作品、演出道具等，因此，非遗档案的载体是丰富且多样的，囊括了纸质载体、胶片载体、磁性载体、光盘载体、数据库和实物等多种类型。非遗建档后需要归入库房保存，传统的档案实行的是大开间管理，非遗档案数量不多，载体质地与传统档案相异，故宜于使用小开间管理，为确保非遗档案的长期保存，还需要强化库房温湿度调控，杜绝一切不利的因素。当然，非遗档案并非永远静止存放于库房或装具中，社会各类机关、公众会对非遗档案信息有获取的需求，档案部门也会对非遗档案进行整合、编研，面向社会提供利用和传播，非遗档案日常使用与维护中的保护也是非遗档案保管的重要内容。

依据非遗档案保管流程的内容，非遗档案保管的标准应围绕非遗建档载体的保护、非遗档案的库房保管以及非遗档案的日常使用及维护三个核心环节制定，有对保管措施的规范，不同载体非遗档案的保护、保存环境的维护，以及利用过程中的非遗档案安全的管控。

5. 非遗档案信息化标准

一直以来，非遗档案的信息化得到了国家、地方政府及相关部门的重视。非遗档案的信息化是指将数字技术和多媒体技术运用于非遗档案建设，通过数字化转换、保存以及多媒体呈现等方式，实现非遗档案的保存与共享。非遗档案信息化的具体内容包括非遗档案的数字化、非遗档案网站的建设、非遗档案数据库三方面。数字化是非遗建档的重要内容，也是非遗档案信息化建设的基础环节，非遗纸质档案、胶片档案等通过数字化技术转换为数字档案，丰富了非遗档案的传播方式，拓宽了非遗档案的传播面，也为非遗档案网站和数据库建设准备了原始的素材。近年来，网站成为展示和传播非遗档案的重要平台，有专门的非遗网站，也有档案部门在官方网站上对非遗档案的展示和公布，以满足公众认识非遗、了解非遗的需求，深化公众对非遗的认知。随着非遗建档工作的深入，非遗档案数据库建设也成为非遗档案信息化建设的重要内容。数据库改变了原有非遗档案零散分布的局面，通过对原有数字档案的整合、集成与凝练，最终实现非遗档案的共享与利用。

依据非遗档案信息化流程的内容，笔者认为，非遗档案的信息化建设是一项操作性和技术性很强的工作，需要标准予以指导，具体包括以下方面：（1）非遗数字化建档的执行规则；（2）不同类型非遗档案，如录影录像类档案、磁性载体类档案、胶片类档案数字化建设、相互转换的技术要求；（3）信息化建设过程中非遗档案的质量控制；（4）非遗档案数据库建设指南；（5）非遗数字档案建设要求。

6. 非遗档案利用标准

建档是以固态的方式保护濒临消亡的非遗，但是，建档并非非遗保护的终点，在抢救和保护的前提下，再度发挥非遗档案的价值，才是非遗建档保护的最终目标。非遗档案的利用是指通过对非遗档案的加工、编纂、包装和改造，让其在新的环境下得到进一步的发展，以新的形式传播非遗价值，得到更多人的共识与认可。非遗档案的利用与传统档案、电子档案相近，包括非遗档案信息服务、非遗档案编辑出版和非遗档案展览三个方面。信息服务是将有价值的非遗档案信息传递给用户，在帮助用户解决问题的同时，实现非遗档案信息的传播、交流和增值。编辑出版则是依据一定的原则将相关非遗档案编辑、汇编并审校出版的工作，其类型有非遗档案资料的汇编，也有体现著者观点的相关编著，其形式既有纸质文本，也有影视音像制品，或是同媒体部门联合录制的纪录片等。编辑出版是当前非遗档案利用的主要形式之一。此外，以短期或常规化形式，公开陈列和展示非遗档案原件或复制件，为参观者提供真实、直观的感受，以供欣赏和交流的非遗档案展览也是非遗档案利用的又一重要形式。当前，全国性的、地域性的、综合性的或是专门性的非遗展览已经先后举办过多场，这些展览多侧重于文化宣传、教育教化、知识传播和学术研究，一些实体博物馆和非遗传承中心，也成了非遗档案常规化主办机构。同时，运用数字化技术建立起来的数字博物馆和非遗档案网站，也为展示非遗信息，强化非遗档案教育，增加非遗档案研究提供了重要的素材。

依据非遗档案利用流程的内容，笔者认为，非遗档案利用标准不可或缺的内容有：（1）非遗档案信息服务的总体规则；（2）非遗档案编纂、整合的业务要求；（3）非遗档案利用过程中的安全保障；（4）非遗档案实体展览、网络展览的技术要求和实施规范。

二 非遗建档管理标准

针对内容维中三种类型标准，笔者曾指出，业务流程标准是整个标准体系的主线，也是标准体系的主要组成，管理标准是保障，侧重宏观、行政组织层面的管控；技术标准是补充，是对具体建档环节做技术与手段上的约束和规范。因此，在明确了非遗建档业务流程标准应涉及的主要内容后，笔者对管理标准和技术标准做进一步的分析。

非遗建档管理标准是针对非遗建档标准化过程中需要协调统一的管理事项所制定的标准。依据内容和标准化对象的不同，笔者将其划分为宏观管理标准、非遗建档工作导则和非遗档案信息管控三方面。

宏观管理标准的内容应涉及两方面，一是对非遗建档标准体系的宏观规划，以及对建设进程、优先度的总体安排，二是对非遗、非遗建档中基础、通用规则的规范和统一。因此，非遗建档的系列标准中，《非遗建档标准体系表》标准是必要的，以此系统说明非遗建档标准体系的整体架构、相关术语、编制要求、主要组成、具体结构和参考结构图，以引导和促进非遗建档标准体系建设顺利、有序地进行。同时，还需要建立非遗、非遗建档基本术语、专业术语、非遗项目等级、非遗传承人等级划分的系列标准，借此在全国、全行业范围形成统一的准则，确保非遗建档的良性运行和健康发展。

非遗建档的工作导则是针对组织、机构或个人这些建档主体制定的。组织、机构或个人是非遗建档的执行者，不同的业务流程下，不同组织、机构以及个人都会充当着不同的角色，发挥着不同的作用。组织、机构或是个人既要具备从事这项工作的资格与能力，也要对其职责、岗位有清晰的认识。非遗建档系列工作导则就是要明确这些建档主体的任务与职责、不同业务流程下建档主体的行为和素质要求，具体包括非遗档案收集对象的认定标准、非遗建档的工作规范、非遗建档的任务与职责、非遗传承人档案目录编制原则与方法、非遗项目档案目录编制原则与方法等。

除了宏观管理和工作导则外，非遗档案信息的管控也是非遗建档管理标准需要涉及的重要内容，这种管控包括不同业务流程下信息质量与可靠性的保证，失效信息、错误信息的提取，以及信息完整性、安全性和规范化的维护等，相对应的标准包括非遗建档质量要求、磁性载体非遗档案管理与保护规范、档案馆、图书馆、博物馆非遗档案安全存储一般要求、非遗项目档案建设规范、非遗传承人档案建设规范、非遗照片档案管理规范、非遗电子档案光盘存储、归档与档案管理要求、非遗建档质量评估细则、非遗照片档案归档与管理规范、口述、录制和录音播放非遗记录的安全保密管理指南等。

三 非遗建档技术标准

依据非遗建档技术的类型及功能，笔者将非遗建档技术标准划分为非遗档案信息采集标准、非遗档案信息存储标准和非遗档案信息管理标准。

非遗档案信息采集是指通过各种方式获取所需要的非遗信息，这是建档的第一步，也是重要的一步，直接关系到整个建档工作的质量。从来源和采集形式上看，非遗档案信息可分为原始信息和加工信息两大类。原始信息是指非遗活动中直接产生或获取的数据、知识及其总和。加工信息则是对原始信息加工、分析、改变和重组后而成的新形式、新内容的信息。非遗档案原始信息采集的方式有口述、文本化、录音和录像等；加工信息则主要通过文本数字化、模数转换等进行，相对应的技术标准内容应涉及各类信息采集软硬件设备参数要求、不同类型非遗档案信息采集方案、采录格式及主要元数据、代表性采集技术的推介及实施细则等。

非遗档案信息存储是将采集到的信息加工整理后按照一定格式和顺序存储在特定载体中的一种信息活动，以便于后期的管理、识别、定位和检索。存储非遗档案信息首先要保证存储手段的标准化，其次要注意存储格式的规范化，最后是存储内容的安全性，相对应的技术标准应涉及资源名称、元数据管理与描述、数字对象的逻辑模型、数字对象的加工与发布、存储环境的参数标准、代表性存储技术的推介等。

采集并存储了非遗档案之后,需要展开对非遗档案信息的整体管理,具体包括加工、整合、传输和利用,涉及工作量大、内容多,因此需要更多技术上的引导和规范,如对非遗档案质量的评估、不同类型非遗档案转换技术的推介、非遗档案著录标引的实施、非遗档案展览利用的技术保障等。

第六章　中国非遗建档标准体系的制定

国家标准《标准化工作指南第 1 部分：标准化和相关活动的通用词汇》将标准化工作划分为制定标准、实施标准和保障标准的实施三部分，① 这也为非遗建档标准体系建设的深入提供了切实可行的路径。制定标准是标准化工作的首要步骤，按照统一的程序制定标准，有助于缩短标准制定的周期，保障标准建设的质量与水平。本章中，笔者将在总结、提炼非遗建档标准体系制定原则与方法的基础上，具体研究非遗建档标准体系制定的程序与内容。

第一节　非遗建档标准体系制定的原则与方法

非遗建档标准体系的制定是一项从无到有的开拓性工作，前期基础少，可以参考的依据有限，非遗建档工作自身的复杂性也增加了标准制定的难度，只有以明确的原则、科学的方法加以指导，才能确保非遗建档标准体系制定的科学与高效。

一　非遗建档标准体系的制定原则

原则是说话、行事所依据的准则或规范。原则的提出有利于减少工作上的盲目与杂乱无章，使得工作有条不紊地进行。制定非遗建档标准体系，需要遵循以下四个原则：

---

① 道客巴巴：《标准化工作指南第 1 部分：标准化和相关活动的通用词汇》，2017 年 4 月 12 日，http://www.doc88.com/p‐771457192975.html。

第六章 中国非遗建档标准体系的制定

(一) 结构合理，层次分明

现行的非遗建档工作开展得较为分散，部分地区结合当地的实际已经开始了工作，另一部分地区则尚未或是仅开展了部分工作，多头管理、各自为政带来的是资金和物质上的浪费，工作效率也较为低下，因此，需要构建统一协调、结构合理的非遗建档标准体系，对非遗建档工作进行总体设计和缜密规范，确保每一级别、每一流程上的建档工作都有相应的标准予以规范。中国非遗保护工作自开始之日起就坚持分级管理的原则，非遗建档标准体系的制定也应相应地做到层次分明，要以非遗项目名录和非遗传承人名录为主线，依据标准的内容、属性和约束范围，制定不同类型、层级和属性的标准。非遗建档标准体系的制定不是单项标准的简单叠加或"填充"，而应从整体上进行系统设计，确保其具有合理的结构，以提升标准体系的整体功能。

(二) 全面推进，适度优化

制定非遗建档标准体系，需要相关主体、相应机构的全力参与和配合，在建设程序上，不该是单线推进，而是要全面、系统地推进非遗建档标准体系制定的进行。非遗建档标准体系的制定是一项复杂的工作，需要结合非遗建档的实践，围绕急需的、重要的、关键的建档流程、建档环节或建档技术优先进行，以非遗档案价值鉴定工作为例，国内目前尚未有相关的标准，但这是非遗建档的重要环节，关系着非遗信息的真伪以及非遗档案价值的高低，因此需要优先建立这一方面的标准，以指导非遗建档的实践。

(三) 合理借鉴，确保通用

非遗建档标准体系的制定是一项开拓性的工作，国内外可供借鉴的经验不多。但是，非遗档案是档案的一种，建档也是档案建设与管理的基本流程，为此，可合理地参考和借鉴传统档案、电子档案管理的相关标准，适当吸收和采纳传统档案和电子档案管理中成熟稳定的标准，以加快非遗建档标准体系制定的进程。同时，对于标准体系中的技术标准，要以确保标准的可行性和通用性为前提，缜密筛选，不仅要采纳先进的技术方法，还要开展全方位的调查分析和民意调查，确保其与国家标准、行业标准的一致性，选择普适性强、发展弹性空间较大的技术，以提升非遗建档标准体系的整体通用性。

（四）重视效益，保障安全

制定非遗建档标准体系，不仅要满足标准化管理的需要，还要有助于提升非遗建档的工作效率和成果质量，争取做到支出最少但成绩却不少。随着信息技术的更新换代以及非遗档案信息化建设的深入，制定非遗建档标准体系的成本将会提高。在可持续发展的前提下，要合理地估算非遗建档标准体系制定的成本，科学地规划非遗建档标准体系制定的进程。此外，非遗的数字化、信息化建设也使得非遗电子档案和数字档案的数量不断增多，规范化存储和安全性管理成为非遗档案建设和管理的重要内容，直接关系着非遗档案的使用寿命及其长期保存，需要借鉴电子档案安全、数字信息安全管理方面的标准，以非遗档案安全管理的系列标准保障非遗档案载体和信息的安全。

二 非遗建档标准体系的制定方法

制定非遗建档标准体系，除了需要遵循相应的原则外，还需要科学方法的指导。方法是人们巧妙办事应遵循的轨迹、途径和路线。方法的制定有助于选择出最佳途径，收到事功倍半的效果。从非遗建档实践和非遗建档标准体系框架看，制定非遗建档标准应依据工作流程、重点建设技术，按照一定的优先级有序展开。

（一）基于工作流程的标准体系制定

每项工作都有流程，非遗建档和档案管理工作同样如此，依据流程开展的工作是有序且高效的。非遗建档标准体系的制定是系统且复杂的，涉及不同类型的非遗项目、不同地域的非遗传承人以及不同的建设内容，这些要素相互交织，要厘清非遗建档标准的建设次序，使其有序、有条理地推进，需要找出其中稳定而关键的"主线"，这条"主线"应该是工作流程。无论何种非遗、哪位传承人，围绕它们开展的建档工作都会沿着现有的工作流程逐步进行，流程"遍历"之后，非遗建档和管理工作也基本完成，因此，依据流程逐步开展非遗建档标准体系建设，这是相对科学且可行的方法。每一流程下的标准彼此关联，是并列关系，流程间的标准相互递进，保持着清晰的层级递进关系，进而形成系统化的标准体系，促进非遗建档标准体系建设

第六章　中国非遗建档标准体系的制定

有序进行。

（二）结合重点建设技术的模块化设计

"模块化"是美国学者威廉·立德威尔和克里蒂娜·霍顿提出的处理复杂系统的结构性法则，通过对相似模块的归并和转换，将复杂的大系统分解成众多小型、独立的系统。① 笔者提出的非遗建档标准体系建设的"模块化设计"更多侧重的是技术标准的制定。目前，数字技术、信息技术和多媒体技术等被用于非遗建档工作之中，数字报纸、数字电视、触媒的新媒体、虚拟现实技术、三维图形图像技术、立体显示系统等也在非遗档案的展示和传播中发挥了重要作用，这些先进的技术、成熟的经验以及科学的做法应该在整个非遗建档领域加以推行，因而需要制定出标准加以推广和运用。

非遗建档和档案管理中采用的技术很多，需要进行模块的分类和划归，划归的依据可以是技术的类型，如数字技术、信息技术、多媒体技术等；也可以是技术运用的内容，如建档技术、保护技术、传播技术等，依据模块制定标准，依据模块确定标准建设的次序，以保证标准的类型化和有序化。传统档案和电子档案标准中，技术层面的标准与规范有《缩微摄影技术用35mm卷片拍摄技术图样和技术文件的规定（GB/T 15021 – 1994）》《文献管理长期保存的电子文档文件格式第1部分：PDF1.4（PDF/A – 1）的使用（GB/T 23286.1 – 2009）》《档案缩微品制作记录格式和要求（DA/T 29 – 2002）》《缩微摄影技术在16mm卷片上拍摄档案的规定（DA/T 4 – 1992）》《版式电子文件长期保存格式需求（DA/T 47 – 2009）》《缩微摄影技术在A6平片上拍摄档案的规定（DA/T 5 – 1992）》等。这些标准完全可以为建档技术标准的制定提供借鉴，在提高标准建设效率的同时，也可确保标准的科学性、合理性和指导性。

（三）遵循优先级规则的制定进程调度

建设非遗建档标准体系，除依据工作流程和重点技术模块化的建设方法外，还需结合优先级规则合理安排非遗建档标准体系的建设进

---

① ［美］威廉·立德威尔、克里蒂娜·霍顿、吉尔·巴特勒：《通用设计法则》，朱占星、薛江译，中央编译出版社2013年版，第160页。

程，笔者将这一规则总结为"突出重点、注重实效"，选择的依据主要是标准的紧迫程度、重要程度和成熟程度三方面。

1. 紧迫程度

非遗建档标准体系包括业务流程、管理和技术三大方面的标准，在开展标准体系建设时，需要优先制定急需的标准，尽快用于指导非遗建档实践。当前，非遗建档的实施主体及其职责、非遗建档的客体及其基本组成、非遗建档的主要方法等是迫切需要明确和规范的内容，因此，笔者认为，亟待建设的标准有非遗档案收集人标准、非遗档案安全规范、非遗建档质量要求、非遗档案质量评估细则、非遗档案验收方法等。

2. 重要程度

遵循哲学中主要矛盾与次要矛盾的原理，建设非遗建档标准体系也要分清主次，集中力量抓主要矛盾、重点标准，非遗建档流程中的重要环节、非遗建档技术中的重要技术，以及重要非遗档案、非遗传承人或非遗建档主体等，都是需要优先建立标准加以规范和推广的。笔者认为，目前需要重点建设的标准有非遗档案收集标准、非遗档案整理标准、非遗档案分类标引细则、非遗档案价值鉴定标准、非遗档案移交办法等。

3. 成熟程度

成熟程度既指非遗建档过程中经历的环节或采纳的技术的成熟程度，也指建设非遗建档标准体系过程中所参考和借鉴的标准的成熟程度。一方面，部分已经取得丰富实践经验的建档环节，如非遗资源普查、非遗资源建档、非遗档案展示等，可以优先制定出标准以推广其经验与做法；部分在非遗建档中运用较为成熟的技术，如数字化技术、信息化技术等也可优先列入技术标准之中；另一方面，档案领域的一些成熟标准，如《归档文件整理规则（DA/T 22 - 2015）》《版式电子文件长期保存格式需求（DA/T 47 - 2009）》《文献档案资料数字化工作导则（GB/T 20530 - 2006）》《档号编制规则（DA/T 13 - 1994）》等，对非遗档案管理、存储载体选择和存储格式推介都有着重要的参考和借鉴作用，可以优先吸纳和建设此类标准，以相对成熟的标准带动整个标准体系的建设。

第六章　中国非遗建档标准体系的制定

第二节　非遗建档标准体系制定的主要程序

作为国家标准体系的一部分，非遗建档标准体系的制定应遵照国家标准制定的一般、通行程序进行。由中国标准化与信息分类编码所制定并颁布的《国家标准制定程序的阶段划分及代码（GB/T 16733-1997）》，在参考世界贸易组织相关规定以及《ISO/IEC 导则第 1 部分：技术工作程序》的基础上，将国家标准制定的程序划分为预研、立项、起草、征求意见、审查、批准、出版、复审、废止九个阶段（见图 6-1）。① 依据这一规定，笔者简要梳理出非遗建档标准制定的主要程序及其具体内容。

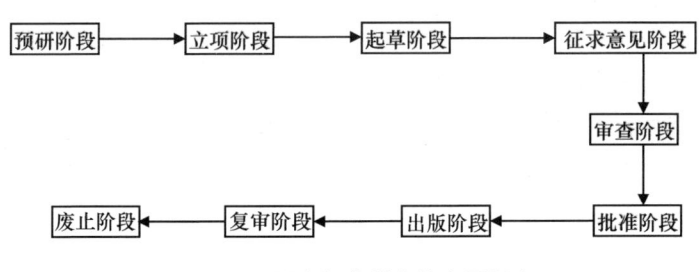

图 6-1　国家标准制定的主要程序

一　预研阶段

国家标准的制定一般由全国专业标准化技术委员会或部门组织并展开。中国非遗国家标准制定、审核与发布的机构是全国文化艺术资源标准化技术委员会，档案国家标准的制发主体是全国档案工作标准化技术委员会，因此，两个机构对于非遗建档的国家标准都有制定或参与制定的权利与责任。

预研阶段是标准化技术委员会接受标准制定提案，评估后提出标准制定工作建议的过程。标准制定提案可由非遗建档相关机构或个人提交，内容一般包括拟制定标准的范围、主要技术内容、标准制定的

---

① 《道客巴巴：国家标准制定程序的阶段划分及代码》，2017 年 5 月 12 日，http://www.doc88.com/p-7148352064053.html。

原则和依据、标准制定的必要性与可行性、标准建议稿或标准大纲、标准制定的工作量、工作难度、解决方案及具体工作安排。技术委员会接收并登记标准制定提案后，将以召开会议、分发信函等形式，组织开展标准制定必要性与可行性评估，评估指标包括标准制定需求、制定目的和用途、标准适用范围、所选标准化技术是否成熟、是否具有合适的标准制定单位、有充足的资料供参考、有充分的资源确保标准实施等。评估完成后，技术委员会根据评估情况，决定是终止项目还是进入立项阶段。进入立项阶段的标准制定工作，技术委员会将填写项目建议书，建议项目名称、建议单位信息、标准类型、制修订情况、预计建设周期、建设形式、建设成本预算，以及标准建议稿或标准大纲，上报国家标准化主管部门，供其了解拟制定标准的基本情况。

二 立项阶段

国家标准化管理委员会是中国标准化主管部门，在接收技术委员会报送的项目建议书后，国家标准化管理委员会将在充分听取行业部门、技术委员会、企业和其他利益相关方意见的基础上，再次对计划建设项目进行必要性和可行性审核，确定拟立项项目及项目归口单位，并将拟立项项目在国家标准委网站上公示一个月，面向全社会公开征求意见，进而确定计划项目，编制、起草并下达计划文件。

三 起草阶段

起草阶段，技术委员会将组织成立标准起草工作组，具体负责标准的起草工作。工作组将进一步明确标准的名称的范围，标准的主要工作内容、制定工作安排及计划进度，广泛收集并起草与标准有关的资料并加以研究、分析，开展针对性的调查研究，解决标准制定中存在的关键问题或难点，完成标准草案最终稿，在工作组内部达成一致意见后，报送至技术委员会，申请技术委员会将最终稿登记为征求意见稿，进入征求意见阶段。

四 征求意见阶段

征求意见阶段是技术委员会针对征求意见稿面向全社会征求意见的阶段。征求意见的渠道可以是向所有委员及相关方分发纸质稿件，或是利用网络、媒体公开征求意见。2016年6月，全国文化艺术资源标准化技术委员会就通过中国民俗学网平台发布《非物质文化遗产数字化保护专业标准》送审稿，面向全社会就标准内容征求意见与建议。征求意见周期一般为两个月，征求意见方需填写并反馈征求意见表。标准起草工作组对反馈来的意见进行归纳、整理，逐步提出处理意见，针对问题的多寡决定是返回起草阶段进行重大修改，还是因质量不合格终止项目，还是处理完反馈意见，完成最终稿，向技术委员会提出进入审查阶段的申请，同时报送最终稿，增加有征求意见阶段主要工作内容和重大技术修改处理意见的编制说明及有关附件、意见汇总处理表等相关文件。

五 审查阶段

审查阶段为技术委员会或技术归口单位审查标准送审稿的阶段。凡已成立技术委员会的，由技术委员会组织进行，未成立技术委员会的，由项目主管部门或其委托的技术归口单位组织进行。时间周期不超过五个月。没有通过审查的送审稿，由工作组修改后重新审查，问题较多的将会返回至征求意见阶段，如需延长制定周期的，则要向国家标准化管理委员会提出延期申请。没有通过审查且发现存在不宜进入下一阶段的因素，则向国家标准化管理委员会提出终止项目的建议，申请若被批准，则该项目终止。如果送审稿通过了审查，则由工作组进一步完善形成报批稿，经技术委员会确认后，报送至国家标准化管理委员会。

六 批准发布阶段

批准阶段为国家标准化管理委员会审核报批稿及相关工作文件，并最终发布标准的阶段。国家标准化管理委员会可对报批稿进行审核，并对报批文件的齐全性、标准制（修）订程序的合法性、技术内容的合理性、标准的协调性和规范性等提出意见。强制性标准批准、发布前，还需由国家标准化管理委员会决定是否向WTO通报。

　　复核、评估之后，国家质检总局和国家标准化管理委员会批准国家标准，统一编号，以公告形式在国家标准化管理委员会网站公布，并编辑出版，形成标准出版物，以指导工作实践。

　　上述程序是国家标准的主要制定程序，行业标准、地方标准等也依据这一程序进行。行业标准由国务院有关行政主管部门制定，如文化部、国家档案局，并报国务院标准化管理委员会备案，由行业标准归口部门统一管理。行业标准的归口部门及其所管理的行业标准范围，由国务院有关行政主管部门提出申请报告，国务院标准化行政主管部门审查确定，并公布该行业的行业标准代号。

　　地方标准由省、自治区、直辖市标准化行政主管部门向同级有关行政主管部门和直辖市标准化行政主管部门，部署制定地方标准年度计划的要求，由同级有关行政主管部门和直辖市标准化行政主管部门根据年度计划的要求提出计划建议；省、自治区、直辖市标准化行政主管部门对计划建议进行协调、审查，制订出年度计划。省、自治区、直辖市标准化行政主管部门组织起草小组或委托同级有关行政主管部门、直辖市标准化行政主管部门负责起草。负责起草地方标准的单位或起草小组，进行调查研究、综合分析、试验验证后，编写出地方标准征求意见稿与编制说明，经征求意见后编写成标准送审稿，由省、自治区、直辖市标准化行政主管部门组织审查，或委托同级有关行政主管部门、直辖市标准化行政主管部门组织审查，组织起草地方标准的单位将审查通过的地方标准送审稿，修改成报批稿，连同附件，包括编制说明、审查会议纪要或函审结论、验证材料、参加审查人员名单，报送省、自治区、直辖市标准化行政主管部门审批、编号、发布。

　　企业标准是在企业范围内需要协调、统一的技术要求、管理要求和工作要求所制定的标准，是企业组织生产、经营活动的依据。国家鼓励企业自行制定严于国家标准或者行业标准的企业标准。企业标准由企业制定，由企业法人代表或法人代表授权的主管领导批准、发布。企业标准一般以"Q"开头。

第三节 非遗建档标准体系制定的主要标准

第五章中，笔者对非遗建档标准体系的框架进行了设计和解析，明确了非遗建档标准体系的结构分布和总体布局。但是，具体标准的制定仍需要适当借鉴和吸纳档案（含电子档案）管理的标准，这种借鉴不是没有选择的全盘接收，也不是驻足表面的简单一致，而是结合非遗建档工作的特点，遵从"非遗建档标准为体，档案管理标准为用"的原则，有选择地将档案标准及其标准化思想融入非遗建档标准中，形成具体的非遗建档标准。

一 档案（含电子档案）管理代表性标准的总结与分析

笔者首先对现行档案（含电子档案）管理的代表性标准进行了简要的梳理和总结（见表6-1），并从标准的约束范围、标准化对象以及法律效力等方面对现有档案（含电子档案）管理标准的特征及内容进行分析。

表6-1 现行档案（含电子档案）管理代表性标准

序号	标准号	标准名称	标准类型
1	GB/T 18894-2016	电子文件归档与管理规范	国家标准
2	GB/T 50328-2014	建设工程文件归档整理规范	国家标准
3	GB/T 3860-2009	文献主题标引规则	国家标准
4	GB/T 3792.1-2009	文献著录第1部分：总则	国家标准
5	GB/T 3792.4-2009	文献著录第4部分：非书资料	国家标准
6	GB/T 3792.9-2009	文献著录第9部分：电子资源	国家标准
7	GB/T 23286.1-2009	文献管理长期保存的电子文档文件格式 第1部分：PDF1.4（PDF/A-1）的使用	国家标准
8	GB/Z 23283-2009	基于文件的电子信息的长期保存	国家标准
9	GB/T 15418-2009	档案分类标引规则	国家标准
10	GB/T 13967-2008	全宗单	国家标准
11	GB/T 11822-2008	科学技术档案案卷构成的一般要求	国家标准
12	GB/T 9705-2008	文书档案案卷格式	国家标准

续表

序号	标准号	标准名称	标准类型
13	GB/T 20530-2006	文献档案资料数字化工作导则	国家标准
14	GB/T 20163-2006	中国档案机读目录格式	国家标准
15	GB/T 7156-2003	文献保密等级代码与标识	国家标准
16	GB/T 11821-2002	照片档案管理规范	国家标准
17	GB/T 50323-2001	城市建设档案著录规范	国家标准
18	GB/T 17679-1999	CAD电子文件光盘存储归档一致性测试	国家标准
19	GB/T 17678.1-1999	CAD电子文件光盘存储、归档与档案管理要求第一部分：电子文件归档与档案管理	国家标准
20	GB/T 17678.2-1999	CAD电子文件光盘存储、归档与档案管理要求第二部分：光盘信息组织结构	国家标准
21	DA/T 35-2017	档案虫霉防治一般规则	行业标准
22	DA/T 31-2017	纸质档案数字化技术规范	行业标准
23	CJJT 117-2017	建设电子文件与电子档案管理规范	行业标准
24	DA/T 48-2016	基于XML的电子文件封装规范	行业标准
25	DA/T 22-2015	归档文件整理规则	行业标准
26	DA/T 14-2012	全宗指南编制规范	行业标准
27	DA/T 12-2012	全宗卷规范	行业标准
28	JGJ 25-2010	档案馆建筑设计规范	行业标准
29	DA/T 47-2009	版式电子文件长期保存格式需求	行业标准
30	DA/T 46-2009	文书类电子文件元数据方案	行业标准
31	DA/T 42-2009	企业档案工作规范	行业标准
32	建标 103-2008	档案馆建设标准	行业标准
33	DA/T 41-2008	原始地质资料立卷归档规则	行业标准
34	DA/T 40-2008	印章档案整理规范	行业标准
35	DA/T 39-2008	会计档案案卷格式	行业标准
36	DA/T 38-2008	电子文件归档光盘技术要求和应用规范	行业标准
37	DA/T 37-2008	历史图牒档案修裱技术规范	行业标准
38	DA/T 36-2007	人身保险业务档案管理规范	行业标准
39	MHT 3010.6-2006	民用航空器维修管理规范第6部分：民用航空器维修人员的技术档案	行业标准
40	DA/T 34-2005	国家档案馆爱国主义教育基地工作规范	行业标准
41	DA/T 33-2005	明清档案目录中心数据采集标准明清档案机读目录数据交换格式	行业标准
42	DA/T 32-2005	公务电子邮件归档与管理规则	行业标准

第六章 中国非遗建档标准体系的制定

续表

序号	标准号	标准名称	标准类型
43	TBT 1588-2005	铁路科学技术档案分类与代码	行业标准
44	DA/T 30-2002	满文档案著录名词与术语汉译规则	行业标准
45	DA/T 29-2002	档案缩微品制作记录格式和要求	行业标准
46	DA/T 28-2002	国家重大建设项目文件归档要求与档案整理规范	行业标准
47	DA/T 27-2000	档案防虫剂防虫效果测定法	行业标准
48	DA/T 26-2000	挥发性档案防霉剂防霉效果测定法	行业标准
49	DA/T 25-2000	档案修裱技术规范	行业标准
50	DA/T 24-2000	无酸档案卷片卷盒用纸及纸板	行业标准
51	DA/T 23-2000	地质资料档案著录细则	行业标准
52	DA/T 21-1999	档案缩微品保管规范	行业标准
53	DA/T 20.4-1999	民国档案目录中心数据采集标准 民国档案机读目录软磁盘数据交换格式	行业标准
54	DA/T 20.3-1999	民国档案目录中心数据采集标准 民国档案分类标引细则	行业标准
55	DA/T 20.2-1999	民国档案目录中心数据采集标准 民国档案主题标引细则	行业标准
56	DA/T 20.1-1999	民国档案目录中心数据采集标准 民国档案著录细则	行业标准
57	DA/T 19-1999	档案主题标引规则	行业标准
58	DA/T 18-1999	档案著录规则	行业标准
59	DA/T 17.5-1995	革命历史档案机读目录软磁盘数据交换格式	行业标准
60	DA/T 17.4-1995	革命历史档案资料分类标引规则	行业标准
61	DA/T 17.3-1995	革命历史档案资料主题标引规则	行业标准
62	DA/T 17.2-1995	革命历史资料著录细则	行业标准
63	DA/T 17.1-1995	革命历史档案著录细则	行业标准
64	DA/T 16-1995	档案字迹材料耐久性测试法	行业标准
65	DA/T 15-1995	磁性载体档案管理与保护规范	行业标准
66	DA/T 13-1994	档号编制规则	行业标准
67	DA/T 11-1994	文件用纸耐久性测试法	行业标准
68	DA/T 10-1994	高等学校档案实体分类法	行业标准
69	DA/T 9-1994	明清档案档号编制规则	行业标准
70	DA/T 8-1994	明清档案著录细则	行业标准
71	DA/T 7-1992	直列式档案密集架	行业标准

续表

序号	标准号	标准名称	标准类型
72	DA/T 6-1992	档案装具	行业标准
73	DA/T 5-1992	缩微摄影技术在A6平片上拍摄档案的规定	行业标准
74	DA/T 4-1992	缩微摄影技术在16mm卷片上拍摄档案的规定	行业标准
75	DA/T 3-1992	档案馆指南编制规范	行业标准
76	DA/T 2-1992	科学技术研究课题档案管理规范	行业标准

注：本表由笔者依据相关标准化网站和档案网站整理而得。

依据标准约束范围的不同，国内标准依次分为国家标准、行业标准、地方标准和企业标准四大类。档案（含电子档案）管理标准只有国家标准和行业标准，反映出档案工作是需要在全国或行业内统一执行的事业。档案行业的国家标准一般由中国标准化研究院等国务院标准化行政主管部门立项、编号、对外通报并归口管理，内容为满足不同类型档案建设与管理基本需要的技术要求、操作规范，如《电子文件归档与管理规范（GB/T 18894-2016）》《照片档案管理规范（GB/T 11821-2002）》《CAD电子文件光盘存储归档一致性测试（GB/T 17679-1999）》等。行业标准由国家档案局批准发布，在档案行业范围内统一使用，如《版式电子文件长期保存格式需求（DA/T 47-2009）》《文书类电子文件元数据方案（DA/T 46-2009）》《磁性载体档案管理与保护规范（DA/T 15-1995）》《档号编制规则（DA/T 13-1994）》等。

从标准化对象看，现行档案（含电子档案）标准包括管理标准、技术标准和业务流程标准三大类。管理标准涉及档案工作中需要协调统一的诸多管理事项，如电子公文的文档一体化管理、电子公文的归档与管理、艺术档案的整理以及电子公文的传输管理等，具体标准有《文献管理长期保存的电子文档文件格式第1部分：PDF1.4（PDF/A-1）的使用（GB/T 23286.1-2009）》《公务电子邮件归档与管理规则（DA/T 32-2005）》《磁性载体档案管理与保护规范（DA/T 15-1995）》等。技术标准是针对需要协调统一的技术事项所制定的标准，目前纳入标准中的有缩微技术、格式转换技术、档案信息长期保存技术、光盘存储技术等，具体标准有《纸质档案数字化技术规范（DA/T 31-2017）》《版式电子文件长期保存格式需求（DA/T 47-2009）》《档案缩微品制作记录格式和要求（DA/T 29-2002）》《电子文件光盘存储、归档与档案管理要求（GB/T 17678.1-1999）》《缩微摄影技术在 A6 平片上拍摄档案的规定（DA/T 5-1992）》《缩微摄影技术在 16mm 卷片上拍摄档案的规定（DA/T 4-1992）》等。档案（含电子档案）管理的业务流程标准是针对档案建设与管理中的具体流程和具体环节制定的标准，如保存流程的《基于 XML 的电子文件封装规范（DA/T 48-2016）》《版式电子文件长期保存格式需求（DA/T 47-2009）》《直列式档案密集架（DA/T 7-1992）》等，保护流程的《档案虫霉防治一般规则（DA/T 35-2017）》《历史图牒档案修裱技术规范（DA/T 37-2008）》《档案防虫剂防虫效果测定法（DA/T 27-2000）》等，分类流程的《民国档案分类标引细则（DA/T 20.3-1999）》《革命历史档案资料分类标引规则（DA/T 17.4-1995）》等，整理流程的《归档文件整理规则（DA/T 22-2015）》《文书类电子文件元数据方案（DA/T 46-2009）》《会计档案案卷格式（DA/T 39-2008）》等，数字化流程的《纸质档案数字化技术规范（DA/T 31-2017）》等。

从标准的法律效力看，现行档案（含电子档案）的标准绝大部分为推荐性标准，即不强制要求采纳该标准，但一经接受或采纳便具有法律约束力，成为各方共同遵守的技术依据。推荐性标准一般在技术代码后加上"/T"，国家推荐性标准以"GB/T"表示，如《CAD 电子文件光盘存储、归档与档案管理要求（GB/T 17678-1999）》《照片档案管理规范（GB/T 11821-2002）》《文献主题标引规范（GB/T 3860-2009）》等，行业推荐性标准为"DA/T"，如《基于 XML 的电子文件封装规范（DA/T 48-2016）》《全宗卷规范（DA/T 12-2012）》《档案防虫剂防虫效果测定法（DA/T 27-2000）》等。此外，现行标准还包括强制性标准和指导性文件两类。强制性标准具有法律效力，一经颁布便在一定范围内以法律法规等手段强制贯彻执行，否则将予以经济制裁或承担法律责任，如《档案馆建筑设计规范（JGJ 25-2010）》《档案馆建设标准（建标 103-2008）》和《铁路科学技术档案分类与代码（TBT1588-2005）》。指导性文件的法律效力低于强制性标准和推荐性标准,一般在标准代码后加上"/Z",现有的指导性文件为《基于文件的电子信息的长期保存(GB/Z 23283-2009)》。

二 非遗建档标准体系拟制定的主要标准

现行档案(含电子档案)管理标准的组成及其特点为非遗建档标准体系的制定提供了很好的借鉴与启迪,结合第五章中的非遗建档标准体系框架,笔者认为,制定非遗建档标准体系,应坚持做好以下五点:

第一,同档案(含电子档案)管理标准一样,非遗建档标准体系也主要由业务流程标准、管理标准和技术标准三类标准组成,制定非遗建档标准体系将重点围绕这三类标准进行。

第二,档案(含电子档案)管理标准规范的是文书档案、缩微胶片档案、图纸档案和电子档案等静态类档案,非遗档案也包含这些形式的档案,但除此之外,还有音频、视频等动态影音类档案,因此,非遗建档标准体系除了吸纳和借鉴现有档案(含电子档案)管理标准外,还应关注相关领域影音类文件管理标准。

第三,现行档案(含电子档案)管理标准的标准化对象包含文书档案、会计档案、印章档案、历史档案、地质档案等业务或科技类档案,非遗建档标准体系的标准化对象相对简单,仅有非遗项目档案和非遗传承人档案两类,所有标准均针对这两类档案进行规范。

第四,非遗建档标准体系是分层次、结构化的有机整体,一方面要依据非遗建档标准体系的框架,从基础标准、通用标准和专业标准三个层面划分标准层级;另一方面也要依据标准的约束范围,科学划分标准体系中国家标准、行业标准、地方标准和企业标准的组成。一般来说,非遗建档标准体系仍应以国家标准和行业标准为主,允许并鼓励部分成绩突出、建档经验丰富的地区或企业制定标准,但数量是有限的。

第五,同档案(含电子档案)管理标准一样,非遗建档标准体系仍以推荐性标准为主,强制性标准和指导性文件所占比例相对较小。

根据上述的认识,笔者首先从标准内容的角度出发,依据非遗建档标准体系的框架,从业务流程、管理和技术三个层面拟定出非遗建档系列标准（见表6-2），每一项流程、每一层次的管理活动，每一类型的技术下分别对应具体的标准。

表6-2   拟制定非遗建档主要标准（按标准类型）

内容 类型	主要模块	主要标准
非遗建档业务流程标准	非遗档案收集标准	（1）非遗档案收集及其业务指导要求；（2）非遗档案接收细则；（3）非遗档案移交办法；（4）非遗档案交接文据格式；（5）口述类非遗档案采集与管理规范；（6）口述过程中非遗数据收集的标准指南；（7）磁带录音非遗资料文本化转换技术规程；（8）在35mm缩微胶卷上拍摄非遗档案的规定；（9）在16mm缩微胶卷和A6缩微胶片上拍摄非遗档案的规定……
	非遗档案整理标准	（1）归档非遗文件整理规则；（2）非遗档案实体分类法；（3）非遗档案分类大纲及编号；（4）非遗项目档案目录编制原则与方法；（5）非遗传承人档案目录编制原则与方法；（6）非遗档案案卷格式；（7）非遗档案分类标引规则；（8）非遗档案档号编制规则；（9）非遗项目档案著录细则；（10）非遗项目档案主题标引细则；（11）非遗项目档案数据采集标准；（12）非遗传承人档案数据采集标准……
	非遗档案鉴定标准	（1）非遗档案评估和鉴定的一般要求；（2）非遗建档质量评估细则……
	非遗档案保管标准	（1）磁性载体非遗档案管理与保护规范；（2）非遗照片档案归档与管理规范；（3）非遗电子档案光盘存储、归档与档案管理要求；（4）档案馆、图书馆、博物馆非遗档案安全存储一般要求；（5）非遗档案储存环境一般要求……
	非遗档案信息化标准	（1）非遗数字化建档工作导则；（2）录音录像类非遗档案数字化规范；（3）非遗胶片档案数字化规范；（4）磁性载体非遗档案数字化转换指南；（5）非遗档案数据库建设指南；（6）非遗数字档案馆建设指南……
	非遗档案利用标准	（1）口述、录制和录音播放非遗记录的安全保密管理指南；（2）非遗档案利用与服务规程；（3）非遗档案展览安全管理规范；（4）非遗档案展览相关方服务规范；（5）非遗档案展览馆布局设计通则；（6）非遗档案展览消防安全技术规范；（7）非遗档案展览协议书编制规范；（8）馆藏非遗档案展览点交规范……

续表

内容类型	主要模块	主要标准
非遗建档管理标准	宏观管理标准	（1）非遗建档标准体系表；（2）非遗建档术语第1部分：基本术语；（3）非遗建档术语第2部分：专业术语；（4）非遗项目等级的规定；（5）非遗传承人等级的规定……
	非遗建档工作导则	（1）非遗建档任务与职责；（2）非遗建档工作规范；（3）非遗档案收集对象认定标准；（4）非遗项目档案目录编制原则与方法；（5）非遗传承人档案目录编制原则与方法……
	非遗档案信息管控	（1）非遗建档质量要求；（2）磁性载体非遗档案管理与保护规范；（3）档案馆、图书馆、博物馆非遗档案安全存储一般要求；（4）非遗项目档案建设规范；（5）非遗传承人档案建设规范；（6）非遗档案管理规范；（7）非遗电子档案光盘存储、归档与档案管理要求；（8）非遗建档质量评估细则；（9）非遗照片档案归档与管理规范；（10）口述、录制和录音播放非遗记录的安全保密管理指南……
非遗建档技术标准	非遗档案信息采集标准	（1）非遗数字化建档专用软件管理规则；（2）非遗项目档案缩微品制作记录格式和要求；（3）在16mm缩微胶卷和A6缩微胶片上拍摄非遗档案的规定……
	非遗档案信息存储标准	（1）非遗档案缩微品记录格式和要求；（2）非遗档案计算机输出缩微胶（COM）A6缩微胶片；（3）非遗数字档案长期保存格式标准；（4）录音录像类非遗档案元数据方案；（5）文书类非遗数字档案元数据方案；（6）照片类非遗档案元数据方案；（7）非遗档案储存环境一般要求；（8）非遗档案案卷构成的一般要求……
	非遗档案信息管理标准	（1）非遗建档质量评估细则；（2）非遗项目档案数字化技术规范；（3）非遗传承人档案数字化技术规范；（4）录音录像类非遗档案数字化规范；（5）磁带录音非遗资料文本化转换技术规程；（6）磁带录音非遗资料数字化转换技术规程；（7）非遗项目档案数据采集标准；（8）非遗传承人档案数据采集标准；（9）非遗项目档案分类标引细则；（10）非遗传承人档案分类标引细则；（11）非遗项目档案主题标引细则；（12）非遗传承人档案主题标引细则；（13）非遗项目档案著录细则；（14）非遗传承人档案著录细则；（15）非遗档案展览馆布局设计通则；（16）非遗档案展览消防安全技术规范……

第六章 中国非遗建档标准体系的制定

待制定的非遗建档标准，有非遗项目方面的标准，有非遗传承人方面的标准，也有笼统针对非遗档案的标准，同时，依据标准内容、性质和功能的不同，分属基础标准、通用标准和专用标准的不同层次，如表6-3所示。

表6-3 拟制定非遗建档主要标准（按属性和标准化对象）

内容 属性	标准化对象	主要标准
非遗建档基础标准	非遗档案	（1）非遗建档标准体系表；（2）非遗建档工作规范；（3）非遗建档任务与职责；（4）非遗建档术语第1部分：基本主语；（5）非遗档案分类大纲及编号；（6）非遗档案实体分类法；（7）非遗档案收集对象认定标准……
	非遗项目档案	（1）非遗项目等级的规定……
	非遗传承人档案	（1）非遗传承人等级的规定……
非遗建档通用标准	非遗档案	（1）非遗档案管理规范；（2）非遗建档术语第2部分：专业术语；（3）非遗建档质量评估细则；（4）非遗建档质量要求；（5）非遗档案接收细则；（6）非遗档案收集及其业务指导要求；（7）非遗档案验收细则；（8）非遗档案移交办法；（9）非遗档案卷格式；（10）非遗档案案卷构成的一般要求；（11）非遗档案档号编制规则；（12）非遗档案分类标引细则；（13）归档非遗文件整理规则；（14）非遗档案储存环境一般要求；（15）口述、录制和录音播放非遗记录的安全保密管理指南；（16）非遗档案评估和鉴定的一般要求；（17）非遗档案数据库建设指南；（18）非遗数字档案馆建设指南；（19）非遗数字档案长期保存格式标准；（20）非遗数字化建档工作导则；（21）非遗档案利用与服务规程；（22）非遗档案展览：展览馆、陈列室和展位；（23）非遗档案展览安全管理规范；（24）非遗档案展览馆布局设计通则；（25）非遗档案展览相关方服务规范；（26）非遗档案展览消防安全技术规范；（27）非遗档案展览协议书编制规范；（28）非遗档案展示的环境条件；（29）馆藏非遗档案展览点交规范……
	非遗项目档案	（1）非遗项目档案建设规范； （2）非遗项目档案数据采集标准……
	非遗传承人档案	（1）非遗传承人档案建设规范； （2）非遗传承人档案数据采集标准……

续表

内容属性	标准化对象	主要标准
非遗建档专用标准	非遗档案	（1）非遗照片档案归档与管理规范；（2）磁带录音非遗资料数字化转换技术规程；（3）磁带录音非遗资料文本化转换技术规程；（4）非遗档案计算机输出缩微胶（COM）A6缩微胶片；（5）非遗档案交接文据格式；（6）非遗档案缩微品记录格式和要求；（7）非遗胶片档案数字化规范；（8）非遗录音录像档案数字化规范；（9）非遗数字化建档专用软件管理规则；（10）口述过程中非遗数据收集的标准指南；（11）口述类非遗档案采集与管理规范；（12）录音录像类非遗档案数字化规范；（13）录音录像类非遗档案元数据方案；（14）缩微胶片、磁带录音非遗资料文本化转换技术规程；（15）文书类非遗数字档案元数据方案；（16）在16mm缩微胶卷和A6缩微胶片上拍摄非遗档案的规定；（17）照片类非遗档案元数据方案；（18）磁性载体非遗档案管理与保护规范；（19）档案馆、图书馆、博物馆非遗档案安全存储一般要求；（20）非遗电子档案光盘存储、归档与档案管理要求……
	非遗项目档案	（1）非遗项目档案数据采集标准；（2）非遗项目档案数字化技术规范；（3）非遗项目档案缩微品制作记录格式和要求；（4）非遗项目档案分类标引细则；（5）非遗项目档案目录编制原则与方法；（6）非遗项目档案主题标引细则；（7）非遗项目档案著录细则……
	非遗传承人档案	（1）非遗传承人档案数据采集标准；（2）非遗传承人档案缩微品制作记录格式和要求；（3）非遗传承人档案数字化技术规范；（4）非遗传承人档案分类标引细则；（5）非遗传承人档案目录编制原则与方法；（6）非遗传承人档案主题标引细则；（7）非遗传承人档案著录细则……

国家标准侧重于非遗建档、非遗档案管理的通用规范、执行规则，如术语的统一、建档基本流程的划分、数字化建设的规范等；行业标准则是以非遗建档、档案管理流程为主线，对每项流程的内容、执行规则、具体内容、职责与任务做出的规定，如非遗项目档案、非遗传承人档案的收集、整理、分类、保存等，如表6-4所示：

第六章 中国非遗建档标准体系的制定

表6-4　　　　　拟制定非遗建档主要标准（按约束范围）

内容 层级	主要标准
非遗建档 国家标准	（1）非遗建档标准体系表；（2）非遗建档工作规范；（3）非遗建档任务与职责；（4）非遗建档质量要求；（5）非遗项目档案建设规范；（6）非遗传承人档案建设规范；（7）非遗档案管理规范；（8）非遗数字化建档工作导则；（9）非遗项目档案数字化技术规范；（10）非遗传承人档案数字化技术规范；（11）磁性载体非遗档案管理与保护规范；（12）非遗电子档案光盘存储、归档与档案管理要求；（13）非遗照片档案归档与管理规范；（14）非遗建档术语第1部分：基本主语；（15）非遗建档术语第2部分：专业术语；（16）非遗项目等级的规定；（17）非遗传承人等级的规定；（18）非遗建档质量评估细则；（19）非遗档案案卷格式；（20）非遗档案案卷构成的一般要求；（21）非遗档案档号编制规则；（22）归档非遗文件整理规则；（23）非遗档案储存环境一般要求；（24）磁带录音非遗资料数字化转换技术规程；（25）磁带录音非遗资料文本化转换技术规程；（26）非遗胶片档案数字化规范；（27）非遗录音录像档案数字化规范；（28）文书类非遗数字档案元数据方案……
非遗建档 行业标准	（1）非遗档案收集对象认定标准；（2）非遗档案接收细则；（3）非遗档案收集及其业务指导要求；（4）非遗档案验收细则；（5）非遗档案移交办法；（6）非遗档案交接文据格式；（7）口述过程中非遗数据收集的标准指南；（8）口述类非遗档案采集与管理规范；（9）在16mm缩微胶卷和A6缩微胶片上拍摄非遗档案的规定；（10）非遗项目档案数据采集标准；（11）非遗传承人档案数据采集标准；（12）非遗档案分类大纲及编号；（13）非遗档案实体分类法；（14）非遗档案分类标引细则；（15）非遗档案缩微品记录格式和要求；（16）录音录像类非遗档案元数据方案；（17）照片类非遗档案元数据方案；（18）非遗项目档案数据采集标准；（19）非遗项目档案缩微品制作记录格式和要求；（20）非遗项目档案分类标引细则；（21）非遗项目档案目录编制原则与方法；（22）非遗项目档案主题标引细则；（23）非遗项目档案著录细则；（24）非遗传承人档案数据采集标准；（25）非遗传承人档案缩微品制作记录格式和要求；（26）非遗传承人档案分类标引细则；（27）非遗传承人档案目录编制原则与方法；（28）非遗传承人档案主题标引细则；（29）非遗传承人档案著录细则；（30）档案馆、图书馆、博物馆非遗档案安全存储一般要求；（31）口述、录制和录音播放非遗记录的安全保密管理指南；（32）非遗档案评估和鉴定的一般要求；（33）非遗档案数据库建设指南；（34）非遗数字档案馆建设指南；非遗数字档案长期保存格式标准；（35）非遗档案计算机输出缩微胶（COM）A6；（36）非遗数字化建档专用软件管理规则；（37）录音录像类非遗档案数字化规范；（38）缩微胶片、磁带录音非遗资料文本化转换技术规程；（39）非遗档案利用与服务规程；（40）非遗档案展览：展览馆、陈列室和展位；（41）非遗档案展览安全管理规范；（42）非遗档案展览消防安全技术规范；（43）非遗档案展示的环境条件；（44）馆藏非遗档案展览点交规范；（45）非遗档案展览馆布局设计通则；（46）非遗档案展览相关方服务规范；（47）非遗档案展览协议书编制规范……

· 239 ·

三 非遗建档代表性标准大纲

（一）《非遗建档术语第1部分：基本术语》

1 前言
2 引言
3 一般概念
3.1 非物质文化遗产
  3.1.1 国家级非物质文化遗产名录
  3.1.2 省级非物质文化遗产名录
  3.1.3 市级非物质文化遗产名录
  3.1.4 县级非物质文化遗产名录
  3.1.5 国家级非物质文化遗产项目代表性传承人
  3.1.6 省级非物质文化遗产项目代表性传承人
  3.1.7 市级非物质文化遗产项目代表性传承人
  3.1.8 县级非物质文化遗产项目代表性传承人
3.2 非物质文化遗产保护
3.3 非物质文化遗产建档
  3.3.1 建档
    3.3.1.1 档案
    3.3.1.2 档案工作
    3.3.1.3 档案管理
  3.3.2 非物质文化遗产档案
  3.3.3 非物质文化遗产档案管理
4 非物质文化遗产建档主体
4.1 政府
4.2 文化部
4.3 民间组织
4.4 社会团体
4.5 公共文化机构
  4.5.1 图书馆
  4.5.2 博物馆

4.5.3 展览馆

4.5.4 美术馆

4.5.5 科技馆

4.5.6 群艺馆

4.5.7 文化馆（站）

4.6 档案馆

4.7 非物质文化遗产保护中心

5 非物质文化遗产档案的收集

5.1 普查

5.2 收集

5.2.1 征集

5.2.2 接收

5.2.3 购买

5.2.4 代管

5.2.5 史料挖掘

5.2.6 交换

5.3 归档

5.4 移交

5.5 馆藏

6 非物质文化遗产档案的整理

6.1 立档单位

6.2 非物质文化遗产档案全宗

6.3 联合全宗

6.4 汇集全宗

6.5 全宗群

6.6 本体档案的实物化

6.7 分类

6.7.1 全宗的分类

6.7.2 全宗内的分类

6.8 案卷

6.9 立卷

6.10 卷内备考表

6.11 档号

7 非物质文化遗产档案的鉴定

7.1 鉴定

7.2 保管期限

7.3 保管期限表

7.4 销毁

7.5 销毁清册

8 非物质文化遗产档案的保管与保护

8.1 保管

8.2 保护

8.3 修复

8.4 档案库房

9 非物质文化遗产档案的编目与检索

9.1 编目

9.2 目录

9.3 卷内目录

9.4 案卷目录

9.5 著录

9.6 标引

  9.6.1 分类标引

  9.6.2 主题标引

9.7 检索

9.8 检索工具

9.9 索引

10 非物质文化遗产档案的利用

10.1 阅览室

10.2 证明

10.3 信息服务

10.4 编纂

10.5 展览

10.6 咨询服务

10.7 公布

11 非物质文化遗产档案的统计

11.1 登记

11.2 统计指标

11.3 统计报表

12 附加说明

(二)《非遗档案移交办法》

1 前言

2 引言

3 移交和接收的主体

4 移交范围

4.1 文本文件

4.2 图像文件

4.3 图形文件

4.4 影像文件

4.5 声音文件

4.6 数据库文件

4.7 数据文件

4.8 多媒体文件

4.9 计算机程序（命令文件）

5 移交时间

5.1 使用 OA 系统的单位，非物质文化遗产电子档案形成部门于非物质文化遗产电子档案形成并办理完毕后以在线方式实时将其移交至本单位档案部门……

5.2 以实物形式保存的非物质文化遗产档案形成部门一般于次年 3 月底之前……

6 拟移交非物质文化遗产电子档案的基本要求

6.1 移交格式

    6.1.1 文本文件以 XML、TXT、RTF 为通用格式，版式文件以 PDF/A 格式为通用格式……

6.1.2 图像文件以 JPEG、TIFF 为通用格式……

　　6.1.3 通过计算机辅助设计或绘图等设备获得的图形电子文件……

　　6.1.4 音频电子文件以 WAV、MP3 为通用格式……

　　6.1.5 视频和多媒体电子文件以 MPEG、AVI 为通用格式……

6.2 移交载体

6.3 载体标签

　　6.3.1 存储非物质文化遗产电子档案的载体或装具上应注明反映其内容的检索标签……

　　6.3.2 标签包含的内容

6.4 移交份数

　　6.4.1 移交载体一式3套，一套封存保管，一套供查阅使用，一套异地保存。

　　6.4.2 加密的非物质文化遗产电子档案，一般应解密后移交……

　　6.4.3 非物质文化遗产电子档案如需更改，应保持三套内容一致……

7 移交方式

8 移交检验

8.1 检验内容

　　8.1.1 非物质文化遗产（电子）档案的真实性、完整性及有效性……

　　8.1.2 非物质文化遗产电子档案与纸质文件是否一致，是否已建立关联……

　　8.1.3 存储非物质文化遗产电子档案的介质是否符合移交要求，有无病毒、有无划痕、是否清洁……

8.2 检验方式

8.3 检验后填表

9 移交手续

10 移交责任

　　10.1 非物质文化遗产（电子）档案形成部门负责定期向档案部

门移交符合归档条件的非物质文化遗产（电子）档案……

10.2 档案部门应制定非物质文化遗产（电子）档案物理移交方案……

11 移交应尽事宜

11.1 非物质文化遗产（电子）档案要与相关元数据一起封装后移交……

11.2 记录了重要文件的修改过程，有查考价值的非物质文化遗产（电子）档案应被保留。

11.3 具有永久保存价值或者其他重要价值的非物质文化遗产（电子）档案，应进行归档保存（应当转换为纸质文件或者缩微制品一并归档保存），并建立互联关系。

11.4 对通用软件产生的非物质文化遗产电子档案，应同时收集其软件型号、名称、版本号和相关参数手册、说明资料……

11.5 计算机系统运行和信息处理等过程中涉及的与非物质文化遗产电子档案处理有关的参数、管理数据等应与非物质文化遗产电子档案一并收集。

11.6 对套用统一模板的非物质文化遗产电子档案……

11.7 压缩的非物质文化遗产电子档案应解压缩后移交。

11.8 未尽事宜由综合档案馆与机关档案部门协商处理。

12 附录

(三)《非遗档案分类标引细则》

1 范围

2 引用标准

3 术语和定义

3.1 档案主题

3.2 分类号

3.3 分类标引

3.4 整体标引

3.5 全面标引

3.6 互见标引

4 分类标引规则

4.1 非遗档案分类标引应依据一定的非遗分类标准进行归类。

4.2 非遗档案分类标引应对非遗档案记录内容进行周密的主题分析，把握所论述的对象，准确地给予分类标识。

4.3 非遗档案分类标引应依据《中国档案分类法》及其使用指南。

4.4 非遗档案分类标引时，要正确地理解类目含义和范围，避免脱离类目之间的联系和类目注释的限定片面地理解类目含义。

4.5 非遗档案分类标引应充分考虑实际的检索需求和检索方式，根据档案的具体内容和用途，选定适当的标引深度……

4.6 档案分类标引必须按专指性的要求，分入恰当的类目，切不可分入较宽的上位类或较窄的下位类……

4.7 档案分类标引应保持一致性。

5 各种主题非遗档案分类标引规则

5.1 主题的类型

5.2 单主题非遗档案的分类标引

  5.2.1 单主题文件或案卷，一般依主题主体因素所属的类目标引，若是从一个方面对主题进行论述，就依这方面所属类目标引；若是从多方面对主题论述，一般只依主题所属类目作整体标引。

  5.2.2 文件或案卷论述的主题内容互相交叉时应依据《中国档案分类法》关于集中与分散的有关规定进行标引。

  5.2.3 文件或案卷论述的主题涉及国家、地区、民族、时代等因素时，若《中国档案分类法》中注明需要复分则应标出复分号，否则可以省略。

5.3 多主题非遗档案的标引

  5.3.1 文件、案卷论述的是两个以上的主题，标引时应充分考虑利用者的检索需要、参考价值大小以及各主题间的逻辑关系，加以综合分析，再确定给予一个或几个分类号。

  5.3.2 文件、案卷论述的几个主题之间是并列关系，参考价值大，除对第一主题按其属性给予分类号外，第二、第三主题也应按其属性给予分类号，以便充分揭示主题，为利用者提供更多的检索途径。

5.3.3 文件、案卷论述的几个主题之间是从属关系，即上下位关系或整体与部分关系，一般依它们的上位类目做整体标引，若较小主题具有检索价值，也可依小主题的所属类目做互见标引。

5.3.4 文件、案卷论述的几个主题之间是因果或影响关系，一般依结果或受影响的主题所属类目标引。对于互为因果的、互相影响的主题做全面标引。

5.3.5 文件、案卷论述的几个主题之间，一个主题应用于多个主题，一般依被应用主题所属类目标引。必要时可以对其他主题附加相应的分类号。

6 非遗档案分类标引工作程序

6.1 研读分类法

6.2 主题分析

  6.2.1 分析题名

  6.2.2 浏览正文

6.3 判定类别

6.4 标引分类号

6.5 审校

  6.5.1 自校

  6.5.2 互校

  6.5.3 总校

7 非遗档案分类标引质量管理

7.1 衡量标引工作质量的因素

7.2 制定分类标引的规章制度

7.3 分类标引人员的素质和要求

7.4 建立标引人员与利用者的联系

7.5 加强《中国档案分类法》的管理

第七章　中国非遗建档标准体系建设主体的选择

建设主体是非遗建档标准体系建设研究中值得关注的重要问题。建设主体选择得是否科学与全面，直接关系着非遗建档标准体系建设的顺利进行。本章中，笔者将对非遗建档标准体系的建设主体进行专门研究，在梳理、总结国内外标准建设主体的基础上，认识并总结非遗建档标准体系建设的现实主体与可能主体，在明确各类主体建设职责的同时，探寻各类主体参与非遗建档标准体系建设的理想格局。

第一节　国内外标准建设主体的总结与分析——以电子文件管理标准为例

国内现有标准建设的研究成果中，不少学者关注到了国内外标准建设主体选择上的差异，并将其总结为国外建设主体的多元，国内建设主体的单一，以及国外建设主体偏学术化，国内建设主体趋行政化的问题，进而将这种差异作为国内在标准建设主体选择上的缺陷与不足。为深入理解并认识这一问题，笔者选择标准建设相对成熟、完善的电子文件管理领域，总结并分析该领域国内外标准建设主体，为非遗建档标准体系建设主体的选择提供合理的参考和建议。

一　国外电子文件管理标准建设主体的总结

电子文件管理标准的建设是在传统纸质文件逐步实现数字化记录

和保存、电子政务大量兴起、电子文件数量激增的背景下展开的。国际电子文件管理领域的首个标准是 1997 年 12 月 15 日由国际标准化组织颁布的《电子成像——对用 WORM 光盘记录可能需要作为凭证的文件的电子记录系统的管理的建议（ISO/TR 12654：1997）》。2001 年 10 月，国际文件/档案领域最权威的标准《信息与文献——文件管理第 1 部分：通则（ISO 15489 – 1：2001）》出台。此后，一系列电子文件管理标准陆续推出，各国文件管理工作者特别是电子文件管理工作者，得以依照共同的标准和规范开展电子文件的管理。

笔者在国际标准化组织（英文简称"ISO"）的官网以"Electronic Records""Electronic Document""Documentation"为关键词，对国际电子文件管理标准进行了查询，同时结合"中国标准化研究院"官网、"中国标准网"以及国家档案局、国家图书馆等官网上公布的相关标准加以补充，筛选并总结出国外电子文件管理的主要标准，并对其建设主体做出简要统计与分析，如表 7 – 1 所示。

表 7 – 1　　国外主要电子文件管理标准建设主体统计表

序号	颁布时间	标准名称	标准类型	制发主体
1	1991	联邦机关文件保管元数据标准	国外标准	澳大利亚国家档案馆
2	1993	国际档案著录标准（通则）	国际标准	国际档案理事会
3	1993	便携式文件格式 PDF	企业标准	美国 Adobe 公司
4	1995	BS 7799 – 1：1995 信息安全管理实用规则	国家标准	英国贸工部
5	1996	机构、个人和家庭档案规范记录著录规则	国际标准	国际档案理事会
6	1996	ISO/IEC 13335 信息技术安全管理指南	国际标准	国际标准化组织
7	1996	AS 4390 – 1996 文件管理	国外标准	澳大利亚国家档案馆

续表

序号	颁布时间	标准名称	标准类型	制发主体
8	1997	ISO/TR 12654：1997 电子成像—对用 WORM 光盘记录可能需要作为凭证的文件的电子记录系统的管理的建议	国际标准	国际标准化组织
9	1998	档案编码描述（EAD DTD）	国外标准	美国档案工作者协会 美国国会图书馆 美国研究图书馆协会
10	1998	BS 7799 - 2：1998 信息安全管理体系规范	国家标准	英国贸工部
11	1999	都柏林核心元数据	国外标准	美国在线计算机图书馆中心
12	1999	InterPARES 电子文件元数据模板	国际标准	InterPARES 项目组
13	1999	开放档案信息系统参考模型，简称 OAIS	国家标准	美国空间数据系统咨询委员会
14	1999	ISO/IEC 15408：1999 信息技术—安全技术—信息技术安全性评估准则	国际标准	国际标准化组织
15	2001	ISO 15489：2001 信息与文献—文件管理	国际标准	国际标准化组织
16	2001	《电子文件管理模型需求》指南	区域标准	英国康维尔管理咨询集团
17	2002	《电子文件管理系统功能需求》规范	国外标准	英国国家档案馆 英国中央计算和电信局 英国国防部、财政部、税务局
18	2005	ISO/TR 18492 - 2005 基于文件的信息的长期保存	国际标准	国际标准化组织
19	2005	ISO 19005 - 1：2005 文件管理—电子文件长期保存用文档格式—第 1 部分：PDF1.4 的使用（PDF/A - 1）	国际标准	国际标准化组织
20	2005	ISO/IEC 27001：2005 信息技术—安全技术—信息安全管理体系—要求	国际标准	国际标准化组织

第七章 中国非遗建档标准体系建设主体的选择

续表

序号	颁布时间	标准名称	标准类型	制发主体
21	2005	ISO/IEC 27002：2005 信息技术—安全技术—信息安全管理实用规则	国际标准	国际标准化组织
22	2006	ISO 23081-1：2006 信息与文献—档案加工处理—档案用元数据	国际标准	国际标准化组织
23	2006	NISO Z39.87 技术元数据标准	国外标准	美国国家标准化组织发起 美国国家文件和档案管理署合作制定
24	2007	ISO 23081-2：2007 信息与文献—文件管理元数据	国际标准	国际标准化组织
25	2007	职能著录的国际标准	国际标准	国际档案理事会
26	2007	电子文件管理软件设计评价标准 DOD 5015.2-STD 2007	区域标准	美国国防部文件管理项目组
27	2010	ISO 16175 信息与文献电子办公环境下文件管理的原则与功能要求	国际标准	国际标准化组织
28	2010	档案保存机构著录的国际标准，简称 ISDIAH	国际标准	国际档案理事会
29	2010	ISO/TR 13028-2010 信息与文献—文件数字化实施指南	国际标准	国际标准化组织
30	2011	ISO/T R23081-3：2011 信息与文献—文件管理元数据—第3部分：自评估方法	国际标准	国际标准化组织
31	2012	GB/T 29194-2012 电子文件管理系统通用功能要求	国家标准	国家标准化管理委员会
32	2012	ISO 14721-2012 空间数据和信息传输系统—开放档案信息系统参考模型	国际标准	国际标准化组织
33	—	文件保管系统设计和执行手册：事务信息管理的战略标准（DIRKS）	国外标准	澳大利亚国家档案馆

注：本表根据相关网站与文献资料整理而成。

由表7-1可知，国外电子文件管理标准有国际标准和国外标准两大类，其建设主体的类型包括国际组织、国家政府、学术团体、研究机构、公共文化机构和企业。

国际电子文件管理标准制定与颁布的主要机构是国际标准化组织（简称 ISO），这是全球最大的公益性标准化组织，不独电子文件管理领域，全球范围众多领域的标准化工作都是由 ISO 主持开展的。ISO 组织建设电子文件管理标准的方式有三种：一是独立起草，如 ISO 15489 系列标准、ISO 16175 系列标准、ISO/TR 12654：1997 标准等；二是直接认定已有标准，如《文件管理—电子文件长期保存用文档格式—第 1 部分：PDF1.4 的使用（PDF/A - 1）（ISO 19005 - 1：2005）》标准；三是联合其他机构一起制定标准，如 ISO/IEC 13335 标准、ISO/IEC 15408：1999 标准等就是 ISO 组织与国际电工委员会 IEC 联合制定的。国际电工委员会 IEC 主要从事电子行业和电工领域的标准化工作，也是电子文件管理标准的主要建设主体。

除国际组织外，国家政府及其直属机构也是国外电子文件管理标准的主要建设主体。英国国防部、财政部联合英国国家档案馆制定了《电子文件管理系统功能需求》规范；英国贸工部制定了《信息安全管理实用规则（BS 7799 - 1：1995）》和《信息安全管理体系规范（BS 7799 - 2：1998）》；美国国防部文件管理项目组制定了《电子文件管理软件设计评价标准（DOD 5015.2 - STD 2007）》，澳大利亚国家档案馆也先后制定了《文件管理（AS 4390 - 1996）》《联邦机关文件保管元数据标准》和《文件保管系统设计和执行手册：事务信息管理的战略标准（DIRKS）》等标准。

国外主持或参与制定电子文件管理标准的学术团体和研究机构主要有国际档案理事会、InterPARES 项目组、美国空间数据系统咨询委员会（CCSDS）和美国档案工作者协会。国际档案理事会（International Council on Archives，简称 ICA）是一个由众多档案工作者、档案专业人员和档案学者所组成的具有广泛代表性的非政府间的国际专业组织，也是档案领域内唯一的国际性咨询机构。"InterPARES 项目组"长期致力于电子文件长久保护与管理的研究，制定的电子文件长期保管的标准具有很高的权威性。美国档案工作者协会则是北美历史上最悠久、规模最大的国家档案专业协会，其制定的元数据标准为电子文件鉴定、保存和利用提供了有力的指导。

此外，美国国会图书馆、美国研究图书馆协会，以及美国在线计算机图书馆中心理事部下属的 OCLC 学会等公共文化机构和教育机构也参与了标准的制定。英国康维尔管理咨询集团和美国 Adobe 公司等企业也在电子文件管理模型、存储格式的标准化方面做出了重要的贡献。

二 国内电子文件管理标准建设主体的总结

依据职能的不同，国内电子文件管理标准的建设主体分为起草单位、发布单位、归口单位和主管单位四类。起草单位负责标准的起草；发布单位负责标准的发布；归口单位由国家赋予权利，按特定渠道对标准实施管理；主管单位负责管理标准化相关事宜。现有的电子文件管理标准中，国家标准的建设主体呈现出多样化特征，行业标准的建设主体则相对单一，笔者试分别列表总结如下（见表7-2、表7-3）：

表7-2 国内主要电子文件管理国家标准建设主体统计表

序号	颁布时间	标准名称	起草单位	发布单位	归口单位	主管单位
1	1999	GB/T 17678.1-1999 CAD电子文件光盘存储、归档与档案管理要求第1部分：电子文件归档与档案管理	国家档案局档案科学技术研究所	国家质量技术监督局	国家档案局经济科技档案业务指导司	国家档案局
2	1999	GB/T 17678.2-1999 CAD电子文件光盘存储、归档与档案管理要求第2部分：光盘信息组织结构	清华大学计算机系	国家质量技术监督局	信息产业部（电子）	信息产业部（电子）
3	1999	GB/T 17679-1999 CAD电子文件光盘存储归档一致性测试	中国标准化与信息分类编码研究所	国家质量技术监督局	中国标准化与信息分类编码研究所	国家质量监督检验检疫总局

续表

序号	颁布时间	标准名称	起草单位	发布单位	归口单位	主管单位
4	1999	GB/T 17825.1－1999（2004）CAD文件管理总则	国家机械工业局机械科学研究院	国家质量技术监督局	全国技术产品文件标准化技术委员会	国家标准化管理委员会
5	1999	GB/T 17825.2－1999（2004）CAD文件管理基本格式	国家机械工业局机械科学研究院	国家质量技术监督局	全国技术产品文件标准化技术委员会	国家标准化管理委员会
6	1999	GB/T 17825.3－1999（2004）CAD文件管理编号原则	国家机械工业局机械科学研究院	国家质量技术监督局	全国技术产品文件标准化技术委员会	国家标准化管理委员会
7	1999	GB/T 17825.4－1999（2004）CAD文件管理编制规则	国家机械工业局机械科学研究院	国家质量技术监督局	全国技术产品文件标准化技术委员会	国家标准化管理委员会
8	1999	GB/T 17825.5－1999（2004）CAD文件管理基本程序	国家机械工业局机械科学研究院	国家质量技术监督局	全国技术产品文件标准化技术委员会	国家标准化管理委员会
9	1999	GB/T 17825.6－1999（2004）CAD文件管理更改规则	国家机械工业局机械科学研究院	国家质量技术监督局	全国技术产品文件标准化技术委员会	国家标准化管理委员会
10	1999	GB/T 17825.7－1999（2004）CAD文件管理签署规则	国家机械工业局机械科学研究院	国家质量技术监督局	全国技术产品文件标准化技术委员会	国家标准化管理委员会
11	1999	GB/T 17825.8－1999（2004）CAD文件管理标准化审查	国家机械工业局机械科学研究院	国家质量技术监督局	全国技术产品文件标准化技术委员会	国家标准化管理委员会

续表

序号	颁布时间	标准名称	起草单位	发布单位	归口单位	主管单位
12	1999	GB/T 17825.9-1999（2004）CAD文件管理完整	国家机械工业局机械科学研究院	国家质量技术监督局	全国技术产品文件标准化技术委员会	国家标准化管理委员会
13	1999	GB/T 17825.10-1999（2004）CAD文件管理存储与维护	国家机械工业局机械科学研究院	国家质量技术监督局	全国技术产品文件标准化技术委员会	国家标准化管理委员会
14	2002	GB/T 18894-2002电子文件归档与管理规范	国家档案局	国家质量监督检验检疫总局	国家档案局	国家档案局
15	2009	GB/T 23286.1-2009文献管理长期保存的电子文档文件格式第1部分：PDF1.4（PDF/A-1）的使用	全国文献影像技术标准化技术委员会第五分委员会	国家标准化管理委员会	全国文献影像技术标准化技术委员会	国家标准化管理委员会
16	2010	GB/T 26163.1-2010信息与文献—文件管理过程—文件元数据第1部分：原则	国家档案局、天津市档案局、安徽省档案局等	国家质量监督检验检疫总局、国家标准化管理委员会	全国信息与文献标准化技术委员会	全国信息与文献标准化技术委员会
17	2012	GB/T 28624-2012组织机构代码数字档案管理与技术规范	全国组织机构代码管理中心	国家质量监督检验检疫总局、国家标准化管理委员会	全国组织机构代码管理中心	全国组织机构代码管理中心
18	2012	GB/T 29194-2012电子文件管理系统通用功能要求	国家电子文件管理部际联席会议办公室、中国人民大学信息资源管理学院	国家质量监督检验检疫总局、国家标准化管理委员会	国家密码管理局	国家密码管理局

续表

序号	颁布时间	标准名称	起草单位	发布单位	归口单位	主管单位
19	2009	GB/T 3792.9－2009 文献著录第9部分：电子资源	清华大学图书馆、中国国家图书馆、中国科学院文献情报中心等	国家质量监督检验检疫总局、国家标准化管理委员会	全国信息与文献标准化技术委员会	全国信息与文献标准化技术委员会
20	2009	GB/Z 23283－2009 基于文件的电子信息的长期保存	全国文献影像技术标准化技术委员会第七分会	国家质量监督检验检疫总局、国家标准化管理委员会	全国文献影像技术标准化技术委员会	国家标准化管理委员会

注：本表根据相关网站和文献资料整理而成。

如表7-2所示，国内电子文件管理标准的起草单位有国家机械工业局机械科学研究院、全国文献影像技术标准化技术委员会、国家电子文件管理部际联席会议、中国人民大学信息资源管理学院、中国标准化与信息分类编码研究所和清华大学计算机系等机构。发布单位主要有国家质量监督检验检疫总局、国家质量技术监督局和国家标准化管理委员会。国家质量监督检验检疫总局是国务院主管全国质量、计量、出入境商品检验、出入境卫生检疫、出入境动物检疫和认证认可、标准化等工作，行使行政执法职责的直属机构，由国家质量技术监督局与国家出入境检验检疫局合并组建而成。国家标准化管理委员会是国家质量监督检验检疫总局的下辖机构，是中国标准化工作的统一主管机构，负责省、自治区、直辖市质量技术监督局标准化工作的业务领导。中国电子文件管理的诸多国家标准中，既有上述单位分别发布的，也有两个单位联合发布的。

中国电子文件管理国家标准的归口单位有国家档案局及其经济科技档案业务指导司、国家密码管理局、全国技术产品文件标准化技术委员会、全国文献影像技术标准化技术委员会、全国信息与文献标准化技术委员会、全国组织机构代码管理中心以及中国标准化与信息分类编码研究所。国家档案局是国务院直属机构，负责对全国的档案事业施行统筹规划、组织协调、统一制定、监督和指导，其下属的经济科技档案业务指导司主要负责企业档案、项目档案和农业农村档案的相关工作。国家密码管理局是中央直属机关事业单位。全国技术产品文件标准化技术委员会由国家标准化管理委员会批准组建，由中共机械工业联合会主管，负责技术产品类标准文件的制定。全国文献影像技术标准化技术委员会由国家图书馆主管，负责全国文献影像技术标准化工作，具体包括国家标准的起草制定、国外先进标准的翻译、国家标准的清理以及标准制修订的阶段性管理等工作。全国信息与文献标准化技术委员会也是一个基础性的标准化工作组织，其制定的标准推动着图书、情报、档案、出版行业的标准化、信息化建设。全国组织机构代码管理中心是国家质量监督检验检疫总局的直属机关，是负责管理全国组织机构代码工作的职能机构。中华人民共和国信息产业部成立于1998年，其主要职责就是拟定国家信息产业发展战略、方针政策和总体规划，振兴电子信息产品制造业、通信业和软件业，其下属的电子信息产品管理司专门负责管理信息产业、制定相关政策法规。中国标准化与信息分类编码研究所也是中国标准化研究院的下属机构，信息分类的编码研究也是中国标准化研究院的传统优势领域，其所开展的信息分类编码基础标准化研究工作涉及国民经济和社会发展所需的人、机构、产品、行业等众多重要对象的分类与编码。电子文件管理国家标准的主管单位主要有国家标准化管理委员会、国家档案局、国家质量监督检验检疫总局、全国信息与文献标准化技术委员会、全国组织机构代码管理中心、信息产业部（电子）。

国内电子文件管理的行业标准中，不同属性的标准其建设主体也略有不同，例如，档案行业标准（DA）的发布单位是国家档案局，兵工民品行业标准（WJ）是国防科工委，城镇行业标准（CJJ）是建设部，核工业行业标准（EJ）是核工业档案馆，航空工业行业标准（HB）是国防科技工业委员会。这些标准的起草单位，有国家档案局、国家档案科学技术研究所、安徽省档案局、江苏省档案局、广州市城建档案馆、住房和城乡建筑部城建档案工作办公室、航空工业档案馆、清华大学光盘国家工程研究中心、中国航空综合技术研究所、沈阳飞机工业（集团）有限责任公司、庆安集团有限公司等，如表7-3所示。

表7-3　　国内主要电子文件管理行业标准建设主体统计表

序号	颁布时间	标准名称	起草单位	发布单位
1	1995	DA/T 15-1995 磁性载体档案管理与保护规范	国家档案局档案科学技术研究所	国家档案局
2	2005	DA/T 31-2005 纸质档案数字化技术规范	国家档案局科学技术研究所、国家档案局信息管理中心、国家档案局技术部	国家档案局
3	2005	DA/T 32-2005 公务电子邮件归档与管理规则	国家档案局	国家档案馆
4	2007	CJJ/T 117-2007 建设电子文件与电子档案管理规范	广州市城建档案馆	建设部
5	2008	DA/T 38-2008 电子文件归档光盘技术要求和应用规范	国家档案科学技术研究所和清华大学光盘国家工程研究中心	国家档案局
6	2008	HB 7836-2008 航空工业电子公文文档一体化管理要求	中国航空综合技术研究所、航空工业档案馆、沈阳飞机工业（集团）有限责任公司、庆安集团有限公司	国防科学技术工业委员会
7	2009	DA/T 43-2009 缩微胶片档案数字化技术规范	国家档案局	国家档案局
8	2009	DA/T 44-2009 数字档案信息输出到缩微胶片上的规定	国家档案局	国家档案局
9	2009	DA/T 46-2009 文书类电子文件元数据方案	安徽省档案局	国家档案局

续表

序号	颁布时间	标准名称	起草单位	发布单位
10	2009	DA/T 47-2009 版式电子文件长期保存格式需求	安徽省档案局、北京北大方正技术研究院有限公司	国家档案局
11	2009	DA/T 48-2009 基于XML的电子文件封装规范	安徽省档案局、北京北大方正技术研究院有限公司	国家档案局
12	2011	DB 32/T 1892-2011 数字档案馆建设规程	江苏省质量技术监督局	江苏省质量技术监督局
13	2011	DB32/T 1893-2011 电子档案基础元数据数据库结构和封装格式	江苏省档案局	江苏省质量技术监督局
14	2011	DB32/T 1894-2011 档案数字化转化操作规程	江苏省档案局	江苏省质量技术监督局
15	2012	CJJ/T 187-2012 建设电子档案元数据标准	住房和城乡建设部城建档案工作办公室	中华人民共和国住房和城乡建设部

注：本表根据相关网站和文献资料整理而成。

三 国内外电子文件管理标准建设主体的比较与分析

通过对国内外电子文件管理主要标准及其建设主体的梳理与总结，笔者发现，国外参与电子文件管理标准建设的主体，从性质上囊括了国际组织、国家政府及其直属机关、学术团体、研究机构、公共文化机构和企业，在标准的具体建设过程中，学者、专家、档案工作者和信息技术人员也都参与其中，确保了标准的科学与先进。

国内电子文件管理标准的建设主体，在性质上也囊括了国家标准化主管机构，国家档案局、国家密码管理局等中央或国务院直属机构，全国信息与文献标准化技术委员会、全国文献影像技术标准化技术委员会等标准化工作组织，中国人民大学信息资源管理学院、清华大学计算机系等高等院校，中国航空综合技术研究所、国家档案科学技术研究所等研究机构，以及沈阳飞机工业（集团）有限责任公司、庆安集团有限公司等企业。可见，国内标准的建设主体并非如部分研究成果上所描述的"过于单一"[①]，标准化建设的主体格局也已不断向国外发达国家或国际学习和接轨，更多的主体被吸纳和参与到标准的起草、制定与建设中，这一点同样值得在非遗建档标准体系建设中继续保持和优化。

第二节　非遗建档标准体系建设的可能主体分析

对国内外电子文件管理标准建设主体的梳理，明确了国内外电子文件管理标准化，乃至整个标准化工作中可能调动与吸纳的主体类型及其职能，对于科学定位非遗建档标准体系的建设主体，发现可能依存的主体力量有着重要意义。

一　国内外非遗建档标准建设的现行主体

现有的非遗建档标准建设实践中，参与国外标准建设的主体有联合国教科文组织、世界知识产权组织等国际组织，日本文化财保护委员会、苏格兰博物馆画廊组织、纽芬兰和拉布拉多基金会等社会团体，以及纽芬兰和拉布拉多纪念大学等高等院校。而国内非遗建档标准的建设主体则包括湖南省文化厅等文化部门，云南省昆明市档案局等档案部门，中国艺术研究院、中国民族民间文化保护工程国家中心、中国非遗保护中心、山东省非遗保护中心等研究机构。

可见，在国内外已经开展的非遗建档标准建设工作中，参与主体的数量不多。随着非遗建档标准体系建设的全面开展和逐步推进，将会有更多主体参与进来。发现这些可能参与的主体，构建起合理的主体格局将是非遗建档标准体系建设主体研究的主要方向与内容。

---

① 梁燕君：《发达国家标准体系的特点和启示》，《农业质量标准》2006年第6期，第49页。

第七章 中国非遗建档标准体系建设主体的选择

二 非遗建档标准体系建设的可能主体

非遗建档标准体系建设的可能主体应该是具有一定标准化建设水平，熟悉并了解非遗建档工作的主体。中国标准化管理机构有着良好的标准化建设水平，从事非遗建档实践的组织、机构或个人则熟悉并了解非遗建档的工作，这些主体应该成为非遗建档标准体系建设的可能主体。

中国非遗建档的主体包括权利主体和现实主体两类。权利主体是中国非遗建档相关法律法规中规定应当承担非遗建档任务的主体；现实主体则是实际参与非遗建档工作的主体。中国非遗保护、建档工作开展之初，地方和国家政府先后出台了一系列法律法规以指导和推进非遗保护、非遗建档工作。这些法律法规将政府及其文化行政部门，非遗相关民间组织，以图书馆、文化馆、博物馆和科技馆为代表的公共文化机构，高等院校等教育部门，企业，新闻出版，广播电视等机构认定为中国非遗建档的主体。

政府是国家公共行政权力的象征，承担着满足人民日益增长的文化需求、依法对文化事业实施管理的职责。在初级阶段的非遗保护、非遗建档工作中，政府及其文化行政部门——文化部主持着非遗保护、非遗建档相关法律法规的制定，调动集合着非遗建档的人力、物力和财力的资源，并亲身参与到非遗建档的实践工作中。以中国民间文艺家协会、中国民俗学会、湖北省拾穗者民间文化工作群等为代表的民间组织，凭借其扎根民间、形式灵活的特点，在非遗资料的收集、非遗档案的传播和研究上发挥了重要的作用。湖北省拾穗者民间文化工作群长期致力于汉水文化的发现与保存，通过持续性的田野调查，以口述笔录、影像拍摄等方式收集并编辑素材，由其创作的反映湖北南漳薛坪镇陈氏家族古法造纸工艺的《漳源纸事》获得了第29届东京录影节优秀作品奖。以博物馆、图书馆、群艺馆、文化馆、科技馆和美术馆等为主的公共文化机构，其特有的日常展示机制和社会服务功能，使其更擅长于非遗档案的展示和公众感知，博物馆和图书馆在文物、文献保存方面的经验，及其馆藏文物和文献，成为了非遗资料的有力补充，这些机构也成为长期保存、展示和传播非遗档案的重要场所。新闻媒体有着强大的宣传平台和多形式的宣传手段，因而在非遗档案的动态展示、多媒体传播上有着其他主体所不具备的优势。而以高等院校为主的教育机构则凭借其强大的人才优势和学术优势，投身于非遗档案的整合、编辑、研究，以及建档人才的培养中。

上述权利主体基于自身的特点与优势，不同层面、不同程度地参与到非遗建档工作中，成为中国非遗建档现实主体的重要组成。除此之外，档案部门和广大社会公众也积极主动地投身到非遗建档工作中，他们虽未在非遗法律法规中被提及，但却是权利主体之外不可缺少的重要现实主体。

作为重要文化资源的收藏机构和信息资源的管理机构，档案部门在非遗建档和管理中的作用主要体现在四个方面：第一，为非遗项目的申报提供佐证。非遗的申报和评定需要大量的原始文献资料做支持，档案部门丰富的馆藏可在很大程度上满足资料的需要，馆藏档案资料的原始记录性、权威性和唯一性也增加了申报材料的信服力，成为非遗项目评定的有力凭证。第二，及时对非遗项目的申报资料立档。档案部门在提供非遗项目申报资料的同时，也会及时对申报资料进行收集和立档，成为非遗项目档案的重要组成。档案部门在档案收集、整理和分类方面的成熟经验与做法可以确保构建起来的档案的真实性、完整性和有效性。第三，在服务于非遗项目申报的同时，档案部门还积极地参与到非遗档案资料的普查和调研活动中，在全面了解和掌握非遗生存现状的同时，随时搜寻和抢救散存于民间的吉光片羽，协助非遗档案的确认、建设和管理。第四，档案部门还积极开展对本部门内部非遗档案的开发和利用，通过举办展览，编辑成册的形式，让公众零距离地接触非遗档案，感受非遗档案的魅力，北京市海淀区档案馆举办的"华彩海淀——非物质文化遗产档案集萃展"，这既是档案部门档案资源服务功能的体现，也是宣传非遗，提高全社会非遗档案建设和管理意识的有力途径。[①]

---

① 莫陌：《北京市海淀区档案馆"华彩海淀·非物质文化遗产档案集萃"展开幕》，《北京档案》2007年第8期，第5页。

第七章 中国非遗建档标准体系建设主体的选择

非遗建档和档案管理中的公众主体有传承主体和社会公众两大类。传承主体是指承担着保护和传承非遗项目责任的非遗传承人。非遗传承人由文化行政部门认定，掌握着非遗最根本的精髓，具有公认的代表性、权威性与影响力。而非遗的"非物质性"决定了保护和抢救非遗的根本途径应是抢救非遗技艺，保护非遗传承人，因此，围绕非遗传承人建立起来的非遗传承人档案将成为非遗档案的重要类型，而非遗传承人通过口头讲述形成的口述档案，以及通过肢体演示形成的相关视音频档案，都将成为非遗传承人档案的重要内容。不同的非遗项目，其传承人的类型是不同的，有的是群体传承，有的是个体传承，而有的非遗项目，如春节、清明、端午、中秋及二十四节气等文化类型，因尚未找到合适的传承人，而暂以政府作为传承主体。这些以政府、群体或个体组成的传承主体，在传承非遗资源，充实非遗内涵、构建非遗档案上无疑有着十分重要的地位和作用。[1]

此外，广大社会公众，如文化领域的众多学者、专家、非遗保护的热心人士，以及非遗文化空间和生存地区的原生居民，也在积极地为非遗保护奔走呼号，他们以自身微薄的力量，默默地收集和积累着非遗的珍贵资料与素材，有的人将自身收藏多年的非遗档案资料无偿地捐献给国家，有的则以一己之力，建立起非遗档案的展厅，保存和宣传非遗档案，他们的加入，将成为非遗建档和档案管理的生力军，对于非遗建档和档案管理的推进有着重要的作用。

基于上述分析，笔者认为，非遗建档得到了政府及其文化行政部门、民间组织、公共文化机构、档案部门、高等院校等多元主体的共同参与，这既是非遗"形成于民间、发展于民间"特性的体现，也是各类主体对其文化责任的承担。作为非遗建档工作的重要组成部分，非遗建档标准体系的建设同样需要各类主体的群策群力、发挥优势、协调互补，因此，可能需要依存和吸纳的主体，至少应包括以下三大类型：

第一，国家标准化工作的主管部门。国家质量监督检验检疫总局

---

[1] 李墨丝：《非物质文化遗产保护法制研究》，博士学位论文，华东政法大学，2009年，第142页。

及其下辖的国家标准化管理委员会是全国标准化工作的统一主管机构，非遗建档标准体系的建设理应在两个机构的组织和指导下进行。

第二，非遗建档工作的主管部门。各级政府及其文化行政部门是中国非遗保护和非遗建档的主管部门，作为非遗建档工作的一部分，非遗建档标准体系的建设工作也需要在政府及其文化行政部门的组织和管理下进行。

第三，非遗建档工作的实际参与部门。作为非遗建档工作的一部分，非遗建档标准体系建设工作同样需要得到各种社会团体与民间组织，包括图书馆、美术馆、博物馆、展览馆、群艺馆等在内的公共文化机构、各级档案部门、新闻媒体、高等院校和广大社会公众的支持和参与。

第三节 群体智慧：非遗建档标准体系建设的主体格局

明确了非遗建档标准体系建设可能依存的主体后，笔者试图进一步厘清和明晰各类主体在非遗建档标准体系建设中所处的位置、承担的职责、发挥的作用，进而探寻最理想的主体格局。

一 多元主体的角色划分

针对群体参与下的多元主体，美国圣迭戈州立大学的罗宾斯（Robbins, S. P.）[1]、英国剑桥大学的贝尔宾（Belbin, M.）[2] 等学者依据职能与属性的不同，将主体角色划分为主事者、专业者、完善者、执行者、协调者、监控者、挑战者、传播者和创新者九大类（见图7-1）。以此为参考，结合标准化建设的一般实践，以及非遗建档主体的职责与优势，笔者将非遗建档标准体系的建设主体依次划分为

---

[1] Stephen P. Robbins, *Organizational Behaviour*, New Jersey: Prentice Hall, 1991, p. 250.

[2] Meredith Belbin, *Team Roles at Work*, Taylor & Francis, 2012, p. 1.

四类，分别是管理主体、制定主体、实施主体和受益主体。

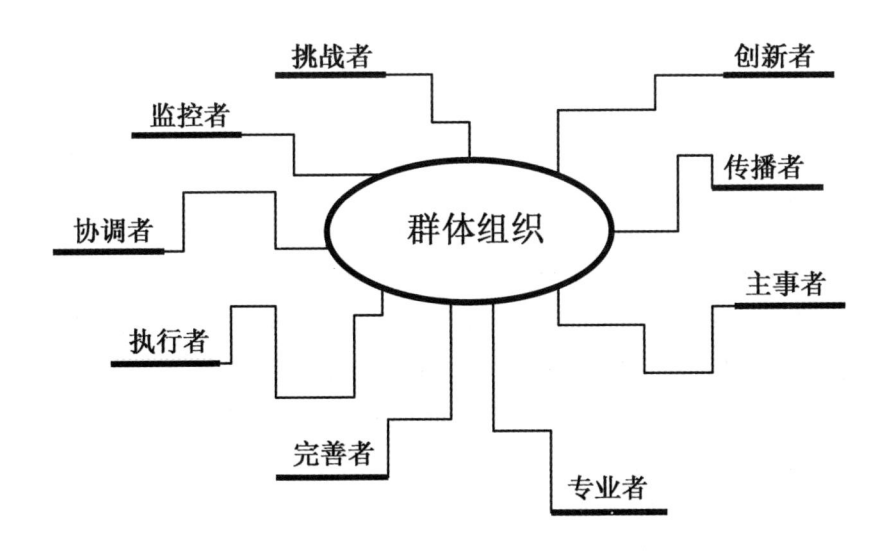

图7-1　群体参与下的多元主体角色划分

（一）管理主体

管理主体是指承担着非遗建档标准体系建设管理责任，决定着标准体系建设方向和建设进程的相关组织与人员。多元主体在非遗建档标准体系建设中的参与，不能是随意、自主或无序的，这不仅无益于非遗建档标准体系建设的顺利展开，还会在一定程度上延缓和降低非遗建档标准体系建设的成效。因此，管理主体的控制与协调显得十分重要和必要。

非遗建档标准体系建设的管理主体是对群体参与非遗建档标准体系建设目标有着清晰认知，对所开展的标准体系建设事业有着坚定信念，进而对非遗建档标准体系建设多元主体有着坚强内聚力和稳定性的主体力量。能够承担这一职责的主体只能是非遗、非遗建档工作的主管部门——政府及其文化行政部门，以及国家标准化主管部门——国家标准化管理委员会。政府及其文化行政部门是非遗、非遗建档工作的倡议者与组织者，也是相关法律法规的制定者和执行者。非遗建

中国非物质文化遗产建档标准体系研究

档标准体系的建设工作只有在政府的倡导与主持,以及文化行政部门的具体安排和管理之下才可能顺利开展起来。在中国标准化运行体制中,国家标准化管理委员会、国务院各职能部门及地方政府技术监督局等部门也一直充当着标准化工作管理者的角色。不同层级的标准建设工作由不同级别的标准化主管机构对应管理。如国家标准由国家标准化管理委员会负责,行业标准由国务院职能部门及其行业协会负责,地方标准则由地方技术监督部门负责。不同层级管理部门之间相互协调,确保各层级标准间的一致性和整体性。

在非遗建档标准体系建设工作中,政府及其文化行政部门、标准化主管部门的管理职责会因工作阶段的不同而各不相同。在标准体系建设的初级阶段,多元工作对非遗建档标准体系建设工作的认识不足,标准化意识和标准建设能力不足,其主动开展和参与标准建设的积极性也不强,需要管理主体的引导和激励,因此,这一阶段将是管理主体主导的阶段。政府、文化行政部门、标准化主管部门承担的工作包括:全面主导标准化工作、加大投入力度、加强领域内标准的制定、分专业成立标准制定机构以及标准化组织管理机构、激励其他主体参与标准的制修订、组织开展标准建设工作、构建有效的政策与信息平台、加大宣传力度、推进标准的实施等。值得提出的是,管理主体对非遗建档标准体系建设的管理与主导是以协调而非命令或指挥的方式进行。管理主体通过组织协调、政策引导、利益共享、市场化和制度保障等方式协调各主体之间的关系,以充分调动各主体参与非遗建档标准体系建设的积极性。

在标准体系建设的中级阶段,多元主体积累了非遗建档的经验,研发了适用的非遗建档技术,这些主体会根据工作的需要,联合标准化机构,共同开展标准建设工作,因此,这个阶段是多元主体共同主导的过渡阶段。在这一阶段中,管理主体仅出台相关政策,对标准体系建设工作进行宏观管理,指导多元主体对标准体系的建设,其工作职责具体包括:制定标准建设工作的指导意见、工作指南及相关法律法规、协调相关主体间的关系、减少直接干预、委托下属标准化机构负责标准的审批与备案。

在非遗建档标准体系建设的成熟阶段,多元主体已具有较强的标准化和技术研发能力，也积累了较为丰富的标准体系建设经验，因此，多元主体成为这一阶段的主体，管理主体与多元主体是平等、协作的关系。管理主体不再直接干预标准体系建设工作，其职责仅为宏观引导标准体系建设工作，如制定标准化规划和激励政策、监督多元主体的工作以及避免出现技术壁垒。

（二）制定主体

制定主体是指参与标准制定活动的主体。依据约束范围的不同，中国标准可分为国家标准、行业标准、地方标准和企业标准等。《中华人民共和国标准化法》（以下简称《标准化法》）的第二章"标准的制定"规定：不同约束范围的标准有着不同的制定主体，其中"国家标准由国务院标准化行政主管部门制定……；行业标准由国务院有关行政主管部门制定……；地方标准由省、自治区、直辖市标准化行政主管部门制定……；企业标准则由企业制定"。依据这一规定，非遗建档的国家标准应由国务院标准化行政主管部门——国家标准化管理委员会制定，行业标准主要由非遗、非遗建档的行政主管部门——文化部制定，地方标准由省、自治区、直辖市的质量技术监督局、标准化管理委员会或专业标准化技术委员会等制定，而企业标准则由参加非遗建档工作的各类企业制定。但是，标准的制定是一个系统而复杂的工程，涉及起草、审议、立项、核准、签署、公布等诸多环节，仅仅依靠《标准化法》中规定的单一主体是很难按质按量完成的，只有广泛吸纳具有专业化水平和实践经验的其他主体的加入，才能确保标准的先进、普遍和适用。

政府及其文化行政部门、国家标准化主管部门是非遗建档标准体系建设的管理主体，它们同样也该是非遗建档标准体系建设的制定主体，承担着编制制订计划、协调制定主体以及部署具体制定工作的职责。民间组织、公共文化机构、新闻媒体、高等院校、档案部门、企业和广大社会公众等有着丰富的知识与经验，他们应在政府及其文化行政部门、国家标准化主管部门的组织和引导下，遵照制订计划，设定具体或阶段性建设目标，集合资源、组织人力，有条不紊地开展标准的制定工作。

在非遗建档工作中，民间组织是一支十分重要的力量。民间组织在民族民间文化保护和传承方面具备的独特人才、智力优势对于非遗建档标准的制定来说是弥足珍贵的。民间组织中的专家和学者有着优秀的业务专长、卓越的文化敏感意识、独到的政策见解以及系统科学的执行能力,可以突破政府组织或行政部门层级审批或政治色彩浓重的管理方式,以机敏、灵活的思维逻辑与执行方式、较低的运行成本,创新非遗建档标准制定思维,提升非遗建档标准体系建设的深度与广度。除民间组织外,包括博物馆、图书馆、群艺馆、文化馆、科技馆和美术馆在内的公共文化机构也是非遗建档标准制定的主体。博物馆、图书馆、科技馆和美术馆长期从事非遗传承、传播及非遗档案的展示,博物馆、图书馆在文物保藏、文献收集方面积累的经验,群艺馆和文化馆在非遗普查、非遗信息登记、非遗资料收集与归档方面积累的做法都应该被纳入标准中。

同时,新闻媒体凭其在非遗建档宣传、非遗档案信息化展示等方面的优势与特长,对于非遗档案数字化传播、多媒体展示等标准的制定有着绝对的话语权。以高等院校、科学研究院等为主的教育科研机构在非遗建档实践中积累的经验,以及其自身所具有的良好的教育资源和人力资源,使其完全可以也应当参与到非遗建档标准的制定中。从当前标准制定情况来看,高等院校和科研机构多会受标准化主管机构的委托,成为标准的起草者,非遗建档标准的制定,也可遵循这一路线。

在非遗建档标准的制定主体中,最不应该被忽视的是档案部门的作用。档案部门现有的传统档案与电子档案的建设和管理标准,已在现行的非遗建档实践中发挥重要的指导作用,而其自身参与的非遗普查、非遗档案资源的建设与服务以及非遗档案数据库的建设,也为相关标准的建设奠定了坚实的实践基础。作为非遗建档标准众多制定主体中最为专业的一员,档案部门有责任发挥自身的优势,在国家政策框架下,协助文化部门将其在特藏档案室建设和国家重点档案抢救工作中形成的宝贵经验与方法,转化为一套行之有效的管理制度和管理方法,更好地用于非遗建档工作。

最后,对于参与非遗建档的众多企业和广大社会公众而言,他们也应当成为非遗建档标准制定的参与者。这些企业可将自身取得的经验和成功做法录入标准中,在全社会范围内加以推广。社会公众的范畴则更为宽泛,广大非遗传承人在非遗建档工作中的参与,对非遗建档标准的建言献策,无疑有助于提高非遗建档标准的适用性和科学性;活跃于民间组织、公共文化机构、高等院校、科研机构和档案部门的专家、学者或专业化人士,他们既是上述机构参与非遗建档标准制定的代表,同时也是社会公众以个体参与的形式之一。

同管理主体一样,在非遗建档标准制定的不同阶段,不同制定主体所发挥的作用、所处的地位也有不同。在非遗建档标准制定的初级阶段,多元主体可能尚未或刚刚参与到非遗建档工作中去,积累的经验有限,自身也处于摸索的阶段,因此参与标准制定的积极性和能力不强,需要政府及其文化行政部门、国家标准化管理部门率先开展基础标准的制定,组织开展标准化研究、编制标准体系表、激励其他主体参与标准制定,构建有效的信息平台,及时公布标准制定的相关资讯,其他主体也可通过标准化信息平台了解标准制定进展,逐步参与到标准制定工作中去。

在非遗建档标准制定的中期和成熟阶段,政府及其文化行政部门、标准化管理部门等主体对标准制定的干预将明显减少,他们可以对标准制定工作提出指导意见,为标准的制修订工作创造必要的条件,也需要对制定过程加以监督,避免出现技术上的壁垒,但是,更多自主权将释放给其他主体,鼓励他们主动研发相关技术,应用、完善、成熟后形成标准,及时结合实践分析标准建设需求,确保技术研发、标准制定和标准试用的同步。总体而言,政府及其文化行政部门、国家标准化管理部门的干预将逐渐弱化,其他主体的主导性和参与度将逐渐加强。

(三) 实施主体

实施主体是实施标准的机关与组织,这些主体对标准的实施情况直接体现了标准对实践活动的适用性和指导力。在非遗建档标准体系建设工作中,所有参与非遗建档工作的主体都应当成为非遗建档标准体系的实施主体。

从业务流程角度来看,非遗建档工作涉及普查、收集、整理、归档、保存、数字化、展览和利用等环节,非遗建档标准体系的实施将贯穿于整个流程，只是在不同的阶段，其适用的标准不同，标准的实施主体也不同。标准实施主体是否了解标准，掌握标准，具有自觉使用标准的意识与能力将直接关系到标准实施的效果与程度。

在非遗建档标准的实施过程中，政府及其文化行政部门也需对整个实施过程起主导作用。政府及其文化行政部门可以通过法律法规在全社会范围内强制标准的执行，也可以在业务流程的各个环节组织各种力量保证或提供标准实施的条件，它们是标准实施与推广强制力量的来源。

同时，政府及其文化行政部门、民间组织、公共文化机构、新闻媒体、高等院校、档案部门和社会公众等主体也是非遗建档活动的主体，它们在业务流程的各个环节从事着具体的建档工作，如政府及文化行政部门组织开展的非遗普查与收集，公共文化机构从事的非遗资料的保存与展示，新闻媒体部门在新媒体环境下开展的非遗资料宣传等，它们既是贯彻实施标准的主体，也是标准约束和指导的对象。

（四）受益主体

受益主体又称利益归属主体，是非遗建档标准体系建设带来的非遗建档标准化、规范化的最终享受者。受益主体的存在是标准化工作的出发点和归属点。法律或标准的受益主体处在一种隐形状态，表现出的是当事主体兼具权利主体和受益主体双重身份。非遗建档标准体系建设的多元主体就是如此。它们有的是非遗建档工作的法定权利主体，如政府及其文化行政部门、公共文化机构、高等院校等；有的虽未在法律法规中明确提及，却是非遗建档的现实主体，如档案部门，这些主体均参与非遗建档标准体系的建设工作，并共同成为非遗建档标准体系建设的最终受益者。

基于这一认识，笔者尝试从宏观、中观和微观三个层面总结非遗建档标准体系建设的受益主体。宏观层面的受益主体应当是国家和社会，非遗保护、非遗建档可以说是近年来中国文化建设的重要工程，非遗建档标准体系是对非遗建档工作的宏观调控和规范指导，对于保障中国文化建设的健康、持续发展，实现文化的大发展大繁荣有着重要的意义。中观层次的受益主体是所有参与非遗建档的主体，它们在非遗建档标准体系建设工作中的参与，很大程度上体现了各主体自身的价值，成功经验与成熟做法的标准化也使更多主体得以共享和采纳。微观层次的受益主体是具体开展非遗建档工作的业务部门和实践机构，受益表现在这些主体得以在标准指导下更加规范地开展非遗建档工作，非遗建档水平得以提高，更多的非遗资料得到妥善保存，相关的非遗传承人也得到更大重视。

需要说明的是，四类主体角色和类型的划分，不意味着四类主体泾渭分明，互不交叉。事实上，很多主体会同时承担两种或三种不同的角色。笔者的划分仅仅是依据其最擅长或最适合承担的责任，在不同的工作阶段，针对不同工作内容进行角色安排和职责划分。

二 "群体智慧"的主体格局

在认识并划定了多元主体的角色和任务后，笔者试图进一步探究它们在建设标准体系过程中应保持的关系。现行的非遗建档工作采取的是政府发动、文化行政部门具体组织、向民间组织、公共文化机构等主体传达落实的层级管理体制，这是一种"自上而下"的运行模式，"命令链"的垂直送达形成了金字塔式的层级管理模型。[①] 这种管理模型的形成，在20世纪八九十年代至今这一非遗建档的初级阶段有着一定的必然性和合理性，但其存在的问题与弊端也逐渐显现出来。政府"自上而下"的推进使得民间组织、公共文化机构等多是被动接受或被安排去完成某项工作，参与程度相对有限，自主性也较弱。

笔者曾对湖北省枝江市枝江县的非遗建档工作展开过调研，枝江县博物馆原馆长的一席话引起了笔者的深思。这位馆长说："政府下来调研，很多情况他们不了解，也不太懂，他们调查的人，其实不是真正的传承人，有些老艺人，年纪大，口音重，他们听不懂，不好谈。有一次，他们收到一个东西，都准备扔了，还是当地人告诉他们有用，才留下来。"可见，政府并非真正了解非遗、懂得非遗，加之未能与当地民众平等、真诚地对话，非遗普查流于形式，错失、遗漏

[①] 杨虹、刘传江：《中国自上而下城市化与自下而上城市化制度安排比较》，《华中理工大学学报》（社会科学版）2000年第2期，第77页。

的现象时有发生。同时，政府开展的非遗建档工作，还面临着工作人员捉襟见肘的困境。以浙江嘉兴市非遗保护中心为例，其从事非遗工作的人员只有两人，其中一人还兼任三个行政职务，连日常的资料整理都难以全面完成，更谈不上深入民间展开非遗调研了。即便如此，部分重要主体，如档案机构和社会公众仍处于被忽视的境地。在现行非遗法律法规中，档案部门的主体地位均未得到提及，虽然档案部门依旧以积极的姿态投入到非遗建档中，但始终难以抵消"法律层面被忽视"所带来的影响与制约，档案部门的水平与优势未曾得到充分的发挥。相似的问题同样存在于社会公众之中。2007—2018年，文化部先后五次将共计3068位民间艺人认定为国家级非遗项目代表性传承人，这是对非遗民间力量的尊重与保护。但是，同中国繁复的非遗资源相比，这些被发现被调动起来的民间力量仍是有限的，大量传承人被排除在名录之外，许多了解非遗、掌握非遗的公众也处于无处发声的境地，这不得不令人担忧，公众一旦沦为"看客"，非遗建档成为小众、官方的事业，带来的将是非遗建档的滞后与延缓。因此，在非遗建档标准体系建设过程中，应努力改善"政府主导"的局面，向着"群体参与"迈进。为此，笔者引入"群体智慧"管理理论，提出非遗建档标准体系建设的"群体智慧"主体格局。

"群体智慧"是群体所拥有或形成的智慧，常有"Collective Intelligence""Group Intelligence"和"Swarm Intelligence"三种英文表述。"群体智慧"的概念由西方学者Wechsler于1964年提出，此后，信息科学、计算机科学、生态学、经济学等学科的学者们纷纷对其展开了研究，形成了"群体智慧"的基本认识。群体智慧是众多个体在共同目标和信念的驱使下，通过个体间的认知、协作与合作，依托一定的平台，以群体为单位，开展起的信息获取、现象认识、群体决策和群体预测等行为，产生出超越个体或个体总和的智慧与能量。2004年，《纽约客》杂志著名的专栏作家詹姆斯·索罗维基（James Surowiecki）撰写并出版了《群体的智慧：如何做出最聪明的决策》一书，将群体智慧视为一种新的管理理论和管理模式，予以高度的肯定与褒奖。目前，"群体智慧"理论已在社会管理、环境治理、远程教育、市场预测和电子商务等领域加以运用。

第七章　中国非遗建档标准体系建设主体的选择

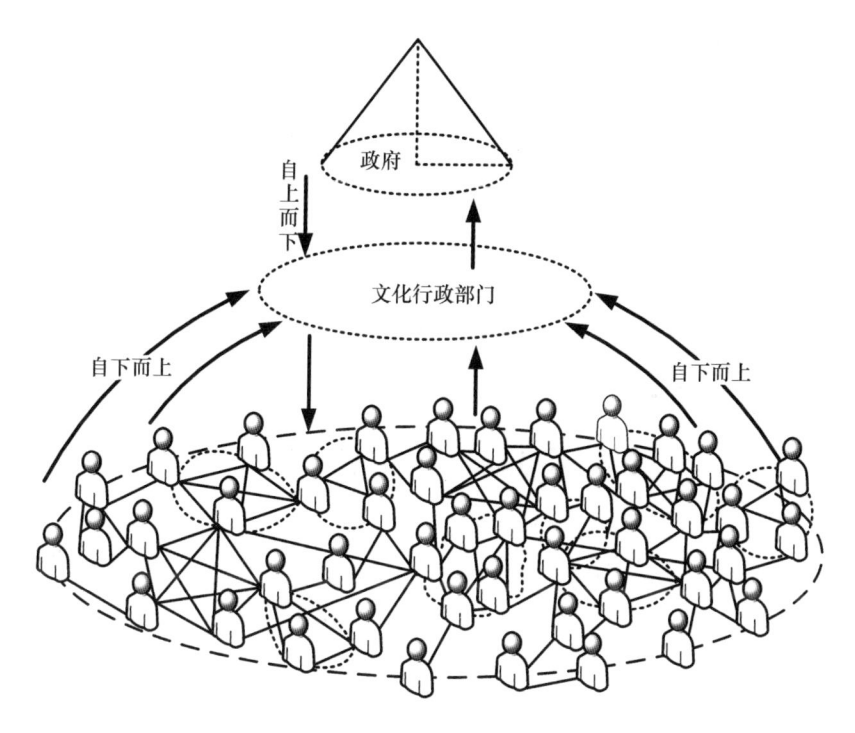

笔者提出的非遗建档标准体系建设"群体智慧"主体格局，旨在最大限度调动多元主体参与、凝聚不同主体的智慧与力量、实现非遗建档标准体系建设共赢。在主体间关系的处理上，努力摒弃传统金字塔式的高度集权化的管理模式，代之以扁平化、分权化和网络化的沟通、合作模式，每一个主体依据角色、分工的不同平等地获取信息，享有参与非遗建档标准体系建设的权利，这是一种更符合非遗建档标准体系建设实践、科学、合理的"自下而上"管理模式，如图7-2所示。

图7-2　非遗建档标准体系建设"群体智慧"主体格局图

麻省理工学院教授Thomas Malone将群体智慧的实现方式划分为群体认知、群体协作和群体合作三种。群体认知是指群体中的不同主体基于不同立场、不同视角，结合自身的知识与经验做出的判断与预测，其对象主要是一些已有或会有解决方案的问题，认知的结果也都不会是单一的，但有些结果必定会优于其他结果。在广泛的认知和分析中提炼出最佳的答案，就是群体认知的主要目的。群体协作与群体合作这两个概念看似相近实则相互区别。群体协作是以群体内部个体的协同与配合为前提，个体在实施行为的同时，也清楚地知道其他个体也在做着同样的事情，一群志趣相投的人为了共同的目标以分散的形式贡献着自己的创意和智慧，旨在汇聚成一股合力，解决问题成为群体协作的主要目标。群体合作的形式则更类似于"点子汇"，即网上的集体讨论会。群体合作也要调动群体成员中各方的努力，但这种努力未必具有明确的目标，它以一种更宽泛、更开放的形式，鼓励成员自己提出前景策划和创新构想。

群体认知、群体协作与群体合作是群体参与、群体智慧发挥的主要方式。在非遗建档标准体系建设过程中，多元主体也将主要以这三种方式进行，笔者依据非遗建档标准体系建设的主要程序及其关键环节，对多元主体参与的方式和内容做出简要分析，如表7-3所示。

表7-4　多元主体参与非遗建档标准体系建设主要方式分析表

序号	主要程序	内容	主体	方式
1	预研	提交标准制定提案	非遗建档业务机构或个人	群体认知 群体协作
		接受并评估标准制定提案	标准化管理机构	群体认知 群体合作
2	立项阶段	标准制定提案审核	标准化管理机构、标准化行业机构、非遗建档业务机构及其他利益相关方	群体合作
		面向公示，征求意见	社会公众	群体认知
3	起草阶段	完成标准草案最终稿，报送至技术委员会	标准起草工作组	群体认知 群体协作

第七章 中国非遗建档标准体系建设主体的选择

续表

序号	主要程序	内容	主体	方式
4	征求意见阶段	面向行业征求意见、面向全社会征求意见	标准化管理机构、行业标准、业务标准、全社会	群体认知 群体合作
		收集、归纳、整理意见、修改征求意见稿	标准起草工作组	群体协作
5	审查阶段	技术委员会或技术归口单位审查标准送审稿	标准化管理部门或项目主管部门、技术归口单位	群体协作
6	批准发布阶段	审核报批稿	国家标准化管理委员会	群体认知
		批准国家标准，统一编号、发布标准	国家质检总局、国家标准化管理委员会	群体协作

但是，鼓励并释放更多权利和空间给多元主体，并不意味着要完全否定政府及其文化行政部门、标准化管理部门在非遗建档标准体系建设中的宏观指导作用。在非遗建档标准体系建设的初期阶段，需要它们的引导和推进，在中期和成熟期需要它们的控制，这种控制是必要的，否则很容易引起多元主体参与的无序与混乱。

第八章　非遗建档标准体系的实施与保障

标准在制定并发布之后，需要尽可能贯彻实施于实践，才能转化为生产力，产生应有的经济与社会效益。标准的实施是标准建设整体工作的重要组成，也是标准向前发展的不竭动力。标准未经实施，难以检验出其是否达到了预期目标、是否有助于构建最佳工作秩序、是否能获得最佳效果，因此，非遗建档标准体系同样不能单纯停留于纸面，而是要逐步实施于实践，以指导并规范非遗建档工作。标准的实施是细致且复杂的，本章中，笔者将对非遗建档标准体系的实施及其保障加以研究，认识并探究非遗建档标准体系实施的程序与形式，进而从动力机制、质量控制机制、激励机制和协调机制四个方面构建起非遗建档标准体系实施的保障体系。

第一节　非遗建档标准体系的实施

非遗建档标准体系的实施是指将非遗建档的系列标准有组织、有计划、有步骤地贯彻落实于非遗建档实践的过程，它是非遗建档标准体系管理部门、制定部门以及非遗建档业务部门共同承担的任务，也是建设非遗建档标准体系的最终目标。非遗建档系列标准的贯彻实施对于非遗建档标准体系建设工作、非遗建档工作都有着非常重要的意义。

一方面，非遗建档标准中规定的建档流程、操作指南、质量要求和技术规范，均是以非遗建档领域内的科学技术、成熟经验为基础凝练而成，在全行业范围内的推广实施，首先是对各机构各部门原有工作水平、规范化程度的检验与评估，如是否遍历了主要建档流程、采纳的技术是否符合标准规范、非遗档案的元数据是否完整等，进而发现差距，找出改正的方向；其次，采纳并实施标准的过程就是有目的、有针对性、有方向地治理与完善现有工作的过程，科学技术和成熟经验的引入与规范，有助于降低机构与部门工作的成本；最后，标准的贯彻与实施也有助于改变原有工作参差不齐、各行其是、各自为政的局面，执行规则的统一、衡量标准的一致有助于确保全行业非遗建档的规范化，进而提升非遗建档的质量与水平。

另一方面，贯彻实施标准也是对标准的检验与完善。一项标准制定得是否科学合理，是否能圆满实现预期目标，只有在实践中才能得到检验。每项标准在制定过程中都做过调查研究、试验验证，也参考并吸纳了科学的技术与成熟的经验，即便如此，也很难保证其一定是科学合理的，特别是部分国家标准，不同地域有着不同的语言习惯、生活习俗和非遗形式，因而在实施具体标准时可能会出现之前未曾考虑到的问题，结合这些问题对标准进行针对性的修正和完善，才能提升标准的科学性和适用性。此外，非遗建档的实践是在不断发展和进步的，标准在使用一段时间之后，也需要完善和更新，只有始终应用于非遗建档实践，才能了解到哪些内容需要修改，哪些内容需要替换，可见，标准只有始终实施于实践，才能始终保持不断向前发展的动力。

一　非遗建档标准体系实施的程序

非遗建档标准体系的实施是一项细致而又复杂的工作，涉及多个机构多个部门，涵盖了收集、整理、鉴定、保管等多个流程多道环节，既有建档技术上的采纳与应用，也有管理上控制、组织上的协调。只有周密计划、细致安排、有条不紊地推进，才能确保标准实施的效果。依据《中华人民共和国标准化法》的规定，参考其他行业标准实施的实践，笔者认为非遗建档标准体系的实施将主要经历计划、准备、施行、检查和总结五个程序。

(一) 计划

计划是非遗建档标准体系实施的前期准备程序。该程序的重点就是制订出详尽而周密的实施计划。不同类型的标准其实施计划的制订主体各不相同。一般而言，重大、涉及面广的标准的实施计划由国家标准化管理部门制订，国家标准、行业标准以及地方标准的实施计划由相关行政主管部门制订，企业标准则由企业依据上级制订的实施计划或实施要求制订本企业的标准实施计划。

实施计划主要包括拟实施标准介绍和标准实施方案两部分内容。拟实施标准介绍包括拟实施标准的名称、类型、主要内容及重要程度，是否涉及建档关键环节或关键技术，标准的主要类型及属性，如是国家标准、地方标准、行业标准还是企业标准，是强制性标准还是推荐性标准等。标准实施方案则需要详细说明标准实施的必要性、实施的时间、实施的方式以及实施的原则等。编制实施计划时，制订主体需要从实际出发，仔细分析实施的需要与可能，实施过程中可能产生的矛盾以及可能采取的处理措施，明确标准实施的时间、期限、实施的技术难度和预计总工作量。当需要同时实施多项标准时，制订主体还需明确合适的实施原则，如对重要标准、迫切标准优先实施的原则等，客观分析标准实施过程中可能遇到的困难，提前准备，避免仓促上马，临时安排。

(二) 准备

准备程序看似简单，实则是非遗建档标准体系实施过程中的重要环节。只有认真细致地做好准备工作，才能保证标准的顺利实施，否则只会忙于应付出现的问题，造成手忙脚乱，甚至不得不中途停止实施，重新准备。结合非遗建档的实践以及非遗建档标准化的需求，笔者认为，非遗建档标准体系的实施需要妥善做好思想、组织、技术和物质条件四个方面的准备工作。

思想准备是要使非遗建档主体及广大社会公众在思想上形成对标准实施的正确认识，充分认识标准实施的重要意义与作用，具体形式则以利用电视、广播、报纸杂志、布告等开展标准宣贯为主。非遗建档标准体系实施的宣贯材料一般由该标准主管部门委托标准起草人撰写，经审核后公开发表。宣贯材料的内容包括标准实施的目的与意义、标准主要内容与制修订的技术依据、实施标准的方法与步骤、实施过程中可能出现的问题及主要解决办法等。宣贯材料的编写要求内容一致、细致准确。标准有着典型的时效性,标准的宣贯也要牢牢抓住这一特征,迅速、及时地做好宣贯,避免出现宣贯不及时,甚至落后于标准实施的情况。

组织准备是指在组织机构、人员层面所做的准备工作。非遗建档标准体系实施的工作量大、涉及面广,因而需要专门的组织机构或人员负责。非遗建档的机构或部门需要抽调人员,成立专门的标准实施领导小组及工作组,集合精干人员,按照标准实施工作量的大小及复杂程度,做好人力和组织上的安排,这是标准实施的前提与保证。

技术准备是准备工作中的关键环节,一般需要做好以下三方面的工作:第一,全面收集标准资料,包括标准编制说明、宣贯资料、标准正文、相关标准、对照表、手册、图册等资料,分发工作人员并帮助其消化、理解、吸收并掌握;第二,对比标准要求的和机构自身实际所具备的操作能力和技术水平,科学评估机构标准化能力及预期成本,针对存在的技术缺陷和管理问题提出改进意见,形成标准化可行性报告;第三,拟定标准实施的具体日期、日程,明确标准实施过程中核心工作要点和关键环节,以确保标准高质量高水平地实施。

物质条件的准备是要妥善落实标准实施过程中所需的各种仪器、设备、工具及费用,以保证标准顺畅实施。各机构和部门在实施标准之前,需要认真检查是否具备标准中所要求的仪器与设备等,提出详细的购置计划,确保标准实施的一应软件硬件设备均能按期供应,且符合标准规定的参数与要求。

(三) 施行

施行是非遗建档标准体系实施的核心环节。在将标准全面贯彻施行之前,可根据实际需要,选择有代表性的地区或单位进行贯彻试点,比较标准方法与常规方法之间的优劣异同,积累数据,取得经验,为标准的全面贯彻实施奠定基础。

试点完成并取得积极效果后,可将标准陆续、正式、全面地施行于非遗建档各机构与部门。不同地域、不同类型的机构、不同属性的标准,其实施方式和要求也不尽相同。如部分标准应该以单项标准为中心实施,部分则需多项标准配套实施;以直接采纳、全文照搬的方式形成的标准,必须毫无改动、一丝不苟地对照施行;笼统、宽泛的管理性标准可结合施行地域、行业类型的实际情况制定实施细则;对于部分标准中仅做原则规定或规定不详的内容,在不违背标准基本原则的前提下,也可以下级标准的形式再做出一些必要的补充规定。总体而言,无论以何种方式实施标准,任何机构和人员均不得自行降低标准,以确保标准实施的效果与效率。

(四)检查

检查是对标准施行效果和存在问题的验证与检视,进而总结出可供参考与借鉴的施行经验。检查应贯穿非遗建档标准体系实施的全过程,既有对准备程序的检查,也有对施行程序的检查。准备程序的检查主要逐项检查准备的进度与质量,如宣贯材料准备情况、听讲者掌握的情况和实际效果;关键建档技术的决定、设备的准备是否符合要求,是否达到实施标准的要求,物质条件的准备是否充足,是否可以转入下一个程序。标准施行后的检查,要分类定点定期对各项工作中依据标准完成情况进行检查,加以分析,判断其是否真正达到标准规定的目的与要求,是否需做进一步改进与完善,有无必要且充分的条件保证标准施行的持续。具体来看,施行的检查要依据标准的属性与类型,从技术、操作、管理三个层面开展,如是否严格按照标准规定的流程开展建档、建档数据采集是否符合标准要求、保存格式是否采用标准指定的格式、所采用的技术与设备是否标准中推荐的、非遗建档的质量与安全是否得到保障。通过检查,可以及时发现各方面各环节的问题,以便动员力量,通力合作,扎扎实实地开展标准实施。

(五)总结

检查之后,还需对标准的试点和施行进行技术、方法、管理上的总结,分析和评价取得的效果,着重总结存在的问题,应采取的补救措施,归纳、整理施行过程中采用的技术文件、管理文件和图样资料。标准归口管理单位应定期汇总并整理这些总结性资料,为下一步实施提供意见和建议。总结是一项常态化的工作,初次总结后,只要标准仍在继续实施,就需要定期总结并收集相关资料,为标准的复审、更新和修订提供参考,直到标准废止。

二 非遗建档标准体系实施的形式

建设非遗建档标准体系，虽然允许并鼓励部分成绩突出、建档经验丰富的地区或机构制定标准，但数量有限，国家标准和行业标准仍是非遗建档标准体系的重要组成。国家标准侧重于非遗建档、非遗档案管理的通用规范，行业标准则具体规定了每项流程的执行规则、主要内容以及相关主体的职责与任务等。《中华人民共和国标准化法》将国家标准和行业标准进一步划分为强制性标准、推荐性标准两种类型，提出了强制实施与推荐实施两种形式，这也是实施非遗建档标准体系时所要采用的两种基本形式。

（一）强制实施

强制实施即指不允许以任何理由或方式违反标准所规定的技术内容与要求，而是强制必须执行，否则国家将依法追究当事人的法律责任。国外很少有要求强制实施的标准，中国则始终存有少量该类型的标准，目的在于强调标准的重要性和权威性。《中华人民共和国标准化法》规定强制实施的标准包括三类：第一，保障人体健康和人身、财产安全的标准；第二，重要的基础标准与方法标准；第三，法律、行政法规规定强制执行的标准。据此，笔者认为，非遗建档标准体系中有三类标准是需要强制实施的。

第一类是保障建档过程中非遗资源原始性和安全性的标准，如《非遗建档质量要求》《口述、录制和录音播放非遗记录的安全保密管理指南》和《非遗档案展览安全管理规范》等。

第二类是涉及非遗建档重要技术语言的标准，如重要的技术术语、符号或检验方法等，旨在统一建档流程、质量及安全，具体标准有《非遗建档术语第1部分：基本术语》《非遗建档质量评估细则》等。

第三类是现有法律、行政法规中被纳入标准，要求全行业统一执行的内容，如《非遗项目等级的规定》《非遗传承人等级的规定》等。

（二）推荐实施

除强制实施外，推荐实施仍是大部分标准实施的主要形式。推荐实施主要针对具有指导作用又不宜强制实施的标准，国家允许机构、单位或主体结合自身实际情况，灵活加以选用，自愿采用是推荐实施的基本原则，但是一经接受并采用，该项标准将成为机构、单位或主体必须遵守的实施依据，具有法律上的约束性。依据采纳内容和实施程度的不同，推荐实施又包括直接采用、压缩选用和适当补充三种不同形式。直接采用是在机构的设计文件或执行文件中照搬、直接引用标准，按照标准中的内容组织实施；压缩选用针对内容广泛、涉及面广的标准，如果标准中规定的所有内容不完全适用于某个机构，可根据机构实际需要适当选用，如适当压缩标准中规定的参数、规格，优先选用标准中的部分规定，以供本机构使用；适当补充则适用于内容较为概括、抽象、不便于操作的标准，为便于标准的实施，可在不违背标准实质内容与原则精神的前提下，做一些必要的补充。非遗建档系列标准涉及不同内容，分属不同类型，需要从实际出发，结合标准的特色与要求，合理地选择实施形式。

一方面，依据非遗建档标准的作用范围、重要程度及建设的优先级，非遗建档标准体系依次分为三个层次，第一层次为基础标准，包含具有广泛的普及范围或特定领域内通用的标准；第二层次为通用标准，是在一定范围和领域内通用的标准；第三层次为专用标准，是针对某一具体标准化对象或作为通用标准的补充、验收制定的专项标准。三个层次标准中，基础标准因为具有广泛普及性，需要优先、尽快建成，以普遍指导非遗建档工作；通用标准有一定的覆盖面，但在范围上稍次于基础标准，且也为共性的提升；专用标准覆盖面相对较窄，有较强的特定性，是对非遗建档工作、环节或技术规程具体而细致的指导与规范。三种类型的标准，其实施的形式应是不同的。

另一方面，每一层次的标准，其所涉内容各不相同，有非遗建档业务流程、非遗建档管理和非遗建档技术三个方面。非遗建档业务流程标准是整个标准体系的主线，也是标准体系的主要组成，它遍历了非遗建档收集、整理、鉴定、保管、信息化和利用的主要流程，明确每项流程、环节的实施细则与工作要求。非遗建档管理标准主要针对非遗建档标准化过程中需要协调统一的管理事项，有行政、组织层面的管控、非遗建档各流程间相互关系的处理，不同业务流程下信息质

第八章 非遗建档标准体系的实施与保障

量与可靠性的保证、实效信息、错误信息的提取，以及信息的完整性、安全性和规范化的维护，旨在构建起协调高效的非遗建档管理秩序。非遗建档技术标准则是对非遗建档技术层面的引导与支持，涉及非遗信息的采集、获取、存储、整合、传输、加工和利用。不同标准其所涉内容的重要程度、详细程度不同，因而选择的实施形式也各不相同。

基于上述认识，推荐实施的非遗建档系列标准中，究竟该选择何种形式，应结合标准所属层次、所涉内容综合考虑。基础标准《非遗建档工作规范》属于非遗建档管理方面的标准，是针对非遗建档组织、机构或个人制定的建档工作规范，标准概括地规定了非遗建档工作的原则、组织和制度要求，笼统地给出了非遗建档业务规则、非遗档案信息化建设、非遗建档工作设施设备配置等方面的方法与技术指南，具体的规定却不太详细，需要以"适当补充"的形式实施，在实施时做出补充规定；通用标准《非遗项目档案著录细则》属于非遗建档整理流程的业务标准，是针对整个非遗建档领域建立的非遗档案著录细则，标准详细规定了单份或一组文件、一个或一组案卷的著录项目、著录格式、标识符号、著录用文字、著录信息源及著录项目细则，但在具体实施时，并非所有机构、组织或主体都需要完全依据这些细则执行，机构可根据实际需要进行压缩选用，因此，该标准应以"压缩选用"的形式实施；通用标准《馆藏非遗档案展览点交规范》属于非遗建档利用流程的业务标准，规定了馆藏非遗档案展览点交的必要条件与要求、工作流程、操作规程以及相关文档的记录方法，从保证非遗档案原始性、完整性、有效性的角度出发，这是非遗档案展览过程中必须遵照执行的规程，因而要以"直接采用"的形式实施。此外，专用标准《在35mm缩微胶卷上拍摄非遗档案的规定》《在16mm缩微胶卷和A6缩微胶片上拍摄非遗档案的规定》，属于非遗建档收集流程的业务标准，详细而具体地规定了用35mm、16mm缩微卷皮和A6缩微平片上按全宗系统拍摄技术图样和技术文件必须执行的方法、程序和要求，也需要以"直接采用"的形式实施；而专用标准《文书类非遗数字档案元数据方案》《录音录像类非遗档案元数据方案》《照片类非遗档案元数据方案》则属于信息存储的技术标准，这些标准分别规定了文书类非遗数字档案、录音录像类非遗档案和照片类非遗档案元数据集以及元数据元素关系间的逻辑架构，其内容详尽复杂，不需要全部执行，可根据实际需要选用，因而可选择"压缩选用"的形式实施。专用标准《录音录像类非遗档案数字化规范》属于非遗建档信息化流程的业务标准，提出了对以模拟信号形成的录音档案和录像档案进行数字化转换工作的普遍性要求，具体实施时需要结合实际做出补充，要以"适当补充"的形式实施。依据上述认识，笔者尝试总结了非遗建档标准体系中推荐实施的主要标准，逐一提出合理可行的实施形式，如表8-1所示。

表8-1　　非遗建档系列标准实施形式分析表

序号	标准名称	所涉内容		所属层次	实施形式
1	非遗档案分类大纲及编号	整理标准	业务流程标准	基础标准	直接采用
2	非遗档案实体分类法				压缩选用
3	非遗建档标准体系表	宏观管理标准	管理标准		直接选用
4	非遗建档工作规范	建档工作导则	管理标准		适当补充
5	非遗建档任务与职责				适当补充
6	非遗档案收集对象认定标准				适当补充
7	非遗档案收集及其业务指导要求	收集标准	业务流程标准	通用标准	直接采用
8	非遗档案移交办法				适当补充
9	非遗档案接收细则				直接采用
10	非遗档案验收细则				直接采用
11	归档非遗文件整理规则	整理标准			适当补充
12	非遗档案案卷格式				直接采用
13	非遗档案档号编制规则				直接采用
14	非遗档案分类标引细则				压缩选用
15	非遗项目档案著录细则				压缩选用
16	非遗传承人档案著录细则				压缩选用

第八章　非遗建档标准体系的实施与保障

续表

序号	标准名称	所涉内容		所属层次	实施形式
17	非遗档案评估和鉴定的一般要求	鉴定标准			适当补充
18	非遗档案储存环境一般要求	保管标准			适当补充
19	非遗档案数据库建设指南	信息化标准			直接采用
20	非遗数字档案馆建设指南				直接采用
21	非遗数字化建档工作导则				适当补充
22	非遗档案利用与服务规程	利用标准	业务流程标准	通用标准	压缩选用
23	非遗档案展览：展览馆、陈列室和展位				直接采用
24	非遗档案展览馆布局设计通则				压缩选用
25	非遗档案展览相关方服务规范				适当补充
26	非遗档案展览消防安全技术规范				直接采用
27	非遗档案展览协议书编制规范				直接采用
28	非遗档案展示的环境条件				直接采用
29	馆藏非遗档案展览点交规范				直接采用
30	非遗建档术语 第2部分：专业术语	宏观管理标准	管理标准		压缩选用
31	非遗档案管理规范	信息管控标准	管理标准		适当补充
32	非遗项目档案建设规范				适当补充
33	非遗传承人档案建设规范				适当补充

续表

序号	标准名称	所涉内容		所属层次	实施形式
34	非遗档案案卷构成的一般要求	信息存储标准	技术标准	通用标准	直接采用
35	非遗数字档案长期保存格式标准				压缩选用
36	磁带录音非遗资料文本化转换技术规程	收集标准	业务流程标准	专用标准	直接采用
37	非遗档案交接文据格式				直接采用
38	非遗项目档案数据采集标准				直接采用
39	非遗传承人档案数据采集标准				直接采用
40	口述过程中非遗数据收集的标准指南				压缩选用
41	口述类非遗档案采集与管理规范				适当补充
42	在35mm缩微胶卷上拍摄非遗档案的规定				直接采用
43	在16mm缩微胶卷和A6缩微胶片上拍摄非遗档案的规定				直接采用
44	非遗项目档案目录编制原则与方法	整理标准			适当补充
45	非遗传承人档案目录编制原则与方法				适当补充
46	磁性载体非遗档案管理与保护规范	保管标准			直接采用
47	非遗电子档案光盘存储、归档与档案管理要求				直接采用
48	非遗照片档案归档与管理规范				直接采用
49	磁性载体非遗档案数字化转换指南	信息标准			压缩选用

第八章 非遗建档标准体系的实施与保障

续表

序号	标准名称	所涉内容		所属层次	实施形式
50	非遗胶片档案数字化规范	信息化标准	业务流程标准	专用标准	直接采用
51	录音录像类非遗档案数字化规范				适当补充
52	缩微胶片、磁带录音非遗资料文本化转换技术规程				直接采用
53	档案馆、图书馆、博物馆非遗档案安全存储一般要求	信息管控标准	管理标准		适当补充
54	非遗数字化建档专用软件管理规则	信息采集标准	技术标准		适当补充
55	非遗项目档案缩微品制作记录格式和要求				直接采用
56	非遗传承人档案缩微品制作记录格式和要求				直接采用
57	文书类非遗数字档案元数据方案				压缩选用
58	非遗档案计算机输出缩微胶片（COM）A6 缩微胶片	信息存储标准			直接采用
59	非遗档案缩微品记录格式和要求				直接采用
60	录音录像类非遗档案元数据方案				压缩选用
61	照片类非遗档案元数据方案				压缩选用
62	非遗项目档案主题标引细则	信息管理标准			压缩选用
63	非遗传承人档案主题标引细则				压缩选用
64	非遗项目档案分类标引细则				压缩选用
65	非遗传承人档案分类标引细则				压缩选用
66	非遗项目档案数字化技术规范				直接采用

续表

序号	标准名称	所涉内容	所属层次		实施形式
67	非遗传承人档案数字化技术规范	信息管理标准	技术标准	专用标准	直接采用
68	磁带录音非遗资料数字化转换技术规程				直接采用

第二节　非遗建档标准体系实施的保障

如前所述，非遗建档标准体系建设涉及众多主体，从政府机构到民间组织，从博物馆、图书馆等公共文化机构、档案部门，到以高等院校为代表的研究机构、商业机构，以及非遗保护对象和普通民众，涵盖了从国家到地方多个层级。在非遗建档标准体系实施过程中，参与的主体将更加广泛，既有建设过程中的众多主体，也有实施过程中互相辅助的其他主体或机构。非遗建档标准体系顺利、高效的实施，需要各主体间的相互协调与合作，只有让各主体在各自的权限范围内，依照自身群体的行为规范，有效完成其应尽的各项职能，才能有力保障非遗建档标准体系的实施，这一目标的实现有赖于相应机制的构建，笔者将其总结为动力机制、质量控制机制、激励机制和协调机制四个方面。

一　非遗建档标准体系实施的动力机制

非遗建档标准体系实施的动力机制是指推动非遗建档标准体系实施所必需的动力产生机制，以及维持和改善这种作用机理的各种关系、组织制度等所构成的综合系统的总和。非遗建档标准体系的实施需要多个主体的参与，牵涉到的也有多方面的要素。随着标准体系内涵的不断扩充，标准体系的主体范围也在不断扩大，只有这些主体与要素共同协作形成合力，才能维持并推动非遗建档标准体系的正常实施和发展，动力机制的研究旨在解构这一合力，分析非遗建档标准体系实施过程中各种力量的来源与机理，以动力机制的构建探讨如何维

第八章 非遗建档标准体系的实施与保障

持和优化不同力之间的关系，以形成最大的推动力，引导并促进非遗建档标准体系的实施。

笔者认为，非遗建档标准体系实施的动力是多元化的，有外部的动力、内部的动力，还有根本的动力，这些力量共同推动着非遗建档标准体系的实施，进而决定非遗建档标准体系实施的效果与成败。

外部动力是国际组织或国外诸国所开展的非遗建档标准建设的实践，及其对这些标准实施所起到的引导和示范作用。以联合国教科文组织为代表的国际组织，以及英、美、日等国家已经制定出代表国际非遗建档先进、成熟水平的建档标准，它们将这些标准实施于非遗建档实践，指导着本国非遗建档工作取得较为突出的成就。这种实践和成功无疑给了中国很好的示范与启迪，鼓励着中国加快非遗建档标准体系的建设与实施，以解决现有非遗建档工作中的问题与瓶颈。

内部动力是政府对非遗建档标准化的呼吁，以及非遗建档实践部门对标准化的渴求。在国际组织及国外诸国的呼吁和影响下，中国政府意识到非遗建档标准建设的重要性和迫切性，并将其视为提升非遗档案质量、加快非遗建档进程，使中国非遗建档工作保持国际水平的重要保证。中国从事非遗建档实践的机构和部门，在遭遇到来自非遗建档过程中技术、流程、管理等层面的问题与障碍后，它们也渴望能以标准的形式学习并借鉴国外的成熟经验和科学做法，以科学、全面地规范中国非遗建档工作。因此，它们希望有标准统一并规范非遗建档的业务流程，最大限度地缩小地区差异。同时，建设标准的过程就是选择并推荐科学技术的过程，列入标准的技术必定是成熟、典型和具有普适性的技术，标准的实施是对这些技术的优先采纳和运用，在标准的指导下，实践部门才能更好地开展非遗建档实践。

外部动力和内部动力从根本上说是人们在非遗保护及标准化建档意识上的觉醒。随着社会的不断发展，文化观念的深化，人们更渴望保存珍贵的文化遗存、展示珍贵的文化财富，其中就包括对非遗的保护和建档，实施非遗建档标准体系就是以稳定的策略、科学的举措和成熟的技术确保非遗建档工作的开展，这也是非遗建档标准体系实施的根本动力。

基于以上的认识，笔者设计出非遗建档标准体系实施的动力机制框架图（见图8-1）。意识层面的根本动力推动着外部动力和内部动力的形成和强化，内部动力一定程度上影响并拉动着外部动力，外部动力、内部动力和根本动力共同催生了非遗建档标准体系实施过程中的管理力。

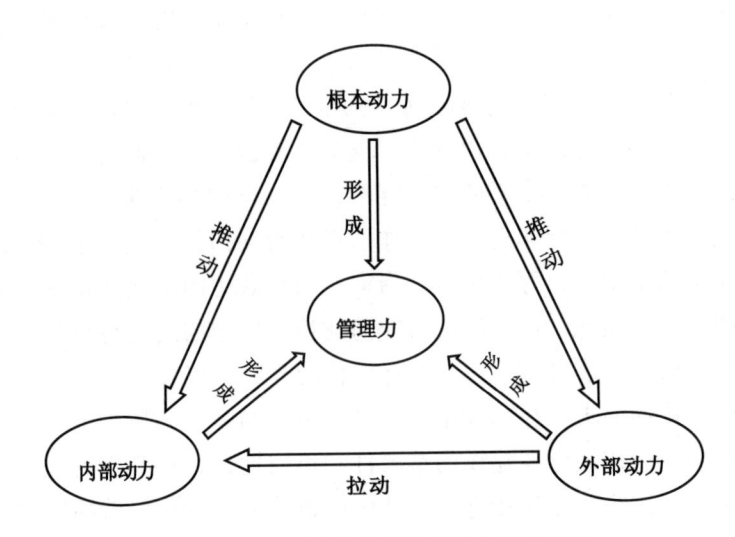

图8-1 非遗建档标准实施动力机制框架

二 非遗建档标准体系实施的质量控制机制

质量控制是质量管理过程中的重要一环，是为了满足质量要求，尽可能消除工作与活动中存在的不合格或不满意情况而采取的相关活动与技术。[①] 非遗建档标准体系实施的质量控制机制是指为规范非遗建档标准体系实施诸多主体的思想与行为，确保非遗建档标准体系实施的有效开展，以提升非遗建档标准体系实施质量和效果的相关规范、制度或手段的总称。非遗建档标准体系实施质量控制的举措主要体现在宏观和微观两个层面。

非遗建档标准体系实施的宏观质量控制，需要有相关法律法规的约束、标准规范的指导、组织管理的监督，以及主体管理素养的培养

---

① 宋立荣：《基于网络共享的农业科技信息质量管理研究》，硕士学位论文，中国农业科学院，2008年，第76页。

和社会大环境的营造。现行的标准实施法规体系还不完整，在非遗建档标准体系实施上更是如此，过于粗放的条款未对相关机构和大众群体在非遗建档标准体系实施中的权利和义务做出明确的规定，各主体究竟该以何种角色、何种尺度参与到非遗建档体系推广与实施中，这些都未有明确的界定，很容易出现管理上的混乱、交叉和同质化。只有重新制定和细化相关法律法规，才能明确不同主体在非遗建档标准体系推广和实施中的职责与偏重，进而以"人尽其才，优势互补"的形式推动非遗建档标准体系推广与实施的全面发展。

非遗建档标准体系推广与实施质量的宏观控制，还需要强化组织上的管理，即制定详细具体的建设规划，充分发挥政府和文化部门作为责任主体的倡导、组织和管理支持作用，明确档案机构在具体管理工作中的业务指导和协调作用，在承认自组织管理模式存在可行性和合理性的同时，认识并履行档案机构对决策和资源的筛选、汇聚、过滤、修改和完善的作用。

非遗建档标准体系推广与实施质量的微观控制，是指通过采用先进技术，以及对部分关键环节的管控，最大限度地消弭存在于非遗建档标准体系推广与实施质量中的消极因素，确保非遗建档标准体系推广与实施的效益。结合决策质量和信息质量的特点及影响因素，将微观控制的主要措施总结为以下三个方面：

第一，以自组织为主，吸收群体观点。随着非遗建档标准体系的推广与深入，非遗传承人、非遗建档民间组织中的成员等也会越来越多地参与到非遗建档标准体系实施中，大大提升了非遗建档标准化的进程。作为非遗建档标准体系的实施主体，社会公众必须要对非遗建档标准体系的质量及其推广、实施的情况负责，因而需要加强对非遗建档标准体系的决策质量控制和信息质量控制。控制过程中，一方面需要尊重并发挥个体的独立性和自主性，另一方面也要通过一定的手段规范群体的思维及其具体行为，引导群体成员从不同角色、不同维度发表自己对问题的看法，提出自己认可的决策，从而真正做到取长补短，集思广益。

第二，实施主体实名，信息排名优化。除了对提交资源的信息质量进行的管理和监控外，还可以在非遗建档标准体系推广与实施中实行主体实名制，端正主体的参与态度，明确主体的行为责任，进而提升实施质量。主体在推广并实施非遗建档标准体系过程中应提交自己的基本情况，以便于后期的经验推广或绩效问责。

第三，引入专家推荐，大众同行监督。有着丰富专业知识和从业经验的专家，他们在非遗建档标准体系推广与实施中的介入，对信息质量的评价和推荐，常常可以使得非遗建档工作事半功倍，因此，在尊重和调动大众群体力量的时候，也不能忽视社会精英与专家的作用。在强调保持自组织过程中意见独立性的同时，也需要注意到专家对于群体的决策，以及信息建设都有着显著的引导作用。因此，政府、文化行政部门有责任引入档案部门的专家推荐机制，积极调动和吸取档案部门的经验与方法，注重对意见领袖的培养。①

三　非遗建档标准体系实施的激励机制

"激励"的本义为"采取行动"，引申义则为"使人产生行动的动机"或"激发人的行为动机"，是管理过程中不可或缺的环节和活动。"激励"的形式与类型是基于"经济人""社会人"和"自我实现人"的三重假设而提出和形成的。"经济人"假设认为经济诱因是引发人们工作动机的主要因素，人们参与生产活动的目的是希望获得最大的经济利益;②"社会人"假设认为作为独特的社会生物，社会需求是人们从事工作的主要动机，人们通过工作可以与周围的人建立融洽的关系，获得同事的认可，享受工作带来的乐趣，以金钱为主的物质利益反而成为次要的因素;③"自我实现人"假设认为自我实现是人类需要的最高层次，在工作中取得成就，实现个人的独立与自治，自身的能力、优势与技术得到发挥，并逐渐适应于周围的环境，都是自我价值的实现，获得的奖励，除了工资增

---

① 杨文雯：《虚拟社区信息质量管理控制实证研究》，硕士学位论文，华东师范大学，2012年，第37页。
② Ann E. Cudd, "Beyond Economic Man: Feminist Theory and Economics", *History of European Ideas*, Vol. 21, No. 1, 1995, p. 137.
③ 张其仔：《社会资本论》，社会科学文献出版社1997年版，第20页。

加、职务晋升外，还包括自身知识的增加、个人才干的增长以及内在潜力的发挥。[1]

（一）非遗建档标准体系实施的主要激励类型

基于上述三种假设，笔者将激励划分为物质激励和非物质激励两大类。在非遗建档标准体系实施过程中，两者都是主要的激励类型。

物质激励是指运用现金、奖品等物质手段满足参与主体物质上的需求，以激发其参与非遗建档标准体系实施的动力与激情，进而充分调动其主动性、创造性的过程。中国已经开展的非遗建档工作中，物质激励已经得到了很好的利用，政府和文化行政部门对在非遗建档中表现突出，或是做出重大贡献的机构与个人给予一定的资金奖励，或是投入更多的资金以帮助和促进非遗建档，都属于物质激励的内容。非遗建档标准体系的建设与实施同样也可以以这种方式加以激励。

非物质激励往往通过金钱和物质之外的途径来实现，具体包括情感激励、声誉激励、创新激励、工作激励等，其中情感激励又可细分为尊重激励、信任激励、赞美激励等，工作激励则包括任务激励、授权激励、目标激励等，总体来说，非物质激励是一种较高层次的"零成本"激励，只是它的实现需要依托一定的物质载体。[2] 在非遗建档标准体系实施中，非物质激励的形式主要有情感激励（爱）及其中的尊重激励（认可）、声誉激励（荣誉）以及工作激励中的任务激励（责任）。

在非遗建档标准体系实施过程中，采取一定的激励手段有利于助长、强化及增强各主体在非遗建档标准体系实施中的参与动机，物质激励和非物质激励并用，将激励着参与主体从实现自身目标、推动国家文化的进步与繁荣，抑或是承担政府、文化部门所赋予的重任三个角度出发，以一种积极、踊跃的姿态参与到非遗建档标准体系实施中。同时，激励也是突破参与者之间共享知识与信息的障碍，营造良

---

[1] Theron M. Covin, *Readings in Human Development: A Humanist Approach*, New York: Mss Information Corporation, 1974, p.46.
[2] 魏红梅：《客户知识共享激励机制研究》，硕士学位论文，哈尔滨工业大学，2010年，第49页。

好协作氛围的重要保证。清晰、明确、平等、公允的激励手段在强化用户参与动机的同时，也会极大催生和强化参与者共享知识与信息的意愿，使其抛弃一切顾虑与避讳，愿意并乐于使自己的私有资源成为大众所共有的文化资源。

（二）非遗建档标准体系实施的激励机制

激励机制是指在一个组织系统中，为实现激励主体与激励客体之间相互作用、相互影响，甚至是相互约束而采用并固化的激励手段、方式、方法、结构与关系的总和。在非遗建档标准体系实施的整体组织中，处于不同管理层次的不同主体，对于激励因素的需求偏好存有一定的差异性，同一主体在不同的参与阶段或不同参与活动中，也同样有着不同的需求偏好，主体在参与非遗建档标准体系实施中所处的外在环境，也会对主体的激励效果产生一定的影响。因此，激励机制会依据不同主体的不同需求偏好来设计，同时注意不同激励手段的适用范围和产生作用，以实现最大的激励效果。唯有集合多种激励手段，通过优化组合、取长补短，才能实现预期的激励效果。

因此，非遗建档标准体系实施的激励机制，应结合不同角色、不同参与阶段及所处不同组群进行设计与组合，具体可分为以下三种：

1. 基于不同角色主体的非遗建档标准体系实施的激励

在参与非遗建档标准体系实施的众多主体中，政府和文化行政部门是非遗建档标准体系实施的主事者；民间组织、公共文化机构、新闻媒体、高等院校等主体群是非遗建档标准体系实施的执行者；档案部门、标准化部门有着丰富的档案管理和标准化经验，足以成为指导非遗建档标准体系实施的专业主体；而包括非遗传承人在内的广大社会公众则是非遗建档标准体系实施的支持者。大多数情况下，政府和文化行政部门是主要的激励主体，但在非遗建档标准体系具体实施中同样是激励的客体，它们是非遗建档标准体系实施的组织者和倡导者，更加在意的是自己因此获得的社会荣誉和地位，因此，对它们的激励应以非物质激励为主、物质激励为辅，长期激励为主、短期激励为辅，隐性激励为主、显性激励为辅。

作为执行者和专业主体的民间组织、公共文化机构、高等院校、档案部门、标准化部门,它们中的大部分人都有着较高的文化素养、业务能力、正确的参与动机和积极的参与热情,他们多对自己的工作负责,是整个实施工作中的业务骨干。在需求偏好上,他们希望得到政府和文化行政部门的肯定,但也需要协调内部成员以形成合力。对于他们的激励将和政府及文化行政部门的激励形式大体相似,只是在组合比例上做出微调,所不同的是,对这一部分主体,任务激励也是一种必要的激励手段。

对于包括非遗传承人在内的社会大众来说,他们的文化水平、个人觉悟及参与动机是参差不齐的,加之他们处于基层,因而多处于流动与变化的状态,但是他们同样也渴望得到尊重,也希望实现其个人价值,绝大部分的公众对于非遗建档标准体系的实施抱有善意的动机,所缺少的仅仅是参与的动力和坚持的毅力。因此,对于这些主体,应将物质激励与非物质激励、短期激励与长期激励、显性激励与隐性激励相结合。

2. 基于不同参与阶段主体的非遗建档标准体系实施的激励

依据非遗建档标准体系实施不同阶段的特征,笔者将主体在非遗建档标准体系实施中的参与划分为参与准备阶段、参与初级阶段、参与中级阶段和参与高(后)级阶段四个主要阶段。

处于参与准备阶段的主体,其心理上的特征往往是观望、犹疑、踌躇或跃跃欲试,这需要一种暂时却又能立即见效的激励方式,激励和推动个体参与到非遗建档标准体系实施中。因此,在这一阶段,物质激励是主要激励方式,非物质激励则处于辅助地位,从激励的时间上看,宜以短期激励为主、长期激励为辅,在激励形式上则以显性激励为主,隐性激励为辅。

处于参与初级阶段的个体,多处于尝试、探索、模仿和简单创造的状态,准备阶段的激励手段已经产生了一定的效果,但还需要继续坚持,同时,个体刚刚贡献出的资源和做出的成绩,也渴望获得他人的肯定与认同,这也是他们继续深入参与的动力。因此,在这一阶段,应坚持物质激励和非物质激励并重,短期激励和长期激励同在,显性激励和隐性激励共存。

在参与中级阶段,各主体已经熟悉了实施程序,积累了一定的实施经验，可以说在非遗建档标准体系实施中已经驾轻就熟，此时对于精神和情感上的满足是其主要需求。因此，在这一阶段，应以非物质激励为主、物质激励为辅，长期激励为主、短期激励为辅，隐性激励为主、显性激励为辅。

当个体处于参与高级或后期阶段时，激励将逐渐呈现出边际递减效率，激励手段对个体的影响和促进作用将不再显著，个人的需求也已不再突出。当然，为了让主体以周而复始、循环往复的态度重新投身到新的非遗建档标准体系实施中，激励仍是必要的，保持各种激励手段间的相互匹配与均衡是这一阶段所要坚持的主要准则。

3. 基于不同生命周期组群主体的非遗建档标准体系实施的激励

由不同主体组成的非遗建档标准体系实施的组群或团体，它们都有着从产生、发展到功成解散的生命周期，对于处在不同生命周期组群中的主体，所要采用的激励手段和组合也是不一样的，因此，笔者将组群的生命周期简单划分为草创期、发展期、成熟期和即将解散期。

处于草创期的非遗建档标准体系实施组群，其内部成员的数量应该不多，且规模较小，拥有或可以利用的资源很少，相关的实施制度和实施手段也是不完善的，处于这种组群的主体，他们需要的是必胜的信心和管理层对其的信任，因此，在这一阶段采用的激励手段应该相对简单明确，偏重非物质激励和长期激励。

处于发展期的组群，其参与主体的数量正在逐渐增多，规模也在逐步扩大，他们已经开展或完成了一些具体的实施任务，取得了一定的成绩，因此，这个组群正逐渐趋于稳定，人心浮动的情况也会相对好转。对于处于这种组群中的主体，激励的方式应该是灵活多样的，可以依据该主体在该组群中承担的具体角色确定激励手段和组合，比如，对主事者、执行者和专业主体，可以以非物质激励、长期激励、隐性激励为主，物质激励、短期激励、显性激励为辅；对于处于基层的大众个体，可以以物质激励、短期激励、显性激励为主，非物质激励、长期激励、隐性激励为辅。

处于成熟期的组群，其内部成员的数量及规模已经稳定，他们已经成为非遗建档标准体系实施的中坚力量，并形成了一系列的实施经验与实践做法，处于这种组群中的主体，它们所获得的价值实现的满足感和集体荣誉已经成为其继续开展工作的动力，因而物质激励等手段可相对弱化，以尊重激励和任务激励为主的非物质激励仍能起到一定的效果。

处于即将解散期的组群，往往存有两种情况，一种是功成身退，另一种则是因衰退而被迫解散的组群，其中的主体将会有着无比的失落感或挫败感。对于非遗建档标准体系实施来说，实现优秀组群的再度升华或是落后组群的成功蜕变、衰退延长，都是其所愿见到的最好局面。因此，对于这些组群中的主体，物质激励、短期激励或显性激励往往会产生更为明显的效果，而非物质激励、长期激励或隐性激励则收效甚微，一般不宜采用。

四 非遗建档标准体系实施的协调机制

"协调"是指通过对系统内要素间的合理安排、统筹调度，实现不同层次、不同类型要素间的相互匹配、相互均衡、相互衔接，进而实现相互影响、相互促进的良性互动。协调产生的效果应当是积极、正面的，反之，不协调带来的将是行动上的脱节，以及结果上的滞后与消极。促进协调，规避不协调，是一切行为、活动的基本出发点。[①] 非遗建档标准体系的实施主体包括了各级地方人民政府、各级文化事业管理部门、非遗传承人、非遗商业性机构、非遗研究性机构、标准化部门及广大社会公众，这些主体处于同一系统之中，并随着资源及信息的流动形成正式或非正式的关系，这些主体共同构成了一个网络，而这一网络又可以分为两个层次，第一层次是由非官方机构所组成的，这些机构是非遗保护的实施者及传承者，也是非遗建档实践工作的直接参与者，它们通过对非遗档案的收集、管理工作或自身对于非遗的理解，向非遗建档标准体系实施的主导者提供建议，确保标准的制定与实施符合实际要求；第二层

---

① 陈佳鹏：《煤炭资源开发利用标准体系构建及运行机制研究》，硕士学位论文，中国矿业大学，2009年，第77页。

次是由各级政府以及各类文化部门所构成的，这些机构是非遗建档标准体系实施的主导，同时也为第一层次网络传递信息及资源，在这一层次中，各主导机构不仅需要协调第一层次资源配置，也需要协调该层次内各机构之间的关系。

众多非遗建档标准体系的实施主体彼此相互联系，又保持着相对的独立。标准体系的顺利实施需要多元主体各尽其职、相互协作、共同努力。如果存在一方在实施过程中的滞后，会使标准实施的进程受阻；而标准实施过程中，如果主导机构无法将有限的资源有效分配给各个执行机构，则会导致标准难以有效贯彻实施，因此，需要积极探求实现实施主体协调协作的方法，促使不同层级间的机构、同一层级中的不同机构都能积极发挥作用。

笔者认为，非遗建档标准体系实施主体间的协调，可以从显性和隐性两个层面着手。显性的协调可以通过政府及文化部门、文化事业机构，以及传承人之间的相互合作与交流，结合标准体系实施的具体程序，如制定、实施、监督和评价等，推进标准体系实施的顺利进行。

第一，主体行为上的相互协调。换而言之，就是要通过主体间的互动、交往，甚至是博弈，实现多元主体间的合理分工、良性互动，进而实现效益的最大化。在非遗建档标准化过程中，各方的利益都较为一致，即保证非遗保护、非遗建档的质量与效益。制定标准时，政府部门、文化事业机构和非遗传承人等主体间可以相互协商，后两者主体可以根据自身的优势并结合自身需求，共同参与到标准的制定中。各级政府部门也要保证信息渠道的顺畅，积极接受其他非遗建档主体的反馈，从而制定出科学合理的标准；在实施阶段，政府部门和文化事业机构也要积极给予指导，提供相应的培训与帮助，非遗传承人也要从长远利益出发，积极执行标准的相关规定；在监督和评价阶段，三者应先从各自角度出发对标准的作用进行监督与判断，并对已有实施情况进行调研和综合分析，在此基础上开展新一轮的协调合作。

第二，政策上的引导。通过出台相关政策或法律法规，对标准实施进行引导，提升标准实施的进程。首先，需要充分了解非遗建档标准化的情况，提供合适的政策支持，通过建立标准化的相应法律法规规范标准实施主体及所涉及主要元素，如资金、技术等，以起到支撑和约束作用，这有利于协调标准实施各主体间矛盾及地区发展的不均衡。其次，政策引导需要保持一定的前瞻性，不违背政策体系的发展趋势，这是保证非遗建档标准体系实施持续、稳定发展的基础，减少标准实施过程中的无效行为，提升资源的利用效率。

第三，制度上的保障。这是非遗建档标准体系顺利实施的保证。制度保障是针对政策能得以顺利执行而形成的相应机制，是实现资源共享、信息互通、推动标准实施全面发展的重要驱动。通过制度保障协调非遗建档标准体系实施主体，需要建立多层次的制度平台，围绕标准类型、标准实施主体和标准实施过程设计制度，通过法律法规的健全，确保制度的权威，进而从法律的高度保证标准的实施。

隐性协调是指通过建立一系列隐性机制来应对标准实施过程中的偶发状况，进而协调隐含于非遗建档标准实施主体间的关系。笔者将这种隐性协调的机制进一步划分为信任机制、声誉机制和文化协调机制。

第一是信任机制。在非遗建档和非遗建档标准实施过程中，各主体间来往更加密切，在互动过程中，不同个体之间逐渐形成上下层级或相互协作的关系，进而产生彼此间的依赖，或就此建立起长期的业务合作，这些情况都会建立起良好的信任关系。信任的形成是主体间相互协调与合作的必要前提。

第二是声誉机制。随着标准实施的深入，主体间长期合作的需要使得各主体更加重视实施的行为记录，这种记录表现为主体自身的声誉，良好的声誉能保证未来合作的有序开展。声誉机制也是确保协作有效执行的重要依据，在互联网环境下主体的行为记录一般能够迅速进行传播，因此，不良的行为会很快扩散并受到惩罚。

第三是文化协调机制。参与非遗建档标准化工作，或是执行非遗建档标准实施的各类主体，他们所坚持的文化理念、文化保护观，或是对非遗文化机制认同上的一致与协调，都决定着各主体能否以最为积极和主动的姿态结成良好的合作伙伴，共同投身到非遗建档标准实施中去。当然，文化上的协调也并不是先天就能养成，而是需要社会意识的带动，知识的集合，各主体相互间信息的较量，以及共识的达成。① 文化协调的最终目的，就是要提升整体协作的效率，推动非遗建档标准实施的顺利发展。

由此可知，隐性协调是各主体依据现实情况做出的自我选择与主动调节的机制。在非遗建档标准体系实施过程中，不同的主体有着不同的专业，履行不同的职能，在标准实施过程中形成各自的子系统，而显性与隐性的协调将会提升子系统之间的协作程度，产生超过各子系统效用之和的整体效用。

---

① 陈佳鹏：《煤炭资源开发利用标准体系构建及运行机制研究》，硕士学位论文，中国矿业大学，2009年，第93页。

第九章　总结与展望

本书在广泛调研、全面梳理国内外非遗、非遗建档、非遗建档标准研究进展与实践状况的基础上，明确了"标准""标准化""标准体系""非遗建档标准体系"等基本概念的内涵，发现并凝练了中国非遗建档存在的问题与不足，提出了构建非遗建档标准体系、实现非遗建档标准化的必要性与紧迫性，通过对档案学、管理学、文化人类学、民俗学、信息技术学等学科成果的参考与借鉴，在非遗建档标准体系建设上取得了一些研究结论，实现了一定的研究创新。

本书的结论主要集中在以下四个方面：

第一，非遗建档标准体系是一个科学有机整体，属于非遗档案宏观管理、顶层设计的核心内容，是保护珍贵的非遗资源，保证其长期传承的关键之一。

第二，非遗建档标准体系的构建涉及文化部门、档案行政管理部门，因此，强化两个部门的合作，实现"文化部门主导，档案部门参与"是保证非遗建档标准体系科学构建的基本前提。

第三，非遗档案的本质是档案，因此，档案（含电子档案）管理的标准对非遗建档标准体系的构建具有重要的参考作用，制定具体标准时，需要坚持"非遗建档标准为体，档案管理为用"的原则。

第四，非遗建档标准体系的框架可以从非遗项目、非遗传承人两个层面，通过领域、内容、层次三个维度进行科学构建。

基于上述结论，本书对中国非遗建档标准体系的建设进行了深入、系统的研究，取得的理论贡献，主要集中在以下五个方面：

第一，梳理了国内外，尤其是国外在非遗、非遗建档、非遗建档标准体系方面的研究进展与实践成果。

笔者以中国知网和 Web of Science 数据库为数据源，全面、系统地梳理国内外，尤其是国外在非遗、非遗建档、非遗建档标准体系方面的研究进展，作为本书研究开展的基础。研究发现，国外在非遗建档主体、建档模式、建档技术和建档方法等方面均取得了一定的成果，而国内在研究内容和主要研究方法上仍同国外有一定的差距。国内外对于非遗建档标准体系的研究都很有限，研究内容主要集中于对标准制定的倡导、相关法律法规的建设与研究以及专门标准的制定上。

在全面了解国内外研究进展的同时，笔者还总结了国内外非遗建档、非遗建档标准体系建设的实践状况，凝练出以联合国教科文组织为代表的国际组织，日本、法国、加拿大、印度等国在非遗建档、非遗建档标准体系建设方面的成功做法和典型经验，为本书的研究奠定了基础。

第二，构建出中国非遗建档标准体系的基本框架。

非遗建档标准体系是本书研究的重要内容，而标准体系框架的设计又是重中之重。笔者以霍尔三维结构思想为指导，结合非遗建档工作的实际，从领域维、内容维和层次维三个维度构建出非遗建档标准体系的基本框架。领域维是非遗建档标准体系所规范的主要领域，分别为"非遗项目建档"和"非遗传承人建档"；内容维是非遗建档标准体系所涉及的主要内容，包括业务流程标准、管理标准和技术标准三个方面；层次维是对非遗建档标准所属层级、类型的区别与划分，包括基础标准、通用标准和专用标准三种类型。

第三，明确了非遗建档标准体系的主要内容。

构划和设计出非遗建档标准体系框架后，笔者继而总结和提炼出非遗建档标准体系建设的原则、方法和主要制定程序，并在参考和借鉴档案（含电子档案）管理代表性标准的基础上，草拟出非遗建档标准体系的主要标准，提出非遗建档代表性标准的大纲。

第四，设计出非遗建档标准体系建设的"群体智慧"主体格局。

笔者认为，建设非遗建档标准体系，除需明确具体内容外，标准体系建设主体的选择是否科学合理，同样影响着标准体系建设的顺利运行。为此，笔者以国内外电子文件管理领域的标准为例，系统分析了国内外在标准建设主体上的不同，认识和总结出非遗建档标准体系

第九章 总结与展望

建设的可能依存主体，提出非遗建档标准体系建设的"群体智慧"主体格局，即调动多元主体共同参与到非遗建档标准体系的建设中去，明确各主体的职责与分工，以及相互间的关系。

第五，探索了中国非遗建档标准体系的实施与保障。

制定非遗建档标准体系，归根到底是要将其用于实践，以指导非遗建档实践，并评估非遗建档标准体系的现实指导力。笔者全面总结了中国非遗建档标准体系实施的程序与形式，从动力机制、质量控制机制、激励机制和协调机制四个方面探讨了非遗建档标准体系实施的保障。

前期的文献调研发现，中国非遗建档的研究始于2006年，非遗建档标准体系的成果更是在2012年前后才出现，且数量极为有限，因此，笔者在开展非遗建档标准体系研究时，鲜有成熟的成果可供借鉴，而国外在这一方面的研究成果也不多，进一步增加了研究难度。纵观全书，依然存在一些不足与局限，需要在未来的研究中进一步完善和改进。

第一，标准体系中主要标准的具体内容尚未拟定。

笔者设计出非遗建档标准体系的基本框架，并在借鉴档案（含电子档案）管理标准的基础上，拟定了需要建立的主要标准。但是，笔者未能草拟出每项标准的具体内容，这不得不说是本书的一个缺憾。

第二，对国际文化遗产和非遗领域标准吸收不够。

笔者秉承"非遗建档标准为体，档案管理标准为用"的建设原则，积极开展非遗建档标准体系的研究与建设。由于笔者始终坚持以非遗建档实际为立足点，吸收与借鉴的主要是中国传统档案、电子档案（含电子文件）管理的标准与规范，对国际文化遗产和非遗领域的标准吸收不够。

本书临近收尾，但围绕中国非遗建档标准体系开展的研究工作却不能就此终止。笔者将会进一步深入地学习国内外非遗、非遗建档和非遗建档标准体系相关研究成果，以发现本书未曾涉及或忽略的知识点，提高认识，开拓思路，修正和完善本书的研究成果与部分观点，结合中国非遗建档的实际，合理有序地开展起非遗建档标准具体内容建设。

附录一　非物质文化遗产数据库使用意愿的问卷调查

　　本问卷仅用于学术研究，不会用于任何商业目的。2003年以来，中国陆续建立起了一系列国家级、省市级和县级的非物质文化遗产（以下简称"非遗"）数据库，成为面向公众展示本国、本省、本市主要非遗资源的主要窗口与平台。典型的有中国艺术研究院主办的"中国非遗数字博物馆"、中国艺术研究院与中国国家博物馆主办的"中国非遗保护成果展示网上展馆"、浙江省文化厅主办的"浙江省非遗网"和中山市非遗中心与中山大学中国非遗研究中心合办的"中山非遗网"。本问卷旨在了解用户对上述非遗数据库的使用意愿。您填写的问卷对我们非常重要，感谢您的大力支持！

第一部分　基本情况调查

1. 您的性别 ［单选题］［必答题］
○男　　　　　○女
2. 您的年龄 ［单选题］［必答题］
○18—24岁　○25—30岁
○31—35岁　○36—40岁
3. 您的学历 ［单选题］［必答题］
○本科生　　　○硕士研究生
○博士研究生　○高校教学科研人员

4. 您是否有使用网络教学资源库的经验 ［单选题］［必答题］
○有　　　　　○没有

第二部分　对非遗数据库使用意愿的调查

请根据您的理解对以下的每个陈述句问题进行判断，并在问题后面的相应数字（1，2，3，4，5，6或7）处进行选择，您的回答应反映您的判断，不存在正确或错误，请不要遗漏任何一个问题，如果您感觉对某个问题难以做出完全准确的判断，请提供尽可能准确的判断。

一　感知有用（1 = 强烈不同意—7 = 强烈同意）

5. 使用非遗数据库能让我更快地了解非遗 ［单选题］［必答题］
强烈不同意　　○1　○2　○3　○4　○5　○6　○7　强烈同意
6. 使用非遗数据库能够提高我了解非遗的效率 ［单选题］［必答题］
强烈不同意　　○1　○2　○3　○4　○5　○6　○7　强烈同意
7. 使用非遗数据库能够提高我了解非遗的能力 ［单选题］［必答题］
强烈不同意　　○1　○2　○3　○4　○5　○6　○7　强烈同意
8. 我发现非遗数据库有用 ［单选题］［必答题］
强烈不同意　　○1　○2　○3　○4　○5　○6　○7　强烈同意

二　易用性（1 = 强烈不同意—7 = 强烈同意）

9. 学习使用非遗数据库对我来说是容易的 ［单选题］［必答题］
强烈不同意　　○1　○2　○3　○4　○5　○6　○7　强烈同意
10. 熟练地使用非遗数据库对我来说是容易的 ［单选题］［必答题］
强烈不同意　　○1　○2　○3　○4　○5　○6　○7　强烈同意
11. 我与非遗数据库的交互是清晰和明了的 ［单选题］［必答题］
强烈不同意　　○1　○2　○3　○4　○5　○6　○7　强烈同意
12. 我发现非遗数据库的资源是容易使用的 ［单选题］［必答题］
强烈不同意　　○1　○2　○3　○4　○5　○6　○7　强烈同意

三 使用态度（1=强烈不同意—7=强烈同意）

13. 我认为使用非遗数据库是个好主意［单选题］［必答题］

强烈不同意　○1　○2　○3　○4　○5　○6　○7　强烈同意

14. 我喜欢使用非遗数据库［单选题］［必答题］

强烈不同意　○1　○2　○3　○4　○5　○6　○7　强烈同意

15. 我对使用非遗数据库持积极的态度［单选题］［必答题］

强烈不同意　○1　○2　○3　○4　○5　○6　○7　强烈同意

四 创新性（1=强烈不同意—7=强烈同意）

16. 我喜欢选择使用新兴的非遗数据库［单选题］［必答题］

强烈不同意　○1　○2　○3　○4　○5　○6　○7　强烈同意

17. 使用非遗数据库代表我接受新生事物能力强［单选题］［必答题］

强烈不同意　○1　○2　○3　○4　○5　○6　○7　强烈同意

18. 非遗数据库让我觉得新奇有趣［单选题］［必答题］

强烈不同意　○1　○2　○3　○4　○5　○6　○7　强烈同意

五 社会影响（1=强烈不同意—7=强烈同意）

19. 我是通过他人的推荐才使用非遗数据库的［单选题］［必答题］

强烈不同意　○1　○2　○3　○4　○5　○6　○7　强烈同意

20. 因为周围的同学或朋友都在使用，所以我才会使用非遗数据库的［单选题］［必答题］

强烈不同意　○1　○2　○3　○4　○5　○6　○7　强烈同意

六 感知成本（1=强烈不同意—7=强烈同意）

21. 我感觉使用非遗数据库可能很浪费时间［单选题］［必答题］

强烈不同意　○1　○2　○3　○4　○5　○6　○7　强烈同意

22. 我感觉非遗数据库收费业务价格太高［单选题］［必答题］

强烈不同意　○1　○2　○3　○4　○5　○6　○7　强烈同意

23. 使用非遗数据库网络流量费用太高 ［单选题］［必答题］

强烈不同意　○1　○2　○3　○4　○5　○6　○7　强烈同意

七　使用意愿（1＝强烈不同意—7＝强烈同意）

24. 我希望在未来使用非遗数据库（三个月以内）［单选题］［必答题］

强烈不同意　○1　○2　○3　○4　○5　○6　○7　强烈同意

25. 我期盼在未来使用非遗数据库（三个月以内）［单选题］［必答题］

强烈不同意　○1　○2　○3　○4　○5　○6　○7　强烈同意

26. 我想要在未来使用非遗数据库（三个月以内）［单选题］［必答题］

强烈不同意　○1　○2　○3　○4　○5　○6　○7　强烈同意

感谢您抽出宝贵的时间完成了问卷，祝您一切顺利！

附录二　非物质文化遗产数据库用户满意度调查问卷

本问卷仅用于学术研究，不会用于任何商业目的。2003 年以来，中国陆续建立起了一系列国家级、省市级和县级的非物质文化遗产（以下简称"非遗"）数据库，成为面向公众展示本国、本省、本市主要非遗资源的主要窗口与平台。典型的有中国艺术研究院主办的"中国非遗数字博物馆"、中国艺术研究院与中国国家博物馆主办的"中国非遗保护成果展览网上展馆"、浙江省文化厅主办的"浙江省非遗网"和中山市非遗中心与中山大学中国非遗研究中心合办的"中山非遗网"。本问卷旨在了解用户对非遗数据库的满意度，您填写的问卷对我们非常重要，感谢您的大力支持！

第一部分　基本情况调查

1. 您的性别［单选题］［必答题］
○男　　　　　○女
2. 您的年龄［单选题］［必答题］
○18—24 岁　　○25—30 岁
○31—35 岁　　○36—40 岁
3. 您的学历［单选题］［必答题］
○本科以下　　○本科生
○硕士研究生　○博士研究生
4. 您接触互联网络多久了？［单选题］［必答题］
○1 年以下　　○1—2 年

○2—3 年　　　○3—4 年
○4 年以上

5. 您是否有使用网络教学资源库的经验［单选题］［必答题］
○有　　　　　　○没有

第二部分　非遗数据库用户满意度调查

本部分问卷是为了了解您对非遗数据库的满意程度。请根据您的理解对以下的每个陈述句问题进行判断，并在问题后面的相应数字（1，2，3，4，5，6 或 7）处进行选择。您的回答应反映您的判断，不存在正确或错误，请不要遗漏任何一个问题，如果您感觉对某个问题难以做出完全准确的判断，请提供尽可能准确的判断。

一　用户预期（1 = 强烈不同意—7 = 强烈同意）

6. 使用非遗数据库之前，我期望该数据库整体上是优良的［单选题］［必答题］

强烈不同意　○1　○2　○3　○4　○5　○6　○7　强烈同意

7. 使用非遗数据库之前，我期望该数据库中的资源有着很高的质量［单选题］［必答题］

强烈不同意　○1　○2　○3　○4　○5　○6　○7　强烈同意

8. 使用非遗数据库之前，我期望该数据库自身系统的性能是优良的［单选题］［必答题］

强烈不同意　○1　○2　○3　○4　○5　○6　○7　强烈同意

9. 使用非遗数据库之前，我期望该数据库提供的信息服务是高质量的［单选题］［必答题］

强烈不同意　○1　○2　○3　○4　○5　○6　○7　强烈同意

二　用户需求（1 = 强烈不同意—7 = 强烈同意）

10. 我是带着需要解决的特定任务来使用非遗数据库的［单选题］［必答题］

强烈不同意　○1　○2　○3　○4　○5　○6　○7　强烈同意

11. 使用非遗数据库之前，我对数据库中的资源有着明确的需求［单选题］［必答题］

强烈不同意　○1　○2　○3　○4　○5　○6　○7　强烈同意

12. 使用非遗数据库之前，我对数据库的系统性能有着明确的定位［单选题］［必答题］

强烈不同意　○1　○2　○3　○4　○5　○6　○7　强烈同意

13. 使用非遗数据库之前，我对数据库的信息服务有着明确的要求［单选题］［必答题］

强烈不同意　○1　○2　○3　○4　○5　○6　○7　强烈同意

三　感知质量（1 = 强烈不同意—7 = 强烈同意）

14. 使用非遗数据库之后，我认为数据库中的资源是丰富、全面且可靠的［单选题］［必答题］

强烈不同意　○1　○2　○3　○4　○5　○6　○7　强烈同意

15. 使用非遗数据库之后，我认为数据库系统的性能是稳定且优良的［单选题］［必答题］

强烈不同意　○1　○2　○3　○4　○5　○6　○7　强烈同意

16. 使用非遗数据库之后，我认为数据库所提供的信息服务是人性化和交互性的［单选题］［必答题］

强烈不同意　○1　○2　○3　○4　○5　○6　○7　强烈同意

四　感知价值（1 = 强烈不同意—7 = 强烈同意）

17. 与其他网络数据库相比，我认为使用非遗数据库并未浪费我过多的时间成本［单选题］［必答题］

强烈不同意　○1　○2　○3　○4　○5　○6　○7　强烈同意

18. 与其他网络数据库相比，我认为使用非遗数据库并未耗费我过多的精力支出［单选题］［必答题］

强烈不同意　○1　○2　○3　○4　○5　○6　○7　强烈同意

19. 与其他网络数据库相比，我认为使用非遗数据库提高了我的学习效率［单选题］［必答题］

强烈不同意　○1　○2　○3　○4　○5　○6　○7　强烈同意

五　用户满意（1 = 强烈不同意—7 = 强烈同意）

20. 综合考虑各种因素，我对非遗数据库整体上是满意的［单选题］［必答题］

强烈不同意　○1　○2　○3　○4　○5　○6　○7　强烈同意

21. 与理想效果相比，我对非遗数据库是满意的［单选题］［必答题］

强烈不同意　○1　○2　○3　○4　○5　○6　○7　强烈同意

22. 与预期效果相比，我对非遗数据库是满意的［单选题］［必答题］

强烈不同意　○1　○2　○3　○4　○5　○6　○7　强烈同意

六　用户抱怨（1 = 强烈不同意—7 = 强烈同意）

23. 结合这次使用经历，我会在该数据库的BBS上发帖表达自己对该数据库的失望和不满［单选题］［必答题］

强烈不同意　○1　○2　○3　○4　○5　○6　○7　强烈同意

24. 结合这次使用经历，我会向同学或老师传达对该数据库的负面评价［单选题］［必答题］

强烈不同意　○1　○2　○3　○4　○5　○6　○7　强烈同意

25. 结合这次使用经历，我会选择其他知识源或资源库，而尽量避免再使用该数据库［单选题］［必答题］

强烈不同意　○1　○2　○3　○4　○5　○6　○7　强烈同意

七　用户忠诚（1 = 强烈不同意—7 = 强烈同意）

26. 我认为非遗数据库有着良好的发展前景［单选题］［必答题］

强烈不同意　○1　○2　○3　○4　○5　○6　○7　强烈同意

27. 我会积极向同学或老师宣传非遗数据库的［单选题］［必答题］

强烈不同意　○1　○2　○3　○4　○5　○6　○7　强烈同意

28. 我会重复使用非遗数据库的［单选题］［必答题］

强烈不同意　○1　○2　○3　○4　○5　○6　○7　强烈同意

感谢您抽出宝贵的时间完成了问卷，祝您一切顺利！

参考文献

（一）中文著作

陈曹维、蔡莉静：《馆藏标准文献管理系统》，海洋出版社 2008 年版。

陈子丹：《民族档案史料编纂学概要》，云南大学出版社 2009 年版。

程爱学：《质量总监实战操典》，北京大学出版社 2013 年版。

国家质检总局质量管理司、清华大学中国企业研究中心：《中国顾客满意指数指南》，中国标准出版社 2003 年版。

国家质量技术监督局政策法规宣传教育司：《质量技术监督执法实用大全》，中国标准出版社 2000 年版。

韩耀斌：《食品质量安全检验及食品安全认证》，中国计量出版社 2011 年版。

洪生伟：《技术监督法学》，中国质检出版社 2014 年版。

洪生伟：《企业标准化工程》，中国标准出版社 2013 年版。

季任天、黄旭辉、杨幽红：《质量监督检验检疫概论》，中国计量出版社 2007 年版。

姜德顺：《联合国处理土著问题史概》，四川人民出版社 2012 年版。

李昕：《非物质文化遗产保护与文化产业发展》，江苏人民出版社 2010 年版。

牟延林、谭宏、刘壮：《非物质文化遗产概论》，北京师范大学出版社 2010 年版。

潘晓龙：《现代汉语词典》，海南国际新闻出版中心 1996 年版。

乔晓光：《中国民间美术》，湖南美术出版社 2011 年版。

宋明顺、周立军：《标准化基础》，中国标准出版社 2013 年版。

王文章：《非物质文化遗产概论》，文化艺术出版社 2006 年版。

魏本权：《中国文化概论》，山东人民出版社 2012 年版。

魏海军：《立法概述》，东北大学出版社 2013 年版。

魏磊：《行政法视野下非物质文化遗产保护研究》，中国书籍出版社 2013 年版。

信海红等：《质量技术监督基础》，中国计量出版社 2004 年版。

许静：《传播学概论》，北京交通大学出版社 2013 年版。

尤建新、陈守明：《管理学概论》，同济大学出版社 2007 年版。

于海广：《传统的回归与守护：无形文化遗产研究文集》，山东大学出版社 2005 年版。

苑利、顾军：《非物质文化遗产学》，高等教育出版社 2009 年版。

岳高峰、赵祖明、邢立强：《标准体系理论与实务》，中国计量出版社 2010 年版。

曾德君：《ERP 典型业务流程案例分析》，合肥工业大学出版社 2010 年版。

张其仔：《社会资本论》，社会科学文献出版社 1997 年版。

张晓晓：《法理学导论》，知识产权出版社 2013 年版。

赵方：《我国非物质文化遗产的法律保护研究》，中国社会科学出版社 2009 年版。

质量技术监督行业职业技能鉴定指导中心组：《质量技术监督基础》，中国标准出版社 2014 年版。

中国标准化研究院：《国家标准体系建设研究》，中国标准出版社 2006 年版。

中国艺术研究院、中国非物质文化遗产保护中心：《中国非物质文化遗产普查手册》，文化艺术出版社 2007 年版。

周耀林、戴旸、程齐凯：《非物质文化遗产档案管理理论与实践》，武汉大学出版社 2013 年版。

周耀林：《档案文献遗产保护理论与实践》，武汉大学出版社 2008 年版。

［美］格莱斯：《质性研究方法导论》，王中会、李芳英译，中国人民

大学出版社 2013 年版。

[美]威廉·立德威尔、克里蒂娜·霍顿、吉尔·巴特勒：《通用设计法则》，朱占星、薛江译，中央编译出版社 2013 年版。

（二）中文论文

（1）期刊论文

蔡舜：《FADGI 的标准化行动及其启示》，《图书馆工作与研究》2014 年第 3 期。

曹晓峰：《辽宁非物质文化遗产的开发式保护模式》，《辽东学院学报（社会科学版）》2009 年第 6 期。

查启森：《档案"原始记录性"质疑》，《档案学》1994 年第 3 期。

陈兵强、王益兵：《VRA Core 的 XML 格式在照片类数据库建档中的应用》，《现代图书情报技术》2005 年第 4 期。

陈海玉：《云南少数民族口述医药文献的档案式保护研究》，《兰台世界》2011 年第 8 期。

陈妙生、陆英：《太仓市加强非物质文化遗产档案工作的探索与思考》，《档案与建设》2009 年第 2 期。

陈庆云：《非物质文化遗产保护法律问题研究》，《中央民族大学学报》2006 年第 1 期。

陈淑娟：《非物质文化遗产概念的内涵与外延探究》，《黑龙江史志》2014 年第 1 期。

陈兴贵：《彝族非物质文化遗产的主要特征》，《怀化学院学报》2009 年第 10 期。

陈艳、周馨：《基于 CIDOC CRM 的文化遗产资源的元数据集成》，《现代情报》2010 年第 5 期。

陈祖芬：《非物质文化遗产档案管理主体研究——以妈祖信俗档案管理为例》，《档案学通讯》2011 年第 1 期。

陈祖芬、杨燕玉、江丽华等：《〈海神妈祖〉的非物质文化遗产档案价值》，《兰台世界》2011 年第 20 期。

崔艳峰：《中国非物质文化遗产法律问题研究》，《法制与社会》2007 年第 8 期。

参考文献

代俊波：《基于多媒体技术的满族非物质文化遗产数字化保护应用研究》，《图书馆学研究》2013年第14期。

戴旸：《非物质文化遗产建档标准的建设：国外经验与中国对策》，《档案学通讯》2016年第6期。

戴旸、李财富：《我国非物质文化遗产建档标准体系的若干思考》，《档案学研究》2014年第5期。

戴旸、周耀林：《论非物质文化遗产档案信息化建设的原则与方法》，《图书情报知识》2011年第5期。

单晓红：《RDA：未来的资源描述规则及其发展》，《图书情报工作》2007年第8期。

董红霞：《非物质文化遗产档案式保护工作方法探析》，《兰台内外》2017年第5期。

段友文：《非物质文化遗产视野下的民歌保护模式研究——以山西河曲"山曲儿"、左权"开花调"为例》，《山东社会科学》2013年第1期。

费安玲：《非物质文化遗产法律保护的基本思考》，《江西社会科学》2006年第5期。

冯项云、肖珑、廖三三、庄纪林：《国外常用元数据标准比较研究》，《大学图书馆学报》2001年第4期。

付弘：《谈非物质文化遗产法律保护中应当界定的几个问题》，《青海社会科学》2008年第4期。

傅才武、陈庚：《当代中国文化遗产的保护与开发模式》，《湖北大学学报》（哲学社会科学版）2010年第4期。

甘利人、谢兆霞等：《基于宏观测评与微观诊断的图书馆网站测评研究》，《情报理论与实践》2009年第5期。

高鹏：《利用数字化档案技术保护非物质文化遗产》，《大众文艺》2010年第19期。

高亚男：《UNESCO保护非物质文化遗产的实践及其对我国的启示》，《浙江学刊》2012年第3期。

郭剑英、余晓萍：《非物质文化遗产价值评价——以四川西部少数民族地区为例》，《乐山师范学院学报》2009年第4期。

郭旋：《世界文化遗产的标准及申报方法和程序》，《中国名城》2009年第2期。

韩小兵：《少数民族非物质文化遗产概念界定及其法律意义》，《北京政法职业学院学报》2010年第4期。

韩英、章军杰：《论非物质文化遗产的档案资源开发》，《档案学通讯》2011年第5期。

何屹：《"后申遗时代"非遗档案管理的若干思考》，《浙江档案》2015年第2期。

何永斌、陈海玉：《非物质文化遗产档案工作体系建设刍议》，《四川档案》2008年第6期。

何永斌：《谈非物质文化遗产档案工作中的几对关系》，《山西档案》2009年第3期。

侯晓敏：《对非物质文化遗产特征界定的思索》，《戏剧之家（上半月）》2010年第9期。

胡敏：《MARC 与 Dublin Core 两种元数据的比较研究》，《现代情报》2005年第1期。

胡小箐：《RDA：从内容标准到元数据标准》，《图书馆论坛》2014年第7期。

胡艳丽：《侗族"非遗"档案式保护的整体性研究》，《兰台世界》2013年第4期。

胡芸、顾永贵：《如何做好民族民间非物质文化遗产档案管理工作》，《中国档案》2008年第5期。

黄明嫚：《红色歌谣的档案式保护研究——以百色起义红色歌谣为例》，《百色学院学报》2009年第12期。

黄先蓉、郝婷：《新闻出版标准与新闻出版法规体系的协调发展》，《重庆社会科学》2012年第1期。

黄修忠：《浅谈蜀锦非物质文化的传承与发展》，《四川丝绸》2007年第2期。

黄怡鹏：《数字化时代广西壮剧艺术的保护与传承》，《广西社会科学》2008年第9期。

黄永林、谈国新：《中国非物质文化遗产数字化保护与开发研究》，

《华中师范大学学报》（人文社会科学版）2012年第2期。

黄永欣：《文化遗产资讯领域中的参考模型》，《图书馆学研究》2012年第11期。

纪永贵、朱坤、孙薇：《皖江地区非物质文化遗产名录发布状况调查》，《池州学院学报》2008年第4期。

菅丰、陈志勤：《何谓非物质文化遗产的价值》，《文化遗产》2009年第2期。

金晶、姜恩波：《FRBR、RDA与Extensible Catalog》，《图书馆杂志》2012年第11期。

黎明：《论我国少数民族非物质文化遗产保护的法源问题》，《民族研究》2007年第3期。

李波：《非物质文化遗产档案在城市文化旅游中的作用》，《北京档案》2009年第10期。

李海伦：《纵观美国独特的非物质文化遗产艺术节——以史密森尼民俗节为例》，《中国音乐学》（季刊）2012年第2期。

李晶：《移动网络购物采纳的影响因素与实证研究——基于手机网民的视角》，《中国信息界》2012年第2期。

李玲、代武春、娄兴彬：《沉浮在精英与大众之间——楹联习俗传承的特征与当代变迁》，《重庆文理学院学报》（社会科学版）2007年第1期。

李强、杨小明、王华：《染织类非物质文化遗产的概念和特征》，《丝绸》2008年第12期。

李姗姗、赵跃：《基于关联数据的非物质文化遗产档案资源开发》，《中国档案》2016年第6期。

李姗姗、周耀林、戴旸：《非物质文化遗产信息资源档案式管理的瓶颈与突破》，《信息资源管理报》2011年第3期。

李蔚：《创新思维　积极探索档案资源整合新方法——非物质文化遗产档案征集与管理》，《云南档案》2011年第2期。

李晓华：《从民俗文艺看非物质文化遗产的传承与保护——以土家族为个案的系统工程研究概述》，《重庆三峡学院学报》2011年第6期。

李新：《大理非物质文化遗产名录影像资料库开发利用》，《大理学院学报》2009年第11期。

李英：《非物质文化遗产档案的特点和建档原则》，《档案管理》2012年第1期。

李宗辉：《非物质文化遗产的法律保护——以知识产权法为中心的思考》，《知识产权》2005年第6期。

厉春雷：《非物质文化遗产的价值审视：基于生存资源与文化资本的两个维度》，《生产力研究》2012年第1期。

梁保尔、马波：《非物质文化遗产旅游资源研究——概念、分类、保护、利用》，《旅游科学》2008年第2期。

梁小明：《基于三维模型的质监信息化标准体系框架构建》，《中国质量》2011年第10期。

梁燕君：《发达国家标准体系的特点和启示》，《农业质量标准》2006年第6期。

廖明君、周星：《非物质文化遗产保护的日本经验》，《民族艺术》2007年第1期。

林春万：《非遗档案有序管理对策探索》，《云南档案》2016年第5期。

林永忠：《福建龙岩市档案局（馆）建立全市非物质文化遗产档案和专题数据库》，《兰台世界》2012年第25期。

刘俊、邹权：《论非物质文化遗产法律保护的几个主要问题》，《东华理工大学学报》（社会科学版）2008年第1期。

刘勐、胡文静：《甘肃非物质文化遗产传承发展的数字化探索——以"花儿"特色数据库为例》，《图书馆理论与实践》2013年第10期。

刘双玲：《略述非物质文化遗产的内涵及特征——以宁夏固原为例》，《科技创业家》2013年第10期。

刘壮、牟延林：《非物质文化遗产概念的比较与解读》，《西南大学学报》（社会科学版）2008年第5期。

卢和乐：《民间性·区域性·传承性——浅谈温州鼓词的非物质文化遗产特征》，《曲艺》，2009年第7期。

路芳：《澳大利亚国家遗产名录评估体系的特色》，《徐州工程学院学报》(社会科学版) 2012 年第 6 期。

吕建昌、廖菲:《非物质文化遗产概念的国际认同——兼谈口头和非物质遗产的法律地位》,《中国博物馆》2006 年第 1 期。

吕俊彪:《非物质文化遗产保护的去主体化倾向及原因探析》,《民族艺术》2009 年第 2 期。

吕娜、余锦凤:《数字图书馆以用户为中心的通用满意度模型的构建》,《情报学报》2006 年第 3 期。

罗琳:《少数民族口头和非物质文化遗产的价值审视》,《民族论坛》2007 年第 8 期。

罗艺:《国外非物质文化遗产法律保护概述》,《云南电大学报》2010 年第 12 期。

罗玉洁:《太原市档案局(馆)建立非物质文化遗产名录数据库》,《兰台世界》2013 年第 13 期。

罗宗奎、王芳:《知识产权法体系下开发利用非物质文化遗产档案的优势和基本原则》,《档案学通讯》2012 年第 2 期。

马宁、马小燕:《西藏非物质文化遗产保护的"尼洋阁"模式之反思》,《西藏大学学报》(社会科学版) 2013 年第 4 期。

闵庆文:《全球重要农业文化遗产评选标准解读及其启示》,《资源科学》2010 年第 6 期。

莫陌:《北京市海淀区档案馆"华彩海淀·非物质文化遗产档案集萃"展开幕》,《北京档案》2007 年第 8 期。

牛文军:《少数民族传统文化立法:问题、成因与对策》,《内蒙古大学学报》(人文社会科学版) 2007 年第 5 期。

潘健如:《非物质文化遗产的界定探讨》,《群文天地》2012 年第 18 期。

彭冬梅、潘鲁生、孙守迁:《数字化保护——非物质文化遗产保护的新手段》,《美术研究》2006 年第 1 期。

彭林绪:《非物质文化遗产价值实现方式》,《湖北民族学院学报》(哲学社会科学版) 2008 年第 2 期。

彭毅:《非物质文化遗产档案的数字化保护》,《档案与建设》2009 年第 1 期。

钱永平：《非物质文化遗产的价值评估与保护实践》，《重庆文理学院学报》（社会科学版）2012年第6期。

石生：《安徽省非物质文化遗产"五禽戏"的文化价值研究》，《长春理工大学学报》2010年第11期。

史晨暄：《世界文化遗产"突出的普遍价值"评价标准的演变》，《风景园林》2012年第2期。

宋俊华：《非物质文化遗产概念的诠释与重构》，《学术研究》2006年第9期。

宋俊华：《非物质文化遗产特征刍议》，《江西社会科学》2006年第1期。

苏东海：《〈上海宪章〉的意义》，《中国博物馆》2002年第4期。

孙浩坚：《浅谈我国非物质文化遗产法律保护的现状及优化策略》，《大众文艺》2014年第4期。

孙康、吴翔华、李薇：《基于霍尔三维结构绿色建筑标准体系构建研究》，《工业安全与环保》2014年第11期。

孙晓燕：《非物质文化遗产的特征和价值界定》，《艺术与设计》（理论）2007年第8期。

覃凤琴：《从"非物质"到"外化物质再现"——非物质文化遗产档案式保护及其价值考察》，《山西档案》2007年第5期。

谭红春：《关于少数民族非物质文化遗产保护实践的反思——以中国瑶族盘王节为例》，《广西民族研究》2009年第2期。

汤建容：《武陵山区非物质文化遗产档案及其分类》，《兰台世界》2012年第29期。

唐云松：《满族传统体育变迁及其价值》，《满语研究》2011年第2期。

陶立璠：《非物质文化遗产名录评审的理论与实践》，《江西社会科学》2008年第9期。

陶园、缪晓梅：《论"徐州琴书"的档案式保护策略》，《兰台世界》2011年第5期。

田雁：《非物质文化遗产的博物馆化展示——以深圳博物馆"深圳民俗文化"展为例》，《西南农业大学学报》（社会科学版）2012年第 6 期。

汪振军：《河南非物质文化遗产价值与传承思考》，《文化产业研究》2011 年。

王焯：《国外非物质文化遗产保护的理论与实践》，《文化学刊》2008 年第 6 期。

王怀虎、魏玉琴：《非物质文化遗产项目天水旋鼓舞及其体育文化价值研究》，《运动》2010 年第 5 期。

王吉林、陈晋璋：《非物质文化遗产开发利用的私法规制》，《河北法学》2011 年第 11 期。

王巨山：《"物"与"非物"之辩——谈非物质文化遗产保护中"物"的角色》，《文化艺术研究》2008 年第 3 期。

王绍平：《FRBR 与面向对象模型》，《新世纪图书馆》2007 年第 2 期。

王廷信：《靖江宝卷的非物质文化遗产价值——以〈三茅宝卷〉为例》，《民族艺术》2007 年第 3 期。

王文馨：《政府主导下的非物质文化遗产保护的几点思考》，《青年文学家》2013 年第 32 期。

王先发、孙二明：《论档案信息化建设的新视野——非物质文化遗产建设》，《湖北档案》2007 年第 9 期。

王先胜：《非物质文化遗产与无形文化遗产辨正》，《民族艺术研究》2011 年第 4 期。

王彦懿、姜保国、陈芙蓉：《民族地区非物质文化遗产保护与旅游开发耦合模式研究——以湖北省恩施州利川市为例》，《今日中国论坛》2013 年第 11 期。

王云庆、陈建：《保护非物质文化遗产：警惕档案机构边缘化》，《档案学通讯》2011 年第 1 期。

王云庆、陈建：《非物质文化遗产档案展览研究》，《档案学通讯》2012 年第 4 期。

王云庆、魏会玲：《论建立非物质文化遗产项目传承人档案的重要性》，《北京档案》2012 年第 2 期。

王云庆、赵林林：《论非物质文化遗产档案及其保护原则》，《档案学通讯》2008年第1期。

王运：《非物质文化遗产的价值评估》，《特区经济》2013年第7期。

韦红萍：《越南保护物质与非物质文化遗产现状》，《中国浦东干部学院学报》2013年第11期。

翁敏华：《论大学应该成为非物质文化遗产博物馆》，《湖北民族学院学报》（哲学社会科学版）2004年第4期。

乌丙安：《非物质文化遗产的界定和认定的若干理论与实践问题》，《河南教育学院学报》（哲学社会科学版）2007年第1期。

吴葱、邓宇宁：《美国文化遗产测绘记录建档概况》，《新建筑》2007年第10期。

吴瑞香：《构建濒危档案文献遗产保护分级保护模式的意义》，《黑龙江档案》2012年第3期。

吴双全：《我国非物质文化遗产法律保护的新探索》，《兰州学刊》2013年第12期。

吴晓秋、胡进：《龙场九驿非物质文化遗产价值评估》，《贵州社会科学》2011年第9期。

吴晓秋：《论贵州驿道文化线路的价值构成——以明奢香驿道线路为研究个案》，《贵州文史丛刊》2009年第4期。

吴跃：《AACR2与RDA的联系及在图书著录部分的区别》，《大学图书馆学报》2010年第4期。

席会芬：《高校图书馆加强对非物质文化遗产档案的管理》，《河南图书馆学刊》2011年第3期。

席会芬：《论档案库建设参与非物质文化遗产保护的研究》，《兰台世界》2012年第20期。

肖锋：《论非物质文化遗产的"物质性"与"非物质性"》，《广西社会科学》2013年第12期。

谢燕清：《非物质文化遗产的理念——基于保护层面的理念再建构》，《文化艺术研究》2011年第2期。

徐蓓雯：《非物质文化遗产的开发利用法律规制模式初探》，《法制与社会》2013年第33期。

徐拥军、王薇：《做好非物质文化遗产档案工作应增强五种意识》，

《北京档案》2012 年第 2 期。

许茂琦：《"非遗"传统美术类项目的田野调查法》，《四川戏剧》2013 年第 6 期。

薛丽媛：《地域性——非物质文化遗产特征之一》，《剧影月报》2007 年第 4 期。

薛艺兵：《关于非物质文化遗产保护的价值判断问题》，《民族遗产》2008 年。

颜五湘、张式成：《南岭民歌奇葩——嘉禾伴嫁歌的非物质文化遗产价值探索》，《人民音乐》2009 年第 5 期。

杨虹、刘传江，《中国自上而下城市化与自下而上城市化制度安排比较》，《华中理工大学学报》（社会科学版）2000 年第 2 期。

杨莉萍：《美国国会图书馆 RDA 服务实践所感》，《现代情报》2011 年第 11 期。

杨怡：《非物质文化遗产概念的缘起、现状及相关问题》，《文物世界》2003 年第 2 期。

杨永芳：《非物质文化遗产保护问题的法学界定》，《行政与法》2007 年第 7 期。

姚伟钧、王胜鹏：《完善中国非物质文化遗产名录的思考》，《浙江学刊》2013 年第 1 期。

叶芳芳、朱远来：《少数民族非物质文化遗产整体性保护的困境与出路》，《广西民族研究》2013 年第 3 期。

叶鹏、周耀林：《论我国非物质文化遗产档案元数据的创立思路与语意标准》，《忻州师范学院学报》2014 年第 2 期。

于嘉：《VRA Core 元数据的发展与现状》，《新世纪图书馆》2008 年第 4 期。

俞晓萍：《四川西部少数民族地区非物质文化遗产价值及保护研究》，《特区经济》2010 年第 1 期。

苑利：《进一步深化对于非物质文化遗产概念的认识》，《河南社会科学》2008 年第 1 期。

张邦铺：《论我国非物质文化遗产的法律保护》，《韶关学院学报》2008 年第 11 期。

张春丽、李星明：《非物质文化遗产概念研究述论》，《中华文化论坛》2007年第2期。

张耕：《非物质文化遗产私法保护模式研究——以重庆市非物质文化遗产保护为例》，《西南民族大学学报》（人文社科版）2010年第8期。

张林、邓志新：《农民专业合作社与非物质文化遗产的开发——以西藏乃东县民族哔叽手工编织专业合作社为例》，《中国农民合作社》2013年第6期。

张松：《非物质文化遗产的保护机制初探——基于中日比较视角的考察》，《同济大学学报》（社会科学版）2010年第6期。

张松、胡天蕾：《澳大利亚遗产登录制度的特征及其借鉴意义》，《城市建筑》2012年第8期。

张雪峰：《对国家级非物质文化遗产名录第Ⅵ类命名变化的探讨》，《贵州体育科技》2010年第2期。

张艳欣、辛近朱：《非物质文化遗产档案管理体系构建研究》，《兰台世界》2012年第5期。

张跃、李曦淼：《非物质文化遗产保护政府主导模式探讨——以怒族非物质文化遗产保护为例》，《西南边疆民族研究》2012年第2期。

赵爱国、王云庆：《法制化框架下的非物质文化遗产档案资源控制问题研究》，《档案学通讯》2009年第4期。

赵东：《少数民族非物质文化遗产的法律保护——从民事主体角度分析》，《法制与经济》（上旬）2011年第12期。

赵林林、王云庆：《非物质文化遗产档案的特征和意义》，《档案与建设》2007年第12期。

赵营业、秦莹：《少数民族科学技术史研究方法探析》，《社科纵横》2012年第3期。

郑乐丹：《非物质文化遗产资源价值评价指标体系构建研究》，《文化遗产》2010年第1期。

钟典模：《非物质体育文化遗产的价值与继承》，《唐山师范学院学报》2010年第5期。

钟洪林：《浅议非物质文化遗产档案标准化》，《档案时空》2017年第12期。

周超:《日本的文化遗产指定、认定、选定与登录制度》,《学海》2008年第11期。

周方:《英国非物质文化遗产创意开发的政策法律环境研究》,《文化遗产》2013年第6期。

周和平:《中国非物质文化遗产保护的实践与探索》,《求是》2010年第4期。

周嘉华:《国家非物质文化遗产名录的评定与少数民族文化遗产》,《大理民族文化研究论丛》,2009年。

周兴茂、肖英:《土家族非物质文化遗产:价值、濒危与保护》,《重庆三峡学院学报》2013年第4期。

周耀林、程齐凯:《论基于群体智慧的非物质文化遗产档案管理体制的创新》,《信息资源管理学报》2011年第2期。

子志月、肖黎煜:《布朗族非物质文化遗产的档案式保护研究》,《兰台世界》2012年第7期。

〔英〕高拉·曼卡卡利达迪普、白羲:《保护印度尼西亚非物质文化遗产:保护系统、保护计划、相关活动及其所出现的问题》,《民间文化论坛》2012年第8期。

〔英〕哈里埃特·迪肯:《〈保护非物质文化遗产公约〉框架下的非物质文化遗产清单制定工作》,《文化遗产》2012年第3期。

(2) 学位论文

陈佳鹏:《煤炭资源开发利用标准体系构建及运行机制研究》,硕士学位论文,中国矿业大学,2009年。

储蕾:《非物质文化遗产档案化保护研究》,硕士学位论文,苏州大学,2012年。

贾峻峰:《非物质文化遗产保护中社会团体作用研究》,硕士学位论文,东北大学,2009年。

李丹:《非物质文化遗产档案式保护中的分类问题研究》,硕士学位论文,湘潭大学,2016年。

李墨丝:《非物质文化遗产保护法制研究》,博士学位论文,华东政法大学,2009年。

李轩:《南昌市傩文化广场虚拟漫游系统的设计与实现》,硕士学位论文，电子科技大学，2011年。

刘瀚熙：《三线建设工业遗产的价值评估与保护再利用可行性研究》，硕士学位论文，华中科技大学，2012年。

罗丹萍：《论城市经营中文化遗产的价值取向》，硕士学位论文，四川大学，2007年。

宋立荣：《基于网络共享的农业科技信息质量管理研究》，硕士学位论文，中国农业科学院，2008年。

王巨山：《手工艺类非物质文化遗产理论及博物馆化保护研究》，博士学位论文，山东大学，2007年。

王丽：《上海公众对端午节的认知度研究》，硕士学位论文，上海师范大学，2011年。

王庆：《非物质文化遗产主体制度设计研究》，硕士学位论文，西南大学，2009年。

魏红梅：《客户知识共享激励机制研究》，硕士学位论文，哈尔滨工业大学，2010年。

徐用高：《羌族非物质文化遗产静态保护和活态传承结合模式构建研究》，硕士学位论文，西南大学，2011年。

杨文雯：《虚拟社区信息质量管理控制实证研究》，硕士学位论文，华东师范大学，2012年。

张德财：《非物质文化遗产法律保护研究》，硕士学位论文，华东政法大学。

赵敏：《非物质文化遗产的知识产权保护研究》，硕士学位论文，重庆大学，2008年。

郑晓雯：《图书馆参与非物质文化遗产保护研究》，硕士学位论文，河北大学，2008年。

卓么措：《藏传佛教艺术传承中信息技术应用的价值定位研究》，博士学位论文，西南大学，2011年。

（三）英文著作

Bahney G. Glaser, Anselm L., *Strauss, Time for Dying*, Chicago：Aldine, 1968.

参考文献

By Karl G. Jöreskog, Dag Sörbom, *Lisrel 8: Structural Equation Modeling with the Simplis Command Language*, Chicago: Scientific Software International, Erlbaum, 1993.

Chandra L. Reedy, *Preserving Intangible Aspects of Cultural Materials: Bonpo Ritual Crafts of Amdo, Eastern Tibet*, Cambridge: Cambridge University Press, 2008.

Chunxiao Lu, *The Study on Tourism Development of Intangible Cultural Heritage Taking Weifang City as Example*, Stafa – Zurich: Trans Tech Publications Ltd., 2012.

Dongxu Zhang, Daping Liu, Zelun Cui, et al., *Analysis of the Present Situation of Research on Soundscape and Han – Chinese Buddhist Temples*, Stafa – zurich: Trans Tech Publications Ltd., 2013.

Guoxin Tan, Tinglei Hao, Shaoquan Liang, et al., *Research on Construction Method of Multimedia Semantic Model for Intangible Cultural Heritage*, Berlin: Springer – Verlag Berlin, 2012.

Hongmei Li, Jie Shan, *Construction of Geographical Indications Protective Pattern on Intangible Cultural Heritages*, Stafa – Zurich: Trans Tech Publications Ltd., 2012.

Jingyuan Liu, *The Study of Intangible Cultural Heritage of Mount Tai from Aesthetic Anthropology Perspective*, Paris: Atlantis Press, 2013.

Juliet Corbin and Anselm Strauss, *Basics of Qualitative Research: Techniques and Procedures for Developing Grounded Theory*, Los Angeles: Sage Publications, 2008.

Keith Howard, *Music as Intangible Cultural Heritage: Policy, Ideology and Practice in the Preservation of East Asian Traditions*, Farnham, UK, and Burlington, VT: Ashgate Publications, 2012.

Kohei Furukawa, Choi Woong, Kozaburo Hachimura, et al., *CG Restoration of a Historical Noh Stage and Its Use for Edutainment*, Berlin: Springer – Verlag Berlin, 2006.

Lu Chunxiao, *The Study on Tourism Development of Intangible Cultural Heritage Taking Weifang City as Example*, Stafa – Zurich: Trans Tech Publications Ltd. , 2012.

Meredith Belbin, *Team Roles at Work*, Taylor & Francis, 2012.

Mihály Hoppal, *Shamanic Traditions as Intangible Cultural Heritage of Mankind*, Hungary: Akadémial Kladó, 2003.

Pamela B. Vandiver, *Recovering and Rediscovering Craft*, Cambridge: Cambridge University Press, 2002.

Peng Ye, Yaolin Zhou, *The Metadata Standards of Chinese Intangible Cultural Heritages*, Paris: Atlantis Press, 2013.

Robert Barelkowski, *Involving Social Participation in the Preservation of Heritage: The Experience of Greater Poland and Kujavia*, Ashurst Lodge : WIT Press, 2009.

Stephen P. Robbins, *Organizational Behaviour*, New Jersey: Prentice Hall, 1991.

Xiakeer Saitaer, *The Art of Uyghur Traditional Decorative Felt Making and Its Preservation*, Stafa – Zurich: Trans Tech Publications Ltd. , 2011.

Xiang Lin, *Intangible Cultural Heritage Protection Based on Information Technology*, Berlin: Springer Verlag Berlin, 2012.

Xijia Huang and Qing Zhou, *To Construct a Management System for Tourism Resources of Intangible Cultural Heritage*, Stafa – zurich: Trans Tech Publications Ltd. , 2012.

Yvonna S. Lincoln, Egon G. Guba, *Naturalistic Inquiry*, New York: Sage, 1985.

（四）英文论文

Alice Duarte, "The Contemporary Way To Protecting Heritage or the Only Way for Heritage To Serve the Development of Communities", *Heritage 2010: Heritage And Sustainable Development*, No. 1 – 2, 2010.

Andra Ioana Milcu, et al. , "Cultural Ecosystem Services: A Literature Review and Prospects for Future Research", *Ecology and Society*, Vol. 18, No. 3, 2013.

Andrée Gendreau, " Museums and Media: A View from Canada", *Public*

Historian, Vol. 31, No. 1, 2009.

Anna Chiesura and Rudolf De Groot, "Critical Natural Capital: A Socio - cultural Perspective", *Ecological Economics*, Vol. 44, No. 2 - 3, 2003.

Ann E. Cudd, "Beyond Economic Man: Feminist Theory and Economics", *History of European Ideas*, Vol. 21, No. 1, 1995.

Barbara Vodopivec, Roko Zarnic, Jolanta Tamosaitiene, et al., "Renovation Priority Ranking by Multi - criteria Assessment of Architectural Heritage: The Case of Castles", *International Journal of Strategic Property Management*, Vol. 18, No. 1, 2014.

Birgit Braeuchler, "Intangible Cultural Heritage as Peacemake", *Sociologus*, Vol. 61, No. 1, 2011.

Carlo Bottazzi, Marta Bottero, Giulio Mondini, et al., "Evaluation of the Tourist Demand in Management Plans for UNESCO Sites: the Case of the Cinque Terre Park (Italy)", *International Symposium on Environment Identities and Mediterranean Area*, IEEE (2006), Vol. 1 - 2, 2006.

Catherine Grant, "Perspectives of Culture Bearers on the Vitality, Viability and Value of Traditional Khmer Music Genres in Contemporary Cambodia", *Asia Pacific Journal of Anthropology*, Vol. 15, No. 1, 2014.

Cheng Yang, Shouqian Sun, Caiqiang Xu, "Recovery of Cultural Activity for Digital Safeguarding of Intangible Cultural Heritage", *WCICA 2006: Sixth World Congress on Intelligent Control and Automation*, Vol. 1 - 12, Conference Proceedings, 2006.

Chunmei Zhang, Dewen Zou, "The Study on Tourism Development Models of Intangible Cultural Heritages: The Case of Chengde, China", *Proceedings of 2009 International Conference on Management Science and Engineering*, 2009.

Claudia Bieling, Tobias Plieninger, "Recording Manifestations of Cultural Ecosystem Services in the Landscape", *Landscape Research*, Vol. 38, No. 5, 2013.

Cristina Garduno Freeman, "Photosharing on Flickr: Intangible Heritage and Emergent Publics", *International Journal of Heritage Studies*,

Vol. 16, No. 4 – 5SI, 2010.

Curtis Ashton, " Peking Duck as a Museum Spectacle: Staging Local Heritage for Olympic Tourism", *Journal of Tourism and Cultural Change*, Vol. 10, No. 2si, 2012.

Daniel Michon, Ahmed El. Antably, " It's Hard to be Down When You're Up: Interpreting Cultural Heritage Through Alternative Media", *International Journal of Heritage Studies*, Vol. 19, No. 1, 2013.

Detmar Straub, Marie – claude Boudreau, David Gefen, "Validation Guidelines for is Positivist Research", *Communications of AIS*, Vol. 3, No. 1, 2004.

Erika J. Techera, "Safeguarding Cultural Heritage: Law and Policy in Fiji", *Journal of Cultural Heritage*, Vol. 12, No. 3, 2011.

Faroek Lazrak, Peter Nijkamp, Piet Rietveld, et al. , "The Market Value of Cultural Heritage in Urban Areas: An Application of Spatial Hedonic Pricing", *Journal of Geographical Systems*, Vol. 16, No. 1, 2014.

Federico Lenzerini, "Intangible Cultural Heritage: The Living Culture of Peoples" , *European Journal of International Law*, Vol. 22, No. 1, 2011.

Giulio Zuccaro, Mattia Federico Leone, Davide Del Cogliano, et al. , "Economic Impact of Explosive Volcanic Eruptions: A Simulation Based Assessment Model Applied to Campania Region Volcanoes", *Journal of Volcanology & Geothermal Research*, Vol. 266, 2013.

Grete Swensen, Gro B. Jerpasen, Oddrun Saeter, et al. , "Capturing the Intangible and Tangible Aspects of Heritage: Personal Versus Official Perspectives in Cultural Heritage Management", *Landscape Research*, Vol. 38, No. 2, 2013.

Guha Shankar, "From Subject to Producer: Reframing the Indigenous Heritage Through Cultural Documentation Training" , *International Journal of Intangible Heritage*, No. 5, 2010.

Jacqueline Coromoto Guillen De Romero, "Venezuelan Indigenous Educational Cultural Diversity in the Social – legal Context", *Revista De Ciencias Sociales*, Vol. 19, No. 1, 2013.

Junyong Lai, Mu Zhang, Jing Luo, et al. , " Design of the Intangible Cultural Heritage Management Information System based on GIS", *Proceedings of the International Conference on Information Management, Innovation Management and Industrial Engineering*, Vol. 3, 2008.

Kenji Yoshida, "The Museum and the Intangible Cultural Heritage", *Museum International*, Vol. 56, No. 1 - 2, 2004.

Laura Solanilla, "The Internet as a Tool for Communicating Life Stories: A New Challenge for 'Memory Institutions'", *International Journal of Intangible Heritage*, Vol. 3, No. 1, 2008.

Les Roberts and Sara Cohen, "Unauthorising Popular Music Heritage: Outline of a Critical Framework", *International Journal of Heritage Studies*, Vol. 20, No. 3, 2014.

Li - na Yang, "Research on the Construction Method of ERP System Structure of Lu Brocade Enterprises", *Advances Materials Research*, Vol. 706 - 708, No. 2, 2013.

Lin Zhang, "The Application of Information Technology in Intangible Cultural Heritage Protection Under All - media Vision", *International Conference on Computer Science and Network Technology. IEEE*, 2012.

Liyan Chen, Beizhan Wang, Bing Chen, "Research on Digital Museum for the Intangible Cultural Heritage", *IEEE International Symposium on It in Medicine & Education*, 2009.

Lynne Marie Dearborn and John Charles Stallmeyer, "Revisiting Luang Prabang: Transformations Under the Influence of World Heritage Designation", *Journal of Tourism & Cultural Change*, Vol. 7, No. 4, 2009.

María Luisa Palma, Luis Palma, Luis Fernando Aguado, "Determinants of Cultural and Popular Celebration Attendance: The Case Study of Seville Spring Fiestas", *Journal of Cultural Economics*, Vol. 37, No. 1, 2013.

Marilena Alivizatou, "Debating Heritage Authenticity: Kastom and Development at the Vanuatu Cultural Centre", *International Journal of Heritage Studies*, Vol. 18, No. 2, 2012.

Màiri Robertson, "Aite Dachaidh: Reconnecting People with Place - island Landscapes and Intangible Heritage", *International Journal of Heritage*

Studies, Vol. 15, No. 2 – 3, 2009.

Miwa Katayama, Kimihiro Tomiyama, Yutaka Orihara, et al., "A 3D Video System for Archiving of Japanese Traditional Performing Art", *IDW/AD '05: Proceedings of the 12th International Display Workshops in Conjunction with Asia Display*, Vol. 1 – 2, 2005.

Mohammed Bedjaoui, "The Convention for the Safeguarding of the Intangible Cultural Heritage: The Legal Framework and Universally Recognized Principles", *Museum International*, Vol. 56, No. 1 – 2, 2004.

Muqeem Khan, Penny De Byl, "Creating Tangible Cultural Learning Opportunities for Indigenous Dance with Motion Detecting Technologies", *2012 IEEE International Games Innovation Conference (IGIC)*, 2012.

Naohiro Nakamura, "An 'Effective' Involvement of Indigenous People in Environmental Impact Assessment: The Cultural Impact Assessment of the Saru River Region, Japan", *Australian Geographer*, Vol. 39, No. 4, 2008.

Nicole Ferdinand and Nigel L. Williams, "International Festivals as Experience Production Systems", *Tourism Management*, Vol. 34, 2013.

Peng Ye and Yaolin Zhou, "The Metadata Standards of Chinese Intangible Cultural Heritages", Proceedings of the International Workshop on Computerence in Sports, Vol. 41, No. 1, 2013.

Peter Simonič, "The Scope of Intangible Cultural Heritage in Protected Areas Pohorje Regional Park", *International Review of Anthropology and Linguistics*, Vol. 108, No. 1, 2013.

Qin Li, "The Digital Protection of Folk Religious Rituals in the View of the Intangible Cultural Heritage", *2011 IEEE 12th International Conference on Computer – aided Industrial Design & Conceptual Design*, Vol. 1 – 2: New Engines for Industrial Design: Intelligence Interaction Services, 2011.

Quan Quan, Yanting Zeng. "Research on Digital Protection of the Intangible Cultural Heritage in Three Gorges Area", *Fifth International Symposium on Computational Intelligence and Design. IEEE Computer Society*, 2012.

Renzo Stanley, Hernan Astudillo, "Ontology and Semantic Wiki for an Intangible Cultural Heritage Inventory", *Computing Conference IEEE*, 2013.

Richard P. Bagozzi, "Evaluating Structural Equation Models with Unobservable Variables and Measurement Error", *Journal of Marketing Research*, Vol. 18, No. 3, 1981.

Rui Su, "Intangible Heritage and the Museum: New Perspectives on Cultural Preservation", *Journal of Tourism and Cultural Change*, Vol. 11, No. 1 - 2, 2013.

Saphinaz Amal Naguib, "Museums, Diasporas and the Sustainability of Intangible Cultural Heritage", *Sustainability*, Vol. 5, No. 5, 2013.

Sarah C. Klain and Kai M. A. Chan, "Navigating Coastal Values: Participatory Mapping of Ecosystem Services for Spatial Planning", *Ecological Economics*, Vol. 82, No. 10, 2012.

Sean Casey, "Okinawan Heritage and Its Polyvalent Appropriations", *Annals of Tourism Research*, Vol. 42, 2013.

Sheenagh Pietrobruno, "You Tube and the Social Archiving of Intangible Heritage", *New Media & Society*, Vol. 15, No. 8, 2013.

Sila Durhan and Ekta Ozgüven, "Breaking the Duality: The Historical Peninsula of Istanbul as an Open - air Museum", *Journal of Cultural Heritage*, Vol. 14, No. 3, 2013.

Susan Keitumetse, "UNESCO 2003 Convention on Intangible Heritage: Practical Implications for Heritage Management Approaches in Africa", *South African Archaeological Bulletin*, Vol. 61, No. 184, 2006.

Susan Osireditse. Keitumetse, "Sustainable Development and Cultural Heritage Management in Botswana: Towards Sustainable Communities", *Sustainable Development*, Vol. 19, No. 1, 2011.

Theron M. Covin, "Readings in Human Development: A Humanist Approach", *Mss Information Corporation*, 1974.

Tobias Plieninger, Sebastian Dijks, Elisa Oteros Rozas, et al., "Assessing, Mapping, and Quantifying Cultural Ecosystem Services at Community Level", *Land Use Policy*, Vol. 33, No. 14, 2013.

Tom G. Svensson, "The Management of Knowledge of the Intangible Heritage in Connection with Traditional Craftmanship at the Ethnographic Museum of the University of Oslo", *International Journal of Intangible Heritage*, Vol. 3, No. 6, 2008.

Wanjung Wang, "Using Process Drama in Museum Theatre Educational Projects to Reconstruct Postcolonial Cultural Identities in Hong Kong, Singapore and Taiwan", *Research in Drama Education the Journal of Applied Theatre & Performance*, Vol. 19, No. 1, 2014.

Wei Wang and Kyongsu Hong, "Build communication Protection Platform of Intangible Cultural heritage Expand Channel of Open Access to Shared Information Resources", *Proceedings of the 5th International Conference on Cooperation and Promotion of Information Resources in Science and Technology* (Coinfo 10), 2010.

Xiangdong Liu, Xueda Yang, "Brief Investigation on Inheritance of Sports Intangible Cultural Heritage about the New Curriculum Reform in Physical Education", *International Workshop on Computer Science in Sports*, 2013.

Xiaoyan Gu, Xingqi Zhang, Hui Xu, "Protection and Inheritance of the Traditional Sports Culture in Intangible Cultural Heritage of Shui Ethnic Group", *Proceedings of the 21st Pan – Asian Congress of Sports and Physical Education*, Vol. 1: *Nature, Society and Culture in Sports*, 2010.

Yan Shi, Fangtian Ying, Xuan Chen, "Restoration of Traditional Chinese Shadow Play Piying Art From Tangible Interaction", *Computer Animation and Virtual Worlds*, Vol. 25, No. 1, 2014.

Yaxi Hu, "The Researcher of Virtual Reality Technology Application in Intangible Cultural Heritage Protection", *2011 IEEE 12th International Conference on Computer – aided Industrial Design & Conceptual Design*, 2011.

Y. Necissa, "Cultural Heritage as a Resource: Its Role in the Sustainability of Urban Developments. The Case of Tlemcen, Algeria", *Procedia Engineering*, Vol. 21, No. 1, 2011.

Yong. Goo. Kim, "The Policy for Intangible Cultural Heritage of Republic of Korea and Japan", *Milli Folklor*, No. 78, 2008.

Zhaoyang Chang, "On Active Existence of Cultural Memory and Its Value Orientation in Traditional Festival Sports", *Proceedings of the 21st Pan-Asian Congress of Sports and Physical Education*, Vol. 1: *Nature, Society and Culture in Sports*, 2010.